U1018394

高等院校公共基础课系列“十三五”规划教材

（第三版）

Physical Education and Health

大学体育与健康

主　编　侯宪斌
副主编　王文雯　张　军

WUHAN UNIVERSITY PRESS
武汉大学出版社

图书在版编目(CIP)数据

大学体育与健康/侯宪斌主编.—3版.—武汉：武汉大学出版社，2018.9(2019.7重印)
高等院校公共基础课系列“十三五”规划教材
ISBN 978-7-307-20482-9

Ⅰ.大…　Ⅱ.侯…　Ⅲ.①体育—高等学校—教材　②健康教育—高等学校—教材　Ⅳ.①G807.4　②G647.9

中国版本图书馆CIP数据核字(2018)第194035号

责任编辑:陈　红　　　责任校对:李孟潇　　　版式设计:汪冰滢

出版发行：**武汉大学出版社**　(430072　武昌　珞珈山)
(电子邮箱：cbs22@whu.edu.cn　网址：www.wdp.com.cn)
印刷：武汉图物印刷有限公司
开本:720×1000　1/16　印张:19.75　字数:398千字　插页:1
版次:2016年9月第1版　2017年9月第2版
2019年7月第3版第2次印刷
ISBN 978-7-307-20482-9　定价:35.00元

版权所有，不得翻印;凡购我社的图书，如有质量问题，请与当地图书销售部门联系调换。

前　言

教育部、发展改革委、财政部、体育总局《关于进一步加强学校体育工作的若干意见》对充分认识加强学校体育的重要性，明确加强学校体育的总体思路和主要目标，落实加强学校体育的重点任务，建立健全学校体育的监测评价机制，加强对学校体育的组织领导等提出了具体要求，这为高校体育教育工作指明了方向。2014年教育部《关于印发高等学校体育工作基本标准的通知》指出，《基本标准》是对全日制普通高等学校体育工作的基本要求，也是评估、检查高等学校体育工作的重要依据，凡是达不到《基本标准》要求、学生体质健康水平连续三年下降的学校，在“高等学校本科教学工作水平评估”中不得评为合格等级，各省（区、市）不得批准其为高水平运动队建设学校。各高等学校要充分认识加强学校体育工作的重要意义，牢固树立健康第一的指导思想，把体育工作摆上重要位置，切实加强领导和规范管理，认真落实《基本标准》。

为贯彻落实《关于进一步加强学校体育工作的若干意见》和《关于印发高等学校体育工作基本标准的通知》文件精神，加强体育课程建设，进一步提高教育教学质量，依据《全国普通高等学校体育教学指导纲要》和《国家学生体质健康标准（2014年修订）》的基本要求，结合学校体育工作实际，我们广泛参考吸收众多前人的研究成果与经验，组织编写了这本《大学体育与健康》教材。

本教材具有以下特点：(1) 以国家体育文件为编写指导思想，充分反映新时期国家对高校体育教学的要求。我们认真学习体育法规、文件，深刻领会精神实质，准确把握学校体育的目标，面对全体学生，紧扣素质教育主线和学生身心健康的全面发展，将丰富的理论知识和多种健身方法措施贯穿于整个教材的始终，使之成为一个完整的教材体系。(2) 内容广泛。遵循教育规律和大学生的身心特点及兴趣爱好，汲取借鉴体育学科最新研究成果，尽可能最大限度地满足当代大学生的需要，教材内容精练规范、涵盖面广，既有时尚休闲类项目，又有民族传统项目。(3) 编写体例有新意。在编写体例上力求创新，根据从理论到实践的逻辑将全书分为5编，同时每章后附有思考题，便于教学。

本书共分基础理论、田径球类、时尚休闲、民族传统和幼儿体育编，内容主要包括绪论、大学体育与健康、体育锻炼的原则方法与卫生保健、田径运动、乒乓球、羽毛球和网球、篮球、足球、排球、瑜伽、健美操与体育舞蹈、跆拳道、飞镖、武术、龙舟和舞龙舞狮以及幼儿体育等。本书既可作为普通高校的体育教材，又可以为大学生的科学健身提供指导。

本书由荆州职业技术学院侯宪斌老师担任主编，王文雯、张军老师分别担任第一、二副主编。该教材编写分工如下：侯宪斌编写第一章、第二章、第三章、第五章，张军编写第四章、第六章、第十章，王文雯编写第七章、第八章、第九章，戈友波编写第十一章、第十二章、第十三章。全书由侯宪斌拟定编写提纲并统稿。

在编写过程中，我们参考了众多的专业书籍，未能全部指出，在此一并致以衷心的感谢。

由于参编人员水平所限，定有许多不妥之处，恳请广大读者给予批评指正。

编　者

2018 年 7 月

目　录

第一编　基础理论

第二编　田径球类

第三编　时尚休闲

第四编　民族传统

第五编　幼儿体育

第一编　基础理论

第一章 绪 论

第一节 体育与健康概述

一、体育的来源和含义

1. 体育的来源

体育虽然有悠久的历史，但是“体育”一词却出现得较晚。因为在“体育”一词出现前，世界各国对体育这一活动过程的称谓都不相同。在古希腊，游戏、角力、体操等曾被列为教育内容。在17—18世纪中，西方的教育中也加进了打猎、游泳、爬山、赛跑、跳跃等项活动，只是尚无统一的名称。1762年，卢梭在法国出版了《爱弥尔》一书。他使用“体育”一词来描述对爱弥尔进行身体的养护、培养和训练等身体教育过程。由于这本书激烈地批判了当时的教会教育，而在世界引起很大反响，因此“体育”一词同时也在世界各国流传开来。从这里我们可以清楚地看到，“体育”一词起源于“教育”，它最早的含义是指教育体系中的一个专门领域。到19世纪，世界上教育发达国家都普遍使用了“体育”一词。18世纪末，德国的J. C. F. 古茨穆茨曾把这些活动分类、综合，统称为“体操”。进入19世纪，一方面是德国形成了新的体操体系，并广泛传播于欧美各国；另一方面是相继出现了多种新的运动项目。在学校也逐渐开展了超出原来体操范围的更多的运动项目，建立起“体育是以身体活动为手段的教育”这一新概念。于是，在相当的一段时间里，“体操”和“体育”两个词并存，相互混用，比较混乱，直到20世纪初才逐渐在世界范围内统一称为“体育”。我国体育历史悠久，但“体育”却是一个外来词。它最早见于20世纪初的清末，当时，我国有大批留学生东渡去日本求学，仅1901年至1906年，就有13000多人。其中，学体育的就有很多。回国后，他们将“体育”一词引进中国。1902年左右，一些在日本留学的学生从日本传来了“体育”这一术语。随着西方文化不断涌入我国，学校体育的内容也从单一的体操向多元化发展，课堂上出现了篮球、田径、足球等。许多有识之士提出不能把学校体育课称为体操课了，必须理清概念层次。1923年，《中小学课程纲要草案》正式把“体操课”改为“体育课”。从此“体育”一词成了标记学校中身体教育的专门术语。

2. 体育的含义

整个古代社会，虽然可以找到我们称为“体育活动”的影子，但并没有出现“体育”这一概念。古希腊的哲学家，如苏格拉底、柏拉图、亚里士多德等，他们的著作中都有很多关于体育的论述。古希腊时期关于体育的基本术语有竞技、训练、体操等。中国古代与体育有关的术语主要有“养生”、“尚武”、“游息”、“角力”、“讲武”等。中国现代所用的“体育”一词，也经历了从“体操”到“体育”的演进过程。目前普遍认为：体育（或称为体育运动），是通过有规则的身体运动改造人的“自身自然”的社会实践活动。体育的基本表现形式是人的有规则的身体运动，其基本任务是对人自身的改造，其作用对象是参与者的“自身自然”。体育的含义有狭义和广义的区分。狭义的体育即身体教育，是通过身体活动，增强体质，传授锻炼身体的知识、技能、技术，培养道德和意志品质的有目的有计划的教育过程。它是教育的组成部分，是培养全面发展的人的一个重要方面。广义的体育即社会文化活动，是指以身体练习为基本手段，以增强体质，促进人的全面发展，丰富社会文化生活和促进精神文明建设为目的的一种有意识、有组织的社会活动。它是社会总文化的一部分，其发展受一定社会的政治和经济的制约，也为一定社会的政治和经济服务。

二、体育的本质特点和功能

（一）体育的本质特点

指体育所固有的根本特性，是人类社会的一种身体教育活动和社会文化活动。体育的本质特点，就是以身体练习为手段，发展身体，增强体质，促进人的全面发展，为社会发展服务。它在社会发展过程中，受一定的政治、经济制约，并为一定的政治、经济服务。体育具有自然的和社会的两重属性。自然属性如体育的方法、手段等；社会属性如体育的思想、制度等。

（二）体育的个体功能

1. 体育的强身健体功能

体育作用于个体的功能之一。体育运动的强身健体功能主要体现在：体育可以通过促进人体八大系统，即运动系统、神经系统、循环系统、呼吸系统、消化系统、内分泌系统、免疫系统及泌尿系统的健康发展来促进个体的健康。

2. 健康心理功能

体育运动通过发展人的认知能力、完善人的性格、气质及增强人的意志品质来发挥健康心理的作用。体育运动可以发展人的认知能力。研究发现，大脑的右半球对形象知觉、空间知觉、音乐知觉起主要作用。体育锻炼是发掘右半球的重要手段。人的身体协调、形象记忆、空间感都属于右脑的辖区。体育锻炼可以直接使右脑的相应部位兴奋。体育活动多是整个身体的运动，通过活动我们的左侧身体，可以使右脑得到充分的锻炼。体育运动可以完善人的性格、气质。人格是构成一个人的思想、情感及行为的特有模式，是一个人区别于他人的稳定而统一的心理品质。人格是一个复杂的结构体系，由性格和气质等要素组成。相关研究发现，人格对于体育参与、体育项目的选择都起到决定作用，通过相应的体育锻炼，人格也会随之发生改变。体育运动可以增强人的意志品质。坚持体育锻炼，要不断地克服各种主客观困难，这个过程是锻炼身体的过程，也是培养出良好的意志品质的过程。

3. 人际交往功能

参加体育活动，特别是一些必须通过合作才能完成的集体性体育活动，能够增加人与人之间的交流，打破自我封闭，使人获得自信，从而改变参与者对生活的看法及自己的个性和行为方式。体育活动有利于培养参与者的群体观念、责任意识、助人为乐等精神品质，有利于培养参与者具备尊重裁判、尊重对手、遵纪守法、文明礼貌、公平竞争的品德行为；有利于培养参与者保持积极进取、奋发向上、持之以恒的精神风貌。体育活动在人际关系方面具有促进人际交往、培养合作精神、形成竞争意识的作用。体育运动可以促进健康人际关系的养成。人们在体育活动中形成的合作、竞争、遵守规则的意识和行为，通常会迁移到日常社会生活、学习和工作中，有利于人们理解和遵守社会规范的意义及重要性，有利于形成尊重他人的行为习惯，从而能促进人际关系的和谐发展。

4. 休闲娱乐功能

休闲娱乐是人们闲暇时间里进行的自由的、自愿的，愉悦身心的活动。体育作为发展人的“自身自然”的身体活动，其在休闲娱乐中所发挥的个体和社会功能是其他休闲娱乐活动所不可取代的。体育具有休闲娱乐功能的主要原因在于：体育活动始终关注人的“自身自然”的发展；体育活动存在大量的人与人的交往。体育休闲娱乐功能的实现主要有两种基本途径：一是亲身参与体育活动，二是欣赏体育比赛。

5. 生命美学功能

美是人的生命活力的表现。体育对人的生命之美有极大的激发促成作用。“生命美”的核心是“关怀自身”，强调重视自我，重视处理与他者的关系以及重视身体体验。体育通过各种运动形式对人的生物生命之美和人的精神生命之美进行激发和磨炼，增强了人的生命力。

（三）社会功能

1. 教育功能

体育的教育功能是通过体育对人的身心的促进与发展，来促进教育目的的实现而体现出来的。体育的教育功能主要体现在：体育运动可以促进良好生活习惯的形成；通过提供社会规范教育、社会角色尝试来促进人的社会化；通过促成个性形成、约束个性发展和养成进取精神来发挥体育在促成个性形成和发展中的作用。

2. 政治功能

体育作为一项在全世界具有广泛影响的社会文化和教育活动，在当今社会中与政治有着密切的关系，在维护统治阶级的利益，处理国际关系和民族关系方面，具有独特的功能。主要体现在：体育运动可以提高国家和民族的威望，体育运动可以服务国家外交，体育运动还可以增强民族团结。

3. 经济功能

体育对于经济发展具有促进作用。体育与经济相联系是伴随着现代市场经济的发展而开始的。体育的经济功能主要体现在：体育运动可以提高劳动者素质，促进生产力的发展；体育运动可以促进消费，拓展经济增长点。

4. 文化功能

以奥运会为代表的体育运动作为一种实践活动的文化价值就在于人自身的价值，即人的全面、自由、和谐的发展，是个体人格和社会人格的和谐统一。

三、体育锻炼对健康的影响

（一）体育锻炼对生理健康的影响

体育锻炼是通过科学的身体活动形式给予人体各器官、系统一种良性刺激，促使身体的形态结构、生理机能等方面发生一系列适应性反应和变化，从而增强体质、增进健康。实践证明，科学的体育锻炼不仅有利于人体骨骼、肌肉的生长，而且还能改善血液循环系统、呼吸系统、消化系统、排泄系统的机能状况，有利于人体的生长发育，提高抗病能力，增强有机体的适应能力。体质的强弱受多种因素影响，体育锻炼是增强体质的最积极、有效的手段之一。科学的体育锻炼能改善神经系统的调节功能，提高神经系统对人体活动时错综复杂的变化的判断能力，并及时作出协调、准确、迅速的反应，使人体适应内外环境的变化，保持机体生命活动的正常进行。随着科技的不断发展，从事脑力劳动的人不断增多。用脑过度会使脑细胞转入抵制状态。如不做调整，则会导致记忆力减退甚至神经官能症而严重影响健康。科学研究证明，体育锻炼对大脑中枢神经系统有良好的刺激作用。改善大脑的供氧状况可消除大脑疲劳，提高大脑的工作能力。体育锻炼还能使大脑皮质及时、准确地调动植物性神经系统，使其尽早地进入工作状态，使大脑反应快，自动化程度高，功能加强。

（二）体育锻炼对心理健康的影响

体育锻炼有助于智力的发展和提高。经常参加体育锻炼，可以促进大脑的开发，使神经系统的兴奋和抑制过程更加集中，对外界刺激的反应更加迅速、准确，还可以提高人的视觉、听觉、感觉、神经传导速度、神经过程的均衡性和灵活性，促进神经系统功能的增强。体育锻炼有助于情感与情绪的调节和改善。体育锻炼不但可以转移不愉快的意识、情绪和行为，使人从烦恼和痛苦中摆脱出来，而且不良情绪可以得到及时的宣泄。体育锻炼有助于坚强意志品质的培养和形成。在体育锻炼中，要不断地克服客观困难和主观困难，在战胜自我的前提下，越是努力克服主客观方面的困难，就越能培养良好的意志品质。体育锻炼有助于自我正确观念的确立和人际关系的改善。通过体育锻炼结识更多的朋友，使每个人都融入集体中，为自己成为集体中的一员而心情舒畅，精神振奋。体育锻炼有助于减轻疲劳，消除心理障碍。体育锻炼使自身的心理机能、身体素质得到改善，身心感到舒适，减轻疲劳，产生积极的成就感，从而增强自信心，摆脱压抑、悲观等消极情绪，消除心理障碍。

第二节　健康的概念及标准

一、健康的概念

（一）健康概念的演变

健康的英文是 Wellness，健康状况/状态的英文是：Health。在一些词典中，“健康”通常被简单扼要地定义为“机体处于正常运作状态，没有疾病”。这是传统的健康概念。通常我们确实是把疾病看成机体受到干扰，导致功能下降，生活质量受到损害（主要由肉体疼痛引起）或早亡。在《辞海》中健康的概念是：“人体各器官系统发育良好、功能正常、体质健壮、精力充沛并具有良好劳动效能的状态。通常用人体测量、体格检查和各种生理指标来衡量。”这种提法要比“健康就是没有病”完善些，但仍然是把人作为生物有机体来对待。因为它虽然提出了“劳动效能”这一概念，但仍未把人当做社会人来对待。这种对健康的认识，在生物医学模式时代被公认是正确的。

关于健康和疾病的概念，《简明不列颠百科全书》1987 年中文版的定义是：“健康，是个体能长时期地适应环境的身体、情绪、精神及社交方面的能力”，“疾病，是已产生症状或体征的异常生理或心理状态”，是“人体在致病因素的影响下，器官组织的形态、功能偏离正常标准的状态”，“健康可用可测量的数值（如身高、体重、体温、脉搏、血压、视力等）来衡量，但其标准很难掌握”。这一概念虽然在定义中提到心理因素，但在测量和疾病分类方面没有具体内容。可以说这是从生物医学模式向生物、心理、社会医学模式过渡过程中的产物。一方面，这种转化尚缺乏足够的临床实践资料提供理论的概括；另一方面撰写者虽然接受了新的医学模式的思想，但难以作进一步的理论探讨。因此，它还没有达到 1946 年世界卫生组织（WHO）成立时在它的宪章中所提到的健康概念：“健康乃是一种在身体上、心理上和社会上的完好状态，而不仅仅是没有疾病或虚弱的状态。”事实上，要对此作出确切的定义很难。因为，即使没有明显的疾病，人对健康或不健康的感觉也具有很大的主观性。毫无疑问，觉得身体健康，不等于身体没有病。世界卫生组织关于健康的这一定义，把人的健康从生物学的意义，扩展到了精神和社会关系两个方面的健康状态，把人的身心、家庭和社会生活的健康状态均包括在内。

（二）健康的含义

现代健康的含义并不仅是传统所指的身体没有病而已，根据世界卫生组织的解释：健康不仅指一个人身体有没有出现疾病或虚弱现象，而是指一个人生理上、心理上和社会上的完好状态，这就是现代关于健康的较为完整的科学概念。现代健康的含义是多元的、广泛的，包括生理、心理和社会适应性三个方面，其中社会适应性归根结底取决于生理和心理的素质状况。心理健康是生理健康的精神支柱，生理健康又是心理健康的物质基础。良好的情绪状态可以使生理功能处于最佳状态，反之则会降低或破坏某种功能而引起疾病。生理状况的改变可能带来相应的心理问题，生理上的缺陷、疾病，特别是痼疾，往往会使人产生烦恼、焦躁、忧虑、抑郁等不良情绪，导致各种不正常的心理状态。作为身心统一体的人，生理和心理是紧密依存的两个方面。

二、健康的标准

世界卫生组织衡量是否健康的十项标准是：（1）精力充沛，能从容不迫地应付日常生活和工作；（2）处事乐观，态度积极，乐于承担任务，不挑剔；（3）善于休息，睡眠良好；（4）应变能力强，能适应各种环境变化；（5）对一般感冒和传染病有一定的抵抗力；（6）体重适当，体态均匀，身体各部位比例协调；（7）眼睛明亮，反应敏锐，眼睑不发炎；（8）牙齿洁白，无缺损，无疼痛感，牙龈正常，无蛀牙；（9）头发光洁，无头屑；（10）肌肤有光泽，有弹性，走路轻松，有活力。根据前述世界卫生组织对健康的定义，健康不仅仅是指没有疾病或病痛，而且是一种身体上、精神上和社会上的完全良好状态，也就是说健康的人要有强壮的体魄和乐观向上的精神状态，并能与其所处的社会及自然环境保持协调的关系。

此外，为激发公民参加体育锻炼的积极性和主动性，提高身体素质，根据《中华人民共和国体育法》和《全民健身条例》，我国制定了《国家体育锻炼标准施行办法》。该办法规定的《国家体育锻炼标准》（以下简称《锻炼标准》）是以检验公民体育锻炼效果、评价身体素质为目的，以测验达标为手段的评价体系。《锻炼标准》包括年龄分组、测验项目、评级标准、评分标准和测验细则五部分。实施《锻炼标准》是一项基本体育制度，由有关部门负责，在国家机关、企业事业单位、学校、社区、乡村和有关组织中全面开展。国家鼓励和提倡公民在积极参加体育锻炼的基础上定期参加《锻炼标准》测验，争取达到标准并不断提高。《国家体育锻炼标准施行办法》为广大人民参与体育锻炼提高了法律依据和执行标准。

第三节 大学生健康的影响因素

世界卫生组织经研究提示影响个人健康和寿命有四大因素：生物学基础占15%、环境因素占17%、卫生保健服务占8%和行为与生活方式占60%。

一、生物学因素

生物学因素是指遗传和心理。人是由分子、细胞、组织、器官和系统构成的超高度复杂的人体，婴儿的出生是一个奇迹。这万物之灵有思想会沟通，机体自身完成一系列生命现象：新陈代谢、生长发育、防御侵袭、免疫反应、修复愈合、再生代偿等，按照亲体的遗传模式进行世代繁殖。遗传不是可改的因素，但心理因素可以修改，保持积极心理状态是保持和增进健康的必要条件。影响健康的生物因素包括由病原微生物引起的传染病和感染性疾病；某些遗传或非遗传的内在缺陷、变异、老化而导致人体发育畸形、代谢障碍、内分泌失调和免疫功能异常等。在社区人群中，特定的人群特征如年龄、民族、婚姻、对某些疾病的易感性、遗传危险性等，是影响该社区健康水平的生物学因素。

二、环境因素

环境因素是指以人为主体的外部世界，或说围绕人们的客观事物的总和。包括自然环境和社会环境，自然环境包括阳光、空气、水、气候、地理等，是人类赖以生存的物质基础，是人类健康的根本。保持自然环境与人类的和谐对健康十分重要，污染的环境必然对人体健康造成危害，其危害机制比较复杂，一般具有浓度低、效应慢、周期长、范围大、人数多、后果重，以及多因素协同作用等特点。社会环境又称文化-社会环境，包括社会制度、法律、经济、文化、教育、人口、民族、职业等，也包括工作环境、家庭环境、人际关系等。疾病的发生和转化直接或间接地受社会因素的影响和制约，环境因素影响人们生活方式的选择。

三、卫生保健服务因素

指社会卫生医疗设施和制度的完善状况。卫生服务的范围、内容与质量直接关系到人的生、老、病、死及由此产生的一系列健康问题。初级卫生保健是世界卫生组织于1978年9月在前苏联的阿拉木图召开的国际初级卫生保健大会上提出的概念。《阿拉木图宣言》给初级卫生保健下的定义是：初级卫生保健是依靠切实可行，学术上可靠又受社会欢迎的方法和技术，通过社区的个人和家庭的积极参与普遍能享受的，并本着自力更生及自决精神在发展的各个时期群众及国家能够负担得起的一种基本的卫生保健。初级卫生保健包含以下8项要素：（1）对当前主要卫生问题及其预防和控制方法的健康教育；（2）改善食品供应和合理营养；（3）供应足够的安全卫生的水和基本环境卫生设施；（4）妇幼保健和计划生育；（5）主要传染病的预防接种；（6）预防地控制地方病；（7）常见病和外伤的合理治疗；（8）提供基本药物。

四、行为与生活方式因素

这是指人们受文化、民族、经济、社会、风俗、家庭和同辈影响的生活习惯和行为，包括危害健康行为与不良生活方式。生活方式是指在一定环境条件下所形成的生活意识和生活行为习惯的统称。不良生活方式和有害健康的行为已成为当今危害人们健康，导致疾病及死亡的主因。健康相关行为是指个体或团体的与健康和疾病有关的行为。一般可分为两大类：促进健康的行为和危害健康的行为。

1. 促进健康行为

促进健康行为是个人或群体表现出的客观上有利自身和他人健康的一组行为，主要有以下几类：

（1）日常健康行为，如合理营养、平衡膳食、睡眠适量、积极锻炼、有规律作息等。

（2）保健行为，如定期体检、预防接种等合理应用医疗保健服务。

（3）避免有害环境行为，“环境”既指自然环境（环境污染），也指紧张的生活环境。

（4）戒除不良嗜好，戒烟、不酗酒、不滥用药物。

（5）求医行为，觉察自己有某种病患时寻求科学可靠的医疗帮助的行为。如主动求医，真实提供病史和症状，积极配合医疗护理，保持乐观向上的情绪。

（6）尊医行为，在已知自己确有病患后，积极配合医生、服从治疗的行为。

2. 危害健康行为

危害健康行为是个人或群体在偏离个人、他人、社会的期望方向上表现的一组行为，主要有以下几类：

（1）日常危害健康行为。如吸烟、酗酒、滥用药物（吸毒）、不洁性行为等。

（2）不良生活习惯。如饮食过度、高脂、高糖、高盐、低纤维素饮食、偏食、挑食和过多吃零食、嗜好含致癌物的食品（烟熏火烤、长时间高温加热的食品、腌制品）、不良进食习惯（过热、过硬、过酸食品）。

现代生活方式的改变，使疾病谱产生变化，许多现代病、富贵病由此产生。如糖尿病、高血压、肿瘤等都是由生活方式的改变造成的。大量流行病学研究表明，人类的行为与生活方式与大多数慢性非传染性疾病关系极为密切，改善行为可有效控制这些疾病的发生发展；感染性疾病、意外伤害和职业危害的预防、控制也与行为密切相关。1992 年国际心脏保健会议提出的维多利亚心脏保健宣言指出：健康的四大基石是合理膳食、适量运动、戒烟和限制饮酒、心理平衡。这说明行为与生活方式对健康的影响具有举足轻重的意义。

◎ 思考题

1. 体育的功能有哪些?
2. 健康的含义是什么?
3. 健康的衡量标准有哪些?
4. 大学生健康的影响因素有哪些?
5. 简述行为和生活方式与疾病的关系。

第二章　大学体育与健康

第一节　体育与大学生身心健康

一、体育对大学生生理健康的影响

人体由神经系统、循环系统、呼吸系统、运动系统、消化系统、排泄系统、生殖系统、内分泌和感觉器官等组成。体育锻炼由人体各器官系统协调配合所完成，同时，体育锻炼又对各器官系统产生良好影响。

1. 体育锻炼与消化系统

消化系统由消化管与消化腺组成。消化系统可把食物转化为身体所需要的营养物质，将它们送入淋巴和血流，以供身体生长和维持生命用，并将代谢过程中的残渣排出体外。经常参加体育锻炼，对消化系统的机能有良好影响，可使胃肠的蠕动增强，消化液的分泌加多因而使消化和吸收的能力提高；也能增加人体对食物的欲望和需要量，有利于增强体质。

2. 体育锻炼与神经系统

神经系统包括中枢神经系统和周围神经系统。中枢神经系统是指挥整个机体活动的“司令部”。人体的一切活动，其本质都是神经系统的反射活动，都是经过感知、分析、判断、作出反应这个过程来完成的。经常参加体育锻炼可以改善和提高神经系统的反应能力，使之思维敏捷，调控身体运动更准确协调；还能有效地消除脑细胞的疲劳，提高学习和工作效率。

3. 体育锻炼与运动系统

运动系统又称骨骼肌肉系统，由骨骼、关节和肌肉构成。经常参加体育锻炼可促进骨骼的生长发育，使骨密质增厚，骨变粗，骨面肌肉附着处突起明显，骨小梁的排列根据张力和压力更加整齐有规律。这是由于骨的新陈代谢加强，骨的血液循环得到改善，从而在形态结构上产生良好变化的结果。经常参加科学的体育锻炼，可使人体关节的机能得到提高，关节面骨密质增厚，提高人体对运动负荷的承受能力；关节面软骨增厚，既加大了关节的稳固性，又提高了关节的运动缓冲能力；关节囊增厚，加固关节；关节囊内层的滑膜层分泌滑液功能提高，减少软骨之间的摩擦；关节滑膜囊与滑膜皱襞的形态、结构产生良好变化，避免关节面过大的撞击和摩擦；关节周围肌腱和韧带增粗，加强了关节的稳固性，提高了运动能力。经常参加锻炼可使肌肉体积明显增大，肌肉的工作能力大大提高，肌肉灵活协调、反应迅速、准确有力、耐久高效；还可以消除多余脂肪，防止肥胖症。

4. 体育锻炼与心肺循环系统

在人体的各器官系统中，由呼吸系统与心血管系统组成的人体氧运输系统（心肺系统），对人的健康及生命活动有十分重要的作用。人体通过心肺循环系统将氧气和营养物质源源不断地输送到人体的各个细胞，同时将其代谢最终产物向体外运输与排出，这是维持人体新陈代谢的基础。

现代科学研究证明，体育锻炼对人体器官系统的影响有双向效应；一方面，我们要肯定科学的体育锻炼对人体器官系统能产生良好影响；另一方面，如果体育锻炼违背了客观规律，也会有害健康。缺少科学性的盲目锻炼，对人体的健康促进作用很小，甚至还可能使锻炼者产生损伤、疲劳等症状，严重损伤身体机能。因此，我们必须在科学原理指导下进行有规律的运动。

二、体育对大学生心理健康的促进作用

大量的研究表明，体育锻炼能消除人的紧张情绪，发泄内心的冲动、烦闷和单调，提高人的自信心和责任感，满足人与人之间的交往和有益的需要，磨炼人的性格和意志。经常参加体育锻炼，能显著地放松人们紧张的精神状态，改善人的自我感觉，消除沮丧和失望情绪。这是保持和增进心理健康，消除心理疾病的重要方法。体育锻炼对心理健康的积极影响主要表现在以下几个方面：

（一）改善情绪状态

情绪状态是衡量体育锻炼对心理健康影响的最主要的指标。人生活在错综复杂的社会中，经常会产生忧愁、紧张、压抑等情绪反应，体育锻炼则可以转移个体不愉快的意识、情绪和行为，使人从烦恼和痛苦中摆脱出来。大学生常因名目繁多的考试、相互间的竞争以及对未来工作的担忧而产生持续的焦虑反应，经常参加体育锻炼可使自己的焦虑反应降低。

（二）提高智力功能

经常参加体育锻炼可以提高自己的智力功能，不仅使锻炼者的注意、记忆、反应、思维和想象等能力得到提高，还可以使其情绪稳定、性格开朗、疲劳感下降等，这些非智力成分对人的智力功能具有促进作用。

（三）确立良好的自我概念

自我概念是个体主观上对自己的身体、思想和情感等的整体评价，它是由许许多多的自我认识所组成的，包括“我是什么人”、“我主张什么”、“我喜欢什么”，“我不喜欢什么”等等。坚持体育锻炼可使体格强健、精力充沛，因而，体育锻炼

对于改善人的身体表象和身体自尊（自尊指自我概念的积极程度）至关重要。身体表象是指头脑中形成的身体图像。身体表象障碍在正常人群中是普遍存在的，据报告，54%的大学生对他们的体重不甚满意。与男性相比，女性倾向于高估她们的身高和低估她们的体重，而且，身体肥胖的个体更可能有身体表象和身体自尊方面的障碍。身体自尊主要包括一个人对自己运动能力的评价，对自己身体外貌（吸引力）的评价，以及对自己身体的抵抗力和健康状况的评价。身体表象和身体自尊与整体自我概念有关，无论男性还是女性，对身体表象的不满意都会使个体自尊变低，并产生不安全感和抑郁症状。有研究表明，肌肉力量与身体自尊、情绪稳定性、外向性格和自信心正相关，并且加强力量训练会使个体的自我概念显著增强。

（四）培养坚强的意志品质

意志品质指一个人的果断性、坚韧性、自制力以及勇敢顽强和主动独立等精神，意志品质既是在克服困难的过程中表现出来的，又是在克服困难的过程中培养起来的。在体育锻炼中要不断克服客观困难（如气候条件的变化、动作的难度或意外的障碍等）和主观困难（如胆怯和畏惧心理、疲劳和运动损伤等），锻炼者越能努力克服主、客观方面的困难，也就越能培养良好的意志品质。从锻炼中培养起来的坚强意志品质能够迁移到日常的学习、生活和工作中去。

（五）消除疲劳

疲劳是一种综合性症状，与人的生理和心理因素有关，当一个人的情绪消极，或任务超出个人的能力时，生理上和心理上都会很快地产生疲劳。大学生持续紧张的学习压力极易造成身心疲劳和神经衰弱，保持良好的情绪状态和参加中等强度的体育锻炼则可以使他们身心得到放松。

（六）治疗心理疾病

体育锻炼被公认为是一种心理治疗方法。美国的一项调查显示，1750名心理医生中，80%的人认为体育锻炼是治疗抑郁症的有效手段之一，60%的人认为应将体育锻炼作为一种治疗方法来消除焦虑症。在大学生中，有不少人由于学习和其他方面的挫折而引起焦虑症和抑郁症，通过体育锻炼可以减缓或消除这些心理疾病。

大学生是社会发展的希望，是现代化建设的未来主力军，而心理健康是大学生全面发展必须具备的条件和基础，拥有健康的心理素质是当代大学生成长及成才的重要保证。体育锻炼作为一种改善心理环境、增强心理健康的重要手段，是任何其他方式都无法代替的。大学生应自觉加强自身修养，充分发挥体育锻炼对自己身心协调发展的重要作用，促进心理的健康发展。

三、体育锻炼与大学生社会适应能力

社会学家告诉我们体育运动中传播的精神、原则、体育道德等，具有很高的社会理想价值，体育锻炼中树立的公正、守法、民主、竞争、协作、团结、友谊、谦虚、诚实等道德观念，是社会不可缺少的规范文化，对于青少年乃至全体社会成员都具有教育意义。

（1）规范行为。体育运动中有各种明确而详细的行为规范，如奥林匹克精神和原则、体育道德规范、比赛规则、竞赛规程等，这些规范是体育运动得以开展的必要条件，而规范的培养是学生进入社会前必不可少的社会化过程。这一过程可以视为对社会法规和伦理道德的模拟学习过程，有助于他们理解遵守社会规范的意义和重要性。

（2）培养自立。确定体育目标并为实现这一目标而努力的过程，有助于培养运动者积极的人生态度，使他们具有更强的独立性和自立能力。

（3）体验不同的社会角色。一个人要符合社会的要求取得社会成员的资格，就必须学会接受适当的社会角色。而各种体育运动的场合，则有机会让学生体验不同的角色和“做什么、怎么做”的社会意义，为他们走向社会打下基础，从而让其体验出人的主观努力是改变社会地位的重要意义。

（4）体育锻炼是“情商”训练的有效途径。体育锻炼对人体健康的促进作用是多方面的，如生理、心理、社会适应和创造力。

面对社会的高速发展和高校的扩招，当今高校教育面临着严峻的挑战。社会对大学生提出了更高的要求，只有真正身心健康的大学生，才能成为当今社会所需要的全面发展的高素质人才。

第二节　大学体育的内容、特征与功能

一、大学体育的内容

大学体育是以身体练习为其主要内容来进行教学、锻炼、训练的，它是以增强学生体质、传递体育文化为目的的教育过程。大学体育教育包括体育课教学和课外体育两部分，其中课外体育又包括课外体育活动、课余体育训练和体育竞赛等内容。

（一）体育课教学

1. 体育课程的性质

体育课教学的核心内容就是体育课程。体育课程是大学生以身体练习为主要手段，通过合理的体育教育和科学的体育锻炼过程，达到增强体质、增进健康和提高体育素养为主要目标的公共必修课程，是学校课程体系的重要组成部分，是高等学校体育工作的中心环节。体育课程是寓促进身心和谐发展、思想品德教育、文化科学教育、生活与体育技能教育于身体活动并有机结合的教育过程，是实施素质教育和培养全面发展的人才的重要途径。

2. 体育课程的目标

（1）基本目标。基本目标是根据大多数学生的基本要求而确定的，分为五个领域目标。运动参与目标：积极参与各种体育活动并基本形成自觉锻炼的习惯，基本形成终身体育的意识，能够编制可行的个人锻炼计划，具有一定的体育文化欣赏能力。运动技能目标：熟练掌握两项以上健身运动的基本方法和技能；能科学地进行体育锻炼，提高自己的运动能力；掌握常见运动创伤的处置方法。身体健康目标：能测试和评价体质健康状况，掌握有效提高身体素质、全面发展体能的知识与方法；能合理选择人体需要的健康营养食品；养成良好的行为习惯，形成健康的生活方式；具有健康的体魄。心理健康目标：根据自己的能力设置体育学习目标；自觉通过体育活动改善心理状态、克服心理障碍，养成积极乐观的生活态度；运用适宜的方法调节自己的情绪；在运动中体验运动的乐趣和成功的感觉。社会适应目标：表现出良好的体育道德和合作精神；正确处理竞争与合作的关系。

（2）发展目标。发展目标是针对部分学有所长和有余力的学生确定的，也可作为大多数学生的努力目标，分为五个领域目标。运动参与目标：形成良好的体育锻炼习惯；能独立制定适用于自身需要的健身运动处方；具有较高的体育文化素养和观赏水平。运动技能目标：积极提高运动技术水平，发展自己的运动才能，在某个运动项目上达到或相当于国家等级运动员水平；能参加有挑战性的野外活动和运动竞赛。身体健康目标：能选择良好的运动环境，全面发展体能，提高自身科学锻炼的能力，练就强健的体魄。心理健康目标：在具有挑战性的运动环境中表现出勇敢顽强的意志品质。社会适应目标：形成良好的行为习惯，主动关心、积极参加社区体育事务。

（二）课外体育

1. 课外体育活动

课外体育活动是学校教育体系的组成部分。学校教育的目的是通过各门课程的教学以及其他活动，培养身心全面发展的一代新人。作为学校体育组成部分的课外体育活动，理所当然成了学校教育体系的重要内容之一，同样担负着培养身心全面发展的人的任务。课外体育活动是学生学校课余生活的重要内容。学生在学校除了体育课以外，参加一些课外体育活动，将有利于学生身心的全面发展，特别是有益于学生个性的发展，同时又可以丰富课余生活。因此，课外体育活动既是一种广义的教育活动，也是学生和学校课余生活的重要内容。

2. 课余体育训练

课余体育训练是在学校体育教学和课外体育活动的基础上，为提高学校运动技术水平，推动学校体育的发展，在课余时间里对具有一定体育特长的学生进行的训练过程。课余体育训练是使他们的运动才能得以发展和提高的一个专门化的教育过程，是实现学校体育目标和任务的一项重要措施，也是普及与提高体育运动的一个重要的中间环节。

3. 体育竞赛

体育竞赛是课外体育活动的一种重要形式。通过竞赛，学生的锻炼效果和运动才能可以在比赛中得以充分表现和发挥。为了有效地促使课外体育活动的广泛开展和活动质量的不断提高，在组织体育竞赛时应注意：（1）竞赛活动制度化、多样化。（2）竞赛过程规范化。（3）以竞赛促提高。

二、大学体育的特征

大学体育课程是以身体练习为主要手段、以增进学生健康为主要目的的必修公共课程，是高等学校课程体系的重要组成部分，是实施素质教育和培养德智体美全面发展的人才不可缺少的重要途径。它是对原有的体育课程进行深化改革，突出健康目标的一门课程。相对于其他体育形态而言，体育教育的基本特征是其突出的教育性和教学性。任何体育教育都是在教师（或指导者）的主导下进行的有计划的教育教学过程，即体育主体（对象）自身的学习和锻炼过程。体育教育以教学为主要途径，以课堂教学或专门性辅导为主要形式，以身体练习和卫生保健为主要手段。这些特征使体育教育同其他体育形态区别开来。大学体育教学作为学校的一项教育活动与其他学科有相同之处，也有自身固有的特点。具体而言，大学体育教育有如下特征：

从内容上看，大学体育教学的内容广泛，涉及体育运动知识与技能、教育心理学与健康心理学知识，以及营养、保健、安全、环境等与学生生活和健康关系密切的各个方面。

从运动技能的认知方式上来看，体育教学中学生的认知活动除了具有一般学科教学中的形象性认知和概念性认知外，主要是运用技能学习中特有的身体运动性认知。

从体育教学活动组织形式来看，体育教学环境复杂多变，人际交往频繁，情感体验丰富，对学生的个性心理、群体观念、社会意识、意志品质等各方面都产生广泛而深刻的影响。

从体育教学手段与方法上来看，大学体育着重培养学生的体育文化素养，掌握几项有效的体育运动技能，因此，不仅要求学生能够感悟和理解体育，还要求学生具有参与体育实践的各种能力和水平。在教学方法上，更注重选择一些有利于培养学生自学、自练能力的教学方法，如采用分析与讨论法、领会教学法等。

从大学体育教学的发展趋势看，“三自主教学”即自我选教学内容、自我选教学时间和自我选老师，已逐步进入大学体育课堂，并将成为21世纪大学体育教学的主导模式。

三、大学体育的功能

第一，学校体育的身体教育功能。全面锻炼学生的身体，促进身体形态结构、生理机能和心理发展，提高身体素质和人体基本活动能力，提高学生对自然环境的适应能力；使学生掌握体育的基本知识、技术和技能，学会科学锻炼身体的方法，养成经常锻炼身体的习惯，提高自我锻炼的能力，使之终身受益。第二，学校体育的德育功能。如：对方侵人犯规时，是毫不计较，还是“以牙还牙”；集体配合不够默契出现失误而最终比赛失利时，是相互鼓励，还是相互抱怨；对裁判员的误判是大方宽容，还是“斤斤计较”；比赛胜利时，是骄横自大，还是认真总结经验，戒骄戒躁。这都是培养集体主义感和大局为怀、善于处理人际关系的优良品德的教育过程。第三，学校体育的爱国主义教育功能。在体育教学中通过让学生欣赏大型体育运动会比赛，观看我国运动员为国拼搏、为国争光，在赛场上升国旗、奏国歌的动人场面，讲述优秀运动员刻苦训练顽强拼搏的感人事迹，能够激发他们的爱国热情，增强其民族自尊心和自豪感，对学生是很好的爱国主义教育。第四，学校体育的心理品质教育功能。体育运动使人进入一种超凡脱俗的境界，陶冶人的情操，培养人的勇敢、果断、坚毅、自信心、自制力、进取心和坚忍不拔的意志品质。紧张而激烈的竞赛对人的心理品质既是严峻的考验，也是修炼和培养良好的心理素质的时机。因此，在体育教学中培养学生心理品质很重要。第五，学校体育的智能教育功能。通过体育教学和身体锻炼，学生可学习和掌握一定的体育知识、技能和技术，并使思维力、记忆力、观察力、想象力等构成智力的各种能力得到发展。因此，作为一种教育的体育运动，在传授知识、培养技能、技巧，增强人的体质过程中，还包含着培养、开发和提高智能的教育因素。

第三节 大学体育的目的、任务与实现途径

一、大学体育的目的

根据体育的本质、特点、功能和我国社会主义现代化建设对当代大学生身心发展的要求，大学体育的目的是：增强学生体质，增进学生健康，丰富文化生活，强化体育意识，培养创新精神和实践能力，养成自觉锻炼身体的习惯，使学生在德、智、体等方面得到全面发展，成为有理想、有道德、有文化、守纪律、体魄强健的现代化事业的建设者和接班人。具体来说，我国大学体育的目的如下：

1. 有效地增强学生的体质

体质，又称禀赋、禀质、气禀、形质、气质等，即人体的质量。体质是人体在先天遗传和后天获得的基础上所形成的功能和形态上相对稳定的固有特性。换句话

说，体质是禀受于先天，受后天影响，在生长、发育过程中所形成的与自然、社会环境相适应的人体形态结构、生理功能和心理因素的综合的相对稳定的固有特征。因此，有效引导学生积极参加体育锻炼是增强其体质的重要保障，同时也是其抵御疾病、获得健康的重要保障。可以说，增强学生体质是大学体育教育的根本目的。

2. 促进学生身心健康发展

身心健康有多条标准，总的来说包括身体健康、精神健康和社会适应能力等三个方面。它是通过身体教育和思想教育这样一个双重任务来完成的。身体教育和思想教育是大学体育这门学科的特色要求。大学生正处于身体发展的重要时期，积极科学地参加体育运动和锻炼，可以发展自己的体质，为终身健康奠定扎实的基础，同时也能让学生掌握和运用基本的运动知识和技能，形成一定的运用特长，为终身体育奠定良好的基础。因此，丰富体育基础知识和运动，让学生在体育活动中培养健康的心态，是提高学生综合素质的重要保证。

3. 使学生具有充沛的精力

体育教育使学生具有充沛的精力去完成学习任务，达到高等教育的要求，毕业后能更好地承担有中国特色社会主义现代化建设的重任。青年学生正处在定型发展阶段，需要正确引导和铸就基本品质。我国大学体育要实现这一目的，就要强化服务育人意识，促使大学教学实践为培养社会主义现代化建设所需的高素质人才服务。

二、大学体育的任务

（一）促进身心发展，增进体质健康

当今社会的发展，其鲜明的标志之一就是人才的竞争。我国升学考试制度促使中小学生的竞争更加激烈，学生的负担相当繁重，课余时间几乎被占满，基本上没有时间从事活动。因而，摆在大学体育工作者面前的任务是相当繁重的。锻炼大学生的身体，增强大学生的体质，这是大学体育的首要任务。大学体育工作必须以增强大学生体质作为出发点，这是历史的使命。这项任务也是由体育的特殊作用决定的，是大学教育其他方面所不能替代的。体质的强壮具有遗传性。但在后天的环境及一定的条件下，体质是可以变化的。如有计划地改变生活条件，加强身体锻炼，可以增强体质。大学生的形态、机能及心理等各项指标基本上趋于平稳，所采用的方法、手段则必须有别于中小学生。特别是要注重对大学生心理素质的培养。中小学生注重全面发展是因为中小学生正处于生长发育期，而大学生生长发育已基本完成，过多强调全面发展，则效益不大。因而，大学体育在教材的内容上、教法手段上等，应注意着重在兴趣、特长上进行挖掘。

（二）开阔视野，增进知识，掌握几种终身受益的锻炼身体的方法

体育事业的发展，已影响和波及社会的各个方面，它已属于人们生活中不可缺

少的一部分。正如我们的社会逐步走向完善的法制化社会，人们必须学法、知法、守法一样，人们也渴望了解体育、熟悉体育。正处在高等教育阶段的大学生们，知识面广，求知欲强，他们除了必须掌握本专业的知识之外，对体育充满了浓厚的兴趣。他们希望对体育的真谛有更进一步的了解，以便在将来能够运用体育，使自己强身健体，常葆青春活力。随着社会的发展，体育将更加广泛深入地走进社会，走进千家万户，走进每个人的生活，体育将成为人们生活中不可缺少的或者说是提高和衡量未来生活质量标准的一部分，因此，大学生们应注重体育知识的学习，扩大眼界，进一步增长对体育知识的掌握，开阔视野，使自己由被动变为自觉的行动。大学生学会和掌握几种锻炼身体的方法，了解其锻炼的机理，才能终身受益。简便易行，实效性强的内容应作为首选项目进行学习，如健美操、跑步、太极拳、气功等。这些运动，也是当今正风靡全社会的运动项目，这对大学生毕业后的一生将有重要意义，也符合当代教育提出的“终身化”、“社会化”的宗旨。

（三）开展竞技项目，提高运动竞技水平

高等院校开展竞技项目，培养高水平的优秀体育人才，是当今形势发展的必然。当前，世界各国都把发展学校体育作为战略重点。小学是基础，中学是关键，大学出人才。这是一些体育发达国家的一条共同经验。众所周知，一些发达国家培养优秀运动员大部分在大学，美国在59所大学的80多万名学生中，有1万多名优秀运动员享受体育奖学金。美国的田径、篮球等项目的高水平的运动员都在大学。企业俱乐部的职业运动员也主要来源于大学。参加第21届奥运会的美国国家队中大学生占60%，第23届奥运会3块金牌获得者、1983年世界田径十佳之冠的刘易斯，原是美国休斯敦大学经济系的学生。苏联高等教育系统在全面培养建设人才的过程中，十分重视培养高水平的运动员，成绩也非常显著。苏联在奥运会上奖牌的25%~30%为大学生运动员所得。新中国成立初期，大学培养运动员也有过一些成功的经验。现在我国高校各方面都比那时优越得多。大学开展竞技项目，提高竞技水平有许多有利条件。第一，体育师资结构完善，力量强大，文化素质水平高。第二，大学有较好的场地和器材设备作保证。第三，大学各科专家、学者多，便于集中力量，协同作战，共同研究与攻克技术难关，具有科学培养和训练优秀运动员的巨大潜力。第四，训练计划大学生易于领会和接受，这是当代科学训练中不可缺少的必要条件。第五，提高运动竞技水平，办好高水平运动队，可有力地促进学校群体工作的开展，以提高带动普及，并为学校创出名声。

（四）通过高校体育，向大学生进行理想和道德品质教育

学校教育是要培养大学生成为具有建设共产主义的理想和共产主义的道德品质、有文化、有纪律的一代新人。因此，向大学生进行共产主义的理想和共产主义道德的教育也是高校体育教育的重要内容之一，大学生的一切言行，都会反映出他们的思想和道德品质。因此，除了专门进行政治思想和道德品质教育的政治课程

外，其他所有课程也必须结合本身教育的内容和教学活动，向大学生进行共产主义理想和道德品质的教育，共同培养有社会主义觉悟的有文化的劳动者。学生积极参加体育锻炼，不仅是为了个人的健康、长寿，而且还肩负着社会责任。把参加体育锻炼与热爱社会主义、热爱祖国相联系，主要表现为一种行动的教育。通过体育过程中的行为表现，有利于培养组织性、纪律性、集体主义等道德品质。在体育活动中，常常要求克服困难，勇敢奋斗，这有利于培养勇敢、坚毅、果断、机智等意志品质，这些品质在体育活动的实践中，比在教室内的学习中更容易表现出来。教师针对大学生的种种表现及时向他们进行教育，可达到事半功倍的效果。通过体育的实施过程，会更有效地培养大学生爱国主义、集体主义等观念及培养坚强的意志和奋斗精神。

三、大学体育目的的实现途径

大学体育是教育学生健康运动、实现运动健康的特色课程，同时又是培养学生智力、体力、道德、情操、美感、行为等方面和谐、全面发展的一门科学。随着社会进步、人们生活水平的进一步提高，大学体育不仅要育“体”而且要育“心”，不仅要和谐社会、满足需求，而且要研究如何给人以享受和新的教育内涵。培养具有创新能力、强壮体格和良好道德品质的高素质人才给我国大学体育提出了新的更高的要求。因此，必须紧紧围绕大学体育的目的和任务，探索其实现的基本途径。具体来说，实现大学体育目的的基本途径如下：

1. 健全组织，保障体育工作顺利进行

组织是实现大学体育目的的重要保证，在学校设立相应的体育机构能够起到领导和保障作用。大学常设的体育组织有：校体育运动委员会、校体育教研室或体育课部以及各院系体育领导小组。同时还有各类学生体育组织：大学生体协、各单项协会、校学生会体育部以及各院系学生会体育部。这些部门是组织、指导和协调学校各类体育活动的常设机构。它们分工负责、团结协作，为大学开展体育教学科研和课外体育活动及举办各类体育比赛发挥了重要作用。

具体地说，校体育运动委员会是学校体育工作的领导机构，具有协调和督促职能，在学校党委和行政领导下开展工作，是全面领导全校师生开展体育活动的管理组织，其宗旨是，通过各类体育活动的开展和宣传，培养品德高尚，素质全面，体魄强健的全面发展的高素质人才，全面推动学校全民健身活动的开展和体育运动的普及，活跃校园体育文化，使广大师生员工建立终身体育意识。校体育课部是学校体育教学职能部门，担负着学校体育相关教学、群体、训练、科研任务，在主管学校体育工作的校负责人的领导下开展日常体育工作。大学生体协是一个群众性学生组织，在校体育运动委员会和校体育课部的领导下针对全校学生需求适时组织各项体育活动。它下设体育部、宣传部、秘书处等部门，直接针对各院系学生会开展体育工作，集协调、宣传、组织于一体。各院系体育领导小组是在校体育运动委员会的领导下，负责组织、指导、支持各院系学生会、团组织开展群体活动，积极参加学校举办的各项赛事。总之，从体育机构入手，健全组织，形成自上而下的组织管理系统，才能形成规范，统一协调，密切配合，适应大学体育工作的实际需要。

2. 分门别类，建立大学体育特定的课程结构

大学体育课程是实现大学体育目的的重要内容，是开展大学体育工作的根本保证。大学体育课程包括体育课、课余训练、课外体育活动以及运动竞赛等部分。为实现体育课程目标，大学应使课堂教学与课外、校外的体育活动有机结合，学校与社会紧密联系。要把有目的、有计划、有组织的课外体育锻炼、校外（社会、野外）活动、运动训练等纳入体育课程，形成课内外、校内外有机联系的课程结构。大学体育不仅要做好有时限的体育课堂教学与训练工作，而且要做好课余训练、课外体育活动以及运动竞赛等课外体育工作。根据学校教育的总体要求和体育课程的自身规律，应面向全体学生开设多种类型的体育课程，可以打破原有的系别、班级建制，重新组合上课，以满足不同层次、不同水平、不同兴趣学生的需要。重视理论与实践相结合，在运动实践教学中注意渗透相关理论知识，并运用多种形式和现代教学手段。要充分发挥学生的主体作用和教师的主导作用，努力倡导开放式、探究式教学，努力拓展体育课程的时间和空间。在教师的指导下，学生应具有自主选择课程内容、自主选择任课教师、自主选择上课时间的自由度，营造生动、活泼、主动的学习氛围。此外，大学应把校运动队及部分确有运动特长的学生的专项运动训练纳入体育课程之中。对部分身体异常和病、残、弱及个别高龄等特殊群体的学生，开设以康复、保健为主的体育课程。总之，通过各种体育课程开展大学体育活动是改变大学体育教学面貌，促进大学体育深化改革、再上台阶的重要保证。

3. 参与竞赛，全面提高学生综合素质

随着时代与人类观念的不断进步和社会与经济的持续发展，体育竞赛已演变成为今天的在高科技高投入的支撑下，在长期培养广泛选材和科学训练下，在严谨计划和周密组织下，所进行的具有强烈对抗性并具有显著观赏性的比赛活动。现代体育运动比赛也为体育竞赛赋予了更为丰富和广泛的内涵，它要求运动员进行更加充分和完善的准备与训练；要求竞赛条件必须更加符合科学理念和专项规则；要求参与双方必须更加合乎道德规范准则和公平的原则，并要求实现其交流、宣传、激励、教化和团结人民，推动进步的多重功效。大学可每年组织综合性学生运动会（或体育文化节）以及其他校内体育比赛，设置学生喜闻乐见、易于参与的竞技性、健身性和民族性体育项目，支持院系、专业或班级学生开展体育竞赛和交流等活动。大学应注重培养学生体育特长，有效发挥体育特长生和学生体育骨干的示范作用，组建学生体育运动队，科学开展课余训练，组织学生参加教育和体育部门举办的体育竞赛。影响广泛的大学生运动会有世界大学生运动会和全国大学生运动

会，大学应支持并组织有较高水平的学生参与这些大型体育赛事，使他们得到锻炼并提高自身素质。

◎ 思考题

1. 体育对大学生的身心健康有哪些促进作用？
2. 大学体育的特征有哪些？
3. 大学体育的功能有哪些？
4. 大学体育的任务有哪些？
5. 简述大学体育目的的实现途径。

第三章　体育锻炼的原则方法与卫生保健

第一节　体育锻炼的原理、原则与方法

一、体育锻炼的科学原理

体育锻炼是人们所进行的、有效的、合理的身体活动。而要使这种身体活动有效和合理，就必须遵循一定的依据，这种依据就是所谓的体育锻炼的原理。体育锻炼原理并没有概念上的意义，它只是从体育锻炼实践中产生出来的具有原则意义的理论。这种理论是多方面的，以下就主要的几点做一简要的介绍。

（一）刺激与适应性的改变和增强

体育锻炼实际上就是对身体施加的一种运动刺激。在运动的刺激下，引起了机体的多种反应，并随着刺激次数的增加与时间的延续、负荷量与强度的增长，使人体在形态、机能、素质、体能等方面，产生适应性的变化和增强。原则上讲，有了这种刺激，人体才可能产生这些变化；没有这种刺激，人体就不可能产生这些变化。

（二）运动疲劳与疲劳恢复

体育锻炼的过程就是：运动——疲劳——休息——恢复。有人讲“没有疲劳，就没有锻炼”，这话是有一定科学道理的。运动中只有出现疲劳，才可能通过休息，使体力得以恢复，并进而提高身体对疲劳的耐受力。例如，在长跑锻炼中，一个人在开始的一段时间里跑 1000 多米就感到体力不支，而他通过一个时期的锻炼，能跑两三千米仍不感到十分疲劳。可见，人的体力及各种运动能力，必须通过运动所产生的疲劳锻炼才能得以增强和提高。所以，我们不应害怕疲劳，担心自己的体力会用完。我们应该明白，这种现象在运动生理学中叫做“超量恢复”。所谓超量恢复，是指人体通过一定量与强度的运动刺激，使机体出现疲劳，而在休息之后，机体的代谢能力与体力状况，可以恢复到比运动前更高的水平之上。人的各种运动素质与体能，就是在这种“超量恢复”的多次出现与重复中提高起来的。在体育锻炼中，我们应有意识地运用这一规律，以增强锻炼的效果。

（三）能量消耗与营养补充

运动必然要消耗体内更多的能量物质。因此，运动后就必须注意营养物质的补充。这样才能使体内的机能代谢逐步提高到新的水平上。这不仅能够加强人体对营养物质的吸收和利用，而且可使体质的增强得到充分的物质保障。

（四）用进废退

人的各种运动能力，人体各组织、器官、系统的生理机能，无一不遵循着“用进废退”的自然法则。就拿我们大、中、小学体育教材中都有的“前滚翻”动作来说，其实这是还不会走路的幼儿在床上很容易做出的动作。然而，在大学的体育课上，却有学生做不出这一简单动作，而有的学生却能很快地学会头手翻、前手翻，甚至更为复杂的动作。这不能不使我们吃惊地看到，人的各种原本就有的运动能力，是能够在不使用、不锻炼中渐渐消退的；而这些能力又能在经常的锻炼中得到惊人的提高和发展。这就是游泳运动员的肺活量为什么会比一般人大得多、球类运动员的反应比一般人快得多，体操运动员又能做出令人叹为观止的难新动作的最基本道理。人们常讲“生命在于运动”，这句话是颇有哲理性和科学性的。

二、体育锻炼的基本原则

体育锻炼的原则主要是体育锻炼客观规律的反映，是体育练习者从事体育锻炼实践，达到理想效果所必须遵循的基本原则。在体育锻炼的过程中，只有正确地理解和运用体育锻炼的原理，才能使体育锻炼获得最佳效果。

（一）自觉性原则

自觉性的原则是指体育锻炼者应有明确的锻炼目的，要有“善其身者无过于体育”的思想认识，自觉积极地进行体育锻炼。要想收到体育锻炼的预期效果，必须以主动积极的态度，自觉地坚持锻炼才行。贯彻自觉性的原则，应注意以下几点：（1）要做到自觉锻炼，首先必须明确锻炼目的。学生都应遵照“坚持四项基本原则”和德、智、体全面发展的教育方针，把自己锻炼成为一个有理想、有道德、有文化、有纪律的人，将来更好地为四个现代化和人类的进步事业多做贡献。一个人只有树立起这一远大目标，才能使体育锻炼更具有长久的动力和自觉性。另外，参加体育锻炼更多的是带有直接目的和动机的。例如：为了丰富文化生活、调节情绪、活泼身心、陶冶情操、锻炼意志等，或是为增进健康，促进身体的正常发育和造就一个健美的形体，以及防病治病等。不管带着哪种目的和需求，只要是有目的地去锻炼，这种锻炼就更具主动性和自觉性。（2）应充分认识体育锻炼的特点和作用。体育锻炼的内容与形式是多种多样的，每个人都可以选择自己较喜爱的运动项目和形式，并有意识地培养锻炼的兴趣。当一个人对体育锻炼产生兴趣之后，他进行锻炼的情绪才是高涨的，感受才是积极的。但是，仅仅停留在兴趣阶段是不够的，而是应从兴趣入门，逐渐形成一种自觉行动和良好的体育锻炼习惯。

(3) 要使锻炼更具自觉性，还应经常检验锻炼的效果。如定期测试一下身体素质、形态，某些生理机能指标和运动成绩等方面的增长、变化及提高情况，也可用饮食、睡眠、精神状态以及学习时的注意力等情况的对比来检验锻炼的效果。这样不仅可以检查锻炼方法是否得当有效，而且还可以看到锻炼的成效，从而使体育锻炼的兴趣与信心进一步增强，自觉性更加提高。

(二) 循序渐进原则

循序渐进原则是指体育锻炼的内容、方法和运动负荷等，必须根据人对事物的认识规律、动作技能形成规律和生理机能的负荷规律，由小到大、由易到难、由简到繁、由低级到高级地逐步进行。在体育锻炼中，最忌急于求成，想“一口吃个胖子”，只能事与愿违，甚至还会造成伤害事故或给身体带来某些生理损伤。因此，进行体育锻炼时，学习动作要由易到难，运动量由小到大，运动强度（刺激强度）应由弱到强。同时，还应根据年龄、性别、身体素质水平，因人而异地安排练习的内容，这样才能收到良好的效果。

(三) 全面性原则

全面性原则是指身体锻炼应全面发展身体的各个部位、各器官系统的机能、各种身体素质和活动能力，追求身心的和谐发展。体育锻炼，不仅应包括不同身体部位的活动，更重要的是应该包括多种项目和不同性质的活动，进行全面锻炼。身体各系统都是相互联系、相互制约的，身体某一方面的发展必然会影响到其他方面的发展，而全面发展，就能相互促进，共同提高。目前，大学生年龄多处在 17～23 岁，为身体发育逐渐成熟的阶段，具有一定的可塑性。因此，在体育锻炼中贯彻全面性原则尤为重要。从体育项目对人体锻炼的作用来看，也是有所侧重的。如短跑主要是发展速度，投掷、举重主要是发展力量，长跑则侧重于发展耐力，球类则以发展灵敏性协调性为主。所以进行全面锻炼就能使身体素质获得全面发展，使其能更快地掌握运动技术和技能，增强体质。

(四) 经常性原则

经常性原则是指身体锻炼必须持之以恒，使之成为日常生活中的重要内容。我们做什么事情都要有恒心，体育锻炼也是这样。运动技术的形成和提高，人体各组织系统机能的改善，是肌肉活动反复多次强化的结果。不经常锻炼，后一次锻炼时，前次锻炼的痕迹已经消失，失去了累积性的影响作用，因此效果也就很小，甚至不起作用。同时，运动技能的形成，人体结构、机能的改善，身体素质提高，都受着生物界“用进废退”规律的制约。不经常锻炼，已取得的效果也会逐渐消退。俗话说，“拳不离手，曲不离口”，所提示的就是这个道理。

上述锻炼身体应遵循的几项原则，是互相联系、互相制约的。只有科学地、有目的地、全面地贯彻这些原则，才能不断增强体质，取得预期效果。

三、体育锻炼的方法

体育锻炼的方法很多，这里仅将常用的几种方法介绍如下：

（一）提高身体素质的方法

它是最基本和常用的练习方法。运用这种方法能有效地提高身体素质，提高基本活动能力，促进内脏器官的功能，增强体质。身体素质练习包括：力量、速度、耐力、柔韧和灵敏性的练习。其中力量、速度、耐力和灵敏性尤为重要，现做简要介绍：

1. 发展力量的因素及方法

（1）负荷。实践证明，开始练习时以身体最大负荷的60%~70%进行练习，增长力量的效果最好，随着练习水平的提高，负荷量应不断增加。（2）动作速度。在力量练习中，动作速度不同，练习效果也不同。如投掷需要爆发力，短跑需要快速力量，它取决于肌肉收缩的力量与速度。这就宜采用较少的负荷做快速的运动。（3）训练间隔。开始训练时以隔日训练为好。实践证明，隔日训练的力量增长为77%，而每日进行力量训练增长只有47%。每次练习间隔以3~5分钟为宜。发展力量的内容（手段）很多，常见的有投掷重物、举重、引体向上、双臂屈伸、俯卧撑、跳跃、负重下蹲、负重跳等。

2. 发展速度的方法

（1）提高步频。主要是通过加快运动中枢兴奋和抑制的转换速度来提高的。（2）通过增加髋关节柔韧性和腿部力量的训练来加大步幅。其练习内容有高抬腿跑、小步跑、加速跑、跨步跑、后踢跑、折返跑、斜坡跑等。

3. 发展耐力的方法

进行耐力练习应注意以下几个因素：（1）心、血管的负荷量。为了提高耐力，使身体处于较长时间的运动状态下而不产生疲劳，首先应提高心、血管的机能，赋予心、血管系统一定的负荷和持续时间。在体育锻炼中应使负荷量达到心、血管系统最大功能的70%，并要求至少持续5分钟。（2）运动时应有一定的间隔时间。每次负荷之间的间歇时间，一般是以脉搏频率恢复到120~130次/分，再进行下次负荷练习为宜（通常需要3~4分钟）。（3）动作速率，即跑的速度。一般来说进行中速运动或者是匀速跑步而脉搏保持在150次/分的训练对耐力的增长较为有效。其练习内容有定时跑、折返跑、中长距离跑、马拉松跑、越野跑和爬山等。

4. 发展灵敏性的方法

（1）提高神经系统的功能。即通过信号刺激的训练提高大脑皮层的反应能力。

（2）增加力量素质。肌肉力量强大可使动作迅速、灵敏。

（3）熟练地掌握运动技能。消除动作的紧张和僵硬，达到动作灵敏而协调、精确、省力。发展灵敏性应采用多种方法练习。常言道："熟能生巧。"动作技能掌握得愈多、愈熟练，就愈灵敏。体操、技巧、各种球类活动、游戏以及一些专门性辅助练习，都是发展灵敏性的有效手段。

（二）民族形式的锻炼方法

民族形式体育是指具有民族传统和民族特点的体育项目，如我国的武术、气功等。武术运动不受场地、器材、条件等因素的限制，运动量可大可小，内容丰富多彩，是我国的优秀文化遗产。它的动作结构、技术要求、运动风格和套路特色各有不同，有较大的锻炼价值，适合不同年龄、性别和体质的人进行锻炼，深受群众喜爱。太极拳是一种合乎生理规律的柔和、缓慢而轻灵的拳术，它不仅在我国流传甚广，在国外也广为传播。现已成为人们增进健康、防病、治病的医疗体育之一。太极拳动作圆活协调，连绵不断，前后贯通，上下相连，虚实分明，重心稳定，意识引导动作，呼吸自然。久练之后，全身血液畅通，身心舒畅，精神焕发，所以特别适合老年人、体弱和患有慢性疾病者锻炼。气功是我国医学宝库的珍贵遗产，是具有民族特色的一种医疗保健体育。气功是通过练习者发挥主观能动作用，对身体进行自我锻炼的一种良好方法，是一种有效的“生理学预防疾病”的措施。任何一种气功的锻炼方法，都是从调身（调整身体形态）、调息（呼吸）、调心（神经状态）入手。长期坚持气功的练习，可以促进大脑皮质抑制的保护作用和低代谢生理状态的保护作用，提高调整身体的异常反应，改善生理机能的自我控制能力，增加对腹腔的“按摩”作用。

（三）利用自然因素锻炼身体的方法

人们赖以生存的自然界是千变万化的。人们为了生活和生存，对自然界的适应能力也是很强的。同时，自然界也包括许多对人体健康十分有益的因素。也就是说，人体不仅要适应外界环境的变化，而且还应该利用各种自然条件进行锻炼，以进一步提高对外界的适应能力，增进健康和增强体质。日光、空气、水等自然条件，对身体健康具有重要意义。如日光，对机体的作用是多方面的，其中紫外线具有杀菌、抗佝偻病等作用，又能提高皮肤抵抗力和关节的活动性。红外线能起温热作用，提高新陈代谢、改善组织营养等。又如气温、湿度、气流对皮肤的刺激，特别是低温的刺激，通过神经的发射作用，改善体温调节系统，促进血液循环。特别是空气中的阴离子，对人体神经系统、血液循环、呼吸及内分泌活动等，都能产生良好的刺激作用。水浴，主要是利用水的温度、机械力和化学作用来锻炼身体。水浴可以分为冷水浴、温水浴和热水浴。温水浴能起降低神经的兴奋性、减弱肌肉张力、扩张皮层血管等作用，能加速消除疲劳。尤其是热水浴效果会更加明显。冷水浴对健康更为有益，特别是对增强心脏血管系统和呼吸系统效果显著，还有促进消化系统的功能和改善体温调节的机能。另外冷水浴不仅能提高新陈代谢机能、洁健皮肤、增强体质，而且能提高抵抗疾病的能力和锻炼意志，为适应低温严寒的自然环境创造了十分有利的条件。

（四）跑步健身法

跑步对正在成长的青少年学生来讲，是发展速度、耐力、灵敏性、协调等身体素质，促进运动器官和内脏机能的发展，增强体质的有效手段。对中老年人来说，跑步也是增强各器官系统的机能、延年益寿、强身祛病的最好方法。跑步可以锻炼心脏，保护心脏，预防冠心病。据观察，长期练习跑步的人，心肌的代谢比较正常，能保证有足够的血液供给心肌，不易发生缺血性心脏病。跑步可以活血祛淤，改善循环，防止下肢静脉淤血和盆腔腹腔淤血，从而预防痔疮和血栓性静脉炎。跑步还能促进代谢，控制体重，预防肥胖症。开始练习跑步的体弱者，可先进行短距离慢跑，从 50 米开始，逐渐增至 100 米、200 米以至更多。速度一般为 30~40 秒钟跑 100 米。体力稍好的可进行长跑，距离从 1000 米开始，适应后再逐步增加距离，一般可增至 3000~5000 米，速度为 6~8 分钟跑完 1000 米。跑步最好早晨进行。运动量要根据跑时每分钟最高脉搏数来掌握。

第二节 体育锻炼的卫生保健

运动与卫生保健是研究人体运动与卫生、健康、疾病损伤的关系。讲究卫生可减少致病因素对机体的作用，从而预防疾病，保障健康和运动能力。体育锻炼可增强机体对疾病的抵抗力，进而达到保障健康的目的。而卫生保健的目的在于运用卫生学和医学的知识和技能，对运动参加者进行医务监督和指导，使体育锻炼达到最佳效果。下面将着重介绍人体卫生、运动与营养卫生、运动环境卫生、女子体育卫生。

一、人体卫生

（一）个人卫生

（1）生活制度。稳定而有规律的日常生活制度，对于增进健康，提高工作和学习效率，提高运动成绩有良好的作用。在条件允许的情况下，一般应尽量保持生活制度的相对稳定。当然，随着工作、学习、锻炼情况的改变，生活制度也可作相应的调整。

（2）早锻炼。早锻炼的目的在于消除因睡眠留下的抑制状态，提高机体各系统的机能活力，为一天的学习、工作做好准备。大学生应养成良好的生活习惯，早晨起床后，应进行早锻炼。早锻炼的内容可根据自己的健康状况进行，如做操、跑步等活动，运动量不宜过大。

（3）服装。个人服装平时应保持清洁、美观、大方、大小合适。运动时的服装应符合运动项目和运动卫生的要求。冬季服装应轻便保暖；夏季服装应宽松，吸汗透气性能好，内衣、内裤应柔软；运动鞋大小适宜、富于弹性；炎夏在阳光直射下应戴遮阳帽。

(4) 皮肤和牙齿卫生。皮肤既是感觉器官又是身体的保护器官。皮肤里的汗腺排出一部分代谢产物能调节体温；皮肤里的皮脂腺分泌皮脂以保持皮肤的滑润。当汗腺和皮脂腺孔堵塞时，细菌繁殖，就会引起皮肤上的毛囊炎或疖肿。所以，皮肤必须清洁干净。脚趾间皮肤易脏，最易产生糜烂，也易感染脚癣，要特别注意清洁。患脚癣要积极治疗。不要与他人共用鞋袜和洗涤用具，以免传染。牙齿上经常有食物残渣，是细菌繁殖的基础，易引起牙病和口腔疾病，应早晚各刷牙一次。刷牙时应沿着牙缝上下刷，切忌用力横刷，以免损伤牙齿表面的牙釉和牙龈。

(5) 睡眠。睡眠是生理要求，是清除机体其他器官疲劳最有效的方法。睡觉之前不宜作剧烈的运动，避免进食有刺激的饮料，如浓茶、咖啡等；卧室空气应流通；睡眠时间大学生每天一般是 8 小时左右，白昼较长、运动量较大或学习负担较重时，应适当增加午睡时间。

(6) 心理卫生。心理卫生是根据心理活动的规律，采取各种措施，保护和增强心理健康，提高对社会的适应能力，预防身心疾病的发生。心理健康的主要标志有以下几个方面：情绪稳定，没有压迫感和不安感；具有较强的适应能力；具有同情心和丰富的感情；能表现与生理发育阶段相适应的情绪；能够克制个人需要和受客观环境限制的欲望；热爱生活并能与人和睦相处；具有自信心，有坚强的意志；具有敏捷的智慧等。如果情绪变化无常，信仰破灭，有压迫感，多疑、骄傲或自卑，说谎、嫉妒、忧郁、无端恐惧等，均为不健康心理的表现。青年人讲究心理卫生，应从树立崇高的理想、陶冶高尚的情操，培养良好的情绪、感情和性格，协调人际关系等几方面着手。

(7) 用眼卫生。视力不良和近视发生的原因，受多种因素的影响，有先天遗传的因素，又与环境条件和生活学习习惯有关。用眼卫生，主要是注意阅读、书写、绘画卫生。阅读、书写、绘画时眼与书本或作业的距离最好保持在 20~25cm；最好使用有 12°~15°倾斜的桌面；坐姿要端正；光线要充足；时间不宜过长；每隔 1 小时应远眺或使眼睛休息；养成良好的阅读、书写习惯，如不躺着看书，不在走路乘车时看书；定期进行视力检查。检查时，若双眼视力均在 1.0 及 1.0 以上者为正常。低于 1.0 者为视力低下。0.9~0.7 为轻度，0.6~0.4 为中度，低于 0.3 为重度。

(二) 自我身体检查

自我身体检查是指运动参加者在锻炼或训练过程中，主动观察自己的身体机能状态，并进行记录，以便观察锻炼的效果，根据机体的反应情况及时地调整运动量。自我检查的内容，包括主观感觉（自我感觉、睡眠、食欲等）和客观指标（脉搏、体重、肺活量、肌力、月经等）。

(1) 自我感觉。在运动时是精神饱满、愉快、愿意锻炼，还是精神不振，不想练；锻炼中有无肌肉酸痛、头昏、恶心、腹痛等情况；锻炼后疲劳消除的快慢，睡眠、饮食、机体反应等状况怎样？可按“良好、一般、不良”记录。

（2）睡眠。是否能迅速入睡、熟睡、多梦？早晨醒来是否感觉精神好，全身有力？可记录睡眠时间、熟睡程度等。

（3）食欲。可记录为“良好、正常、一般”。

（4）脉搏。正常情况下，每日早晨起床前测得的基础脉搏数大致相同，或随着锻炼效果的增强而稍有减慢。如果有明显的增加或减慢，应考虑有无过度疲劳或疾病的征兆。若出现心律不齐，应查明原因。

（5）体重。一般在锻炼后的前几周，体重可下降2~5kg，以后肌肉体积增加，体重可稍回升，然后稳定在某一水平上，这是正常的现象。若体重持续性地下降，则提示过度疲劳、能量消耗过大而摄入不足。

（6）肺活量。正常时肺活量应保持在某一水平，或稍有增加，机体不良时，肺活量可能持续下降。

（7）握力、背力。在系统锻炼之后，握力、背力应增加，疲劳时则下降。

（8）月经。女生从事体育锻炼要注意观察月经周期是否正常、经期长短、经血量多少、是否有痛经等不良反应。

（三）疲劳及消除疲劳的方法

（1）疲劳的表现。由于活动工作能力及身体机能暂时降低的现象称为疲劳。疲劳一般可分为肌肉疲劳、神经疲劳和内脏疲劳三类。当肌肉疲劳时，出现肌肉僵硬、肿胀和疼痛，肌力下降等；当神经疲劳时，常表现为反应迟钝、判断错误、注意力不能集中、动作协调性受到破坏等；当内脏疲劳时，常出现呼吸节律紊乱，呼吸浅而快，心悸、胸痛、恶心、呕吐以致心电图改变等。

（2）消除疲劳的措施。合理的睡眠是消除疲劳、恢复体力的最好方式。锻炼结束后进行温水浴和局部热敷是简单易行的消除疲劳方法，按摩是消除疲劳的重要手段，积极性休息如欣赏音乐、合理营养等是消除疲劳不可缺少的措施。此外，为了尽快地消除运动后的疲劳，适当地选用一些药物是必要的。如维生素B1、B6、B12、C以及刺五加、三磷酸腺苷（ATP）等。有条件者可采用氧气和负离子吸入。

（四）学校传染病的预防

1. 学校常见的传染病

“传染病”是由病原体引起的，能在人间、动物间或人与动物间相互传播的疾病。学校是传染病的集散场所，易于传染病的暴发和流行，且具明显的季节性。如冬、春季节多发呼吸道传染病，夏、秋季则以肠道感染病为主。同时，春、秋季开学后传染病的流行出现高峰。学校常见的传染病主要有流行性感冒（简称流感）、病毒性肝炎（简称“肝炎”）、细菌性痢疾（简称“菌痢”）、流行性腮腺炎（俗称“痄腮”）、沙眼、蛔虫病、疥癣等。

2. 传染病的预防

传染病在人群中的传播，必须具备传染源、传播途径、易感人群三个基本环节。缺少任何一个环节，新的传染就不可能继续发生。所以预防传染病的流行可采取以下措施：(1) 传染源的管理。传染源是指病人、病原携带者和受感染了的动物。传染源的管理主要包括检疫、传染病人的早发现、早诊断、早隔离治疗，对带菌者的隔离等。(2) 切断传播途径。各种传染病有不同的传播途径。如呼吸道传染病的传播主要是通过空气。消化道传染病的传播主要是通过食物及饮水，还有些传染病是通过媒介昆虫传播。如苍蝇可传播痢疾与伤寒，蚊子可传播疟疾等。有些传染病是直接接触传播的，如疥癣等。传染病的预防，除由卫生机构根据其传播途径制定相应措施外，个人也应保持公共场所的空气新鲜，提倡戴口罩，不饮、不食不洁食物和水，饭前便后洗手，不随地吐痰，驱除媒介昆虫，防止直接与传染源的接触等。(3) 保护易感人群。易感人群是指对某种疾病缺乏免疫力的人群。积极参加体育锻炼，合理营养，讲究个人卫生，保持良好的生活制度，可以提高机体对疾病的抵抗能力；预防接种可以提高机体的免疫能力。

二、运动卫生

(一) 运动场地卫生要求

田径场跑道应结实、平坦，无浮土，富有弹性。投掷区还应有明确划分，一个投掷区内不允许同时进行几种投掷运动，不允许面对面投掷，铁饼和链球场应设置护笼等。球类场地的四周 2.5m 范围内不应放置任何障碍物，以免碰伤。篮、排球场应平坦、结实。体操器械要符合标准，进行体操练习时器械下面应有垫子，注意加强保护。在江河湖泊里游泳时，要弄清水是否清洁，有无污染，弄清池底有无石块淤泥。一般不能在江河湖泊里游泳，以免发生危险或造成灾难。在游泳池游泳时要先进行淋浴、洗脚、踏经消毒池，以减少池水的污染。凡经医生检查患有肝炎、肺结核、肠道传染病、皮肤病、眼结膜炎、重沙眼、中耳炎等均不得入池游泳。

(二) 锻炼卫生

机体与外界环境通常保持平衡状态，但也时常受到外界因素，如阳光、空气和水的影响。经常进行户外锻炼能增强机体对感冒、上呼吸道感染疾病的抵抗力，增强机体对外界环境的适应力。但进行锻炼时必须循序渐进，实施全面锻炼原则，并根据自己的年龄、健康状况和运动水平而选择锻炼方法。(1) 日光浴。主要是利用日光的温度和生物化学作用来增强机体代谢，杀灭细菌，促进维生素 D 的合成。从事日光浴前应体检，凡有出血倾向，发烧者等不宜进行。日光浴时间最好每日上午 9—11 时或下午 3—5 时，夏天在上午 8—10 时或下午 4—6 时进行；饭前后 1～1.5 小时内不宜进行。日光浴必须遮盖头面部。(2) 水浴。锻炼方法有擦身、冲洗、淋浴、游泳等。主要利用水的温度，水的机械作用和化学作用以达到训练体温调节中枢，增强新陈代谢，按摩身体及水疗等目的。其中机体对冷水浴刺激反应最强烈。冷水浴锻炼宜从夏季开始，以后逐渐降低水温，水浴时间不宜过长，一般不超过5分钟。（3）空气浴。是利用空气温度、湿度、气流、气压及空气中的电离作用达到刺激中枢神经系统，加强新陈代谢，提高机体抵抗力的目的。空气浴不受时间、地点限制，简单易行。

（三）体育活动中的某些医学保健问题

1. 运动与心血管疾病

一般慢性心脏病患者只能从事中小运动量的体育活动。心肌炎等病的急性期应停止运动，并进行治疗。心脏杂音应区别是有害性杂音还是无害性杂音，后者不应限制体育活动。高血压患者能否参加运动，应视高血压程度以及并发症情况而定。血压轻度增高，无自觉症状，心、肾亦无病变，则限制不必过严，可参加适当的运动并配合积极治疗。血压较高且有自觉症状者应避免激烈运动，特别要避免用力闭气，低头，旋转头颈等运动，可参加慢跑、游泳等。

2. 运动与呼吸系统疾病

肺结核患者呼吸循环机能极易疲劳，因此对肺结核患者的运动必须十分慎重。肺结核活动期禁止参加运动，陈旧性病灶已钙化多年又无自觉症状，多数人可从事剧烈运动，但仍要十分注意，定期体检。淋巴结核原则上同于肺结核。胸膜炎急性期应积极治疗，使积液完全吸收，以免发生胸膜粘连，妨碍呼吸机能。患结核性胸膜炎病愈后一年内禁止参加运动。已形成胸膜肥厚时，可参加一般性体育活动。慢性气管炎、肺气肿、哮喘病患者均应避免大运动量，冬季过度寒冷或大风天气时，应避免长时间的室外活动。平时可多做呼吸体操，以改善呼吸机能。咯血者必须停止一切体育活动。

3. 运动与消化系统疾病

溃疡病、胃炎常反复发作，在病情不稳定或有并发症时应停止运动进行医治，间歇期可参加正常体育活动，平时应注意饮食调理。传染性肝炎急性期应隔离治疗，停止运动，卧床休息，肝炎愈后1~2月内尽量保持安静，避免运动。以后根据肝功能检查结果和患者自我感觉，逐渐增加运动量。胆囊炎的急性期严禁运动，慢性期可参加轻微活动。

4. 运动与骨关节病

骨折已完全愈合可参加正常体育运动。风湿性关节炎急性期严禁运动。治愈后无关节肿痛，无活动障碍，全身情况正常，“血沉”现象正常可参加正常运动。关节风湿症患者有运动后痛，或天气变化时痛，但无关节肿胀畸形，可作小量活动，病情好转后可逐渐增加运动量。类风湿性关节炎应进行医疗体育活动，增强肌力，防止肌肉萎缩，预防或矫正畸形。骨关节结核患者，治愈后一般不能参加大运动量活动。

5. 运动与其他疾病

急性中耳炎和慢性中耳炎发作时，禁止参加体育运动。慢性中耳炎应设法根治，根治前可参加中小运动量活动，游泳时要防水入耳。慢性鼻窦炎患者不宜在严寒、大风气候下从事室外运动。冬季室外运动应注意正确的呼吸方法，且运动时间不宜过长。高度近视者，应避免参加激烈运动，特别是跳跃运动，以免发生视网膜剥离。腹股沟症，只能参加小运动量活动，避免增加腹压运动。术后3个月可开始参加一般运动，6个月后可参加激烈运动和比赛。急性肾炎患者应绝对休息，一年以内或者轻度慢性肾炎者，均应避免长时间的剧烈运动。月经不规则、痛经的女学生，如果体格检查无其他异常，既往又有运动习惯者，可参加正常体育活动，但月经期运动量酌减，症状较重者应进行医疗体育和临床治疗。神经官能症，轻者可参加正常体育活动，较重者只能从事中、小运动量活动，症状严重者应进行医疗体育。

三、运动与营养卫生

（一）营养

生命的存在，有机体的生长发育，各种生理活动及体力活动的进行，都有赖于体内的物质代谢过程，体内进行的物质代谢必须不断地从外界摄取一定数量的新物质。获得和利用食物的综合过程，即称为营养。

（二）运动与营养的关系

体育运动和营养两者都是维持身体健康的主要因素。营养素是构成机体组织的物质基础，体育运动可以增强机体活动的功能，但营养对于运动有更重要的意义。运动参加者体内代谢加剧，能量消耗较大，所以必须供给充足的能量才能满足机体的需要。若单纯运动而缺乏必要的营养保证，体内消耗的营养物质得不到补偿，会引起身体消瘦，体力下降，运动能力降低，抵抗力减弱，且导致运动性伤病的发生。反之，若只注意营养而缺乏体育锻炼，就会使人体肌肉松弛，肥胖无力，活动能力减弱。可见，科学的锻炼同合理的营养相结合，才能更有效地增强体质和提高运动水平并加速运动后体力的恢复。运动参加者必须根据自己的运动项目，运动量大小及运动的季节等合理安排自己的膳食，使摄入量和消耗量相适应，使各种营养素比例适宜，做到合理营养。

（三）营养素

营养素是指能在人体内消化吸收供给热能，构成机体组织，调节生理机能，为人体进行正常物质代谢所必需的物质。人体所需要的营养素分为六大类。

（1）糖。糖供能占人体每日总发热量的50%~70%，且经济、方便、来源广、供能快。1g糖可供能约4000卡，仅耗氧0.83升，并在有氧或者无氧时均能供能，糖能构成体内细胞中的核糖核酸、糖蛋白、糖原等。糖能维持心肌和骨骼肌的功能，当心肌缺糖原时表现为心绞痛，骨骼肌缺糖原时表现为耐力不足，糖是大脑的唯一能源，血糖水平正常才能保证大脑的功能，糖可增加肝糖原的贮存，加强肝功能，参与肝脏的解毒功能。此外，糖能节省脂肪的分解，减少酸中毒的可能。

（2）蛋白质。蛋白质占人体成分的18%，如肌红蛋白、血红蛋白等，在调节生理机能方面可维持胶体渗透压、维持酸碱平衡、承担氧气运输、形成抗体等。此外，蛋白质也可供能，但耗氧较糖多。

（3）脂肪。脂肪构成机体组织，有保护作用和保温作用，供脂溶维生素的溶解，能增加食物的美味，产生饱腹感，1克脂肪氧化供能9000卡，耗氧1.99升。

（4）维生素。维生素按其溶解性质可分为水溶维生素（如维生素B1、B2、B6、B12、C、PP）和脂溶维生素（如维生素A、D、E、K）。各种维生素在体内有其特殊功用，缺乏时易患营养缺乏病。维生素共同的功用是调节物质代谢，保证生理功能。

（5）无机盐。即矿物质，是构成机体组织和调节生理机能的重要物质。其中含量较多的有钾、钠、钙、磷、硫、氯7种；其他含量较少的称“微量元素”如铁、碘、锌、氟等。无机盐在食物中分布很广，一般都能满足机体需要，其中较易发生缺乏的为铁和钙。缺铁易导致缺铁性贫血，缺钙则影响骨骼、牙齿的生长发育，同时骨骼肌兴奋性增高出现抽筋，而心肌则表现为收缩无力。

（6）水。水占体重的55%~67%。水参与体内物质代谢（如消化、吸收、生物氧化、排泄）。水可调节体温（如出汗），水还可维持正常的血容量。

四、女子体育卫生

（一）女子解剖生理特点及一般体育卫生要求

（1）体型。女子体型一般似纺锤形，即肩部较窄，骨盆较宽，下肢较短，躯干相对较长，身体重心低，有利于做下肢支撑平衡的动作，如体操的平衡木等。但对速度运动、跳高、跳远等动作不利。

（2）肌力。女子骨骼肌重量占体重的比例较男子小5%左右，且肌肉力量较弱，特别是女子的肩带部和上肢肌力较差，加之肩窄，故女子作悬垂、支撑、摆荡等动作较为困难。因此，应加强发展肩带肌力的练习，练习时需加强保护。

（3）脂肪。女子体内脂肪约占体重的28%（男子约占18%）。皮下脂肪较多，利于游泳等运动。但女子下腹部对冷的刺激很敏感，故在月经期及冬季锻炼时要注意下腹部的保暖。

（4）骨盆。女性骨盆较男性大而轻，除了承重外还容纳有子宫及附件。子宫的正常位置依靠子宫三对韧带、腹腔、盆腔一定的压力来维持。因此，一方面女子从事体育运动时不宜做过多的从高处跳下的练习，作此练习时也要注意落地时的缓冲，以免过分震动影响子宫的正常位置；另一方面，要多作增强腹壁肌、骨盆底肌的练习，如仰卧起坐、仰卧举腿、直立前后踢腿、大腿绕环、提肛练习等。以维持一定的腹压和盆腔压力，从而维持子宫的正常位置。

（5）关节韧带。女子各关节韧带的弹性及伸展性较好，特别是脊柱椎间盘较厚，因此女子身体的柔韧性及各关节的灵活性较男子好。体育活动中适宜作“桥”和“劈叉”等动作。但女子身体的柔韧性会随着年龄的增长而降低。在体育锻炼中应注意保持和发展其柔韧性和灵活性。

（6）心血管系统和呼吸系统。女子心脏的体积、生理、容积、每搏输出量、心肌收缩力均较男子小而弱，运动时主要靠加快心率来增加心脏的每分输出量。此外，女子的血容量、红血球、血红蛋白含量都低于男子，因此，女子血液运输氧的能力不及男子。女子胸廓、肺容积较男子小，肺活量、最大摄氧量也小于男子，女子呼吸肌力较弱，以胸式呼吸为主且胸廓活动度较小，所以女子在安静或运动时的呼吸频率较快。鉴于女子心血管系统和呼吸系统的功能较男子差，因此运动量应比男子相应小些。

综上所述，女子应该根据自己的特点，自觉参加体育锻炼，以促进身体的生长发育，提高各器官、系统的机能水平，保持匀称健美的体型。特别是使腹肌、腰背肌、骨盆底肌的肌肉力量增强，这对女子将来的妊娠、分娩都有很大好处。

（二）月经期体育卫生要求

（1）月经。月经是由于卵巢内分泌作用引起子宫内膜出现周期性增生，血管形成，黄体成熟。如排卵期未受孕，增生的内膜就脱落，造成出血现象。一般每隔28~30天1次，故叫月经。月经来潮时，一般有以下几种表现：①一般型，又称普通型。来月经时，自我感觉正常，身体反应良好，无不适感；②抑制型。月经期内体力降低，全身无力，动作迟钝、有疲劳感、嗜睡，一般工作能力下降，不愿参加体育活动等；③兴奋型。月经期易激动，头晕、睡眠差，下腹有痉挛性疼痛；④病理型。月经期有腰酸背疼，全身不适，恶心、口干、头昏头痛、睡眠不良，不愿参加运动。

（2）月经期体育卫生要求。月经期的体育锻炼应区别对待。一般女性在正常月经期间可以参加体育锻炼，但应注意以下几点：①保持外生殖器部位的清洁；②避免剧烈的运动。如大强度的震动较大的跑跳动作（跨跳、跳远、疾跑、跳高等）；③避免增加腹内压。如憋气和静力性动作（后倒作桥、慢起倒立、投掷出手用力、收腹举腿）等；④月经期不宜游泳，以免引起细菌感染；⑤月经期可从事一般性健身活动，如做操、散步、游泳、乒乓球、羽毛球等运动量较小、时间不太长的运动。一般不参加比赛；⑥月经紊乱、经期下腹疼痛以及病理型反应者，月经期应暂停体育活动并进行妇科治疗；⑦加强医务监督，注意填写月经卡片。

第三节　运动性疾病与损伤的预防处理

一、运动性疾病的预防与处理

运动性疾病是指训练安排不当造成体内某些机能紊乱所出现的疾病或症状。一般出现在竞技运动中，健身运动中出现得很少。常见的运动性疾病有：过度训练、过度紧张、运动中腹痛、肌肉痉挛、运动性低血糖、运动性晕厥、中暑等。

（一）过度训练

过度训练是运动负荷与机体机能之间过分不相适应，以致疲劳连续累积而引起的一系列功能紊乱或病理状态，也称为“过度疲劳”。

1. 原因

（1）训练安排不当；（2）带病参加训练和比赛；（3）比赛过多，休息不足；（4）生活规律遭到破坏。

2. 处理

关键在于早期发现，及时处理。处理重点是减少运动量、控制运动强度；及时补充蛋白质、碳水化合物、维生素等营养物质；症状严重者，尽快就医。

3. 预防

（1）遵守科学训练的原则，循序渐进增加运动量，根据运动员的机能水平和个人的特点，制订适当的训练和比赛计划。

（2）保证良好的睡眠和合理的营养。

（3）密切观察运动后的反应，早期发现、及时治疗。

（二）过度紧张

过度紧张是由于运动负荷过大和过于剧烈，超过了机体的负担能力而产生的急性病理现象。多发生在运动后即刻或过后不久，以急性心血管损害为多见，在中长跑、马拉松、自行车、足球等运动项目中较多见。

1. 原因

过度紧张多发生在训练水平较差、生理机能状况不良，缺乏锻炼、比赛经验不足，因故长期中断训练或患病的运动员中。

2. 处理

终止运动；病情较轻者，要保持安静平卧位，注意保暖，进食易消化食物后可缓解。症状较重的，根据不同情况，采取各种措施现场急救并尽快送至医院。

3. 预防

遵守运动锻炼或比赛的基本原则，避免缺乏训练或训练不够者参加剧烈的比赛，避免身体不适时进行大强度的训练和比赛；出现异常表现应立即停止运动，并进行相应处理。

（三）运动中腹痛

在剧烈运动中引起的一时性腹部局部疼痛称为运动性腹痛，随着运动的停止，症状可以逐渐缓解或消失。轻者表现为钝痛、胀痛，重者可有阵发性绞痛。

1. 原因

运动中腹痛的发生的主要原因有：

（1）因肝脾血郁肿胀而使腹膜上的神经受牵扯而疼痛。

（2）运动中胃肠道缺血、缺氧，造成胃肠道痉挛或蠕动功能紊乱引起腹痛或绞痛。

（3）因呼吸肌痉挛而产生与呼吸节奏有关的腹痛。

（4）原腹腔脏器有病变，运动时诱发了疾患或病变部位产生病痛。

2. 处理

若运动中出现腹痛，则适当减慢速度，及时调整呼吸节奏，加深呼吸，同时用手按压疼痛的部位或弯腰慢跑一段距离，做几次深呼吸。也可立即休息，热敷腹部并饮用适量热饮。如上述措施不起作用，则应停止运动，请医生处理。

3. 预防

加强全面训练，以提高人体生理机能。遵守科学的训练原则，合理安排膳食和运动时间，运动前要做好充分的准备活动。运动中注意掌握强度和呼吸节奏，中长跑要合理分配速度等。

（四）肌肉痉挛

1. 含义

肌肉痉挛是肌肉不自主的强直性收缩，俗称“抽筋”。在运动过程中，肌肉痉挛最易发生在小腿腓肠肌，其次是足底的屈姆肌和屈趾肌。

2. 处理

牵引痉挛的肌肉是常见的缓解方法。例如，小腿腓肠痉挛时，可取坐位或仰卧位，伸直膝关节，缓慢用力将足部背伸，配合局部重力按压、揉捏。注意保暖。游泳时发生痉挛，不要惊慌，要先深吸一口气，仰浮水面立即呼救或慢慢用剩余肢体慢慢游向岸边。上岸后进行牵拉、按摩、保暖处理。

3. 预防

平时要加强锻炼，提高肌体抵抗力和适应能力。冬季运动要注意防寒、保暖；夏季运动应注意及时补充水、盐、维生素 B1，运动前要做好准备活动。对容易发生痉挛的肌肉，可在运动前适当按摩。

（五）运动性低血糖

轻者感觉饥饿、疲乏、头晕、面色苍白、出冷汗。重者神志不清，语言含糊，四肢发抖，烦躁、呼吸急促以至昏厥。

1. 原因

在饥饿情况下，参加体育活动时间过长。

2. 处理

轻者平卧休息，口服温热糖水或少量含糖流质饮食，症状短时间便可消除。症状较重或出现昏迷者，应迅速静脉注射葡萄糖，同时点掐人中、涌泉、合谷等穴，配合按摩，并迅速请医生前来处理。

3. 预防

不要突然参加长时间的剧烈运动，运动前要进食一定量的高糖饮食，在长时间运动过程中还需适量补充含糖饮料。

（六）运动性晕厥

患者感到全身软弱，头昏眼花，晕厥后，面色苍白、手足出冷汗，心率快，血压下降，呼吸缓慢、瞳孔缩小。

1. 原因

精神过分激动、长时间下蹲后突然站起的情况下，都可能发生晕厥；胸内和肺内压增加（过度憋气）；如果跑后立即停止不动，容易造成回心血流量和心输出量的减少，使脑部供血不足，就可引起晕厥，也称作“重力性休克”。

2. 处理

当晕厥症状出现后，应减轻或停止运动，进行慢走、蹲下或平卧休息，症状就可逐渐消失。如果晕厥比较严重，应让病员安静平卧，抬高足部，注意保暖，松解衣领腰带，用热毛巾擦脸，做向心方向按摩来加速回心血液流动，一般休息片刻后就可恢复，如果症状继续加重，应速请医生治疗。

3. 预防

加强锻炼，运动前要做好充分的准备活动，运动时，量和强度要控制好，久蹲后要慢慢起立，疾跑后不要马上站定，应继续慢跑，运动后做好调整，并配合做深呼吸。身体饥饿、虚弱或患病时不要参加较剧烈的运动。超常距离运动时，应备含糖饮料供途中饮用。

（七）运动性中暑

轻度中暑，可出现面部潮红、头晕、头痛、胸闷、皮肤灼热、体温升高。严重时，将出现恶心、呕吐、脉搏快而细弱、精神失常、虚脱抽筋、血压下降，甚至昏迷。

1. 原因

在高温环境中，特别在温度高、通风不良、头部又缺乏保护，被烈日直接照射的情况下进行身体锻炼，因体温调节功能障碍而发生中暑。

2. 处理

迅速将患者移至通风、阴凉处，揭开衣领，冷敷额部，用小毛巾浸冷水或

50%酒精擦拭四肢，尤其是腋下、大腿根等部位，并给予含盐清凉饮料或十滴水，数小时后即可恢复正常。严重患者，经临时处理后，应迅速转送医院治疗。

3. 预防

在高温炎热的季节锻炼时，应适当减少运动量，缩短运动时间，避免在烈日下长时间锻炼。夏天在室外锻炼时，宜穿浅色衣服，戴遮阳帽。在室内锻炼时，应有良好的通风，注意服饮低糖含盐饮料。

（八）运动性贫血

运动性贫血发病缓慢，主要症状为头晕、眼花、乏力、易倦、食欲不振、体力活动差、运动中易出现心悸、气促、心跳加快、运动成绩下降。血液检查可发现红细胞和血红蛋白低于正常值。

1. 原因

长时间的运动负荷可使红细胞和血红蛋白数值下降，红细胞破坏增加，训练状态转好时，数值上升，蛋白质和铁的摄入量不足和消耗增加。

2. 处理

减少运动量，注意休息，增加营养（增加富含蛋白质、维生素、铁质较多的食物），可服用抗贫血药物，为了促进铁的吸收，可同时服用维生素 C 和胃蛋白酶合剂。

3. 预防

合理安排运动量和训练强度，膳食要合理，富于营养，必要时还可补充铁剂和氨基酸，克服偏食习惯。

（九）休克

1. 定义

休克是指有效循环血量锐减、全身微循环障碍导致重要生命器官（脑、心、肺、肾、肝）严重缺血、缺氧所引起的综合征。

2. 征象

一般表现为虚弱，表情淡漠，反应迟钝，面色苍白，四肢厥冷，脉搏细速。严重时可昏迷，甚至死亡。

3. 处理

使患者安静平卧或头低脚高仰卧位（呼吸困难者不易采用），保持呼吸道畅通，保暖和防暑。昏迷患者，头偏向侧面，将舌头牵出口外，必要时可进行人工呼吸。止血、止痛，针刺或指掐人中、涌泉、足三里和内关等穴位。

二、运动损伤的预防与处理

（一）常见的运动损伤

常见的运动损伤有以下几种：①肌肉、肌腱、韧带的慢性小损伤，包括肌肉筋膜炎、肌腱腱鞘炎、腱及韧带止点损伤等。其中发生在腱止点部的微细损伤称末端病，是最难治疗的运动止点损伤之一，有肩袖损伤、大腿后腘绳肌的坐骨止点损伤等，其病理表现为腱变性、骨化及止点唇样增生等。②关节软骨损伤，其主要病理表现为软骨的退行性变，如髌骨软骨病、足球踝、投掷肘等，其中60%以上系逐渐劳损所致，小部分系一次损伤造成骨软骨骨折继发而成。这种软骨损伤，由于伤后软骨不能自行修复，一旦损伤，多遗有永久性改变，治疗困难，也是最影响健康与运动训练、运动寿命的伤种。③骨组织劳损，最常见的是应力性或疲劳性骨膜炎与骨折，可发生于胫腓骨、跖骨、脊椎椎板、髌骨、足舟骨、距骨、第1、2肋骨等，其中胫腓骨最多，跖骨、脊椎椎板次之。这一类损伤，通过改变训练，减少或停止局部负担，多可自愈。但应注意发生在胫骨中下1/3的鸟嘴样骨折和足舟骨应力骨折，一旦发现，必须停止训练，固定治疗。④骨软骨炎。近年来运动训练多从儿童开始，骨软骨炎的发生已在运动训练中引起广泛注意。常见的有脊椎椎体骨骨炎、胫骨结节骨软骨炎、桡骨远端骨骺炎、肱骨小头、跟骨骨骺炎等。此外，耻骨炎和某些副骨损伤，按其病理改变有人也归为骨软骨炎类中。这些损伤多数影响训练，个别影响发育，其防治研究已引起注意。⑤神经血管损伤，属慢性损伤的有“击醉”（走如醉汉，是拳击者脑软化症）、排球运动员的肩胛上神经麻痹、胫前间隔综合征（行军性坏死）等。上述5类损伤是防治和研究的重点。运动创伤学也要研究运动、生活和劳动中可能发生的一些损伤，如踝、膝的韧带损伤等。但研究角度不同，重点是研究损伤同运动机能和训练的关系，以解决能否继续训练、何时训练、如何训练、还能否提高成绩等同竞赛训练有关的问题。

（二）运动损伤的预防原则

①加强训练工作，遵守训练原则。②加强运动中的保护与帮助。除教练员加强保护与帮助外，运动员自己也应学会摔倒时的各种自我保护方法。③加强对运动员的医务监督工作，其主要内容包括：a. 定期进行体格检查，决定能否参加训练和参加哪几项运动为好。检查内容，除一般健康与机能检查外，还应根据运动损伤的发生规律增加一些项目的检查；b. 加强对教学、教练与比赛时的卫生监督及急救工作；c. 加强运动员的自我监督。④在集训队建立保健员制度。保健员由运动员担任，负责简单的场地急救、小伤处理，反映运动量的大小及伤后训练反应等。⑤建立医生和教练员、教员相互学习的制度。经常举办体育理论和有关运动员损伤知识的讲座和讨论，不断提高理论水平，以适应运动技术水平提高的需要，统一认识、密切协作。⑥坚持“三结合”的工作方法。当前世界体育运动技术水平发展迅速，难度高、强度大，对机体的要求高，假如没有教练员、医生及运动员三者的共同协作配合，要提高竞赛成绩防止运动损伤是很不容易做到的。

（三）运动损伤的急救处理

为了缩短病程，减少后遗症，急救要及时、准确。伤后短时间内出血不多，肿胀不重，疼痛不剧，肌肉痉挛尚未出现，是诊断和处理的有利时机，有些关节脱位不用麻醉，当时即可复位。运动创伤的急救，应注意以下几个方面：

（1）急救的组织工作。不少运动竞赛是在各种困难条件下以难度大而复杂的动作战胜对方，稍一不慎就可能发生意外事故。没有良好的组织，没有赛前充分的准备，就不能完成急救工作。主要急救组织工作有：a. 熟悉比赛场地和路线，在各种项目的长或超长距离比赛路线的危险地段设立急救点，救护车定点或跟随运动员；b. 大型比赛前与有关医院联系，安排急救床位，组织抢救小组，以便及时治疗；c. 赛前调查并安排好运送伤员的路线，尽可能不与参加比赛的运动员逆行。

（2）不同运动项目容易致伤的部位及伤种。中长跑抢弯道时，人多拥挤易发生鞋钉刺伤。短跑在起跑30米内和加速的70～80米冲刺时，多发生大腿后部肌肉拉伤或断裂。撑竿跳落在海绵坑外，可摔伤腰背，扭伤踝、膝。篮球跳起落地时踩在他人脚上，常扭伤踝关节。此外，举重时小腿痉挛，杠铃砸伤，足球抢断球时踝关节扭伤，争头球时眼角皮肤裂伤，体操头着地动作时颈椎骨折，踺子空翻的跟腱断裂，失手时手撑地的关节脱位及骨折，自行车的颅脑外伤等，都是常见的急性损伤。

（3）比赛时要有熟悉运动项目的医护人员在场，密切注意危险动作、危险路线地段。一旦发生伤害事故，应立即作初步诊断，然后正确应用包扎、止血、固定、搬运、抗休克、保持呼吸道通畅等急救技术。皮肤擦伤后，皮肤渗液，组织坏死，局部抵抗力下降，加上地面脏物砂粒渗入皮肤，可引起感染或形成“刺花”。因此，要先用肥皂液彻底洗净，然后用1‰新洁尔灭、生理盐水冲洗，必要时局部浸润麻醉后刷洗。较重的肌肉拉伤或断裂时有剧痛，均不能继续比赛。肌肉断裂以股直肌及股二头肌为多见，伤后应立即冷敷用棉花加压包扎，以防大量出血。肌腱断裂出血不多，但如果局部有凹陷，患肢提踵无力时，多需手术治疗。踝关节扭伤简便的急救办法是迅速以双手合抱踝关节压迫止血，再用棉花加以包扎。颅脑外伤严重，清醒病人可平卧，止血，包扎，止痛，防休克不用吗啡。昏迷者应侧卧或俯卧，以防呕吐物进入气管而窒息，必要时用通气导管或大别针将舌牵出，固定在衣服上，以保持呼吸道畅通；转送中要注意脉搏、血压、呼吸的变化，若有耳鼻出血，脉搏减慢，血压上升，单侧瞳孔放大，对光反射迟钝，烦躁不安，头痛加剧，昏迷不醒或昏迷—清醒—昏迷，恶心呕吐不止等，均显示有颅出血、颅内压增高或骨折等严重情况，须及时会诊或转院。颈椎损伤或有可疑时，一定要用双手将伤者后头部托起，向后上方牵引，一助手同时将胸背部托起，安放在硬板或担架上，然后以沙袋或其他方法限制活动。

（4）急救品配备。除一般常用的以外，必需配备氧气袋、简单呼吸器、通气导管、开口器、大别针、各种夹板、止血带、大剪刀、止血钳、棉花、绷带、氨水、1‰新洁尔灭、50%葡萄糖注射液以及各种止痛、止血、强心、升压、兴奋呼吸、安眠镇静等急救针剂。

◎ 思考题

1. 体育锻炼的原则有哪些？
2. 体育锻炼的方法有哪些？
3. 体育锻炼应注意哪些个人卫生？
4. 常见的运行性疾病有哪些？如何预防与处理？
5. 常见的运动损伤有哪些？如何预防与处理？

第二编　田 径 球 类

第四章　田径运动

田径运动是世界上最为普及的体育运动之一，也是历史最悠久的运动项目。田径运动是比速度、比高度、比远度和比耐力的体能项目，或要求在很短的时间内表现出最大的速度和力量，或要求在很长的时间内表现出最大的耐力，最能体现奥林匹克“更快、更高、更强”的格言。田径运动成为各项运动探求发展的基础，也是大学体育培养学生身体素质的重要内容。

第一节　田径运动概述

一、田径运动的历史

田径运动是人类长期社会实践发展起来的，远在上古时代，人们为了获得生活资料，在和大自然及禽兽的斗争中，不得不奔跑相当的距离，跳过各种障碍，投掷石块和使用各种捕猎工具。在劳动中不断地重复这些动作，便形成了走、跑、跳跃和投掷的各种技能。随着社会的发展。人们有意识地把走、跑、跳跃、投掷作为练习和比赛形式。公元前 776 年，在古希腊奥林匹克村举行了第一届古代奥运会，从那时起，田径运动就作为正式比赛项目之一。1894 年，在法国巴黎成立了现代奥运会组织。1896 年在希腊举行了第一届现代奥运会，在这届奥运会上田径的走、跑、跳跃、投掷等项目，被列为大会的主要竞技项目。至今已举行的各届奥运会上，田径运动都是主要比赛项目之一。1990 年在巴黎的第二届奥运会上，首次增加了女子田径比赛，当时参加比赛的女子田径运动员仅有 6 名。

4 年一届的奥运会是促使田径运动成绩不断提高和改进训练方法的动力。许多优秀的田径运动员经过刻苦训练，他们的先进技术和训练方法通过奥运会推广于世界各地。如：第二届奥运会推广了跨栏跑和剪式跳高技术。在 1968 年的墨西哥奥运会上，美国运动员福斯贝里采用背跃式跳高取得冠军后，世界各地仅 2~3 年时间里便取代了俯跳卧式跳高技术。诸如此类事例在历届奥运会中不胜枚举，它对田径运动的技术和训练方法起到了推陈出新的作用，促使了全世界的田径运动不断发展。生理学家和有经验的教练员们曾预言在田径运动成绩上有最高界限，但这些预言一个个都被运动员的实践所冲破，历史上奥运会和世界田径赛上不断创出新的纪录，这说明田径运动成绩永无顶峰，这也是田径项目受人喜欢的原因所在。

20 世纪初外国传教士将现代田径运动带进中国，当时只有在教会创办的学校之间开展田径比赛，后来逐渐普及到全国的国立、私立学校。1932 年中国首次参加第 10 届洛杉矶奥运会。当时中国短跑运动员刘长春已具备了世界水平，但由于经费不足，他经过长途跋涉，到达洛杉矶的第 3 天就参加 100 米预赛，仅以 11 秒 1 的成绩名列小组第 5 名，未能进入下一轮比赛。在 200 米比赛中，刘长春跑出了 22 秒 1 的好成绩，虽获小组第 4 名，也未能进入复赛。比赛结束后刘长春没有回国的路费，在当地华侨的捐助下才得以返回祖国。

中华人民共和国成立后，田径运动得到迅速普及，技术水平提高很快。1953 年起，几乎每年都举行规模较大的全国性的田径运动会，在群众性体育运动广泛开展的基础上，我国田径技术水平和成绩与国际水平的差距缩小了。2000 年悉尼奥运会上中国运动员王丽萍获得 20 公里竞走金牌。在田径运动中，近年来中国产生了以刘翔、苏炳添为代表的优秀运动员，他们体现了中国体育事业的飞跃发展和取得的新成绩。但是，与世界田径高水平国家相比我国仍有明显差距，要把我国建成世界体育强国，提高田径运动水平的任务十分艰巨。

二、田径运动的特征

（一）与生活密切相关

走、跑、跳、掷是人类生活的基本技能，是田径运动项目中最基本的运动形式。这些自然动作和技能对学习掌握田径运动各项技术有着十分密切的关系，这些自然动作规范，有助于正确地、较快地掌握田径运动技术。

（二）具有广泛性

田径运动具有个体性，又具有广泛的群众性。田径运动除接力跑外，都是以个人为单位参加比赛的运动项目，团体成绩和名次大多是由个人成绩和名次及接力跑成绩的名次的计分相加决定的。田径运动是体育运动中最大的一个项目，它包括五大类的很多单项，是任何大型运动会中比赛项目最多，参赛运动员最多的项目，经常参加田径运动的人也最多。

（三）简易可行

参加田径运动很少受到条件限制。男女老少都可以在平原、田野、草地、小道、公路、河滩、沙地、丘陵、山冈、公园等较宽安全的地带从事田径运动。基层田径比赛要从实际出发，因地制宜，任何坚固、均质、可以承受跑鞋鞋钉的地面均可用于田径竞赛。使用简易的场地器材和设备也可举行基层田径运动会。

（四）促进身心健康

田径运动中各单项和全能项目，对人体形态，主要身体素质水平和心理机能等有不同的要求，运动员要从个人实际和特点出发，选择运动项目，掌握具有个人特点的先进、合理的运动技术。

三、田径运动主要项目

田径运动是田赛、径赛和全能比赛的全称，在跑道所围绕的中央或临近的场地上举行的跳跃、投掷，统称为田赛，在跑道上举行的竞走和各类形式的赛跑都属于径赛，由若干跑、跳、投项目组合而成的比赛称为田径全能比赛。以下为田径运动主要项目介绍。

1. 短距离跑

短距离跑简称短跑。跑是人类与生俱来的基本能力，自古以来就是一种比赛形式，几乎每个国家的文献中都有描述。据史料记载，短跑是公元前 776 年古希腊奥运会唯一的竞技项目，距离为 192. 27 米。现代短跑起源于欧洲，最早被列入正式比赛是在 1850 年的牛津大学运动会上，当时设有 100 码、330 码、440 码跑项目。19 世纪末，为规范项目设置，将赛跑距离由码制改为米制。初为职业选手的表演项目，后逐渐扩展到业余运动员。运动员比赛时必须使用起跑器，听信号统一起跑，必须自始至终在自己的跑道内跑动。奥运会比赛项目男、女均为 100 米跑、200 米跑和 400 米跑，其中男子项目 1896 年列入，女子 100 米跑和 200 米跑 1928 年列入，400 米跑 1964 年列入。

2. 中距离跑

中距离跑简称中跑。最初项目是 880 码跑和 1 英里跑，从 19 世纪中叶开始，880 码跑和 1 英里跑项目逐渐被 800 米跑和 1500 米跑项目所替代。有的学者认为，中跑项目最早的正式比赛是 1847 年 11 月 1 日在英国伦敦举行的比赛，英国的利兰以 2 分 01 秒的成绩获得 800 码跑冠军。原为职业选手的表演项目，后逐渐扩展到业余运动员。运动员比赛时不使用起跑器，听信号统一起跑。奥运会比赛项目男、女均为 800 米跑和 1500 米跑，其中男子项目 1896 年列入；女子 800 米跑 1938 年列入，1500 米跑 1972 年列入。

3. 长距离跑

长距离跑简称长跑。最初项目为 3 英里、6 英里跑，从 19 世纪中叶开始，逐渐被 5000 米跑和 10000 米跑替代。据记载，现代最早的正式长跑比赛是 1847 年 4 月 5 日在英国伦敦举行的职业比赛，英国的杰克逊以 32 分 35 秒的成绩夺得 6 英里跑冠军。奥运会比赛项目男、女均为 5000 米跑和 10000 米跑。

4. 跨栏跑

跨栏跑起源于英国。由牧羊人跨越羊圈栅栏的游戏演变而来。跨栏跑最早使用的栏架是掩埋在地面上的木支架或栅栏，1900 年出现可移动的倒 T 字形栏架。1935 年有人将 T 形栏架改成 L 形栏架，L 形栏架支脚的另一端朝向运动员的跑进方向，稍加阻力即可向前翻倒，减轻了运动员过栏时的恐惧心理。奥运会比赛项目分男子110米跨栏跑、400米跨栏跑（1896年列入）；女子100米跨栏跑（1932年列入，当时为80米跨栏跑，1972年改为100米跨栏跑）、400米跨栏跑（1984年列入）。比赛时，运动员必须跨越10个栏架，除故意用手推或用脚踢倒栏架外，身体其他部位碰倒栏架不算犯规。

5. 接力跑

接力跑是田径运动中唯一的集体项目。以队为单位，每队4人，每人跑相同距离。其起源有多种说法，有的认为起源于古代奥运会祭祀仪式中的火炬传递，有的认为与非洲盛行的“搬运木料”或“搬运水坛”游戏有关，也有的认为是从传递信件文书的邮驿演变而来。奥运会比赛项目分男、女4×100米接力跑和4×400米接力跑。接力跑运动员必须持棒跑完各自规定的距离，并且必须在20米的接力区内完成传接棒。

6. 障碍跑

障碍跑于19世纪在英国兴起。最初在野外进行，跨越的障碍是树枝、河沟，各障碍间的距离也长短不一，19世纪中叶开始在跑道上进行。从1904年第3届奥运会起障碍跑的距离确定为3000米，并沿用至今。女子障碍跑开展得很晚，国际田联1997年才开始推广。400米的跑道可摆放5个障碍架，各障碍架的间距为80米。运动员可跨越障碍架，也可踏上障碍架再跳下，或用手撑越。

7. 马拉松

马拉松原为希腊的一个地名。公元前490年，希腊军队在马拉松平原击退波斯军队的入侵。传令兵菲迪皮德斯从马拉松跑到雅典城，在报告胜利的消息后，因体力衰竭倒地而亡。1896年举行首届奥运会时，顾拜旦采纳了历史学家布莱尔以这一史事设立一个比赛项目的建议，并定名为“马拉松”。比赛沿用当年菲迪皮德斯所跑的路线，距离约为40公里。此后十几年，马拉松跑的距离一直保持在40公里左右。1908年第4届奥运会在伦敦举行时，为方便英国王室人员观看马拉松赛，特意将起点设在温莎宫的阳台下，终点设在奥林匹克运动场内，起点到终点的距离经丈量为26英里385码，折合成42. 195公里。国际田联后来将该距离确定为马拉松跑的标准距离。女子马拉松开展得较晚，1984年才被列入第23届奥运会。马拉松在公路上举行，可采用起、终点在同一地点的往返路线或起、终点不在同一地点的单程路线。赛前需经身体健康检查，合格者方可报名参加比赛。因比赛路线、条件差异较大，故国际田联不设世界纪录，只公布世界最好成绩。

8. 竞走

竞走起源于英国。19世纪初，英国出现步行比赛的活动。1866年英国业余体育俱乐部举行首次冠军赛，距离为7英里。竞走分场地竞走和公路竞走两种。场地竞走设世界纪录；公路竞走因路面起伏等不可控因素较多，成绩可比性差，故仅设世界最好成绩。运动员行进时，两脚必须与地面保持不间断接触，不准同时腾空，着地的支撑腿膝关节应有一瞬间的伸直，不得弯曲。1908 年首次进入奥运会，当时的距离是 3500 米和 10 英里，此后几届奥运会距离有所不同。

9. 跳高

跳高起源于古代人类在生活和劳动中越过垂直障碍的活动。现代跳高始于欧洲。18 世纪末苏格兰已有跳高比赛，19 世纪 60 年代开始流行于欧美国家。跳高有跨越式、剪式、俯卧式、背越式等过杆技术，现在绝大多数运动员采用背越式。跳高横杆可用玻璃纤维、金属或其他适宜材料制成，长 3. 98～4. 02 米，最大重量 2 公斤。比赛时，运动员必须用单脚起跳，可以在规定的任一起跳高度上试跳，但第一高度只有 3 次试跳机会。男、女跳高分别于 1896 年、1928 年被列为奥运会比赛项目。

10. 撑竿跳高

撑竿跳高起源于古代人类利用木棍、长矛等撑越障碍的活动。撑竿跳高原为体操项目，流行于德国学校。1789 年德国的布施跳过 1. 83 米，这是目前世界上有据可查的最早成绩。作为田径运动项目首先在英国开展，19 世纪末开始流行于欧洲国家。撑竿的长度和直径不限，但表面必须光滑。运动员一般都自带撑竿参加比赛。比赛时，运动员必须将撑竿插在插斗内起跳；起跳离地后，握竿的手不得向上移动；可以在规定的任一起跳高度上试跳，但每一高度只有 3 次试跳机会。男、女撑竿跳高分别于 1896 年和 2000 年被列为奥运会比赛项目。

11. 跳远

跳远源于人类猎取或逃避野兽时跨越河沟等活动，后成为军事训练的手段，现代跳远运动始于英国。跳远的腾空动作有蹲踞式、挺身式和走步式。最初运动员是在地面起跳，1886 年开始采用起跳板。起跳板为白色，埋入地下，与地面齐平，长 1. 22 米，宽 20 厘米，距沙坑近端不少于 1 米。起跳板前有起跳线，起跳线前有用于判断运动员起跳是否犯规的橡皮泥显示板或沙台。运动员必须在起跳线后起跳。男、女跳远分别于 1896 年和 1948 年被列为奥运会比赛项目。

12. 三级跳远

三级跳远起源于 18 世纪中叶的苏格兰和爱尔兰，两者跳法不同。苏格兰采用单足跳、跨步跳、跳跃，而爱尔兰用的是单足跳、单足跳、跳跃。现规定必须使用苏格兰跳法。比赛时，运动员助跑后应连续做 3 次不同形式的跳跃，第一跳为单足跳，用起跳腿落地；第二跳为跨步跳，用摆动腿落地；第三跳为跳跃，必须用双脚落入沙坑。男子三级跳远于 1896 年被列为首届奥运会比赛项目，女子三级跳远于 20 世纪 80 年代初逐渐广泛开展，1992 年被列为奥运会比赛项目。

13. 推铅球

推铅球起源于古代人类用石块猎取禽兽或防御攻击的活动。现代推铅球始于 14 世纪 40 年代欧洲炮兵闲暇期间推掷炮弹的游戏和比赛，后逐渐形成体育运动项目。正式比赛男子铅球的重量为 7.26 公斤，直径 11～13 厘米；女子铅球的重量为 4 公斤，直径为 9.5～11 厘米。早期推铅球没有固定的方式，可以原地推，也可以助跑推；可以单手推，也可以双手推；还出现过按体重分级别的比赛。最初采用原地推铅球技术，后逐渐发展到侧向推、上步侧向推。比赛时，运动员应在直径 2.135 米的圈内，用单手将球从肩上推出，铅球必须落在落地区角度线以内方为有效。男、女铅球分别于 1896 年和 1948 年被列为奥运会比赛项目。

14. 铁饼

掷铁饼起源于公元前 12—前 8 世纪希腊人投掷石片的活动。现代奥运会史上，曾有过双手掷铁饼的比赛项目（左手+右手）。掷铁饼技术经历过原地投、侧向原地投、侧向旋转投、背向旋转投几个发展过程。铁饼可用木料或其他适宜材料制作，男子铁饼重 2 公斤，直径 22 厘米；女子铁饼重 1 公斤，直径 18.1 厘米。比赛时，运动员应该在直径 2.50 米的圈内将饼掷出，铁饼必须落在 40 度的角度线内方为有效。男、女铁饼分别于 1896 年和 1928 年被列为奥运会比赛项目。

15. 链球

链球起源于中世纪苏格兰矿工在劳动之余用带木柄的生产工具铁锤进行的掷远比赛，后逐渐在英国流行。掷链球最初采用原地投，后逐渐改进为侧向投，旋转一圈投、两圈投、三圈投，现运动员多采用四圈投。男子链球重 7.26 公斤，总长 117.5～121.5 厘米，女子链球重 4 公斤，总长 116.0～119.5 厘米。比赛时，运动员必须在直径 2.135 米的圈内用双手将球掷出，链球必须落在 40 度的角度线内方为有效。圈外有 U 形护笼，确保投掷安全。

16. 标枪

标枪起源于古代人类用长矛猎取野兽的活动，后长矛又发展成为作战的兵器。现代标枪运动始于 19 世纪的瑞典、希腊、匈牙利和芬兰等欧洲国家。标枪可用金属或其他适宜的类似材料制作。男子标枪重 800 克，长 260～270 厘米；女子标枪重 600 克，长 220～230 厘米。比赛时，运动员必须单手将标枪从肩上方掷出，枪尖必须落在投掷区角度线内方为有效。男、女标枪分别于 1908 年和 1932 年被列为奥运会比赛项目。

17. 全能

全能起源于希腊，早在公元前 708 年第 18 届古代奥运会上便设有五项全能，由赛跑、跳远、铁饼、标枪和摔跤项目组成。现代全能运动始于欧洲。1904 年第 3 届奥运会即设十项全能，项目包括 100 码跑、800 码竞走、120 码栏等；1912 年第 5 届奥运会改为在瑞典流行的十项全能，延续至今。女子全能运动 1923 年始于前苏联，1948 年得到国际田联的认可，1964 年奥运会将五项全能列为比赛项目，1984 年奥运会改为七项全能。比赛按规定的项目顺序分两天进行。根据各单项成绩查国际田联制定的全能评分表，以累加总分计算名次，总分高者列前。运动员必须参加所有项目的比赛，如某个项目弃权，则不能参加后续项目的比赛，也不计算总分，但如果某个项目因成绩太低或失败，没有得分，仍可计算总分。

第二节 径赛运动

一、竞走

竞走，是从日常行走的基础上发展出来的运动，规则规定支撑腿必须伸直，从单脚支撑过渡到双脚支撑，在摆动腿的脚跟接触地面前，后蹬腿的脚尖不得离开地面，以确保没有出现“腾空”的现象，而这也是竞走与跑步的主要分别。普通走步的速度，每小时约五公里，而竞走的速度则快得多，即使用中等速度走，也要比普通走快一倍以上。

1. 基本特点与要求

竞走规则要求，支撑腿必须伸直，从单脚支撑过渡到双脚支撑，在摆动腿的脚跟接触地面前，后蹬腿的脚尖不得离开地面，这样就能保证用双脚支撑，不会出现腾空现象，这是走和跑的根本区别。普通走，每步一般需要 0. 50~0. 55 秒，而竞走每步只需要 0. 27~0. 32 秒，甚至还要少一些。因此，这就加大了肌肉紧张和放松交替工作的困难程度，需要在训练中很好地解决。竞走的速度取决于步频和步长。步长和步频是相互制约的。加大步长相对地会影响步频，加快步频也会影响步长。一般应保证一定步长的前提下提高步频。过分加大步长，会给有关肌肉加重负担和增加紧张程度，过多消耗体力，容易引起疲劳，而且也不利于步频的加快。加快步频是依靠腿部肌肉的力量和中枢神经系统的作用，其潜力是比较大的。竞走的单脚支撑和双脚支撑是不一样的，单脚支撑要比双脚支撑时间长得多。要想加快竞走速度，必须缩短单脚支撑和双脚支撑的时间，但缩短双脚支撑时间是主要的，而缩短单脚支撑时间其效果是不明显的。

2. 竞走技术的基本要求

（1）步幅自然、宽大、频率快、身体重心轨迹波动小，移动速度快，实效性高。

（2）动作自然、协调、节奏感强、轻松省力、经济性好。

（3）双脚不能同时离地。

二、跑

（一）短跑

短跑是径赛项目中的一类，一般包括：50 米跑、60 米跑、100 米跑、200 米跑，400 米跑，4×100 米接力跑等几项；其运动特性是人们同时以最快的速度，在田径跑道上跑完规定的距离，并以最先跑完者为获胜者；在人体机能供能方面，表现为人体以最大限度地发挥人的速度极限本能，并以无氧代谢供能的方式供能。

（1）起跑技术。起跑的任务是最大限度地发挥自身的力量以获取向前的冲力，使身体迅速摆脱静止状态，为起跑后的加速创造条件。起跑动作包括“各就位”“预备”“鸣枪”三个过程。

“各就位”。当听到“各就位”的口令后应该先做几次深呼吸，然后精神饱满地走到起跑器处。先把两手手掌撑在地上，双脚（有力脚在前）前脚掌依次踩在起跑器上，后膝跪在地上成支撑姿势，再放松一下手、臂、肩，两手置于起跑线后。两手的四指应该并拢（或稍分开）与拇指成“八”字形，拇指相对，两手之间的距离与肩同宽。两臂伸直，肩与起跑线齐，颈背放松，头自然下垂，集中注意力听“预备”的口令。

“预备”。当听到“预备”的口令以后应该深吸一口气，然后憋住气。同时平稳地抬起臀部使其略高于肩，身体重心适当前移。两脚前脚掌紧贴起跑器，头与躯干保持自然姿势，集中注意力听鸣枪的信号。

“鸣枪”。当听到鸣枪信号以后，双手应该迅速推离地面。两臂积极有力地前后摆动，两腿依次用力蹬离起跑器。后腿蹬离起跑器后迅速以膝部领先向前上方摆出，后腿前摆时，脚跟要尽量靠近臀部，以缩短摆动半径，加快摆动速度。这时，前腿继续用力蹬起跑器，当髋、膝、踝三关节充分蹬直时，后腿也前摆至最大限度。此时，上体仍保持较大前倾，后腿摆至最大限度后，大腿积极下压，用前脚掌在身体重心投影点的后下方落地，这是起跑的关键技术。

起跑后加速跑是衔接起跑和途中跑的重要跑段，这一跑段的距离 30 米左右，直接关系到最快速度的发挥。在蹬离起跑器后，应该保持良好的身体前倾姿势，两臂积极有力地快速前后摆动，两腿用力蹬地，上下肢协调配合。在加速跑的开始阶段，上体前倾较大，随着步长和速度的不断增加，上体应逐渐抬起，直到转入途中跑的正常姿势。在加速跑段，不应有任何停顿和跳跃现象，这是起跑后加速跑的技术关键，大腿积极下压的速度和力度直接影响到加速跑的效果。

（2）途中跑的技术。途中跑是短跑全程中距离最长的段落，其技术的合理与否决定着短跑成绩的优劣。跑的动作包含支撑和腾空两个时期。一次支撑和一次腾空称为一个周期，一个周期中每条腿都经过一次支撑和一次摆动。摆动期：当支撑腿蹬离地面后即进入摆动期，摆动期大腿完成折叠前摆和积极下压动作。折叠前摆的动作要领，是在大腿积极前摆的同时，脚跟应尽量向臀部靠拢完成大小腿的折叠动作，使大腿在尽量小摆动半径的前提下快速前摆，在最短的时间内摆到个人力所能及的最大高度，为大腿的积极下压做好准备。积极下压的动作，是在大腿摆到最大高度后，带动小腿积极下压，同时膝关节要保持自然放松，在大腿的带领下迅速以“鞭打”式下压、脚尽量以与跑道相切的最佳方式接触地面，以减少着地时产生的阻力，完成以大腿为主导的，大腿、小腿、脚和髋、膝、踝三关节协调配合的快速有力的积极下压动作。支撑期：当摆动腿积极下压与地面接触后到脚蹬离跑道为止为支撑期。支撑期是身体重心获得移动速度的主要动力来源，脚与跑道接触后的运动方式和力度直接影响到身体重心的移动速度，因此，当脚接触跑道后应以大腿带动小腿积极伸髋，迅速有力地完成“趴地”动作，以最短的时间结束支撑期。积极的“趴地”动作可以推动身体重心快速前移。手臂和躯干动作：在整个途中跑段落躯干应始终保持正直或略前倾，双目平视，以维持身体的平衡。两手掌心相对，四指自然弯曲，同时两臂弯曲以肩为轴、以肘为用力点前后摆动。前摆时手的高度不超过下额，肘关节的角度约 90 度；后摆时肘关节的角度约 130 度，高度不超过肩。正确快速而富有节奏的摆臂动作不仅能维持身体左右平衡，而且能带动下肢的同步节奏。

（3）弯道跑的技术。从直道进入弯道跑时，身体应有意识地向内倾斜，加大右腿的蹬地力量和摆动幅度，右臂也相应地加大摆动的力量和幅度，有利于迅速从直道跑进弯道。弯道跑中，身体应向圆心方向倾斜，后蹬时右腿用前脚掌的内侧用力，左腿用前脚掌的外侧用力。弯道跑的蹬地与摆动方向都应与身体向圆心方向倾斜趋于一致。

（4）终点跑的技术。终点跑是全程跑的最后一段，任务是尽力保持途中跑的高速度跑过终点。终点跑要求在离终点线 15～20 米处，尽量保持上体前倾角度，加快两臂摆动的速度和力量。在跑到距离终点线一步时，上体急速前倾用胸部或肩部撞终点线，并跑过终点，然后逐渐减慢跑速。

（二）中长跑

中长跑是中距离跑和长距离跑的简称，是一项需要速度和耐力的综合性项目。一般把 800～10000 米统称中长跑项目。中长跑需要人体能在较长时间内，保持较高速度跑步。中长跑的基本技术如下。

中长跑各种距离跑的技术与短跑技术无本质的区别，然而，随着距离、跑速及强度的不同，在用力的程度、动作的速度与幅度等方面，短跑最大，中跑居次，长跑最小，而在经济地使用能量和跑的全程始终保持正确技术等方面，长跑的要求最高。中长跑运动员应该将合理的技术贯穿在全程，尤其在后程或最后冲刺阶段，尽量使技术不变形，国内外优秀运动员在比赛全程中都能始终结合个人特点运用合理的技术，而且越接近跑的最后阶段，跑的技术更完美，动作更放松，跑速更快。运动员在比赛中应不管场上情况如何变化，也不管其他队员如何跑法而“我行我素”，按自己训练的“抢位跑—放松跑—匀加速跑—保速跑—冲刺跑”的节奏完成全程跑。

第一段：抢位跑，注重一个“抢”字。听到起跑枪声后尽力冲在前头，抢占有利位置，避免受阻或破坏跑的节奏，然后进入下一节奏，调节好自己的跑速。

第二段：放松跑，体会一个“松”字，放松跑这一段应注意心理放松与生理放松。心理放松应做到放下包袱，轻装上阵，排除各种私心杂念，加强自信心，以一种轻松愉快的心情投入跑步中，心理放松了，神经不紧张，每个动作都会由大脑皮层支配协调完成，技、战术就能得到合理应用，能建立起良好的节奏知觉。生理放松主要指全身各部位肌肉放松。肌肉放松关节的灵活性和全身发力的协调性得到大大提高，加速了运动技能的形成，提高了完成技术动作的质量。这样就会减少内力消耗，节省能量，从而延长保持高速运动的能力，最“经济”合理地运用自身能量。

第三段：匀加速跑，把握一个“加”字。由于放松减少了田径技术多余的动作用力，减少了能量消耗，为提高跑速创造了有利的经济基础。适宜的跑速是800米中创造成绩的关键，如果跑速过慢就会影响后半程正常节奏的发挥。在轻松自如放松跑的情况下，逐步地加快摆臂、加快步频、加深呼吸，均匀地提高跑速，逐步将跑速提高到自己所能承受的最大负荷。但要注意避免突然加速。

第四段：保速跑，注意一个“保”字。这一段是提高运动成绩的关键段落。应以高速运动的能力，保持速度不变，直至终点撞线。在训练中强调学生给自己鼓励，树立自信心，给予自己积极的暗示，如“我感到我跑得很轻松，一点儿也没减速，我始终有充沛的体力，我有实力创造优异的成绩”。

第五段：冲刺跑，强调一个“冲”字。进入这一段时运动员已疲劳，会产生不能保持跑速的现象。但这时是胜利在望和取得优异成绩的关键时刻，应做一次深呼吸，大喊一声，进行自我鼓励，振奋精神，动员全身力量，最大限度地发挥出最后阶段的冲刺能力。同时身体前倾，加快摆臂与步频，加强摆臂、摆腿与后蹬，以坚强的毅力一鼓作气地快速冲向终点。

（三）接力跑

接力跑，是田径运动中唯一的集体项目。接力跑是由几个人组成接力队，每人跑完一定的距离，用接力棒或接力带进行传递，相互配合跑完全程的集体径赛项目。

1. 基本规则

除了起跑者用蹲踞式起跑之外，其他人都是站立起跑。交捧的手势分上挑传棒和下压传棒。上挑传棒跌棒的可能性较大。在4×400米接力跑中，第一棒全程及第二棒的第一弯道是分道跑，第二棒运动员要跑至抢道线后方可自由抢道。第一棒的传接必须在参赛者指定的线道内进行，其余各棒的传接，裁判员会根据第二及第三棒运动员通过200米起点处之先后，按次序让其第三及第四棒的队友在接棒范围内，由内至外排列等候接棒。所有接棒者均不可以在接棒区外起跑。接力棒必须拿在手上，直到比赛结束为止。任何人掉了棒，必须由其本人拾回，而且要在不影响别人的情况下，方可越出自己的跑道以拾回接力棒。所有接力赛事，必须在接棒区内完成交接棒。接棒区内的判定是根据接力棒的位置，而不是根据参赛者的身体或四肢的位置。任何参赛者在传接棒完毕后故意越出跑道以妨碍其他参赛队伍，其队伍可以被取消资格。

2. 基本技术

（1）传、接棒的方法。接力跑传、接棒的方法一般有上挑式、下压式和混合式三种。①上挑式：接棒人手臂自然向后伸出，掌心向后，虎口张开朝下，传棒人将棒由下向上挑，送入接棒人手中。②下压式：接棒人的手臂后伸，掌心向上，虎口张开朝后，拇指向内，其余四指并拢向外，传棒人将棒的前端由上向前下压，放入接棒人手中。下压式的优点是接棒后不必再调整持棒手的位置。③混合式：第1棒用“上挑式”传棒，第2棒用“下压式”传棒，第3棒仍用“上挑式”。

（2）接力跑各棒队员的配合。4×100米接力跑在安排各棒队员时，必须考虑发挥每个人的特长。一般第一棒应安排起跑好，并善于跑弯道的运动员；第二棒应是速度快、专项耐力好，善于传、接棒的运动员；第三棒除应具备第二棒的长处外，还要善于跑弯道；通常把全队成绩最好、冲刺能力最强的运动员放在第四棒。4×400米接力跑，由于400米后程的跑速明显地降低，传接棒的技术比较简单。各棒之间的配合以第一棒和第四棒的安排为主。一般将速度较快的运动员放在第一棒，争取获得领先地位；第四棒安排速度耐力好，意志品质较顽强的运动员，一旦前三棒落后，可奋起直追，一拼到底。

（四）跨栏跑

跨栏跑，是途中设有固定数量、固定距离、固定高度栏架的短跑项目，也是田径运动中技术比较复杂、节奏性比较强、锻炼价值比较高的项目。从事跨栏跑运动，可以培养勇敢、顽强、果断和克服困难的意志品质，并能有效地发展速度、弹跳力、柔韧和灵敏性等身体素质。跨栏跑的基本技术如下。

（1）起跑至第一栏的技术。起跑的过程与短跑基本相同，起跑至第一栏起跨点一般采用8步起跨，起跑时应把起跨脚放在前起跑器上。起跑后上体抬起要比短跑时来得快。（2）过栏技术。过栏是跨栏技术的关键部分，它由起跨、腾空过栏和下栏着地等动作组成。①起跨前应保持较高的跑速，最后一步比前一前的步长小一点，当起跨腿脚掌着地时，摆动腿由体后向前摆动，大小腿在体后开始折叠，膝关节摆至超过腰部高度。两腿蹬摆配合完成起跨运动过程中上体随之加大前倾，摆动腿异侧臂往前上方摆出，另一臂屈肘摆至体侧，形成“攻栏姿势”。②腾空过栏。腾空后身体重心沿着起跨所形成的腾空轨迹向前运行。起跨腿蹬离地面后，摆动腿大腿继续向前上方摆至膝关节超过栏架高度，小腿迅速前摆，当脚掌接近栏架时，摆动腿几乎伸直，脚尖微微上翘。摆动腿的异侧肩臂一起伸向栏架上方。上体加大前倾使头部接近或超过摆动腿的膝略高于踝。③下栏着地。摆动腿积极下压，起跨腿加速向前提拉，以髋为轴完成两腿剪绞动作，摆动腿脚掌移过栏架的同时，起跨腿屈膝外展，小腿收紧抬平，脚尖勾起足跟靠臀，以膝领先经腋下加速前拉，当脚掌过栏后，膝继续收紧向身体中线高抬，脚掌沿最短路线向前摆出，身体成高抬腿跑的姿势，伸直下压的摆动腿在接触地面时，前脚掌做积极扒地动作。（3）栏间跑技术。110m栏间三步步长不等，每步步速和支撑、腾空时间的关系都有变化，这就构成栏间跑所特有的节奏。栏间跑第一步的水平速度因过栏有所降低，蹬地起步时膝关节始终伸直，因而第一步短于后面两步。第二步的动作结构和支撑及腾空时间的关系大致与短跑的途中跑相同。第三步因准备起跨形成一个快速短步，动作特点与跨第一栏的最后一步相同。

跨栏跑是一项速度快，对运动员的技术性要求很强的短跑运动，其实质是跑栏。跨栏跑的最大特点是在高速跑进当中越过一定数量的障碍，因此，必须通过对运动员的平跑速度和专项技术进行科学、系统的训练，才能达到较高的运动水平。但由于技术、场地、训练时间等诸多因素的影响，在一些学校中得不到重视，开展不够普及，甚至在运动会中取消了该项比赛，从而导致跨栏跑的运动水平提高缓慢。

第三节 田赛运动

田赛运动是田径运动的一类，是在田径场规定的区域内进行的跳跃及投掷项目竞赛的统称，分为跳和掷，其中跳的项目有：跳高、跳远、三级跳远、撑竿跳高；掷的项目有：铅球、铁饼、标枪、链球等。以高度或距离来计算成绩，决定名次。下面介绍几种主要的田赛运动项目。

一、跳跃

（一）跳高

跳高是一种由有节奏的助跑、单脚起跳、越过横杆落地等动作组成，以越过横杆上缘的高度来计算成绩的比赛项目。跳高是运动员征服高度的运动项目，是人类不屈不挠，勇攀高峰的象征。也有人称跳高是一项失败者的运动，因为每次比赛，运动员在跳过一个高度以后，还要向新的高度挑战，直到最后跳不过去为止。

经过长期的实践，跳高技术在实践—认识—再实践—再认识过程中不断发展，跳高姿势也经历了跨越式—剪式—滚式—俯卧式—背越式的演变过程。背越式技术因身体重心离横杆较近，甚至低于横杆高度，能充分利用腾空高度，是目前最优越的过杆方式，在比赛中被广泛采用。

（1）俯卧式技术。可分为4个部分：助跑、起跳、过杆与落地。运动员助跑的角度一般为30°~50°。大部分运动员助跑距离比背越式短，常用6~9步直线助跑。为了更好地准备起跳，运动员在助跑最后 4 步降低身体重心，同时用脚跟落地，步长较大，步频比背越式慢。助跑的倒数第 2 步和“迈步”是俯卧式跳高助跑中的关键，运动员在倒数第 2 步身体重心降到最低的位置，迈步时特别强调向前送骨盆，髋关节向前的速度明显地超过胸部向前的速度。迈步时骨盆超过胸部是俯卧式技术的一个特点。俯卧式跳高在迈步时靠近横杆的是起跳腿。

起跳时要注意直腿摆动（也有少数运动员弯腿摆动），两臂向上摆起，全身向上挺，起跳方向应朝向横杆中央。起跳后运动员做越过横杆动作，身体与横杆平行，同时上体向起跳腿方向转体。过杆时，全身沿身体纵轴旋转，同时起跳腿向胸部收腿，但大腿不能太靠近胸部，小腿收成 90°时立即翻腿，大腿应向外侧翻转，因此髋关节需要很好的柔韧性。在一般情况下，运动员容易在这时碰掉横杆。全身越过横杆后，准备落地，落地时可单手撑地，也可双手撑地，或手和摆动腿同时落地，继而全身侧身着地。

俯卧式跳高运动员也有采用弧线助跑的，利用弧线助跑的圆周运动惯性作用更快过杆。但是有人认为直线助跑更好，因为：①步点可以跑得很准；②更易发挥速度。俯卧式跳高对专项力量、大肌肉力量比背越式要求更高。由于运动员过杆是全身同时过杆，因此起跳时摆动腿的摆动动作比背越式大得多，过杆时间比背越式短，所以俯卧式跳法对于速度素质稍差而力量、柔韧性、爆发力好的运动员较为合适。

（2）背越式技术。也可分为 4 个部分：助跑、起跳、过杆和落地。背越式助跑距离长 9~12 步，有的甚至更长，先跑直线，最后 4~5 步跑弧线，要求运动员速度快，跑得自然，类似短跑运动员的跑法。助跑最后 4 步不降低身体重心，在倒数第 2 步时才采用脚跟着地。迈步时也要向前送髋，但幅度要比俯卧式小，类似跳远运动员起跳的动作。起跳与俯卧式不同，背越式运动员要充分地发挥助跑的水平速度，起跳时要发挥起跳爆发力，摆动腿弯腿摆动。

一般说来，起跳点的距离要离横杆远些，从起跳点到落地点之间的距离也要远些。背越式起跳最大的特点是必须做旋转动作。起跳腿是离横杆远的腿，起跳时摆动腿向上向外摆，以便运动员向助跑开始方向做旋转动作。起跳后，转为背向横杆。背越式的过杆动作与俯卧式不同，运动员身体横在杆上，身体各部分依次过杆。过杆时挺腹，全身在杆上处于弧形状态，头部、肩部、胸部在杆后急剧下压，当身体重心达到最高点时，大腿向下并挺胸挺腹，以便顺利越过横杆。

运动员臀部过杆后，开始落地。为避免小腿打落横杆，运动员收腹、低头，使大腿很快离开横杆，小腿向上伸直。落地的顺序：肩部—两臂—背部—腰部。值得提出的是背越式助跑的跑法，目前有的运动员直到最后一步时身体重心仍较高，这适合于体重轻，速度、弹跳力好，送髋、迈步速度快，体型较瘦的运动员。如意大利女子跳高运动员 S. 西梅奥妮，美国男子跳高运动员 D. 斯通斯等。

另一种助跑方式与俯卧式助跑近似，在助跑的最后 4～5 步明显地降低身体重心，跑动时步幅大，频率不如上述方式快，这适合于一般力量大、速度不特别快的运动员，如波兰男子跳高运动员 J. 弗晓瓦和中国女运动员郑达真。

（二）跳远

跳远，又名急行跳远，是田径运动跳跃项目，由助跑、起跳、腾空和落地等动作组合而成。运动员沿直线助跑，在起跳板前沿线后用单足起跳，经腾空阶段，然后用双足在沙坑落下，比赛时以跳的远度决定名次。跳远技术分解动作如图 4-1 所示。

图 4-1　跳远技术分解动作

（1）助跑与起跳相结合技术。助跑的任务是发挥速度和准确地上板并为起跳创造好有利的蹬伸条件。起跳的作用是改变人体运动的方向，获得尽可能大的腾起初速度和适宜的腾起角度。从助跑最后一步到起跳是互相衔接的，这种跑跳结合的紧密程度，在很大程度上决定着跳远成绩。助跑速度和助跑距离：助跑速度决定着腾起初速度的大小。这在很大程度上与跳远运动员的短跑技术水平有关。此外，助跑速度的发挥又与运动员的快速起跳能力，以及助跑距离具有一定的联系。通常，优秀运动员的助跑距离为 40～45 米，跑 18～22 步。初级和中级水平运动员的助跑距离在 25～42 米，跑 14～20 步。

助跑的启动方式：助跑的启动方式，有静止状态启动和行进间启动。静止状态启动一般采用近似站立式起跑的姿势。行进间启动一般采用走、慢跑或垫步的方法，踩上助跑标志后开始启动。

助跑的加速方式：助跑的加速方式，有逐渐加速和积极加速两种。在逐渐加大步长的基础上提高步频的逐渐加速方式，比较适宜于发挥速度慢，以及一开始就快跑容易引起紧张的运动员。助跑一开始就迅速启动，这种积极加速的方式，比较适宜于速度快、协调性较好的运动员。

助跑的准确性和最后几步助跑节奏：助跑的准确性很大程度上取决于助跑最初几步的稳定性和使全程助跑节奏的变化不超过 3%的能力。因此，在助跑中应保持步长的稳定性，并应在助跑的最后几步跑出高步频的最大速度。

起跳动作的协调配合：起跳力量的大小，首先取决于起跳腿用力肌肉群在上板时被拉长的速度和强度，还取决于全身力量的发挥。这就要求全身各部分正确协调地配合。

（2）腾空和落地技术。人体离开地面后的空中腾越阶段叫腾空。腾空后的任何动作都不能改变身体重心的抛物线轨迹。如果能在落地时高抬两腿并向前伸展，则可延缓落地的时间，从而增加落地的距离。腾空步和空中动作技术：起跳结束瞬间基本保持起跳结束时的姿势，这种腾空初期的过渡动作叫腾空步。这一姿势是正确起跳后自然产生的动作。腾空步后的空中动作有蹲踞式、挺身式和走步式三种。

二、投掷

投掷运动是人体运用自身能力，通过一定的运动形式，将手持的规定器械抛出并尽可能获得远度的运动项目。投掷运动的特点是，以力量为基础，以速度为核心，通过人体有效控制不同形状、重量的器械，通过助跑（或滑步、旋转）使人体与器械获得一定的预先速度，具有明显的肌肉用力顺序和爆发力特征。下面介绍几种常见的投掷运动项目。

（一）铅球

铅球是投掷项目之一，它对增强体质，特别是发展躯干和上下肢力量有显著的作用。现在的推铅球技术，有背向滑步推和旋转推两种，动作方法虽不同，但分别都是一个有机联系的完整动作。

现以背向滑步右手推铅球的技术为例，将基本技术简介如下：①持球。手指和手腕要适当放松，对铅球应有良好的感觉和控制，然后把球紧贴颈部放在右锁骨窝处，右肘自然下垂（如图 4-2 所示）。②预备姿势。进入投掷圈后，背对投掷方向，以右脚尖紧贴投掷圈的内沿站立，左脚在后用脚尖点地，左臂自然抬起，上身放松，保持好身体的稳定和平衡。③滑步。推铅球的滑步是使铅球预先获得一定的向前速度，并使身体形成最后用力的有利姿势。做好预备姿势后，左腿可做 1～2 次摆动。当左腿摆后回收至右腿侧方的同时，右膝弯曲，上体前俯，形成屈膝团身的姿势。紧接着向投掷方向积极挥摆左脚和蹬伸右腿，促使身体迅速移动。当右脚蹬离地面后，要迅速拉收右腿，使右脚落于圆心附近，左脚主动而迅速地着地。④最后用力和推球后的缓冲。推铅球的最后用力，是在滑步基础上不间断地将全身力量有效地作用到铅球上去，使铅球在合理的出手角度的前提下，获得最大的出手初速度。这是完整技术中具有决定意义的环节。铅球出手后两腿交换位置，降低身体重心的高度和改变重心移动的方向，缓和身体向前的冲力，维持好身体的平衡，避免冲出投掷圈外。

图 4-2　持球

现在除背向推铅球外，在国际比赛中还出现了旋转推铅球的技术。旋转推铅球是用像掷铁饼那样的旋转代替滑步。在旋转中，铅球的运行距离长而速度快。在比赛中，已有人采用这种技术并取得了较好的成绩。但是由于旋转时铅球是沿弧线运行，有较大的离心力，而最后用力则需要对铅球直线加速。因此，如何把旋转和最后用力衔接好就比较困难，并且也容易使身体失去平衡。推铅球运动今后将进一步完善各个技术环节，提高其实效性和整体性，同时也会更加重视身体素质的全面发展，特别是力量和速度素质的发展，并选择身高、体重、速度素质好、富有爆发力的运动员。

（二）标枪

掷标枪，田径运动中的一个投掷项目，是一个比较复杂的多轴性旋转项目。它的完整技术，是由肩上持枪经过一段预先助跑连接投掷步获得动量，通过爆发式的最后用力作用于标枪的纵轴上，将标枪经肩上投出去。其基本动作技术如下：

1. 握法

握枪方法是将标枪斜放在掌心上，大拇指和中指握在标枪把手末端第一圈上沿，食指自然弯曲斜握在标枪上，无名指和小指握在把手上。也可将拇指和食指握在标枪把手末端第一圈上沿，其余手指按顺序握在把手上（如图 4-3 所示）。

2. 持枪

持枪的方法是屈臂举枪于肩上，大小臂夹角约为 90 度，稍高于头，枪尖稍低于枪尾（如图 4-4 所示）。

3. 助跑

助跑的距离应根据投掷者发挥速度的快慢而定，一般在 25～35 米，助跑分为两个阶段。

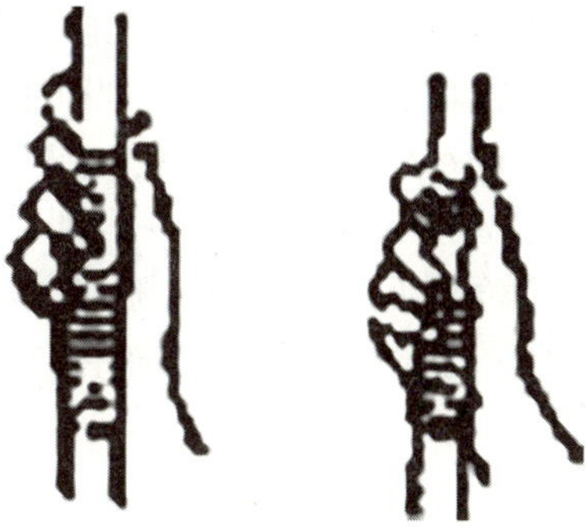

图 4-3　标枪握法

图 4-4　持枪

（1）预跑阶段。预跑阶段主要是加速，在跑进中上体稍前倾，用前脚掌着地，大腿抬得较高，后蹬力量强，动作轻快而富有弹性，持枪臂随着跑的节奏与左臂配合，自然前后摆动，并与下肢动作协调一致，在加速中进入投掷步。

（2）投掷步阶段。第一步：左脚踏上第二标志线，右脚积极前迈，同时，右肩后撤并开始向后引枪，左肩逐渐向标枪靠近，左臂自然摆至胸前，眼向前看，髋部正对投掷方向，持枪臂尚未伸直。

第二步：当右脚落地时，左脚离地前迈开始了投掷步的第二步。左脚前迈时，髋稍向右转，右肩继续后撤并完成引枪动作，右手接近于肩的高度，枪身与前臂夹角较小，枪尖靠近右眉，保证标枪纵轴和投掷方向一致。

第三步（交叉步）：投掷步第二步左脚落地时，右股自然弯曲，大腿带动小腿积极向前迈步，左腿猛蹬伸，使右大腿加速前迈，成交叉步，左臂自然摆至胸前，投掷臂伸直充分后引，右脚尖与投掷方向成 45 度角左右，躯干与右腿成一条直线。

第四步：这一步是从助跑过渡到最后用力的衔接步。交叉步结束前，左腿积极迈第四步，用脚掌内侧落地。

投掷步的前四步一般步长是：第一步大，第二步小，第三步大，第四步小。

4. 最后用力和维持平衡

最后用力：投掷步第四步落地后，右腿积极蹬地转髋，肩轴向投掷方向转动，投掷臂上臂向上转动，带动前臂和手腕向上翻转。当上体转到正对投掷方向时，投掷臂翻到肩上，左肩内，成“满弓”姿势。然后，上臂带动前臂向前做爆发式的“鞭打”动作，使标枪向前飞出。在标枪离手的一刹那，甩腕指，使标枪沿纵轴顺时针方向转动。维持平衡：标枪出手后，运动员随着向前的惯性，继续向前运动，为了防止犯规，应及时向前跨一至二步，身体稍向左转，并降低身体重心，维持平衡。

◎ 思考题

1. 田径运动的特征有哪些？
2. 田径运动主要包含哪些项目？
3. 简述跑的种类及其基本技术。
4. 简述跳高的基本技术。
5. 简述标枪的基本技术。

第五章　乒乓球、羽毛球和网球

第一节　乒乓球

一、乒乓球运动简介

乒乓球起源于英国。19 世纪末，欧洲盛行网球运动，但由于受到场地和天气的限制，英国有些大学生便把网球移到室内，以餐桌为球台，书作球网，用羊皮纸做球拍，在餐桌上打来打去。1890 年，几位驻守印度的英国海军军官偶然发觉在一张不大的台子上玩网球颇为刺激。后来他们改用实心橡胶代替弹性不大的实心球，随后改为空心的塑料球，并用木板代替了网拍，在桌子上进行这种新颖的“网球赛”，这就是 Table tennis 得名的由来。Table tennis 出现不久，便成了一种风靡一时的热门运动。最初，Table tennis 有其他的名称，如 Indoor tennis，后来，一位美国制造商以乒乓球撞击时所发出的声音创造出 Ping-pang 这个新词，作为他制造的“乒乓球”专利注册商标，Ping-pang 后来成了 Table tennis 的另一个正式名称，当它传到中国后，人们又创造出“乒乓球”这个新的词语。20 世纪初，乒乓球运动在欧洲和亚洲蓬勃开展起来。1926 年，在德国柏林举行了国际乒乓球邀请赛。后被追认为第一届世界乒乓球锦标赛，同时成立了国际乒乓球联合会。

1959 年，容国团获得了第二十五届世界乒乓球锦标赛男子单打冠军后，中国运动员开始登上了国际乒坛，并逐渐形成了以“快、准、狠、变”为技术风格的直拍近台快攻打法。中国近台快攻的优点是站位近，速度快，动作灵活，正反手运用自如，比日本远台长抽打法又大大前进了一步。60 年代，中国乒乓球技术水平位于世界最前列，乒乓球运动的优势由日本转移到中国。这是乒乓球运动水平的第二次大提高。在中国乒乓球运动发展的同时，欧洲运动员从失败中总结经验教训，经过近 20 年的努力，终于取日本弧圈球技术和中国近台快攻打法之长，创造出适合于他们的先进打法，即以弧圈球为主结合快攻的打法。代表人物是匈牙利的克兰帕尔和约尼尔。以快攻为主结合弧圈球的打法，是以正反手快攻为主要技术，用反手快拨快攻力争主动，以正手拉弧圈球寻找机会扣杀为得分手段。代表人物是瑞典的本格森、捷克的奥洛夫斯基等。这两种打法的特点是放置较强，速度快，能拉能打，低拉高打，回旋余地较大。乒乓球运动又推进到放置和速度紧密结合的新高度。这是乒乓球运动水平的第三次大提高。

20 世纪 70 年代以来，由于国际交往和学习研究的加强，各种打法互取长短，使乒乓球技术得到了更快的发展和提高。比如，中国近台快攻、直拍快攻结合弧圈球、横拍快攻结合弧圈球等打法和技术，均有所发展和创新，在国际比赛中取得了优良的成绩。国际乒乓球联合会已拥有 186 个会员协会，是世界上较大的体育组织之一。1982 年，国际奥委会通过了关于从 1988 年起把乒乓球列为奥运会正式比赛项目的决定，推动了乒乓球运动更快的发展。

乒乓球运动开展的条件不苛刻，可参与性强。男女老少都能打，天南海北都能打，室内室外都能打。乒乓球运动又是一项全身运动，健体健脑又健心。相对于足球、篮球等运动，它没有直接的身体对抗，自己可控制运动量，非常有利于普及。总之，这项运动特别适合中国的国情，得到了国人的普遍喜爱，普及程度很高。

二、乒乓球基本技术

（一）准备姿势及握拍法

1. 准备姿势

（1）基本姿势：两脚开立略比肩宽，屈膝提踵，身体重心置于两脚之间，上体微前倾，执拍手臂自然弯曲，置于身体右侧，前臂与手腕保持水平状，置于腹前。（2）站位：乒乓球运动员根据各自的打法，在比赛时应选择基本的站立位置，有近台（身体离台 30~50 厘米范围内）、中近台（离台 50~70 厘米）、远台（离台 1 米以外）等。

2. 握拍法

（1）直拍握拍法。①快攻型握拍法（如图 5-1 所示）。拍前食指第二指节和拇指第一节在拍的前面呈钳形，两指间距离 1 ~ 2cm，拍柄贴住虎口，另外三指自然弯曲贴于球拍后的 1/3 上端。②弧圈型握拍法（如图 5-2 所示）。弧圈型握拍法与快攻型握拍法基本相同，其区别是：拇指和食指形成一个小环状，其他三指在拍背面自然重叠，由中指的第一指关节顶于拍柄的延长线上。③削球型握拍法（如图 5-3 所示）。拍前大拇指弯曲紧贴在拍柄的左侧，并用力压拍，拍后其他四指自然分开，托住拍的后面。正手削球时，前臂旋后使球拍后仰，反手削球时，拍后四指灵活地把球拍抖起，使拍柄向下。

（2）横拍握拍法（如图 5-4 所示）如同握手一样，中指、无名指、小指自然弯曲握住拍柄，大拇指在球拍正面靠近中指，食指自然伸直，斜放于球拍背面。正手攻球时，食指稍向上移动，反手攻球时，拇指稍向上移动。

（二）步法

由于来球的落点不断变化，要准确地还击每个来球，除必须具备快速的反应和

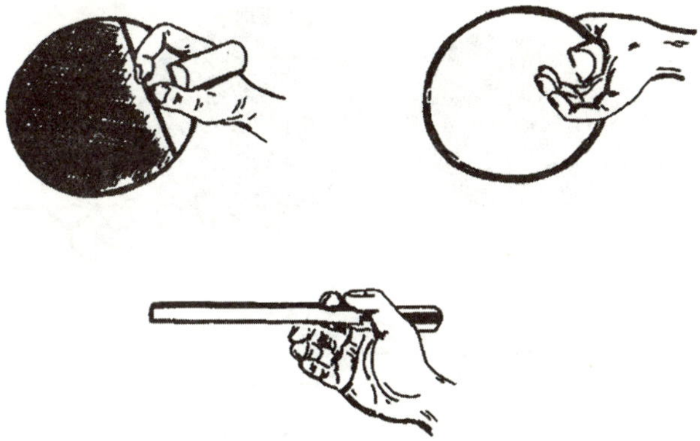

图 5-1 快攻型握拍法

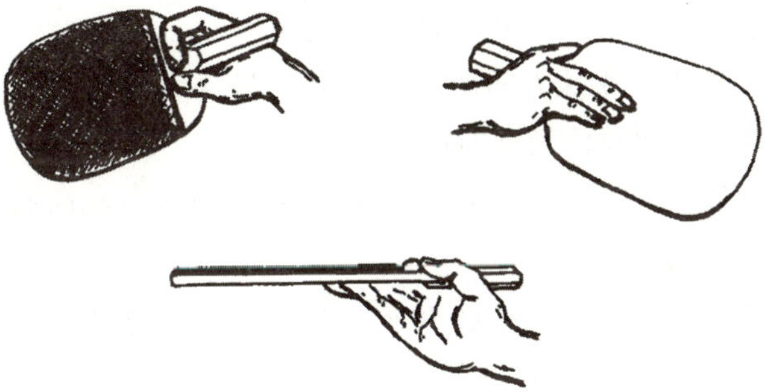

图 5-2 弧圈型握拍法

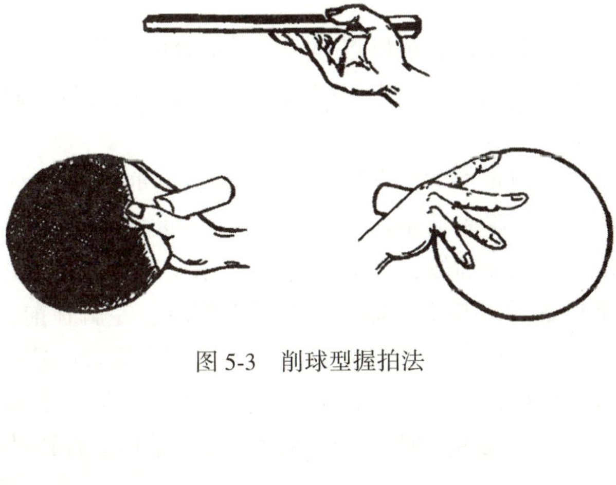

图 5-3 削球型握拍法

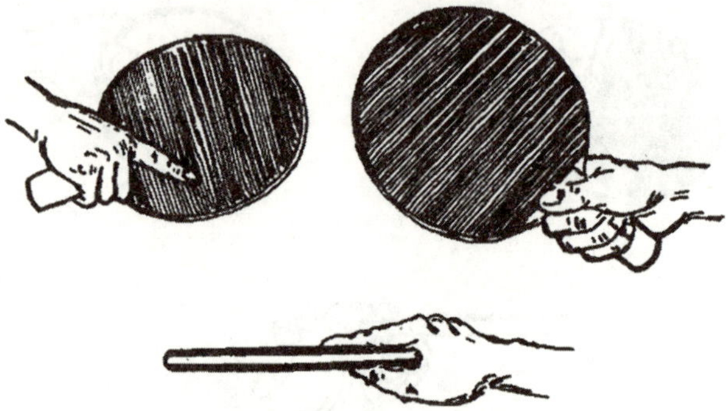

图 5-4　横拍握拍法

良好的身体素质之外，还需要正确、灵活的步法。

（1）单步：指以一脚的前脚掌为轴，另一脚向前、后、左、右某个方向移动一步的步法。在来球角度不大、小范围内移动时使用。

（2）跨步：以一脚向来球方向跨出一大步，另一脚跟着移动的办法。常用来对付来球急、角度大、离身体稍远的球。

（3）跳步：一脚用力蹬地，使两脚离开地面，同时向左向右或前后跳动。快攻型打法用它来侧身。

（4）并步：来球远侧方的脚先向近侧方靠一步，然后近侧方的脚再向来球方向迈一步。在小范围内移动时，常使用此步法。

（5）交叉步：离球远的脚朝来球方向跨出一大步，并从前面超过另一脚形成交叉状，另一脚再向来球方向移出一步的步法。主要用于快攻，在侧身进攻后扑挡常用此步法。

（三）发球

发球时，不受对方的制约，可以选择自己最适合的站位，按照自己的意图，把球发到对方球台的任何位置上去，先发制人，直接得分或为自己的进攻创造有利条件。

（1）平击发球。发球时持球手将球轻轻抛起，同时持拍手（右手为持拍手）向后引拍，当球从高点下降到低于球网时，持拍手以肘部为轴心，前臂向右前方横摆击球，向前挥拍时，拍面前倾，击球中上部。击球后第一落点在球台的中区。

（2）正手发下旋加转球与不转球。发加转下旋时，左脚在前，右肩侧对球台，持球向上抛球，同时，持拍手臂将拍引至后上方略比肩高，肘部后移，带动手腕旋内，球拍呈横向拍面垂直，身体重心后移。当球回落时，肘关节加速运动，前臂带动手腕猛然加力旋外，在胸腹前偏右一前臂距离处，拍形后仰用球拍下部靠左的部位，触球正后位底部，加大力臂摩擦球体，击球后，随势将身体重心移至前脚。“切”球愈薄，发球愈转。发不转球与发加转下旋球的主要区别在于球拍触球瞬间，突然减慢手臂前进速度，并减小拍形后仰角度，用球拍中部偏右的地方去碰撞球的中下部，使作用力接近球心，力臂小造成力矩小，因而旋转不明显或成不转球。

（四）接发球

首先，必须根据对方发球的位置来决定自己的位置，然后注意对方发球时挥臂动作和球拍移动方向，根据对方发球时摆臂振幅大小和手腕用力的不同程度来判断来球落点的远近和旋转强弱。根据来球的飞行弧线和速度来判断旋转性能。接发球的方法一般是由点、拨、拉、搓、削、摆、扑、撇、侧等技术组成。接发球和发球是常常结合在一起进行练习的，通常从简单的固定旋转和落点开始，然后过渡到复杂的综合的发球与接发球。

（五）推挡球

推挡球是乒乓球技术中的基本技术之一，其特点是站位近、动作小、变化多。推挡球包括挡球、快推、快拨、加力推、减力推、推下旋。

（1）快推：站位靠近球台，击球时，小臂前推，手腕外旋，食指压拍，拇指放松，使拍前倾，在球上升期击球中上部。

（2）加力推：站位离台 30~40 厘米左半台，小臂后收，使球拍稍提高。在球的上升后期或高点期，击球中上部。

（3）减力挡：在触球瞬间，球拍前移的动作骤然停止，也可将球拍稍微后移，以减弱来球的发弹力。

（六）攻球

攻球是乒乓球的一项重要技术，也是得分的重要手段，按身体方位有正手攻球、反手攻球、直拍反面攻球、侧身攻球；按站位有近台快攻、中台快攻、远台快攻；按动作有快抽、拉抽、扫抽、扣杀。

1. 正手攻球

左脚稍前站位，当来球时，前臂外展将球拍后引至身体右侧稍后，当来球从台面弹起时，上臂带动前臂向左前上方快速挥动，击球的中上部，身体重心从右移至左脚，球拍挥至头部高度。

2. 反手攻球

站位近台，右脚稍前。引拍时，前臂与台面平行，将球拍引至腹前偏左位置。击球时，前臂旋外向右前上方挥动，手腕同时配合作伸和旋外转腕的动作，拍面前倾，上升期击球的中上部，击球后，随势将球拍挥至右肩前，身体重心从左脚移至右脚。

3. 正手快拉球

站位比快攻稍远，击球前，整个手臂放松，前臂略下沉。拉球时，以前臂发力为主，在来球高点期或下降期，手腕同时向前向上用力转动球拍摩擦来球，制造上旋弧线。拉球时，要判断好来球下旋程度，调整用力大小和方向，调节拍面角度和触球部位。

（七）搓球

搓球是近台还击下旋球的一种基本技术，搓球可分为反手搓球和正手搓球、慢搓和快搓、加转搓球和搓不转球。

（八）弧圈球

弧圈球是速度与旋转相结合的一种进攻技术，于20世纪50年代由日本运动员最先发明，当时被称为“弧圈型上旋球”。70年代在欧洲取得很大突破，形成了以弧圈球为主的打法类型，现已成为一种流行于世界的先进技术。有加转弧圈球、前冲弧圈球、反手弧圈球、正手右侧弧圈球等。特点是攻击力大，使用率高，稳健性强。

1. 加转弧圈球

加转弧圈球又称“高吊弧圈球”。正手击球时，左脚在前，身体向右扭转，右肩略低于左肩。引拍时，执拍手臂自然下垂，将球拍置于靠近臀部的位置。击球时，上臂带动前臂快速向前上方挥动，拍面垂直，在来球下降后期摩擦球中部或中下部。特点是上旋力强，弧线高，着台后突然下坠。

2. 前冲弧圈球

击球前，将球拍引至身体右侧偏后，约与台面同高，拍面稍前倾。击球时，前臂在上臂的带动下迅速内收，手臂向前上方挥拍，在来球的高点期或下降前期击球的中上部。拍面前倾角度较大，约为60°。特点是球速快，弧线低，前冲力和上旋力强。

三、主要战术

（一）推攻

特点：主要运用正手攻球和反手推挡的速度和力量，并结合落点变化和节奏变化来压制和调动对方，以争取主动或得分。推攻战术是左推右攻打法对付攻击型打法的主要战术，有反手推挡能力的两面攻运动员、攻削结合运动员等也常使用它。方法：（1）左推右攻；（2）推挡侧身攻；（3）推挡、侧身攻后扑正手；（4）左推结合反手攻；（5）左推、反手攻、侧身攻后扑正手。

（二）两面攻

特点：主要利用正、反手攻球技术的速度和力量压制对方，争取主动和创造扣杀机会。两面攻技术是两面攻打法对付攻击型打法的主要战术。方法：（1）攻左扣右；（2）攻打两角，猛扣中路。

（三）拉攻

特点：连续运用正手快拉创造进攻机会，然后采用突击和扣杀来作为得分手段。拉攻战术是快攻打法对付削球类打法的主要战术。方法：（1）正手拉后扣杀；（2）反手拉后扣杀。

（四）拉扣吊结合

特点：由拉攻与放短球相结合而成，是快攻型打法对付削球打法的常用战术。方法：（1）在拉攻战术的扣杀或突击后放短球；（2）在拉攻战术中放短球后，结合扣杀或突击。

（五）搓攻

特点：主要运用“转、低、快、变”的搓球控制对方，以寻找战机，然后采用低突、快点或拉攻等技术展开攻势并连续进攻；在搓球中遇到机会球时进行扣杀，常常带有突然性，往往可以直接得分。搓攻战术是乒乓球各种打法都不可缺少的辅助战术。方法：（1）正、反手搓球结合正手快拉、快点、突击或扣杀；（2）正、反手搓球结合反手快拉、快点、突击或扣杀。

（六）削中反攻

特点：由削球和攻球结合而成，常以逼角加转削球为主，伺机反攻；或以转、低、稳、变的削球，迫使对手在走动中拉攻，以从中寻找机会，予以反攻。这种战术有“逼、变、凶、攻”的特点，是攻、削结合打法的主要技术。方法：（1）正、反手削球逼角，结合正手攻或侧身攻反攻对方右侧空当；（2）正、反手削两大角长球，结合正、反手反攻。

（七）发球抢攻

特点：发球抢攻战术是以旋转、线路、落点以及速度不同的发球来增加对方回击的难度，使其出现机会球，或降低回球质量，然后抢先进攻，以争取主动或直接得分，这是乒乓球所有打法特别是进攻型打法的主要战术和得分手段。方法：（1）发下旋转与“不转”抢攻；（2）发正、反手奔球抢攻；（3）发正、反手侧上、下旋球抢攻。

（八）接发球抢攻

特点：由某一单项攻球技术所形成，进攻性强，可变接发球的不利地位为主动地位，也可直接得分，是乒乓球运动各种打法特别是进攻型打法的主要战术。方法：用快点、快攻或中等力量突击进行接发球抢攻。

四、主要规则

（一）发球、接发球和方位的选择

（1）选择发球、接发球和场地的权利应通过选择硬币的正反面来决定。选对者可以选择先发球或先接发球，或选择先在某一方。

（2）当一方运动员选择了先发球或先接发球或选择了场地后，另一方运动员应有另一个选择的权利。

（3）在每发球两次之后接发球方即成为发球方，依此类推，直到该局比赛结束，或者直至双方比分都达到10分实行轮换发球法，这时发球和接发球次序仍然不变，而且每人只轮发一分球。

（4）一局中在某一方位比赛的一方，在该场的下一局应换到另一方位。单打决胜局中当有一方满5分时应交换方位。

（二）合法还击

对方发球或还击后，本方运动员必须击球，使球直接越过或绕过球网装置（包含触及球网装置）后，再触及对方台区。凡属上述情况，均为合法还击。

（三）重发球

不予判分的回合出现下列情况，应判重发球：

（1）如果发球员发出的球，在越过或绕过球网装置时触及球网装置，此后成为合法发球或被接发球员或其同伴阻挡。

（2）如果发球员或同伴未准备好时球已发出，而且接发球员或其同伴均没有企图击球。

（3）由于发生了运动员无法控制的干扰，如灯光熄灭等原因，而使运动员未能合法发球、合法还击或未能遵守规则（运动员与同伴相撞或者被挡板绊倒而未能合法回击，则不能判重发球）。

（4）裁判员或副裁判员宣布的暂停比赛。

（四）判一分

回合中出现重发球以外的下列情况，应判失一分：

（1）未能合法发球；

（2）未能合法还击；

（3）阻挡；

（4）连续两次击球（如执拍手的拇指和球拍连续击球）；

（5）除发球外，球触及本方台区后再次触及本方比赛台面；

（6）用不符合规定的拍面击球；

（7）双打中，除发球或接发球外运动员未能按正确的次序击球；

（8）裁判员判罚分。

（五）一场比赛

（1）一场比赛应采用七局四胜制或五局三胜制。

（2）一场比赛应连续进行，但在局与局之间，任何一名运动员都有权要求不超过两分钟的休息时间。

五、乒乓球比赛的欣赏

当今，乒乓球比赛的场面正通过电视走进千家万户，吸引着越来越多的人为其如痴如醉如狂，观赏乒乓球比赛已成为人们余暇生活中的重要内容。乒乓球运动需快速、旋转、节奏、力量等。我国优秀选手刘国梁打球时，出手速度相当快，直板反手横打相当有威力，让欧洲的选手防不胜防，体现了速度与力量的变化。王励勤的打法是板板带凶，属快凶均衡型打法，特别是在形成弧圈球对攻相持局面时，速度、旋转、节奏、短线路、中远台相持变化，让人叫好。在乒乓球比赛中，心理素质也是获胜非常重要的因素，有时平时技术熟练而在比赛中却未必能发挥出强劲的水平，往往就是心理素质欠佳造成的。在乒乓球比赛中，在球触及台面上边缘时为“擦边球”，而球触及台面上边缘以下的侧面为出界球。球是否擦边，可根据击球路线、反弹情况及着台声音等进行判断。

观赏乒乓球比赛不仅丰富了人们的闲暇生活，更使人们从中受到教育。当人们为运动员顽强拼搏的意志品质和不断超越自我的体育精神所感动时，人们已经在接受着勇敢、顽强、无私、团结、友爱、公正等道德、伦理、思想和法律方面的教育，而这些又正是现代文明的重要内容。

第二节　羽 毛 球

一、羽毛球运动简介

现代羽毛球运动诞生在英国。1873 年，在英国格拉斯哥郡的伯明顿镇有一位叫鲍弗特的伯爵，在他的领地开游园会，有几个从印度回来的退役军官向大家介绍了一种隔网用拍子来回击打毽球的游戏，人们对此产生了很大的兴趣。因这项活动极富趣味性，很快就在上层社会社交场上风行开来。“伯明顿”（Badminton）即成为英文羽毛球的名字。1893 年，英国 14 个羽毛球俱乐部组成羽毛球协会。18 世纪时，印度的蒲那城，出现类似今日羽毛球活动的游戏，以绒线编织成球形，上插羽毛，人手持木拍，隔网将球在空中来回对击，但这种游戏流行的时间不长。羽毛球运动约于 1920 年传入我国，中华人民共和国成立后得到迅速发展。20 世纪 70 年代我国羽毛球队已跻身于世界强队之列。70 年代，国际羽毛球坛是印度尼西亚与我国平分秋色。80 年代，优势已转向我国，说明我国羽毛球运动已达到世界先进水平。羽毛球在 1992 年巴塞罗那奥运会上被列为正式比赛项目，设男女单打和男女双打及混合打共 5 项比赛。其余羽毛球比赛也很多，像汤姆斯杯、尤伯杯以及世界羽毛球锦标赛等。中国羽毛球队是中国体育军团的王牌之师。中国羽毛球队在世界大赛上多次夺得尤伯杯、汤姆斯杯、苏迪曼杯和奥运会冠军，团队综合水平处于世界领先地位。

二、基本技术

羽毛球技术主要包括握拍、发球、换发球、击球、步法，每一个技术之间有着紧密的联系，缺一不可。

（一）握拍法

1. 正手握拍法

技术要点：用左手拿住拍面与地面垂直的拍杆，张开右手成握手状，把拍柄握住，虎口对着拍柄窄面内侧的小棱边，使手掌小鱼际部分靠在球拍握柄底，掌心不要紧贴拍柄，有利于手腕和手指力量的发力及灵活运用（如图 5-5 所示）。

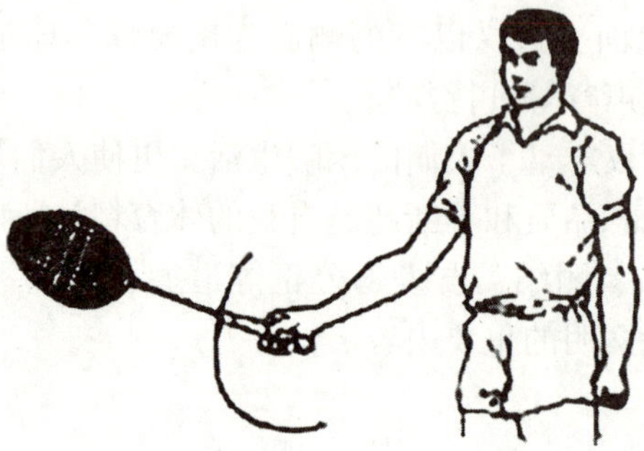

图 5-5 正手握拍法

2. 反手握拍

技术要点：在正手的基础上，将球拍外转，拇指直贴在拍柄宽面上，其余四指并拢，手心留有空隙（如图 5-6 所示）。

图 5-6 反手握拍法

（二）发球

发球是比赛前三拍技术之一，发球的好坏直接影响比赛的质量，羽毛球发球种类按球在空中飞行弧线分为发高远球、发平高球、发平快球、发网前球。下面着重介绍正手发高远球与发网前球。

1. 发高远球

技术要点（以右手发球为例）：身体左肩侧对球网，左脚在前，右脚在后，站在离前发球线 1. 2~1. 5m 靠近中线处。右手持拍向右后侧举起，肘部微曲，左手拇指、食指、中指夹紧球托与羽毛连接处位于身体右前侧。发球时，左手将球自然放下，同时，右手持拍由上臂带动前臂，从后沿身体向前挥动，并用手腕爆发力向上方将球击出，随后，球拍顺势向左上方缓冲。

2. 发网前球

技术要点：发网前球的准备动作同发高远球。击球时，握拍要放松，上臂动作要小，主要靠前臂带动手腕向前“切送”。用力要轻，拍面角度要控制好，以使发出的球尽量贴网而过并落在前发球线附近。正手发网前球，反手发网前球。

（三）接发球

接发球是羽毛球运动一项重要的基本技术，接发球质量往往直接影响到一个回合开始的主动与被动，应充分重视接发球技术的练习。技术要点：左脚在前，右脚在后，侧身上网，重心放在前脚，膝关节微曲后脚跟稍提起，收腹含胸，注视对方发球的动作。双打站在靠前发球线，比单打更有讲究。有一般站位法、抢击站位法、稳妥站位法、特殊站位法。单打站位离前发球线约 1. 5 米处，在右区站在靠近中线位置。在左区则站在中线与边线的中间位置上。

（四）击球

后场高空击球也称后场上手击球，即在尽可能高的击球点上，还击对方向底线击来的高球。它具有主动性强、击球力量大等特点。可以牵制对方，以便寻找最佳时机，进行攻击，当一方处于被动时，利用后场高空击球可以迅速调整自己的位置，由被动转为主动。

（1）高远球。技术要点：判断来球方向和落点后，侧身后退至球下，左肩对网，左脚在前，右脚在后，重心在右脚上。右手持拍手臂自然弯曲举至右肩上方。击球时，上臂后引，随之肘关节上提明显高于肩部，持球拍引至头后，自然伸腕，然后在后脚蹬地、转体和腰腹的协调用力下，以肩为轴、上臂带动前臂快速向前上方甩腕，在手臂伸直的最高点击球。随后球拍顺惯性往前下方挥动并收拍至体前。与此同时，左脚后撤，右脚向前迈出。

（2）吊球

吊球可用正手、反手、头顶击球技术来完成。初学者首先要学好正手上手吊球，然后再学反手及头顶吊球技术。技术要点：击球前其动作同正手击高远球一样。吊球时，拍面正面向内倾斜，手腕做快速切削下压动作，用力要轻。若吊斜线球，则球拍切削球托的右侧。若吊直线球，拍面正对前方，向前下方做切削球。

（3）杀球

杀球是进攻的主要技术，它可用正手、反手、头顶技术来完成。杀球击球法是把对方击来的后场高球，用较大的力量和速度，以向下的弧度将球回击到对方的中后场区。技术要点：准备姿势和击球动作与正手击高远球一样，不同的是最后用力的方向朝下，而且充分利用蹬地、转体、收腹以及手臂和手腕的爆发力全力将球向下击出。击球的一刹那要紧握球拍。

（4）前场网前击球

网前球是调动对方、寻找战机的重要手段。因它的技术动作轻松而细巧，运用力量要控制适度。技术要点：网前球分正手搓球与反手搓球两种，球的路线有直线和对角线。正手搓球其动作要领如下：右脚在前，左脚在后，两脚的距离比肩略宽，右手握拍，自然将球拍前举在胸前，身体向前微微倾斜、收腹。搓球时，击球瞬间，前臂外旋，手腕由后伸至稍前，使球拍在手腕和手指的用力下，搓切来球的右下底部，使球旋转翻滚过网。

（五）步法

羽毛球步法是一项很重要的基本技术，它和手法相辅相成，取长补微短，不可分割。羽毛球步法分为上网步法、后退步法和两侧移动步法，根据运动员在场上的中心位置和来球的远近，可采用一步到位击球或二步、三步移动到位击球。右手握拍者，到位击球时的最后一步一般都是右脚在前，而左脚总是靠近中心位置，以下主要阐述上网步法、后退步法。

1. 上网步法

上网步法是完成上网搓球、推球、勾球、扑球及挑球的步法，它包括跨步上网、垫步加蹬步上网，前交叉加蹬跨步上网，后交叉加蹬跨步上网、蹬跳步上网。

（1）跨步上网步法。①二步跨步上网步法：左脚先向来球方向跨出一步，后右脚向前跨出一大步到位击球；②三步跨步上网步法：右脚先向来球方向跨出一小步，接着左脚向前跨出第二步，最后，右脚跨出一大步到位击球。

（2）垫步加蹬跨步上网步法。右脚先向来球方向迈出一步，紧接着左脚垫一小步，同时右脚抬起，利用左脚的蹬力蹬跨出一大步，到位击球。

（3）前交叉步加蹬跨步上网步法。右脚先向前迈出一小侧步，紧接着右脚抬起，利用左脚的蹬力蹬跨出一大步，到位击球。

（4）后交叉步加蹬跨步上网步法。右脚先向前迈出一小侧步，接着左脚向右脚后迈出第二个侧步，最后，右脚抬起，利用左脚的蹬力，蹬跨出一大步，到位击球。

（5）蹬跳步上网步法。站位稍靠前，判断对方要重复打网前球时，利用双脚蹬地，迅速跳向网前，采用扑球技术击球。要注意防止因前冲力过大而触网或过中线犯规。

2. 后退步法

后退步法是完成后退回击高球、吊球、杀球、后场抽球的步法，它包括正手后退步法、头顶后退步法、反手后退步法等。

（1）正手后退步法。正手后退步法，可采用并步后退步法和交叉后退步法，以及前步加跳步后退步法。①并步后退步法：右脚向右后侧身退一步，并带动髋部右后转，接着左脚用并步靠近右脚，右脚再向后转至到位，左脚跟进一小步，成为左脚在前右脚在后，侧身对网的击球准备动作。②交叉步后退步法：右脚向右后侧身退一步，并带动髋部右后转，接着左脚从右脚后交叉后退一步，成为左脚在前右脚在后、侧身对网的击球准备动作。③并步加跳步后退步法：与并步后退步法的第一、二步后退步法相同，第三步采用侧身双脚起跳各侧后到位击球，后双脚落地。

（2）头顶后退步法。头顶后退步法，可采用头顶并步后退步法和头顶交叉步后退步法，以及头顶侧身步加跳步后退步法。①头顶并步后退步法：髋关节及上体快速向右后方转动的同时，右脚向后退一步，接着左脚用并步靠近右脚，右脚再向后移至到位，左脚跟进一小步，成为左脚在前右脚在后、侧身对网的击球准备动作。②头顶交叉步后退步法：髋关节及上体在快速向右后方转动的同时右脚向后退一步，接着左脚从右脚后交叉后退一步，右脚再向后移至到位，左脚跟进一小步，成为左脚在前右脚在后、侧身对网的击球准备动作。③头顶侧身步加跳步后退步法：这是一种快速突击抢攻打法的后退步法。髋关节及上体在快速向右后方转动的同时右脚向后退一步，紧接着右脚向后方蹬地跳起，上身后仰，角度较大，并在凌空中完成击球动作，此时，左脚在空中作一个交叉动作后先落地，上体收腹使右脚着地时重心落在右脚上，便于左脚迅速回动。

三、基本战术

1. 压后场底线

对羽毛球初学者来说，这是较有威胁的基本打法。它的特点是通过高球把对方推到后场底线，使得对方回球不到位，伺机扣杀或打出短球。这种打法主要以力量制胜，也就是较量后场高、吊、杀技术的高低。运用这种打法首先自己的高球必须打到对方底线，同时也要有和对方进行后场对抗的能力。

2. 攻四方球控制落点

攻四方球是攻击对方场区的 4 个角落，以快速击球和准确的落点，调动对方前后左右奔跑，打乱对方阵脚，待其来不及回中心位置或回球质量较差时，向其空当部位发动进攻。这种打法，要求运动员本身具有快速、灵活的步法，稳健的防守，以及准确控制落点和强有力的进攻能力。

3. 快拉快吊控制网前

这是最常用的一种积极主动、快速进攻的打法。它的特点是：以进攻性的平高球快压对方于后场两底角，而后吊球或劈杀引对方上网，再迅速上网控制网前，以网前搓球结合推后场底线使对方回击困难，从而创造中后场大力扣杀的机会。它要求运动员有较全面的技术，能攻善守，步法、手法快速灵活，特别是要有较细腻的控制网前的技术。学习者通常在掌握了较全面的技术后使用。

4. 后场下压，上网搓、推

这种打法的特点是在后场通过下压击球（扣杀、劈杀或吊球）的进攻技术，快速上网搓或推球取得前场攻势，使后场、前场的进攻紧密衔接，提高攻击的威力。

5. 守中反攻

这种打法是从运动员身材较矮、但较灵活这个特点出发的。它以防御为主结合反攻（扣杀、吊球），这里包含着让对方多失误、自己尽量少失误的策略思想。怎样才能让对方多失误呢？这要求自己善于控制落点、球路，调动对方在移动中勉强进攻，急于求成出现失误，或给自己制造反攻的机会。那么，怎样才能使自己尽量少失误呢？这要求自己有快速灵活的步法，能在场区任何一个角落抢救来球，守住对方的强攻；同时抓住有利的战机，进行出击。

四、基本规则

（一）羽毛球站位规则

1. 单打

（1）发球员的分数为0或双数时，双方运动员均应在各自的右发球区发球或接发球。

（2）发球员的分数为单数时，双方运动员均应在各自的左发球区发球或接发球。

（3）如“再赛”，发球员应以该局双方总得分数来确定站位。若总分为单数，双方运动员均应在各自的左发球区发球或接发球；若总分为双数，双方运动员均应在各自的右发球区发球或接发球。

（4）球发出后，双方运动员击球就不再受发球区的限制，运动员的站位也可以在自己这方场区的界内或界外。

2. 双打

（1）一局比赛开始，应从右发球区开始发球。

（2）只有接发球员才能接发球；如果他的同伴接球或被球触及，发球方得一分。

（3）任何一局的接发球方得一分时，接着由接发球方运动员之一发球，如此交换发球权。注意，交换发球权时双方 4 位运动员都不需要变换站位。

（4）运动员不得有发球错误和接发球的错误，或在同一局比赛中有两次发球。

（5）一局胜方的任一运动员可在下一局先发球，负方中任一运动员可先接发球。

（6）球发出后，双方运动员击球就不再受发球区的限制，运动员的站位也可以在自己这方场区的界内或界外。

（二）合法发球

①发球时任何一方都不允许延误发球。

②发球员和接发球员都必须站在各自发球区内发球和接发球，脚不能触及发球区的界限；两脚必须都有一部分与地面接触，不得移动，直至将球发出。

③发球员的球拍必须先击中球托，与此同时整个拍框必须低于发球员的腰部。

④击球瞬间拍杆应指向下方，从而使整个拍框明显低于发球员的整个握拍手部。

⑤发球开始后，发球员的球拍必须连续向前挥动，直至将球发出。

⑥发出的球必须向上飞行过网，如果不受拦截，应落入接发球员的发球区。

（三）重发球

①遇不能预见或意外的情况，应重发球。

②除发球外，球过网后，球挂在网上或停在网顶，应重发球。

③发球时，发球员和接发球员同时违例，应重发球。

④发球员在接发球员未做好准备时发球，应重发球。

⑤比赛进行中，球托与球的其他部分完全分离，应重发球。

⑥司线员未看清球的落点，裁判员也不能做出决定时，应重发球。

⑦“重发球”时，最后一次发球无效，原发球员重发球。

（四）死球

①球撞网并挂在网上，或停在网顶上。

②球撞网或网柱后开始在击球这一方落向地面。

③球触及地面。

④“违例”或“重发球”。

（五）发球区错误

①发球顺序错误。

②从错误的发球区发球。

③在错误的发球区准备接发球，且对方球已发出。

（六）比赛中的出界

①单打的边线是内侧边线的外沿。

②双打的边线是外侧边线的外沿。

③单打的前发球线是最靠近球网且平行球网的一条线。

④后发球线就是底线。发球区位于前发球线和后发球线之间。

⑤双打的前发球线和单打一样，都是最前面一条。

⑥后发球线是底线前的那一条线。发球区位于前发球线和后发球线之间。

五、赛事欣赏

目前，国际羽联管辖下的世界羽毛球大赛有：汤姆斯杯（男子团体），每两年一届；尤伯杯（女子团体），每两年一届；世界锦标赛（五个单项比赛），世界杯赛（五个单项比赛），每年举办一届；苏迪曼混合团体赛，1989 年开始，每两年举办一届。从 1992 年第 25 届奥运会开始，羽毛球被列入正式比赛项目。

1. 欣赏技战术

羽毛球战术是运动员在比赛中用高超的竞技水平战胜对手而采取的计谋和行动。先进的战术可以积极地促进技术、身体素质、心理素质的提高和发展。在选择战术时，要根据自己的技术水平、实际情况、打法、战术特点、身体条件、身体素质、心理素质等情况以及对方的情况，在回球一瞬间，选择对自己有利的回击球路。

2. 欣赏双打比赛

双打比赛是快速的较量，球速很快，球的来回次数很多，让人看得眼花缭乱。双打发球的战术意识很强，它和单打的发球抢攻战术有同等重要的意义。发球质量好坏直接影响到主动或被动，是得分与失误的重要环节，双打比赛时，发球队员站在发球线附近发球，准备接半场球或网前球，同伴队员站在发球队员身后中线中间准备接后场球。当对方在后场进攻时，发球方两队员应退至后场各管半场区域的球。双打队员中力量大的队员着重负责后场球，另一队员负责网前球。

第三节　网　球

一、网球运动简介

网球是一项优美而激烈的体育运动，网球运动的由来和发展可以用四句话来概括：孕育在法国，诞生在英国，开始普及和形成高潮在美国，现在盛行全世界，被称为世界第二大球类运动。现代网球运动的历史一般是从 1873 年开始的。那年，英国人沃尔特·克洛普顿·温菲尔德将早期的网球打法加以改进，使之成为夏天在草坪上进行的一种体育活动，并取名“草地网球”。此后网球便成为一项室内、户外都能进行的体育项目。同时英国各地建立了网球运动俱乐部。在 20 世纪，网球在世界各地得到广泛发展，并成为一项世界性的体育运动。最受关注的网球比赛是每年举办的四项网球四大满贯赛事。

网球运动的广泛开展和比赛活动的日益频繁，没有统一的规则当然是不行的。于是在 1876 年，由一些地区的著名网球运动俱乐部派出代表，一起开会研究和讨论制定一个全英统一的网球规则。经过多次协商，各方代表终于对网球运动的场地、设备、打法和比赛等方面取得了一致的意见，并形成了一个统一的规则。大约在 1878 年以后，英国大多数网球俱乐部逐渐按照新的打法开展活动，进行训练和比赛。

1945 年至 60 年代，网球趋向职业化。1963 年开始举办女子团体赛——联合会杯赛。1968 年温布尔登首先实行不区分业余选手和职业选手的参赛制度。1972 年，国际男子职业网球选手协会成立。1973 年，国际女子网球协会成立。中国网球协会于 1953 年成立，并于 1981 年 7 月加入国际网联，其任务是：根据《中华人民共和国体育法》和中国政府制定的体育方针、政策，统一组织、指导、协调全国网球运动的发展，推动网球项目普及和提高；通过开展必要的经营活动，为本项目的事业发展筹措、积累资金，以保障网球运动持续发展的需要。近年来，中国产生了李娜、郑洁、晏紫等优秀的网球运动员。

二、基本技术

网球基本技术包括：（1）握拍法。有东方式、大陆式和西方式三种。（2）发球。有平击、切削和旋转三种。（3）接发球。有抽球、削球、挑高球、放短球等。（4）击球。有正手、反手、双手反手、截击球、挑高球、放短球、高压球和反弹球等。

（一）握拍法

握拍的方法与击球动作有着密切的关系。俗语说：球拍是击球者手臂的延伸和手掌的扩大，每个击球动作都是由手臂、手腕、手指相互配合用力来完成的，所以握拍的好坏对技术的提高和全面发展有较大的影响。作为初学者，必须按正确的方式握拍，使拍面以正确的部位和角度与球接触。起初可能会有不习惯、不舒服之感，但坚持一段时间后就会领会到正确握拍法的好处。

1. 东方式握拍法

（1）东方式正手握拍法：握拍时，用右手掌根与拍柄右上斜面紧贴，拇指垫握住拍柄的左垂直面，五指紧握拍柄，食指下关节压住拍柄垂直面（如图 5-7 所示）。

（2）东方式反手握拍法：从东方式正手握拍把右手向左转动四分之一，手掌根贴在拍柄左上斜面，拇指贴在拍柄左垂直面上，食指关节压住拍柄右上斜面（如图 5-8 所示）。

2. 大陆式握拍法

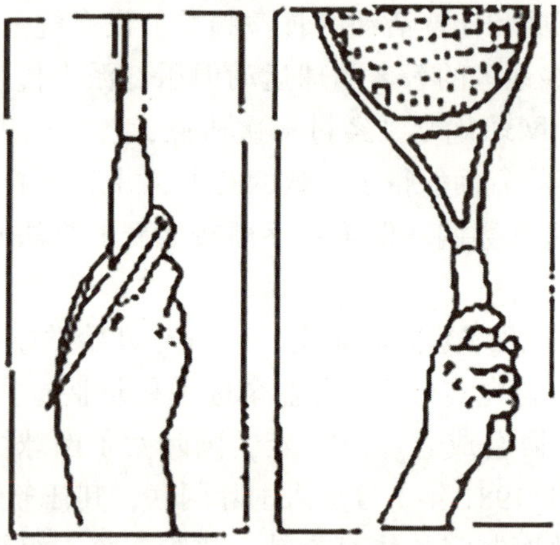

图 5-7　东方式正手握拍法

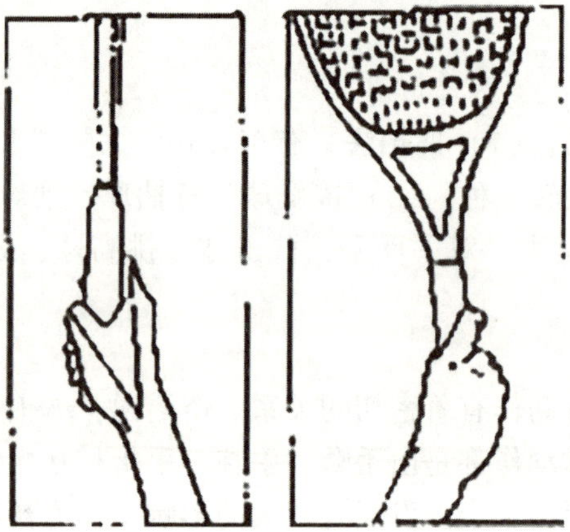

图 5-8　东方式反手握拍法

大陆式握拍法介于东方式正手握拍法与反手握拍法之间。握拍时，使大拇指与食指形成的虎口放在拍柄的上平面与左上斜面交界线上，使大拇指底部贴在拍柄上面，大拇指包卷拍柄，食指第一指节贴在拍柄的右斜面上（如图 5-9 所示）。

3. 西方式握拍法

握拍时，大拇指直伸压住拍上平面，食指下关节握住右上平面，与拍底平面对齐，大拇指与食指几乎成直角（如图 5-10 所示）。

（二）发球

1. 站位

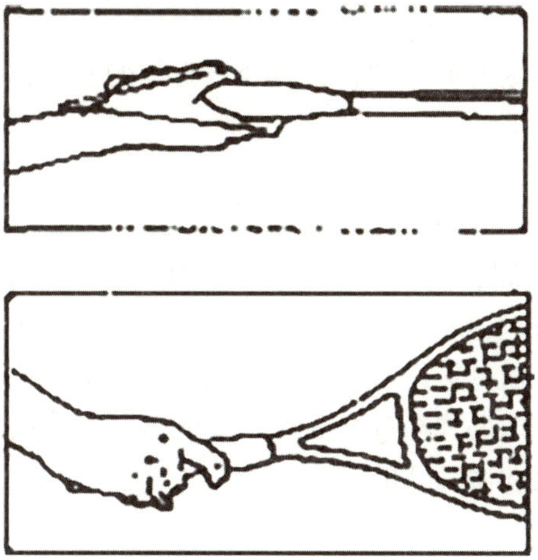

图 5-9　大陆式握拍法

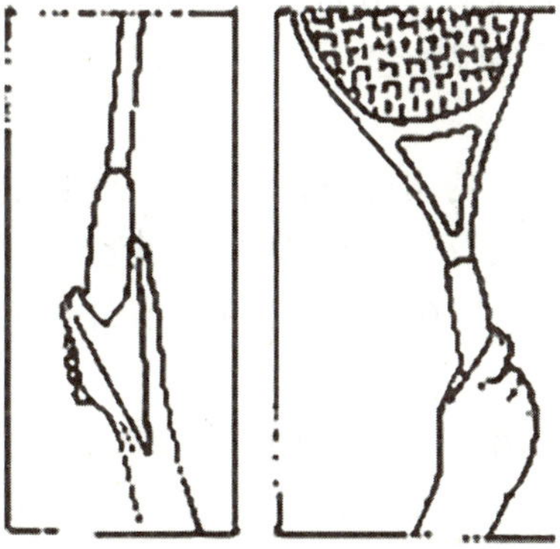

图 5-10　西方式握拍法

站在端线后，身体自然放松，两脚开立与肩同宽，前脚与端线成 45°角，左肩侧对发球方向。拿起球和球拍，放在与胸同高的位置上，眼睛看对方是否做好接发球准备。

2. 抛球与引臂

抛球手沿垂直于地面的直线上举抛球，同时，持拍臂大弧度地环绕向后引拍，抬肘外展，双膝微屈，腰呈弓形，重心移到右脚，两臂动作协调而有节奏。

3. 挥拍击球

挥拍时，使球拍向后引足，球拍在背后，肘关节收缩。发球时，屈膝屈体，转动球拍，加速挥拍。击球点在最高点刚开始下落瞬间，握拍臂充分伸直击球。

4. 随球跟进

击球后，球拍继续做弧形运动，交叉经过身体的左侧，并且脚步随惯性自然跟进，来完成发球的随挥动作。

（三）击球

1. 正手接落地球

身体前倾，双膝微屈，呈“半蹲”状，两脚分开与肩同宽，两眼注视来球，当判断球朝正手方向来时，左手离开球拍，肩向后转，身体侧向球网，两脚前后开立，重心落在右脚上，随着转体应快速平稳地向后摆动球拍。球拍与身体平行，高度齐膝，挥拍击球时让球反弹至齐腰高度。完成击球动作时，球拍略高于肩部，手腕要绷紧，球拍应随惯性做随球的动作。

2. 反手接落地球

侧身站立，双脚开立，全身放松，两眼注视来球。当对方发来球处在你反手方向时，向左转肩，采用反手握拍法，向后摆动球拍要平稳。挥拍前，右脚向球网方向跨出一步。击球时，身体前倾，将转体力量连同挥拍力量作用于拍弦击球上，这样打出的球稳定有力。进行随球动作时，转体约45°，随球动作结束于侧前方高处，这时重心在前脚上，后脚跟踮起。

3. 截击空中球

截击空中球是在网前进行的击球方法，当球在落地之前，便将球击回对方场区，截击空中球分为，正手截击空中球和反手截击空中球两种。运动要领是小幅度后摆，球拍头和两眼同来球保持在同一水平上，在体前击球。

4. 高压球

高压球同截击球一样，属于上网击球技术，是在头部上空用迅猛的扣球动作扣击来球。

5. 挑高球

挑高球用于进攻和防守。防守挑高球的弧线很高，常从这边端线放到另一边端线附近。进攻性挑高球采用突然袭击方式，将球挑到使对方难以到位救球，从而达到得分的目的。

6. 放短球

放短球时，要求多用手腕动作，带有削击，把球刚好“吊”过网，迫使对手从底线上网，又够不到球，而疲于奔波。

7. 落地反弹球

打反弹球时，后摆稍短，身体重心要低一些，把注意力更多地集中在击球时机上，把刚落地弹起的球击回去。

三、主要技巧

1. 发球

发球最重要的是要抛好球。有的人不是抛高了就是抛低了，其实，每个人都有最适合自己的抛球高度，最适合自己的击球点，这和身高是没关系的。当然，高个子发球天生就有优势，因为他发球点高。一般来说，有一个标准的抛球高度，你把球拍垂直举高，比你垂直举球拍的高度高一点的就是你的标准抛球高度了，只要它落下到你举着的球拍的接近球心的部位，就可以击球了。抛球一般要往球场里抛一点。抛球时另一只发球的手要成 90°地往后张开，然后屈腿，跳跃，击球。屈腿时也要脚尖着地，才好飞出去。击球时手臂伸直击出球。击球时还要压手腕。下落时，抛球的那只手可以做出环绕着腹部的动作。这样不会影响自己的下一拍，也不会被球拍打到。

2. 高压球

高压球也是网球里一项看似简单，实则不好掌握的技术。打高压球时，不拿拍的那只手要指着球，让球下落时可以竖直地抓着那只球，就是让球竖直地落在你手上。拿拍的那只手像发球一样，90 度向后张开，等球落到你的击球点时拿拍的手就伸直地压下去。记着，击球时手要伸直，还要向外压手腕，这样可以使击球时力量大些。如果是近网高压球，角度要打开。如果是接近底线的高压球，则要打深，就是也打到对方底线的位置去。这样对自己最有利。还有一点非常重要的就是，面对高空中飞来的高球时，千万别正对着球仰着往后退，一定要用交叉步指着球往后退。高压球其实最重要的不是力量，而是角度。

3. 网前截击

网前截击无疑是网球中一项非常重要的技术。对于初学者来说，也不是很好掌握，因为它容易让人进入误区。首先，当对方球回得浅时，你就可以用切削球把球削回对方底线去，尽量深点，角度开点。对方的球回到你这边场地发球线附近就可以切回去随球上网了。很多人截击时都是弯着腰去够球，去截击，这是错误的，截击时应该屈腿，但腰要挺直，而且要脚尖着地，步伐是用脚尖摩擦地面，就像跳绳一样。横向移动时可以跨步，交叉步去够。

总之，打球时，不管球在哪里，都要眼睛盯着球来打。这样才可以保持注意力，提前预判球并做出反应。

四、基本规则

1. 发球前

发球员在发球前应站在端线后，中点和边线的假定延长线之间的区域里。每局开始先从右边发球区发球，比分之和为单数时在左边发球，双数时在右边发球。

2. 发球时

队员不得通过行走或跑动改变原来站的位置，必须用手将球向上抛起，在球落地前挥拍击出，发出球须从网上越过，落在对角的对方发球区或周围的线上。

3. 发球失误

发球员发球时，违反上述发球站位的规定、未击中球；发出的球落地前触及固定物（球网、中心带、网边白布除外）。

4. 发球无效

发球触网后仍落在对方发球区内；接发球队员未做好接发球准备。发球无效，应重新发球。

5. 发球次序

第一局比赛结束，接球员成为发球员，发球员成为接球员。以后每局终了，均依次交换，直至比赛结束。

6. 交换场地

双方应在每盘第一、三、五等单数局结束后，以及每盘结束双方局数之和为单数时交换场地。

7. 失分

在球第二次着地前未能还击过网；还击的球触及对方场区界线外的地面、固定物或其他物件；还击空中球失败；在比赛进行中，运动员故意用球拍拖带或接住球，或故意用球拍触球超过一次；“活球”期间队员的身体、球拍或穿戴的其他物件触及球网、网柱等，或对方场区以内地面；过网击球；抛拍击球；比赛中，队员故意改变其球拍形状。

8. 压线球

比赛中，落在线上的球都算界内球。

9. 双打发球次序

每盘第一局开始时，由发球方决定由何人先发球，对方则同样在第二局开始决定何人先发球。第三、四局和第一、二局未发球的队员发球，该盘比赛以下各局均按此次序发球。

10. 双打接球次序及还击

双方在第一、二局中，分别决定由何人接发球，第三、四局由前两局中未接发球的队员接发球，该盘比赛以下各局均按此次序接发球。双打还击。接发球后，双方应轮流由其中任何一名队员还击。

五、赛事欣赏

网球比赛有单打和双打两种形式。比赛项目有男、女团体；男、女单打；男、女双打及混合双打七项。比赛时双方各站在网的一方，发球方先从右区端线后将球抛起，球落地前将球击入对方右发球区为发球有效。双方可在球反弹一次后击球，也可直接将球击回（接发球除外）。网球计分的最小单位是分，然后是局，最后是盘。(1) 胜一局。运动员每胜一球得一分，胜第一分记分 15，胜第二分记 30 分，胜第三分记分 40 分，先得四分者胜一局，如遇双方各得三分时，则为平分。平分后，一方先得一分时，为该运动员占先。占先后再得一分，才算胜一分；如一方占先后，对方又得一分，则仍然为平分，依此类推，直至一方在平分后净胜两分结束该局。(2) 胜一盘。一方先胜六局为胜一盘。如遇双方各得五局时，一方必须净胜两局才算胜一盘。为了控制比赛时间，近 10 年普遍采用平局决胜制，即当局数 6∶6 时，则再打一局来决胜负，先赢得七局者为胜该盘。(3) 胜一场。男子比赛一般采用五盘三胜制，即先胜三盘者为胜该场比赛。女子采用三盘两胜制，即先胜两盘者为胜该场比赛。

网球比赛发球和接发球是运动员必须掌握的技术之一，网球比赛中，在两名或两对队员实力相差不大的情况下，发球和接发球质量是取胜的关键，优秀运动员须掌握全面的技术技能，如一般发球、大力击球、旋转发球（发上旋、下旋、侧上和侧下旋）、正手击球、反手击球、挑高球，目前的正、反及中路截击和网前高压、后场高压、跳起高压，还要掌握必需的放短球、随球、反弹球和接发球技术。比赛是双方运动员体力、斗志、心理、智慧和基本功的较量。每当你坐在球场或电视机前，欣赏着激动人心的世界网球大赛，看到球星高超的球艺表演时，你工作一天的疲劳会消逝，你紧张一天的精神会放松，你遇到的一切烦恼就会忘却，尤其是运动员那时而长抽、时而短吊、时而大角拉锯、时而上网突击、时而翻身鱼跃抢救险球、时而纵身腾空、高压扣杀、龙飞虎跃的多彩雄姿、机智灵活的战略技术，会令你全神贯注、神采飞扬，并给你带来沁人心脾的温馨和愉悦。

◎ 思考题

1. 乒乓球的握拍方法有哪些？
2. 乒乓球的主要战术有哪些？
3. 羽毛球合法发球的基本规则是什么？
4. 羽毛球的步法有哪些？
5. 羽毛球的击球技术有哪些？

第六章　篮球、足球和排球

第一节　篮　球

一、篮球运动简介

篮球运动是1891年由美国人詹姆斯·奈史密斯发明的。当时，他在马萨诸塞州斯普林菲尔德基督教青年会国际训练学校任教。由于当地盛产桃子，这里的儿童又非常喜欢做用球投入桃子筐的游戏。这使他从中得到启发，并博采足球、曲棍球等其他球类项目的特点，创编了篮球游戏。随着场地设施的不断改进，篮筐取消了筐底，并改用铁圈代替桃篮，用木板制成篮板代替铁丝挡网，场地增设了中线、中圈和罚球线，比赛改由中场跳球开始。与此同时，场上比赛队员也改为每队5人，开始有后卫、守卫、中锋、前锋、留守等位置之分。此外，奈史密斯还制定了一个不太完善的竞赛规则，共13个条款，其中规定不允许带球跑、抱人、推人、绊人、打人等。这大大提高了篮球游戏的趣味性，并且吸引了更多的人来参加这一游戏，从而使篮球运动很快普及全美国。

1892年，篮球运动首先从美国传入墨西哥，并很快在墨西哥各地得到开展。这样，墨西哥成为除美国外，第一个开展篮球运动的国家。此后，这项运动先后传入法国、英国、巴西、捷克斯洛伐克、澳大利亚、黎巴嫩等国家，在世界范围内得到了开展、普及和发展。1896年天津基督教育青年会举行了我国第一次篮球游戏表演。之后在天津、北京等城市青年会中开展起来。在1910年旧中国首届全运会上，篮球首次被列为表演项目。1914年的第二届全运会上篮球被列为男子正式竞赛项目，1924年在第三届全运会上被列为女子正式竞赛项目。篮球自1951年起一直是亚运会的正式比赛项目。

1932年国际业余篮球联合会成立，男子篮球被国际奥委会定为奥运会正式比赛项目。1946年，美国出现职业篮球联赛，并发展为目前的NBA。女子篮球运动到20世纪初才开展起来。1976年，女子篮球被列为奥运会正式比赛项目。由于篮球运动具有对抗性、集体性、观赏性、趣味性和健身性的特点，它在中国具有广泛的爱好者。其全国性群众组织中国篮球协会主办男子和女子篮球联赛，以及大学生篮球联赛等多项赛事，中国已产生了姚明、易建联等优秀的篮球运动员。

二、基本技术

篮球技术是在篮球比赛中所运用的各种专门动作方法的总称，分为进攻技术和防守技术两大部分。

（一）移动

1. 移动的概念、作用及分类

（1）移动的概念：移动是运动员在篮球比赛中，为了控制身体，改变位置、方向、速度，争取高度所采用的各种脚步动作方法的总称。（2）移动的作用：篮球比赛中完成各种攻防动作（无论是否持球），都需要有脚步动作的参加，移动是比赛中运用最多的一项基本技术。进攻中，运用移动的目的是摆脱对手，去选择有利的空间位置和地面位置，完成切入、接球、拼抢篮板球及吸引防守者，或者是快速、准确、合理地完成传球、运球、突破、投篮等持球进攻技术；防守中，运用移动的目的是抢占有利的位置，防止对手摆脱，或者是及时、果断地抢球、打球、断球、抢篮板球等。

2. 移动技术分析

（1）保持正确的准备姿势：运动员在场上必须随时保持正确的基本站立姿势，以便于及时移动，更好地完成各种攻防技术。基本站立姿势，即两脚前后左右开立，距离与肩同宽、两膝微屈，身体重心的投影落在两脚之间，上体稍前倾，两臂屈肘自然下垂置于体侧，目视场上情况。（2）控制好身体重心：各种脚步动作的运用，都是通过前脚掌用力蹬、碾地面或是用脚着地时的抵地制动动作来实现的。因此，腿部必须保持一定弯曲；在转移重心和改变移动方向时，要注意脚尖和膝关节的指向，以便于控制好身体重心，保持身体平衡，顺利完成移动技术动作的衔接和变换。（3）身体各部位要协调配合：脚步动作的主要动力虽是靠脚对地面的作用力和地面的反作用力来实现的，但同时还必须有身体其他部位协调用力的配合来加强这种作用力，以克服人体的重力和惯性力，保证身体平衡和转移。其中腰部的用力极为重要。

（二）传接球

1. 传球的概念、作用及分类

（1）传球的概念：传球是篮球比赛中进攻队员有目的地转移球的方法。（2）传球的作用：传球是队员之间互相配合和组成进攻战术的纽带，准确、及时、隐蔽、多变的传球能使五个队员联成一个整体，充分发挥集体的力量，打乱对方防守部署，从而创造更多更好的投篮机会。

2. 传球技术分析

（1）持球方法。双手持球方法：两手手指自然分开，拇指相对成“八字”，由指根以上部位握球的两侧后方，掌心空出，两臂自然屈肘，置球于胸腹之间，抬头注视场上情况。单手持球方法：手指自然分开，用手掌外沿和指根以上部位托球的侧后下方，掌心空出。(2) 传球用力。传球的出手动作：是指球出手的一刹那手腕翻转、屈扣和手指弹拨用力的方法。它是控制球飞行方向、路线和落点的关键。在球即将出手时，指、腕翻转屈扣、弹拨越急促，作用于球的力量越大，球飞行的速度越快。传球用力：通过下肢蹬地、跨步、腰腹的伸展及手臂用力协调配合，最后通过手腕、手指的力量将球传出。持球手法是传球的基础，合理用力是关键。(3) 球的飞行路线。手指、手腕作用于球的部位不同，所产生的飞行路线也不同，一般有 3 种：直线、弧线、折线。应根据具体情况合理地选择球的飞行路线，如需要从体侧或空中越过对手应采用弧线球；行进间跑动并出现空当应采用直线球；防止抢断多采用折线球。(4) 球的落点。球的落点：是指传出的球与接球同伴的相遇点。

(三) 投篮

1. 投篮的概念、作用及分类

(1) 投篮的概念：持球队员运用各种正确的手法，将球从篮圈上方投入球篮所采用的各种动作方法称为投篮。(2) 投篮的作用：投篮是篮球比赛中唯一的得分手段，竞赛中进攻队运用各种技术、战术的目的都是创造更多、更好的投篮机会；而防守队的积极防御也是为了阻挠和破坏进攻队的投篮，投篮是篮球比赛中攻守对抗的焦点。

2. 投篮技术分析

(1) 握球方法。①单手握球方法：投篮手五指自然分开，用指根以上部位托球的后下方，手心空出，手腕略向后仰，球的重心落在食指和中指指关节处，肘关节自然下垂，置球于同侧肩的前上方。②双手握球方法：两手手指自然分开，拇指相对成八字形，用指根以上部位握球的两侧后下方，手心空出，两臂自然屈肘，肘关节下垂，置球于胸与颚之间。(2) 瞄准点：①直接命中的瞄准点：为篮圈距投篮队员最近的一点，适用于投空心球。②碰板投篮的瞄准点：将球投向篮板上能够碰板入篮的点。投篮队员与篮板成 15 度~45 度的位置时采用效果较好。规律：碰板角度小、距离远，则瞄准点离篮圈的距离高而远，投篮所需要的力量相对较大；碰板角度大、距离近，则碰板点离篮圈就较低而近，投篮所需要用的力量相对较小。(3) 力量的运用：投篮用力是一种全身综合协调的聚合力。由下肢蹬地，伸展身体，抬肘伸臂，最后以手腕的抖屈及手指的弹拨将球投出。(4) 出手角度：是指投篮时球离手的一瞬间的运动方向与出手点水平面所构成的夹角。它决定球在空中飞行弧度的高低和入篮角的大小。出手角度小，球的弧度低，反之则高。(5) 出手速度：投篮时球出手的一瞬间球离手进入空间运动的初速度。合理的投篮速度取决于出手力量和手腕、手指动作的速率。手腕的前屈和手指拨球动作的突然性、连贯性和柔和性，对取得合理的出手速度起着关键作用。（6）球的旋转：是决定投篮准确性的一个因素。一般中、远距离投篮时，球围绕横轴向后旋转。（7）抛物线：球在空间飞行受重力的影响面形成的弧形运行轨迹。一般有三种抛物线：低弧线、中弧线和高弧线。中等抛物线是比较理想的抛物线，容易投篮命中。

（四）运球

1. 运球的概念、作用及分类

（1）运球的概念：持球队员在原地或移动中，用单手连续按拍借助地面反弹起来的球的技术叫运球。（2）运球的作用：运球不仅是进攻队员摆脱防守创造传球、突破、投篮得分的桥梁，而且是进攻队员发动快攻，组织与调整战术配合，瓦解防守阵形的重要手段。

2. 运球技术分析

（1）身体姿势：两脚前后开立，侧身上体稍前倾，两膝微屈，抬头目平视，非运球手臂屈肘平抬，侧肩转体保护球。（2）手臂动作：①球接触手的部位：五指分开，用手指和指根部位控制球，手心空出。②运球动作：低运球时，以腕关节为轴，用手腕手指的力量运球；高运球时，主要以肘关节为轴，腕关节和肩关节联合运动，用前臂和手指手腕力量运球。运球手法：按拍与迎引。③按拍球的部位：由运球的方向和速度决定。原地运球按拍球的上方；向前运球接拍球的后上方。（3）球的落点：运球的速度、方向和防守情况不同，球的落点也不同。直线高运球的落点在运球手同侧前方，速度越快，落点越靠前，离自己越远。积极防守下运球的落点在体侧或侧后方。（4）手脚协调配合：运球时既要求人的移动速度和球的运行速度协调一致，又要保持合理的动作节奏。能否保持脚步动作和手部动作协调一致，在速度上同步进行，关键在于按拍球的部位、落点的选择和力量大小的运用。

（五）持球突破

1. 持球突破的概念、作用及分类

（1）持球突破的概念：突破是控制球的队员运用脚步动作和运球技术相结合达到超越对手的一种进攻技术。（2）持球突破的作用：突破是攻击力很强的一项进攻技术，合理运用突破技术，不仅能直接插入篮下得分或造成对手犯规，有效地增加个人进攻威力；而且能为同伴创造良好的投篮机会，打乱对方防守布置，实现内外结合进攻。（3）持球突破的分类：交叉步持球突破和同侧步（顺步）持球突破。

2. 持球突破的技术分析

（1）假动作吸引：①做向一侧突破的假动作：诱使对手身体重心侧移，择机突破。②做投篮假动作：诱使对手跳起或前扑，择机突破。（2）脚步动作：是持球突破的主要环节。主要依靠两脚快速有力的蹬地和及时跨步，屈膝，上体前倾，通过重心的快速前倾和积极有力的蹬地获得超越对手的加速度。（3）转体探肩：

突破队员转体探肩紧贴对手的侧面，占据有利的空间位置，以保护好球突破对手。(4) 推放球加速：蹬跨、转体探肩的同时，应在跨步脚外侧前下推放球，球离手后，迅速蹬地发力加速超越对手。

（六）防守对手

1. 防守对手的概念、作用及分类

(1) 防守对手的概念：防守队员合理地运用防守动作，积极抢占有利位置，破坏和阻挠对手的进攻意图和行动，并以争夺控制球权为目的所采取的各种专门动作方法的总称。(2) 防守对手的作用：防守对手是个人防守技术，也是集体防守的基础。防守的目的在于阻止和破坏对方的进攻，并力图从对手手中将球夺过来转守为攻。进攻的目的在于突破防守，投篮得分。攻和守是争取比赛优势和主动权缺一不可的两种方法和手段。进攻与防守相互对立、相互制约，又相互依存、相互促进。进攻和防守之间失去应有的平衡，防守质量很差，不能起到制约进攻的作用，也必然影响进攻质量的提高。(3) 防守对手的分类：防守无球队员和防守有球队员。

2. 防守对手的技术分析

(1) 防守的位置与距离：①防守有球队员：防守人应站在对手与球篮之间，使对手、自己和球篮保持在一条直线上。防守者与对手的距离，离球篮近则应靠近对手，离球篮远则靠对手远。②防守无球队员：根据球和自己防守的对手所处的位置来确定和调整防守位置。防守无球队员时，始终要保持“球、我、他”的选位原则，即防守者的位置始终站在对手与球之间，与球和所防的对手三者要成钝角三角形，防守者始终站在钝角处。防守者与对手的距离要和对手距球的远近成正比，做到近球上，远球松，人、球、区三兼顾。强侧防守时，采用面向对手侧向球的斜前站立姿势，全力封锁对手接球，同时又控制对手向篮下切入；弱侧防守时，采用面向球侧向对手的站立姿势，采用松动防守，向球和球篮方向靠拢。(2) 防守姿势：平步防守和斜步防守。平步防守防守面积大，攻击性强，便于左右移动，适合于防守运球、突破；斜步防守便于前后移动，对防投篮比较有利。(3) 移动步法：防守时，防守队员要根据球和人的移动，合理地运用脚步动作来及时占据有利的防守位置，争取主动。常用的移动步法：碎步或跳步急停逼近对手；平步站立—横滑步；斜前站立—撤步、滑步。

（七）抢球、打球、断球

抢球、打球、断球是攻击性很强的防守技术，是积极防守战术的基础。(1) 抢球。抢球是带有攻击性防守的重要技术之一，在对方动作迟缓，精神不集中或球保护不好的情况下，防守者都可以大胆地抢球。动作要领：抢球时要突然上步，靠近对手，同时伸出右臂右手迅速按在球上方（对方的两手之间），左手立即握住球的下方，右手下按球并将球向对方怀内旋转，左手用力协助转动。当球在对方手中转动时，右手加向回拉球的动作，球即脱开对方双手，将球抢到手。

（2）打球。当队员持球、运球、投篮时，防守队员都可以出其不意地突然打球，也可以在集体防守的配合过程中，通过堵截、夹击、关门等方法打掉持球队员手中球。①自上而下打球：首先观察和判断好持球队员的情况，打胸前持球队员的球时（以右手打为例），右脚稍上步同时右手迅速伸前臂，接近球时，手腕全力向下挥动，带动手指、手掌外侧的短速弹击力量将球击落，动作需小，出击突然。②自下而上打球：当对方注意力不集中或接高球正要下落时，用这种打球方法（以左手打为例）。左脚稍向前移，同时左手前臂向前伸，掌心向上，接近球时，手腕向上振动，带动手指、指根用短促振动力量将球打掉，手指打球时要有向回带的动作，以便打球后球脱开对方持球部位打到自己面前。

（3）断球。①横断球。动作要领：要准确判断对方传球意图和球的飞行路线，要与对手有一定距离，使其同伴感到可以传球。准备断球时要降低重心，要与传球人、接球人保持一定角度，位置要靠近传球一侧。注意观察持球队员的动作，当持球者传球出手时，迅速向来球方向起跳。充分伸展腰腹和手臂，当截获来球，立即收腹双脚落地保持平衡及时与运球、传球相接。②纵断球。动作要领（以从对手右侧断球为例）：纵断球时，右脚应向右前方（从对手侧后绕出断球时）或右侧前方（从对手身后绕出断球时）跨出，左腿从侧面绕过对手，同时右脚用力蹬地（或两脚蹬地）侧身向来球方向迅速跃出，两臂伸直将球断获，其他动作要领同横断球。

（八）抢篮板球

1. 抢篮板球的概念、作用及分类

（1）抢篮板球的概念：比赛中双方队员在空中争抢投篮未中的球统称为抢篮板球。（2）抢篮板球的作用：抢得篮板球是获得控球权的重要手段，是增加进攻次数和发动快攻的重要保证，是攻守矛盾转化的关键。进攻队抢篮板球若占优势，不仅可以增加进攻次数，创造连续进攻或在篮下造成得分的机会，还可通过“外投里抢”增加本队外围投篮队员的信心。防守队抢篮板球若占优势，不仅能由守转攻，而且可以迅速组织快攻反击，加重进攻队员投篮顾虑，减少对方的进攻次数。（3）抢篮板球的分类：抢进攻篮板球（前场篮板球）和抢防守篮板球（后场篮板球）。

2. 抢篮板球的技术分析

（1）抢位：是抢篮板球技术的关键环节，对能否抢获篮板球起着决定性作用。防守队员抢篮板球时要先挡后抢；进攻队员抢篮板球时要快速启动摆脱冲抢。（2）起跳：抢防守篮板球一般多采用原地上步、撤步或跨步的双脚起跳方法；抢进攻篮板球多采用助跑单脚起跳或跨一两步双脚起跳的方法。（3）空中抢球动作：①双手抢篮板球：优点是占据空中面积较大。②单手抢篮板球：优点是触球点高，在空中抢球的范围较大。③点拨球：优点是触球点高，可缩短传球的时间。（4）获球后的动作：抢到篮板球落地时，应两膝弯曲，两肘稍外展，护球于胸腹间，以便保护球并迅速衔接其他进攻动作。

三、基本战术

（一）进攻与防守战术的基础配合

即两三人之间组成的简单配合方法。

1. 进攻战术基础配合

（1）传切配合。传切配合是队员之间利用传球和切入技术所组成的简单配合。它包括一传一切和空切两种。传切配合是一种最基本的简单易行的战术配合，在竞赛中经常采用。①一传一切配合，是指持球队员传球后摆脱防守，向球篮方向切入接回传球投篮的配合。②空切配合，是指无球队员掌握时机，摆脱对手，切入篮下接球投篮或做其他战术配合。

（2）突分配合。突分配合是指持球队员突破对手后，遇到对方补防时，及时将球传给进攻时机最好的同伴进行攻击的一种配合方法。

（3）掩护配合。①前掩护；②侧掩护；③后掩护。

（4）策应配合。策应配合是指进攻队员背对或侧对球篮接球后，通过多种传球方式与外线的空切、绕切配合，借以摆脱防守，创造各种里应外合的进攻机会的一种配合方法。

2. 防守战术基础配合

（1）关门配合；（2）夹击配合；（3）补防配合；（4）挤过配合；（5）穿过配合；（6）绕过配合；（7）交换配合。

（二）进攻与防守战术的整体配合

1. 快攻战术

（1）快攻发动的时机。①抢得后场篮板球时；②抢、打、断球获球时；③跳球时；④对方投中篮后，掷端线界外球时。

（2）快攻战术的形式。①长传快攻；②短传和运球结合快攻。

（3）快攻的结构。①快攻的发动与接应阶段。②快攻的推进阶段。③快攻的结束阶段。

2. 防守快攻战术

（1）提高进攻的成功率；（2）积极拼抢前场篮板球；（3）封堵快攻第一传与截断接应；（4）逐步退守中堵中间卡两边；（5）提高以少防多的能力。

3. 半场人盯人防守战术

（1）半场人盯人防守的方法。①半场松动人盯人防守的方法。②半场紧逼人盯人防守的方法。

（2）半场人盯人防守练习方法。①进攻队以一种阵形落位后，采取只传球不移动、只移动不传球、既移动又传球三种行动，练习防守者在不同情况下的选位能力。②半场五攻五守，攻方只传球，防守方盯人抢断，抢到球后守方转为攻方。

（3）进攻半场人盯人防守战术。①选用合理的落位阵形，扬己之长，攻彼之短。②移动进攻，进攻队员遵循有目的、有配合的连续移动和球的不断转移的原则，灵活运用各种基础配合进攻。③综合进攻，由传切、突分、掩护、策应等配合组成整体进攻战术配合。④通过中锋进攻，以中锋为枢纽，与四名外围队员相互密切配合，共同创造有利的进攻机会。

4. 区域联防

区域联防常用阵形有“2—1—2”、“2—3”、“3—2”、“1—3—1”等。

四、基本规则

篮球规则指篮球比赛中应用的各种规则。基于适用范围分为 FIBA 规则、NBA 规则、NCAA 规则等。在世界上通用的篮球规则是国际篮球联合会制定的 FIBA 官方篮球规则。篮球运动在全世界范围内得到了广泛的普及和深入的发展，为使该项运动永远具有吸引力和生命力，并在持续的发展中得到统一和规范，国际篮球联合会近年来不断对《篮球规则》进行完善，以 4 年为间隔对规则进行较大的修订。目前国际篮球联合会中央局会议已通过了 2014 年《篮球规则》，并决定于 2014 年 10 月 1 日起在世界范围内正式执行。篮球比赛中的规则较多，且相当复杂，下面简要介绍其中的一般规定和主要技术规则。

（一）一般规定

1. 队员 5 次犯规

一名队员已发生了 5 次侵人犯规和/或技术犯规，裁判员应通知本人，他必须立即离开比赛，并且必须在 30 秒钟内被替换。先前已发生了第 5 次犯规的队员的犯规，被认为是一名出局的队员的犯规，并登记在教练员名下和在记录表上记入。

2. 全队犯规：处罚

在一节中某队全队犯规已发生了 4 次时，该队是处于全队犯规处罚状态。在比赛休息期间发生的所有全队犯规应被认为是发生在随后一节或决胜期比赛中的犯规。在决胜期内发生的所有全队犯规应被认为是发生在第 4 节比赛中的犯规。

3. 罚球

一次罚球是给予一名队员从罚球线后的半圆内的位置上，在无争抢的情况下得 1 分的机会。由一次单一的犯规罚则带来的所有罚球和/或随后的球权被定义为一个罚球单元。

（二）技术规则

（1）技术犯规：技术犯规是指所有不包括与对方队员接触的队员犯规。队员不得漠视裁判员的劝告或运用不正当的行为。

（2）两次运球：又称“非法运球”，球员第一次运球结束后不得再次运球，失去了对球的控制以后只可以投篮、传球，除非球被另一球员接触。

（3）带球撞人：持球队员推动或移动到防守队员躯干上的身体接触，当接触的瞬间防守队员已经提前站位，则进攻队员构成带球撞人。

（4）阻挡犯规：持球队员与防守持球队员在进攻和防守时，采取了不合理的位置、不正确的身体姿势、不正当的启动方法和非法的动作而造成错误的身体接触而产生的侵人犯规。

（5）打手犯规：又称“非法用手”，在运球或上篮、投篮时防守人员打手，这样就会被裁判吹其打手犯规。

（6）走步：又称“带球走违例”，是指当队员在场上持着一个活球，其一脚或双脚超出规则所述的限制向任一方向非法移动。

（7）24 秒违例：①当一名队员在场上控制一个活球时，该队必须在 24 秒钟内完成投篮。计时器是篮球比赛不可缺少的部分，24 秒时间到时篮球尚在投篮动作完毕后的飞行轨迹中，如果篮球最后触碰篮筐，则 24 秒计时器重置计时；如果投篮未能触碰篮筐，则判 24 秒超时违例；②控制球队在 24 秒钟内未投篮，要发出 24 秒信号的声响，违反本条规则为违例。

（8）8 秒违例：负责进攻的球队必须在 8 秒钟内把球运到对方的半场，如果在 8 秒之前运不过对方前场的话，那么裁判就会判给对方发球，比赛也因此会重新开始。

（9）5 秒违例：①进攻球员必须在 5 秒钟之内掷出界外球；②在被严密防守时，必须在 5 秒钟之内传、投或运球；③在罚球时，罚球队员必须在 5 秒之内将球投出。

（10）双方犯规：双方犯规是 2 名互为对方的队员大约同时相互发生侵人犯规的情况。如发生双方犯规，应给每一犯规队员登记一次侵人犯规，不判给罚球，并且只给队员登记犯规，不登记全队犯规。

五、比赛欣赏

篮球运动观赏是人们在观看篮球运动竞赛和相关活动过程中产生的审美评价和审美享受活动，是在观看比赛过程中表现出来的欣赏篮球运动的能力。随着现代人物质生活和对精神文明追求的日益提高，人们对高水平的体育文化的追求也越来越迫切。现代化传播媒体的不断完善为精彩的篮球比赛走进千家万户提供了便利，人们可以足不出户，在电视机前观看高水平的篮球比赛，也可以通过各种传播渠道了解篮球的赛事和新闻。进赛场观看比赛已成为当今广大球迷和篮球运动爱好者的一大乐事，人们亲临其境，把激情融入赛场中，从激动人心、群情激昂的比赛场面获得情感的宣泄从而获得自我满足。

然而，观赏者的品位、修养以及观赏水平的高低，从某种意义上来讲，对篮球竞赛场上气氛造成了不同的影响。普通观众可以从以下方面欣赏篮球比赛：一看技术。既要看运动员优美的动作，也要看他们运用技术的时机和巧妙之处。既要欣赏运动员精湛的球艺，也要体察他们在球场上的灵感和智慧。二看战术。既要看球队的战术形式，也要看战术运用的合理性与针对性。既要看战术配合的效果，也要体察队员间的默契和教练员的胆识。三看球风。既要欣赏运动员高超的技艺，也要感受他们的球风和内在品质。既要领略球星们的风采，也要体察球队的集体风格。四看输赢。既要看比赛的胜负，也要看各队水平的发挥情况。既要看两队间斗智斗勇的较量，也要把成败得失当成一种生活体验。总之，欣赏篮球赛既是娱乐休闲和享受生活，也是陶冶情操和感悟人生。

第二节　足　球

一、足球运动简介

足球，有“世界第一运动”的美誉，是全球体育界最具影响力的单项体育运动。现代足球的起源地是英国。传说在 11 世纪，英格兰与丹麦之间有过一场战争，战争结束后，英国人在清理战争废墟时发现一个丹麦入侵者的头骨，出于愤恨，他们便用脚去踢这个头骨，一群小孩见了便也来踢，不过他们发现头骨踢起来脚痛，于是用牛膀胱吹气来代替它——这就是现代足球的诞生。12 世纪初，英国开始有了足球赛。比赛是娱乐活动，一年两次，一般在两个城市之间举行。到 19 世纪初期，足球运动在当时欧洲及拉美一些国家特别是在资本主义的英国已经相当盛行。1862 年，英国诺丁汉郡成立了世界上第一个足球俱乐部，随后在英国又成立了第一个足球协会（英足总），并统一了足球规则，它是现今足球规则的基础。从 1900 年的第 2 届奥运会开始，足球被列为奥运会正式比赛项目，但它不允许职业运动员参加。1904 年 5 月 21 日，国际足联在巴黎成立。1904 年，英国、法国、荷兰、比利时、西班牙、瑞典和瑞士七个国家的足球协会在法国成立了国际足球联合会。1930 年起，每 4 年举办一次世界足球锦标赛（又称世界杯足球赛），比赛取消了对职业运动员的限制。1989 年国际足联开始正式把五人制足球纳入管理范围之内，并成为其主管团体。

近年来，中国政府十分重视足球运动的发展，2014 年 11 月 24 日，国务院召开全国青少年校园足球工作电视电话会议，中央政治局委员、国务院副总理刘延东在会议上对校园足球作出重要指示，教育部将主导校园足球，并推出一系列措施推动校园足球进入升级版。会议上，原教育部部长袁贵仁表示，将完善政策，形成校园足球激励机制；把学生足球特长水平纳入学生综合素质评价，写实记录，形成档案，供上一层学校招生参考。同时，足球也将纳入学校体育课程教学体系，作为体育课必修内容，为学生提供学习足球的机会。教育部的目标是力争到2017年在全国扶持建设2万所左右中小学校足球特色学校和200个高校高水平足球队，并形成区域特色，拟建设30个左右校园足球试点区县。

二、基本技术

（一）控球

（1）拖球：拖球是以前脚掌触球的上部，将球由前向后或由左（右）向右（左）进行拖拉的动作。当拖球到位后，一般均以脚内侧做一下挡球动作，然后进入下一动作。

（2）拨球：拨球是指持球者用脚腕类似抖拨的动作，以脚背内侧或脚背外侧触球，使球向侧方或侧后、前方滚动。用脚背内侧拨球称为"内拨"，以脚背外侧拨球称为"外拨"。一般是在与对手相持时，在对手伸腿抢球的一刹那，以拨球技术从对手的一侧越过。

（3）扣球：扣球是指持球者突然转身变向，以踝关节的急转压扣动作，用脚背内侧或脚背外侧触球，使球向侧或侧前（后）方改变方向。用脚背内侧扣球，称为"内扣"。用脚背外侧扣球，称为"外扣"。当扣球动作完成后，身体重心应立即跟上，迅速进入下一个动作。

（4）颠球：颠球是指持球者以身体各有效部位连续触击球，并尽量不使其落地的技术动作。通过练习，可有效地促进人体对于球的各种特性（如：弹性、重量、旋转等）的熟悉程度，同时加深练习者对于触球部位、击球力量的感觉。颠球的部位包括脚背、脚内侧、脚外侧、大腿、头部、胸部、肩等。

（二）运球

（1）脚背外侧运球：持球者上体稍前倾，身体自然放松，双臂自然摆动，步幅中小，跑动时，运球腿膝关节弯曲，脚跟提起，脚尖内扣，以脚背外侧推击球的后中部。

（2）脚背内侧运球：持球者稍前倾并稍向运球方向侧转，身体放松自然，步幅中小，运球腿膝关节稍弯曲，脚跟提起，脚尖向外转，以脚背侧击球后中部。

（三）踢球

（1）脚背正面踢球：踢球者直线助跑，最后一步支撑脚积极着地，踏于球侧10~12厘米处，脚尖指向出球方向，膝关节微屈。踢球腿在支撑脚前跨和助跑的最后一步蹬离地面时后摆，大、小腿折叠。支撑脚落地时，以髋关节为轴，大腿带动小腿前摆。当膝关节摆至接近球的正上方时，小腿做鞭打动作，脚背绷直，脚趾向下扣紧，以脚背正面（楔骨和跖骨的末端）击球后中部，随后踢球腿随球继续提膝前摆。

（2）脚背内侧踢球：踢球者斜线助跑，与出球方向夹角约45°，支撑脚外沿积极着地，踏于球侧后方20~25厘米处，膝微屈脚尖指向出球方向，身体稍向支撑脚一侧倾斜。踢球腿在支撑脚落地时，以髋关节为轴，大腿带动小腿前摆，当膝关节接近球的内侧正上方时，小腿做鞭打动作。踢球腿击球时，脚尖稍外转指向地面，脚跟提起，脚趾扣紧，脚背绷直，以脚背内侧部位的几个楔骨、趾骨末端击球后中部，随后继续前摆。

（3）脚背外侧踢球：脚背外侧踢球时，其助跑，支撑脚站位，踢球腿的摆动与脚背正面踢球基本相同。在踢球腿的膝盖摆至接近球正上方时，小腿做鞭打动作，膝盖与脚尖内扣，脚趾扣紧，脚背绷直，以脚背外侧击球后中部，随后踢球腿继续前摆。

（4）脚内侧踢球：踢球者直线助跑，支撑脚积极落地，踏于球侧约15厘米处，膝关节微屈。踢球腿在支撑脚落地时，以髋关节为轴屈膝前摆，在前摆过程中，膝关节、踝关节外转。击球时，小腿加速前摆，踢球脚脚尖稍上翘，脚掌与地面平行，以脚内侧（跖趾关节、舟骨与跟骨所构成的三角部位，即脚方）击球后中部，随后踢球腿继续前摆。

（四）接球

（1）脚内侧接球：接地滚球时，支撑脚正对来球，膝微屈。停球腿屈膝外转，脚尖稍翘起主动前迎来球，在脚内侧与球接触前的瞬间，后撤缓冲，将球控制于便于衔接下一个动作处。如需将球停于自己的侧后方，则在停球撤至支撑脚侧方时，以支撑脚为轴，身体转向侧后方，接球腿髋关节外转，腿顺势后引，将球控制于侧后方。当脚内侧接空中球时，接球腿应根据来球高度举腿前迎，当脚内侧与球接触前的瞬间，后撤缓冲，接球到位。

（2）脚掌接反弹球：接球时，支撑脚踏于球落点的侧后方。在球落地反弹的一刹那，伸腿以接球脚前脚掌对准球的反弹路线，盖压球的后上部。

（3）背外侧接反弹球：接球者面对来球，支撑腿膝微屈。接球腿提起屈膝，脚尖内扣，脚背绷直，以脚外侧触击球的侧后方，将来球推送至身体的侧方或侧后方。

（4）大腿接球：面对来球，接球腿大腿抬起，肌肉适当放松，以大腿中部触球，在大腿与球接触的一刹那，大腿迅速后撤缓冲，接球到位。

（5）胸部接球：接高于胸部下落的球用挺胸接球。接胸部高度的平直球用收胸接球。挺胸接球时，收下颚，双臂自然张开，身体重心落于两脚之间，膝微屈。胸部接球的刹那，两脚蹬地，胸部稍上挺，同时展腹，上体稍后仰，以胸部触击球后接球到位。收胸接球时，当胸部与球接触的刹那，则须重心迅速后移，收胸、收腹，以胸部压挡球后接球到位。

（五）头顶球

（1）前额正面原地顶球：正对来球，双腿前后开立，膝微屈，上体稍后倾，重心落于后脚，双臂自然张开，目视前方，腰腹发力，颈部紧张，身体迅速前摆，以前额正面击球后中部后，上体随球前摆。

（2）前额正面跳起顶球：起跳时，双脚用力蹬地，两臂屈肘上摆。身体在上升过程中，挺胸展腹，双臂自然张开，目视来球。身体上升到接近最高点。准备顶球时，身体成背弓。当球位于身体垂直面的刹那，腰腹迅速发力，上体收腹前摆，以前额正面击球，随后屈膝缓冲落地。

（六）抢截球

（1）正面跨步抢球：两脚前后开立，膝微屈，身体重心下落于两脚间。在对手运球触球后即将着地时，支撑脚用力后蹬，抢球脚以脚内侧堵截球，当球被堵住时，另一脚迅速跟上。如双方脚同时触球时，则应抢球脚顺势向上提拉，使球从对手脚背滚过。同时，身体重心迅速跟上，控制球。

（2）侧面合理冲撞抢球：当与对手并肩跑动时，身体重心下降，以肩以下、肘以上的手臂部位紧贴自己身体去冲撞对手相应部位，使其失去平衡而失去对球的控制，乘机将球夺下。

（七）掷界外球

（1）原地掷界外球技术：面向场内，双手持球于头后，经头顶用一个连贯的动作将球掷入场内，双脚均不得全部离地。

（2）助跑掷界外球技术：面向场内助跑几步，当接近边线时，使双手持球于头后，借助助跑的速度，把球从头顶上方掷入场内，双脚均不得全部离地。

（八）守门员技术

（1）单腿跪撑接地滚球或低平球：正对来球，两腿左右开立，支撑腿弯曲支撑身体重心。另一腿内转跪撑，膝关节接近地面并靠近前脚脚跟，上体前屈，双臂下垂，两手小指相对，手掌对球。稍向前迎，在手触球的一刹那，两手随球后引，并屈肘、屈腕，双臂靠近，抱球于胸前后起立。

（2）接低于胸的平直球：身体正对来球，两脚左右开立，上体稍前倾，双臂下垂并屈肘前仰，两手小指靠近手掌对球。当手触球时，屈肘后引抱球于胸前。

（3）接高球：确定接球点后，迅速移动并跳起，双臂上升迎球，双手拇指呈八字形，手指微屈，手掌对球。手触球时，手腕及手指用力将球接住，注意手型，顺势屈肘，双臂回收下引，转腕，抱球于胸前。

三、基本战术

（一）常规阵形

（1）4-4-2，由 4 名后卫 4 名中场 2 名前锋组成。由于使用了 4 名后卫这种阵形在中场的配置上很多变，包括：2 边前卫+2 后腰、2 边前卫+2 中前卫、2 边前卫+1 前腰+1 后腰、4 中前卫等。（2）4-5-1，由 4 名后卫 5 名中场 1 名前锋组成。（3）4-3-3，是一种倾向于进攻的阵形。由 4 名后卫 3 名中场 3 前锋组成。3 名前锋使得球队进攻力大幅提升，但是中场的控制相对较弱。其中，3 名前锋与 3 名中场配置决定了球队的进攻倾向。常见的 1 中锋 2 边锋+2 后腰 1 前腰的阵形较倾向于从边路进攻（前腰往往也可向边路运动）。也有较少见的 3 中锋强打中路的阵形。（4）4-2-3-1，这个阵形其实就是由 4-5-1 阵形演变而来，这个阵形最大的变革在于祭出双后腰，这能增强球队的防守。此外，在进攻上，这个阵形存在很大的变化。如三名负责进攻的前卫，可以平行站位，也能够与前锋形成菱形。

（二）比赛战术

弧线球，足球运动技术名词，指使球呈弧线运行的踢球技术。它是足球在运行中，由于强烈旋转，使两侧的空气产生压强差而形成的。由于球呈弧线形运行，故俗称“香蕉球”。踢弧线球时，脚击球的部位应偏离球的重心。它常用于绕过位于传球路线中间的防守队员，或射门中迷惑守门员，使之产生错误判断。罚直接任意球时，用弧线球射门是得分的一种重要方法。

鱼跃扑球，足球技术名词，是守门员的一种难度较高的扑球技术，以与球同侧的一脚用力蹬地，异侧腿屈膝提摆，使身体跃出腾空扑球。因是腾身侧面跃出，增大了控制的范围，故能扑出用其他动作难以扑到的球。

全攻全守，荷兰足球的代表，足球运动战术之一。一个队除守门员之外的 10 名队员都有进攻和防守的职责，称为“全攻全守”。根据比赛中攻与守的需要，每个队员都可到任何一个位置上发挥这一位置队员的作用。这一战术打破了阵式对队员的束缚，能充分调动和发挥队员的积极性。同时，对队员在身体素质、技术、战术和意志品质、战斗作风诸方面，也提出了更高的要求。1974 年第 10 届世界足球锦标赛中，米歇尔斯带领的荷兰队使用这种打法，拿到了亚军，被誉为国际足球史上的第三次变革。

下底传中，足球运动进攻战术之一，指边线进攻中，通过个人带球突破，或集体配合把球推到对方端线附近，然后长传至对方球门前的战术方法。攻方在快速推进中，常乘对方防线阵脚未稳时，采用此法中间包抄以射门得分。

外围传中，也称“45°角传中”，足球运动进攻战术之一。当攻方有球队员在边线附近与对方球门约成 45°角的地区时，用过顶长传把球传向处于对方罚球区附近的同伴，供同伴用头顶球连续进攻，称为“外围传中”。尤其在守方队员已及时退回，且密集在球门前 30~40 米的地区，通向对方球门的路已被封住，或攻方有身材高大、争顶球能力强的前锋队员时，动用这种打法可取得较好的效果。

交叉换位，足球运动战术术语，指比赛中进攻队员为了摆脱对方的防守，在跑动中左右换位的战术配合方法。最常见的有：左侧的队员疾跑至右侧的队员前接球，右侧队员传球后，交叉跑到左侧位置。这一战术配合改变了队员只在本位置范围内活动的踢法，使战术更变化多端。

长传突破，足球运动进攻战术之一，指运用远距离传球突破对方防线的战术方法。当代足球比赛中，多用于快速反击时。防守队员在本方球门前抢截得球，利用对方压上进攻后不及回防的时机，长传给突前的同伴，以突破对方的防线。

插上进攻，足球运动进攻战术之一，指位于第二、第三线的前卫、后卫队员，插入第一线参加进攻的战术方法。因有纵深距离，故容易摆脱对方的防守，且第二、第三线队员的插上具有较大的隐蔽和突然性。因此，更具威胁性。后卫插入前锋线直接参加进攻是全攻全守战术的一个重要标志。

补位，足球运动战术术语，是比赛中集体防守的一种配合方法，指防守中本队一个队员被对手突破时，另一队员前去封堵。两人补位是集体防守配合的基础。防守队员相互间保持适当的距离和角度，是进行及时补位的前提。过去主要指后卫线队员防守时的配合。当代足球采用全攻全守战术，补位的内容也有了相应的发展。担任锋与卫的队员之间在一次进攻中相互位置交换，也成为补位的重要内容之一，这对补位队员的技术战术意识提出了更高的要求。

密集防守，防守战术之一。球门前的 30 米区域常被称为“危险地带”。比赛中，双方为了稳固防守，往往组织相当多的人把守这一区域，形成密集状态，以加强保护，减少空隙，阻住对方的突破，称为密集防守战术。

造越位，一种防守战术。根据规则：进攻队员在传球时，接球队员如与对方端线之间防守队不足 2 人时则为越位。防守队员利用这一规定，在对方传球之前的极短的时间内，突然向前一跑，造成对方接球队员与本方端线之间只有一个防守队员的局面，使对方越位犯规。

反越位战术，针对对方“造越位”战术而采取的一种进攻战术。当进攻队员觉察到防守者用制造越位的战术破坏本方的进攻时，及时改变传球方向，让在后面的队员插上接球或自己直接带球快速推进射门，从而使对方退防不及。

篱笆战术，也称人墙战术。在自己门前危险区域内，当对方罚任意球时，几个防守队员并排成“人篱笆”，以帮助守门员封住对方射门的部分角度。

撞墙式二过一，比赛中进攻时的一种过人战术，即形成两人过一人局面时，二人一传一切，接球再传者一次出球，使传球者传来的球像撞在墙上一样，从而加快过人速度，故名。

梅开二度，单场比赛个人进第 2 个球，3 个球被称为帽子戏法，4 个球为大四喜，5 个球最为人熟知的是五子登科。

四、基本规则

1. 比赛场地

比赛场地应为长方形，其长度不得多于120米或少于90米，宽度不得多于90米或少于45米（国际比赛的场地长度不得多于110米或少于100米，宽度不得多于75米或少于64米）。在任何情况下，长度必须超过宽度。

2. 足球比赛用球

比赛用球应为球形，它的外壳应用皮革或其他许可的材料制成，在它的结构中不得使用可能伤害运动员的材料。球的圆周不得多于71厘米或少于68厘米。球的重量，在比赛开始时不得多于453克或少于396克。在比赛进行中，未经裁判员许可，不得更换比赛用球。

3. 足球队员装备

上场队员必需的装备是：运动上衣、短裤、护袜、护腿板和足球鞋，上场队员不得穿戴能危及其他运动员的任何物件。护腿板必须由护袜全部包住，而且应是由适当的材料制成（橡胶、塑料、聚氨酯或其他类似的材料）。

4. 足球比赛时间

比赛时间应分为两个相等的半场，每半场45分钟。特殊情况双方同意另定除外，并按下列规定执行：（1）在每半场中由于替补、处理伤员、延误时间及其他原因损失的时间均应补足，这段时间的多少由裁判员决定。（2）在每半场时间终了时或全场比赛结束后，如执行罚球点球，则应延长时间至罚完为止。除经裁判员同意外，上下半场之间的休息时间不得超过5分钟。

5. 足球计胜方法

除规则另有规定外，凡球的整体从门柱间及横木下越过球门线，而并非攻方队员用手掷入、带入，故意用手或臂推入球门（守门员在本方罚球区内除外），均为攻方胜一球。在比赛中，胜球较多的一队为得胜队，如双方均未胜球或胜球数目相等，则这场比赛应为“平局”。

6. 罚球点球

罚球点球应从罚球点上踢出，必须明确主罚队员。踢球时除主罚队员和对方守门员外，其他队员均应在该罚球区外及比赛场内，并至少距罚球点9.15米处。对方守门员在球被踢出前，必须站在两门柱间的球门线上（两脚不得移动）。主罚队员必须将球向前踢出；在其他队员踢或触及前不得再次触球。当球滚动至球的圆周距离时，比赛即为恢复。罚球点球可直接射门得分。当比赛进行中执行罚球点球，以及在上半场准全场比赛终了而延长时间执行或重踢罚球点球时，如踢出的球触及任何一个门柱或两个门柱；或触及横木；或触及守门员；或连续触及门柱、横木或守门员而进入球门，只要没有犯规现象发生，均应判为胜一球。

7. 掷界外球

当球的整体不论在地面或空中越出边线时，应由出界前最后触球队员的对方队员在球出界处掷向场内任何方向。掷球时，掷球队员必须面向球场，两脚均应有一部分站立在边线上或边线外，不得全部离地，用双手将球从头后经头顶掷入场内。球一进场内比赛立即恢复。掷球队员在球被其他队员踢或触及前，不得再次触球。掷界外球不得直接掷入球门得分。

8. 球门球

当球的整体不论在空中或地面从球门外越出球门线，而最后踢或触球者为攻方队员时，由守方队员在球门区内任何地点直接踢出罚球区恢复比赛。守门员不得将球接入手中后再踢出进入比赛。如球未被直接踢出罚球区，即未进入比赛，应令重踢。踢球门球的队员在球被其他队员踢或触及前，不得再次触球。踢球门球不得直接射门得分，踢球门球时，对方队员在球被踢出罚球区前都应站在罚球区外。

9. 角球

当球的整体不论在空中或地面从球门外越出球门线，而最后踢或触球者为守方队员时，由攻方队员将球的整体放走。在离球出界处较近的角球区内踢角球。

五、赛事欣赏

（一）技术风格的欣赏

足球比赛中，运动员们精彩的技术表演，一直都是观众们欣赏的焦点。进攻中巧妙的过人，精准的传球，美妙的射门，固然让人击掌叫绝，然而防守时有效的阻抢，出人意料的截断，勇猛准确的铲球同样让人赞叹不已。各地区、各民族文化渊源、民族气质及身体条件的不同，对足球技术风格的形成有明显的影响。在长期的对垒与交流过程中，各技术流派间互相取长补短，以丰富自身求得发展。以巴西、阿根廷为代表的南美球队在保持自己技术细腻、巧妙等特点的基础上，吸收了欧洲球队快速、简练、勇猛的特点，使他们的攻守更加流畅，比赛中，他们控球的巧妙，传球的精确，门前机会的把握仍占有优势。欧洲球队的技术风格尤其丰富，北欧球队的球员身高体壮，善于对抗，他们的技术动作给人彪悍、勇猛的感觉，被人们称为“北欧海盗”，其代表性国家有瑞典、丹麦及挪威等。而英、德两国球员技术风格朴实无华，讲究实效，如机械般准确、及时，给对手以极大的压力。而以热情浪漫著称的法国和意大利，他们的球员较欧洲其他球队更加讲究技术动作的优美与精巧，与南斯拉夫、荷兰等国被人们共称为“欧洲拉丁派”。亚洲足球技术的发展也正以坚实的步伐追赶世界水平。伊朗、沙特阿拉伯、日本及韩国可称得上是亚洲的代表，伊朗队的技术更接近德国，而沙特阿拉伯则偏向于南美风格。近年来进步最突出的首推日本和韩国球队，他们的技术风格更加突出了亚洲人灵活、敏捷的特征，水平提高很快。在足球比赛中，不同技术风格球队之间的对抗，充分展现了足球运动的魅力，给人们带来了艺术的享受。

（二）对战术打法的欣赏

如果说技术能力表现了运动员的个人才华，那么战术能力则体现了一支球队的整体作战能力，它是一支球队能否获得比赛胜利的关键因素。技术风格的不同，直接影响到战术的运用。一般来说，技术细腻的球队，更加注重地面的短传渗透，在对方密集防守的区域也能较为从容地打出精妙的短传配合，这种战术的运用建立在技术精确巧妙的基础之上，南美球队及欧洲拉丁派球队是这种战术打法的主要代表。身体条件突出的球队，在身体对抗中具有一定的优势，他们的比赛风格较为硬朗，通过不知疲倦的奔跑，勇猛的逼抢来压迫对方，充分利用球场的空间拉开对方防线，以空中传球配合威胁对方球门，欧洲球队及澳大利亚更加侧重此种战术打法。但战术打法的运用不是死板的，一支高水平的球队往往能针对不同的对手，采用不同的战术，以达到以己之长，克彼之短的效果。进攻中的定位球战术，边路突破，中路强攻，边中结合等战术的成功运用固然令人赏心悦目，而防守中的保护补位，造越位，密集防守，逼抢等战术的合理调配同样值得称道，正是于由攻与守这一矛盾的不断转换，共同构成了比赛的全过程。在欣赏足球比赛的战术打法时，应当对“越位”规则有一定的了解，正是由于1925年新的“越位”规则的产生带来了足球运动的第一次变革，造就了著名的、攻守平衡的“WM”式阵形。

（三）体育精神的欣赏

正如所有的体育项目一样，足球比赛的目的并非单纯战胜并征服对手。在某种意义上，运动员通过比赛向人们展示了人类不屈服于任何困难和压力，一往无前的精神风貌。虽然也有少数不良现象的存在，但足球比赛的主流依然是积极的，在比赛中双方相互尊重，服从裁判，共同为观众奉献精彩的表演，广泛地受到足球爱好者的认同，哪怕是一场强弱悬殊的比赛，只要弱队积极进攻，顽强防守，依靠集体的力量与智慧与对手周旋，这样的球队同样能得到对方及观众的尊重。而那些骄傲自大，为获胜不择手段的行为与体育精神格格不入并为广大球迷所不耻。所以说，在足球比赛中运动员所表现出的良好的体育精神，同样是欣赏比赛的重要内容。

第三节 排 球

一、排球运动简介

排球运动1895年起源于美国，最初是在篮球场地上挂一张网，两队隔网站立，以篮球胆为球，在网上打来打去，不使其落地的一种游戏。后来美国马萨诸塞州霍利奥克城的基督教青年会干事摩根创造了排球比赛。斯普林菲尔德市立学院的霍尔斯泰德博士将其命名为volleyball，意为“空中飞球”。

排球运动1900年左右自美国传入加拿大，1905年传入古巴、巴西等国家，成为当时风靡美洲的一项时尚运动。随着排球市场化运作的需求，国际排联经过多年的调研，对排球规则进行了伤筋动骨的改革。1998年前后，为了提升自己的吸引力，室内排球开始进行了一些规则上的改进。首先是改发球得分制为每球得分制：这是为了有利于电视转播时间的掌控和防守也可以得分的需要。以往只有在本方发球的情况下才可得分，现在接发球一方获胜也可得分。其次是将比赛每局局分作了相应的更改。即比赛前四局每局比分为25分，最后一局比分为15分。如前四局比分达到24平，第五局比分达到14平以后，比分必须超过对方2分才能获胜。每局比分不封顶，也就是说，可以无限制地延续下去，直至某队领先2分获胜为止。再次是每局设两次技术暂停，其目的是插播电视广告，使得赞助商的利益得到充分的体现。此项改革有利于排球赛事的全球推广。最后是“自由人”的设立，这是为了进一步提高排球比赛的观赏性，增加排球比赛中的攻防回合，加强防守，改变攻强守弱的倾向，使得比赛更加精彩。

据可查的资料记载，排球于1905年由广州等地传入中国，成为排球运动在中国传播的最早记录。中国排球协会于1953年在北京成立，1954年被国际排联正式接纳为正式会员。在1959年第一届全国运动会上，上海男排和解放军女排获得了全国冠军。国家体育总局排球运动管理中心于1996年11月在北京成立。截至2006年12月，参加全国排球联赛的32支俱乐部已完成了在中国排球协会的正式注册，并分别获得社会各界的资助。

二、排球运动的特点

1. 群众性

排球场地设备简单，比赛规则容易掌握。既可在球场上比赛和训练，也可在一般空地上活动，运动量可大可小，适合于不同年龄、不同性别、不同体质、不同训练程度的人。

2. 全面性

规则规定，每个队员都要进行位置轮转，既要到前排扣球与拦网，又要轮到后排防守与接应。要求每个队员必须全面地掌握各项技术，能在各个位置上比赛。

3. 技巧性

规则规定，比赛中球不能落地，不得持球、连击。击球时间的短暂，击球空间的多变，决定了排球的高度技巧性。

4. 对抗性

排球比赛中，双方的攻防转换始终是在激烈的对抗中进行。高水平比赛中，对抗的焦点在网上的扣拦上。在一场比赛中，夺取一分往往需要经过多个回合的交锋。水平越高的比赛，对抗争夺也越激烈。

5. 两重性

排球是多种技术都可以得分，也能失分的项目，这种情况在决胜局比赛中更加突出，所以说每项技术都具有攻防的两重性，因此，要求技术既要有攻击性，又要有准确性。

6. 集体性

排球比赛是集体比赛项目，除发球外，都是在集体配合中进行的。没有严密的集体配合，再好的个人技术也难以发挥，更无法发挥战术的作用。水平越高的队，集体配合就越严密。

三、基本技术

（一）准备姿势和移动

准备姿势和移动是排球运动中各项技术的基础。任何一项排球技术在比赛中运用的效果如何，在一定的程度上取决于准备姿势和移动技术正确掌握和合理运用与否。

1. 准备姿势

①两脚左右开立略比肩宽。站在左半场的队员，左脚在前约一只脚，右脚跟提起。站在右半场的队员，右脚在前，左脚在后。站在场中央的队员，两脚平行开立比肩稍宽。重心落在脚前掌上，膝关节保持一定的弯曲并内扣。

②上体前倾，两肩的垂直面超出膝部，膝部的垂直面超出脚尖。身体重心的着力点在前脚掌拇指根部。双目注视来球，注意力高度集中，全身保持“静中待动状态”。

③两臂放松自然弯曲，并置于胸腹之间，两手心相对，手指自然张开。

2. 移动

移动是接好球的重要条件，其目的是接近和调整好人与球之间的位置，以便于击球。通常采用的移动步法有以下几种：滑步法、跨步法、并步法、交叉步法、跨跳步法、跑步法、后退步法、综合步法。在快速移动后，由于惯性作用，身体会继续向前冲，只有采用制动技术，才能保持稳定的姿势，衔接下一动作。

（二）发球

1. 正面上手发球

发球时（以右手发球为例），面对前场，左脚在前、右脚在后开立，左手持球，平稳地将球向右肩的前上方抛起，高度适中。抛球的同时，右臂抬起，并屈肘后引，肘与肩平齐，手掌自然张开，抬头、挺胸、展腹。击球时，后脚蹬地，带动上体向左转动，同时迅速收腹，以蹬地转体之力带动手臂向前挥动，重心随之移至左脚，伸直手臂在右肩的上方，以全掌或掌根击球的中下部，击球后，迅速进场进行比赛。

2. 正面下手发球

发球时，面对球网两脚自然开立，左脚在前，右脚在后，两膝弯曲，上体前倾，重心在后脚，左手持球置于腹前。击球时，左手将球抛离至偏右侧肩 20~30

厘米处，同时，右脚蹬地，身体重心前移，伸直右臂，以肩为轴，向前摆动，用虎口、掌根或手掌击球的后下部，击球后迅速进场进行比赛。

3. 侧面下手发球

发球时，左肩对网，两脚左右开立与肩同宽，两膝微屈，上体稍前倾，左手持球置于腹前。击球时，左手平稳地将球向上抛离至身体正前方约一臂之远，离手高度约 30 厘米，同时右臂摆至右侧后下方，利用右脚蹬地转体的力量，右臂迅速向前摆动，用虎口或全掌在腹前击球的后下方，随即入场比赛。

4. 勾手发球

发球时，左肩对网，两脚左右开立与肩同宽，两膝微屈，重心在两脚之间，左手持球于胸前。击球时，双手将球垂直而平稳地抛至头的左前上方，高约 1 米。抛球同时，右腿弯曲，重心移至右脚上，上体向右倾斜并转动，右臂同时向右后侧摆动，抬头看球。随着右腿用力蹬地，利用挺胸及转体的动作，带动手臂向上挥击。

（三）垫球

1. 正面双手垫球

正面双手垫球是各项垫球技术的基础，是运用最多的一种动作，适合接力量大、速度快、落点低的各种来球。

①准备姿势：正面对准来球，做好准备姿势。

②垫球手型：分为叠掌式、抱拳式和互靠式三种。两臂自然伸直，前臂外展，两手腕紧靠下压，形成腕关节以上前臂部位击球平面。

③击球动作：击球时，手臂迅速插入球的下方，含胸收肩，两臂相夹，压腕抬臂，蹬腿提腰，将来球准确地垫在前臂的平面上。同时，身体和两臂要自然随球前送，以控制球的落点和方向。对于球速快、力量大的来球，手臂应顺势后撤缓冲，使球速得以缓冲而垫出。

④击球角度：根据垫球距离和入射角等于反射角的原理，适当调整两手臂的角度以控制球的方向、弧度和落点。

（四）传球

传球是排球运动基本技术之一，是进行比赛与战术组织的基础。其特点是准确性较高，容易控制球的落点和方向，由防守转为进攻的组织对第二传显得尤为重要。

1. 正面上手传球

①准备姿势：正对来球，两脚开立，两膝稍屈，上体挺起，眼睛注视来球，两臂屈肘抬起，两手成传球手形。

②手形：两手自然张开微屈成半球形，手腕后仰，小指在前，拇指相对成八字形置于额前。

③击球：传球时，利用蹬地、伸膝和伸臂的动作，通过球压在手指上的反弹力，以拇指、食指、中指和手腕紧张度协调力量将球传出，用力一定要协调一致。传球距离近时，用手指、手腕的弹力较多，传球距离较远时，必须加强蹬地展体的力量，才能控制好球。

2. 背传

在比赛过程中，使用背传能迷惑对方，达到出其不意的效果。通过蹬地、展腹、伸肘和指腕的弹力将球传出。

（五）扣球

1. 准备姿势

两臂自然下垂，两脚开立，两膝微屈，眼睛注视来球，随时向各种方向启动助跑。

2. 判断助跑

判断是对一传、二传的情况，根据二传的方向、弧度、速度和落点来确定起跳的地点和起跳时间。助跑的目的是提高起跳的高度，选择起跳地点和时间。助跑的方向、速度和步数决定于来球的方向、弧度和速度。助跑的步法一般有两步、三步等。以两步助跑为例，左脚自然放松跨出一步，接着右脚跨出一大步，以脚跟先着地，两臂由体前经体侧摆至体后下方，右脚由脚后跟过渡到全脚掌着地，左脚并上在右脚稍前。两膝弯曲内扣降低重心，眼睛注视来球，准备起跳。

3. 起跳

起跳时，两脚迅速有力地踏跳，同时快速展腹，带动身体腾空而起，两臂由体后下方向体前上方挥摆。

4. 空中击球

起跳后，上体要挺胸展腹，稍向右转，右臂屈肘抬起，以迅速转体收腹动作带动手臂猛烈挥击。击球时，手臂要伸直，用全手掌击球的中上部，手腕带有鞭状击打。

5. 落地

以前脚掌落地过渡到全脚掌着地，并以屈膝收腹缓冲下落的力量，立即准备做下一动作。

（六）拦网

拦网是反攻的重要环节，使本队由被动转为主动。通过拦网可以减轻本队防守压力。同时也是一道防线，可以拦死对方扣球直接得分。拦网技术动作由准备姿势、移动、起跳、空中动作和落地几个互相衔接部分组成。拦网时，要有准确的判断，要选择准确点及时起跳，两臂伸直，手掌呈勺形压腕包住球压在对方扣球路线上。拦网分为单人拦网和集体拦网，其个人技术是相同的，集体拦网时，要注意队员相互间的配合。

四、基本战术

排球战术可分为个人战术和集体战术两大类。集体战术又进一步分为接发球及其进攻（简称一攻）、接扣球及其进攻（防反）、接拦回球及其进攻（保攻）、接传、接传、垫球及其进攻（推攻）四个战术系统。下面主要介绍进攻战术和防守战术。

（一）进攻战术

进攻战术是指在接对方发过来、扣过来、拦过来和传、垫过来的球后，全队所采取的有目的、有组织的配合进攻行动。进攻战术又可分为进攻阵形和进攻打法两方面。

1. 阵形

进攻战术阵形即进攻时的采取的队形。进攻时所采用的阵形是基本一致的，不外乎“中一二”、“边一二”、“插上”三种阵形。

（1）“中一二”进攻战术阵形。3号位队员作二传，将球传给4、2号位队员进攻的组织形式。其优点是一传向网中3号位垫球比较容易，因而有利于组成进攻，适合初学者采用；二传队员在网前接应一传的移动距离近，向2、4号位传球的距离较短，容易传准。缺点是战术变化少，对方容易识破进攻意图。

（2）“边一二”进攻战术阵形。2号位队员作二传，将球传给3、4号位队员进攻的组织形式。其优点是右手扣球者在3、4号位扣球比较顺手，战术变化较多。缺点是5号拉接一传时，向2号位垫球距离较远；一传垫到4号位时，二传传球较为困难。

（3）“插上”进攻战术阵形。二传队员由后排插上前排作二传，把球传给前排4、3、2号位队员进攻的组织形式。其优点是能保持前排三点进攻，战术配合变化多，并能利用网的全长组织进攻。缺点是对插上二传队员的要求较高。

2. 打法

进攻战术打法是指二传队员与扣球队员之间所组织的各种进攻配合，包括强攻、快攻和两次球进攻三种基本打法。每种打法中又有若干不同战术配合。所有这些打法又都可以在“中一二”、“边一二”、“插上”三种进攻战术阵形中具体运用。

（1）强攻。强攻指在没有同伴掩护的情况下，在对方有准备的拦防情况下，强行突破的进攻。强攻的二传球较高，根据不同的二传球位置，可以分为集中进攻、拉开进攻、围绕进攻、调整进攻等，后排队员的高球进攻也属于强攻的打法。

（2）快攻。快攻指扣二传传出的各种平快球，以及用这些平快球作掩护所组成的各种战术配合，可以分为平快球进攻、自我掩护进攻、快球掩护进攻三类。平快球进攻常用的有前快、背快、短平快、平拉开、背溜、调整快、远网快、后排快、单脚起跳快等。自我掩护进攻包括时间差、位置差、空间差的进攻。快球掩护进攻包括各种交叉进攻、夹塞进攻、梯次进攻、前排快攻掩后排进攻的本位进攻等。

(3) 两次球进攻。两次球进攻指一传来球较高，又在网前适合扣球的位置上，前排队员跳起来直接进行扣球，如遇拦网，就在空中改作二传，把球转移给其他前排队员进攻。

(二) 防守战术

排球的防守战术是组织进攻或反攻的基础，没有严密的防守，进攻就无从组织，而一切防守战术都应从积极为进攻和反攻创造条件的角度进行设计和考虑。

1. 接发球

当对方发球时，本方处于防守地位，也是组织第一次进攻的开始。事先站好位置，摆好阵形，是接好发球的基础。站位的阵形，不仅要有利于接球，也要有利于本方所采用的进攻战术。同时，还要根据对方发球的特点，采取不同的阵形。通常多采用 5 人接发球和 4 人接发球。

(1) 5 人接发球站位阵形。除 1 名二传员站在网前或从后排插上准备二传不接发球外，其余 5 名队员都担负一传任务的接发球站位阵形。其优点是队员均衡分布，每人接发球的范围相对减小；接发球时，已站成了基本的进攻阵形，组织进攻比较方便，适合接发球水平不太高的球队。其缺点是一传队员从 5 号位插上时距离较长，难度大；3 号位队员接球时，不便组成快攻战术；不利于队员间的及时换位；队员之间的交界点相应增多，即接球的三角地带较多，配合不默契时，容易互相干扰。

(2) 4 人接发球站位阵形。插上二传队员与同列的前排队员均站在网前不接发球，其他 4 人站成弧形接发球的站位阵形。其优点是便于后排插上和不接发球的前排队员及时换位；其缺点是对接发球的 4 人要求有较高的判断、移动能力和较好的接发球技术。

2. 接扣球

接扣球的防守与组织反攻是密不可分的，只有防守成功才能有富有成效的反攻。接扣球的防守战术是前排拦网与后排防守的整体配合，根据对方进攻情况、本队队员特长、防守后的反攻打法，一般可分为不拦网、单人拦网、双人拦网和 3 人拦网的防守阵形。

(1) 不拦网的防守阵形。在对方进攻较弱，没有必要进行拦网时，可以采用不拦网的防守阵形。这种阵形与 5 人接发球站位阵形相似，前排进攻队员要撤到进攻线后，准备防守和防守后的反攻；后排队员后退，准备防后场球；二传队员留在网前，准备接吊到网前的球和组织进攻。

(2) 单人拦网的防守阵形。当对方扣球威胁不大、扣球路线变化不多、轻打中吊球较多时，可以主动采用单人拦网的防守阵形。拦网队员拦扣球人的主要进攻路线，不拦网队员及时后撤防守前区或保护拦网人，后排队员后撤加强后场防守。

（3）双人拦网的防守阵形。对方水平较高、进攻力量较强、进攻路线变化较多时，多采用这种防守阵形，即两人拦网、4 人接球。通常分为“边跟进”和“心跟进”两种。①边跟进。多在对方进攻较强，吊球较少时采用。当对方 4 号位队员进攻时，我方 2、3 号位队员拦网，其他 4 个队员组成半圆弧形防守。如遇对方吊前区，由边上 1 号位队员跟进防守。其特点是加强了拦网；缺点是边上的队员既要防直线，又要跟进防前区，比较困难。②心跟进。在本方拦网能力强，对方采取打吊结合时采用。当对方 4 号位队员进攻时，我方 2、3 号位队员拦网，后排的 6 号位队员在本方拦网时跟在拦网队员之后进行保护，其余 3 名队员组成后排弧形防守。其优点是加强了前区的防守能力，缺点是后排防守队员之间的空当较大。

（4）3 人拦网时的防守阵形。对方主要扣球手进攻实力很强，不善吊球的情况下可采用 3 人拦网，3 人后排接球的防守阵形。这种阵形加强了网上力量，但后方的空隙也相对增大。3 人拦网时，后排防守的 6 号位队员可以跟进到进攻线附近保护，也可以退至端线附近防守。

3. 接拦回球

本方扣球时必须加强保护，积极防起被拦回来的球，并及时组织继续进攻。由于拦网人可以将手伸过网拦网，拦回的球通常速度快、角度小，因而接拦回球的保护阵形应形成多道防线的弧形状，且第一道防线紧跟在扣球人身后。以我方 4 号位队员进攻，其他 5 人保护为例。5 号位队员向前移动和向左后方移动的 3 号位队员形成第一道防线，1 号位队员保护后场，为第三道防线。其他位置进攻时，保护的阵形也可按同样道理布阵。

4. 接传、垫球

当对方无法组织进攻，被迫用传、垫球将球击入本方时，我方的防守便称为接传、垫球的防守。这种情况在初学者中出现较多。由于来球的攻击性小，我方的防守阵形与不拦网情况下的防守阵形相同，即前排除二传队员外，其他的队员都迅速后撤到各自的位置，准备接球后组织进攻。需要注意的是在后撤和换位的过程中，动作要迅速并随时做好接球的准备。

五、基本规则

1. 位置

球员通常不需要掌握全部六种技术，而是通常根据球队的战术，以其中的一种或多种为专长。最常见的位置分配包含三种位置：攻手（分为主攻手和副攻手）、二传手和自由人（专职防守的球员）。为了有效阻挡对方的进攻，并在对方有足够反应时间之前将球以陡峭的角度高速弹回对方场地，一般来说由身材较高且弹跳力好的球员担当攻手。二传手：二传手的职责在于组织全队的进攻，他们负责在二传时将球送至让攻手最适宜扣球的位置。二传手必须有能力和扣球队员组合出多种变化以破坏对方的防守。移动快速、传球精准是一个二传手的必备素质。自由人：自由人是专职防守的球员，负责接发球和扣球（救球）。通常自由人具有全队最快的反应速度和最好的一传技术。副攻手；副攻手是经常在靠近二传手的位置打出快攻的球员。副攻手专职拦网。通常副攻手是队中最高的球员，且要求有很好的防守技术。主攻手：主攻手是在靠近标志杆的位置进攻的球员，主攻手还需要掌握一传技术，因为在对方发球时他们通常作为自由人以外的第二一传点。

2. 技术动作的要求

发球：获得发球权的一方须先轮转，1 号位队员在裁判员鸣哨后 3 秒钟内将球击出。发球离手后，如果球在中途触及发球队场上队员、标志杆、其他障碍物，发球不过网或球落在对方界外均为发球失误，失发球权。在本队未失误前，发球队员连续发球。

触球：队员可用身体任何部位触球，但不得停留，如出现捞、捧、推、掷球的情况则被判为持球。每队最多触球 3 次（拦网除外），如果 1 个队员连续触球多于 1 次（拦网除外），被判为连击。

进攻性击球：直接向对方场区的击球为进攻性击球。前排队员可在本场区对任何高度的球作进攻性击球。后排队员在进攻线前的前场区只能作整个球体不高于球网上沿的进攻性击球，但在进攻线后起跳则可击任何高度的球。

过网：队员不得过网击球，但击球点在本场区，球离手后手随球过网不判过网犯规。对方击球前，拦网队员手触及对方场区上空的球，判拦网队员过网犯规。当对方队员击球后，可在对方场区拦网。

过中线：队员身体任何部位越过中线触及对方场区地面即判过中线犯规。但一脚或双脚的一部分踏过中线，而另一部分踏在中线上或在中线上空则不判犯规。队员可伸手在网下击球，但不得阻碍对方队员。

拦网：只准前排队员进行单人或集体拦网。在 1 次拦网中，球连续触及 1 个或几个拦网队员的手、头或腰部以上身体任何部位均算 1 次拦网。拦网后本队可再击球 3 次。拦网手触球后，球落在界外为触手出界，判失误。

六、赛事欣赏

排球比赛时各队依照规则以垫、传、吊、扣等手段将球击过网落在对方场地上视为有效得分。根据国际排联对排球规则的修改，实行每球得分制，以一方先胜 25 分为一局，如双方均为 24 分时，一方需净胜 2 分为胜。每场比赛一般采用 3 局 2 胜制或 5 局 3 胜制。

为了更有效地发挥场上每一个运动员的特长，应对场上队员进行合理的搭配和布置，一般有“四二”配备：即场上两个二传手、四个攻手（其中两个主攻手、两个副攻手），安排在对称的位置上；“五一”配备：即场上一个二传队员，五个进攻队员。

比赛过程由发球开始，使其从网上或触及球网上沿进入对方场区。因此，发球的作用不可低估。大力发球、跳发球被大多数运动员所采用，以扼制对方一攻质量，起到威慑作用。高质量攻击性的发球使竞争的对抗性越发激烈。优秀运动员发球的时速可达到100公里，有的甚至达到110公里以上。发球成功，就等于抓住了机会，而发球失误，就等于拱手相让，自断后路。与发球相对抗的形式是一传，它是防守反击的关键。接发球的质量是进攻战术运用的保证，通过二传手的组织，使排球灵活多变的战术在比赛中得以体现。

在比赛中，我们常常会发现，一个队中时常有一个衣着有别于其他队员的运动员，这就是新规则中增设的自由防守人。排球新规则规定自由防守人可以不通过裁判员就出入比赛场，专门司职后排防守和接发球。自由人的出现，会使后排防守技术达到精益求精的目的，带动攻防水平提高，增加比赛中的攻防次数，使比赛的回合增多，精彩纷呈。同时，新规则允许教练员在比赛时站起来，沿本方场地的边线走动和指挥队员，这一规定则是从NBA学习的，这样可以增加比赛的气氛，展示教练员的指挥激情。

当前排球运动正在世界各地得到广泛开展，国际排联除了奥运会、世锦赛和世界杯赛外，还举行各种国际重大比赛。如四国超级联赛、世界俱乐部锦标赛、世界青少年排球锦标赛等，观看比赛的人数日益激增，加之电视实况转播，利用慢镜头回放等高新技术，观众无论是在现场，还是在电视机前，都能得到美的享受和情绪的感染。

◎ 思考题

1. 常见的篮球技术规则有哪些？
2. 足球常规阵形有哪些？
3. 足球越位的基本规则有哪些？
4. 排球运动有哪些特点？
5. 排球比赛基本规则中有哪些技术动作要求？

第三编　时 尚 休 闲

第七章 瑜 伽

第一节 瑜伽概述

一、瑜伽运动的起源与发展

1. 瑜伽运动的起源

瑜伽，不仅只是一套流行或时髦的健身运动这么简单。瑜伽是一个非常古老的能量知识修炼方法，集哲学、科学和艺术于一身。瑜伽起源于印度，距今有五千多年的历史文化，被人们称为“世界的瑰宝”。瑜伽发源于印度北部的喜马拉雅山麓地带，古印度瑜伽修行者在大自然中修炼身心时，无意中发现各种动物与植物天生具有治疗、放松、睡眠或保持清醒的方法，患病时能不经任何治疗而自然痊愈。于是古印度瑜伽修行者根据动物的姿势观察、模仿并亲自体验，创立出一系列有益身心的锻炼系统，也就是体位法，这些姿势历经了五千多年的锤炼。瑜伽教给人们的治愈法，让世世代代的人从中获益。

“瑜伽”（英文：Yoga）这个词，是从印度梵语“yug”或“yuj”而来，其含意为“一致”“结合”或“和谐”。瑜伽源于古印度，是古印度六大哲学派别中的一系，探寻“梵我合一”的道理与方法。而现代人所称的瑜伽则是主要是一系列的修身养性方法。大约在公元前300年，印度的大圣哲瑜伽之祖帕坦伽利创作了《瑜伽经》，印度瑜伽在其基础上才真正成形，瑜伽行法被正式定为完整的八支体系。瑜伽是一个通过提升意识，帮助人类充分发挥潜能的体系。瑜伽姿势运用古老而易于掌握的技巧，改善人们生理、心理、情感和精神方面的能力，是一种达到身体、心灵与精神和谐统一的运动方式，包括调身的体位法、调息的呼吸法、调心的冥想法等，以达至身心的合一。

2. 瑜伽运动的发展

现代学者将瑜伽分为四个时期：

（1）前古典时期。从公元前5000年开始，直到梨俱吠陀的出现为止，有3000多年的时间，是瑜伽原始发展，缺少文字记载的时期。瑜伽由一个原始的哲学思想逐渐发展成为修行的法门，其中的静坐、冥想及苦行，是瑜伽修行的中心。

（2）古典时期。由公元前1500年《吠陀经》笼统地记载下来，到《奥义书》明确地记载瑜伽，再到《薄伽梵歌》出现，完成了瑜伽行法与吠檀多哲学的合一，使瑜伽这一民间的灵修实践变为正统，由强调行法到行为、信仰、知识三者并行不悖。这一时期瑜伽之祖帕坦伽利创作了《瑜伽经》。

（3）后古典时期。《瑜伽经》以后为后古典瑜伽时期主要包括瑜伽《奥义书》，密教和诃陀瑜伽。瑜伽《奥义书》有二十一部，在这些《奥义书》中，纯粹认知、推理甚至冥想都不是达到解脱的唯一方法，它们都有必要通过苦行的修炼技术所导致的生理转化和精神体会，才能达到梵我合一的境地。因此，产生了节食、禁欲、体位法、七轮等，加上咒语、手印身印尚师之结合，是后古典时期瑜伽的精华。

（4）现代时期。瑜伽发展到了今天，已经成为世界广泛传播的一项身心锻炼修习法。从印度传至欧美、亚太、非洲等等，因为它对心理的减压以及对生理的保健等明显作用而备受推崇。同时不断演变出了各种各样的瑜伽分支方法，比如热瑜伽、哈他瑜伽、高温瑜伽、养生瑜伽等，以及一些瑜伽管理科学。

3. 瑜伽运动在中国

瑜伽的中国起源，是随着佛教的传入而传入的。汉明帝永平七年（公元64年）派遣使者12人前往西域访求佛法。公元67年他们同两位印度的僧人迦叶摩腾和竺法兰回到洛阳，带回经书和佛像，开始翻译了一部分佛经，相传就是现存的《四十二章经》，是《阿含经》的节要译本。唐代贞观年间，玄奘西行求佛法，贞观五年，玄奘到达纳兰陀寺拜戒贤为师，得以传授《瑜伽论》。瑜伽虽起源于印度，但其核心思想却在有着同样悠久文明的中国惊人地相似并在同一时期出现。如果抛开瑜伽来说冥想的话，我国的冥想在公元前五六百年的春秋战国时期就有相关记载，比如老子的致虚极，守静笃，庄子的心斋等，都与冥想类似。而瑜伽强调的天人合一思想在我国的《黄帝内经》中早有说到，其思想形成于上古，而成书于周秦，与印度瑜伽梵我一如理论形成的《奥义书》时代大致同时。中唐以后，瑜伽一词多见于佛教著论中，但称禅定为瑜伽者仍不多见，宋元以后，瑜伽专用于称密宗，密宗僧被称为瑜伽僧由明太祖敕为定制。在印度，至今仍将各种修炼方法统称为瑜伽。

现代瑜伽在欧美早已被人熟知，而我国则是最近几十年才渐渐流传，这得益于一位瑜伽修炼者——张蕙兰在中央电视台的大力推广。1985年通过中央电视台，张蕙兰和瑜伽走入了千家万户，深入了成万上亿人的心中，瑜伽就此深受人民的喜爱，张蕙兰也就成为中国大陆家喻户晓的传奇人物。她被大家亲切地称为当代中国瑜伽之母。近年来，瑜伽作为一种大众健身项目，越来越受到人们的认可和青睐，习练瑜伽的人群不断增多，在中国大地上掀起瑜伽健身狂潮。

二、瑜伽运动的分类

瑜伽作为一种专业的健身方式，有很多专业分类，下面介绍常见的瑜伽种类。

1. 智瑜伽

提倡培养知识理念，从无明中解脱出来，达到神圣知识，以期待与梵合一。智瑜伽认为，知识有低等和高等之别。寻常人所说的知识仅仅局限于生命和物质的外在表现。这种低等知识可以通过直接或间接的途径获得。然而智瑜伽所寻求的知识，则要求瑜伽者转眼内向，透过一切外在事物的本质，去体验和理解创造万物之神——梵。

2. 业瑜伽

业是行为的意思。业瑜伽认为，行为是生命的第一表现，比如衣食、起居、言谈、举止等等。业瑜伽倡导将精力集中于内心的世界，通过内性的精神活动，引导更加完善的行为。

3. 哈他瑜伽

在哈他这个词中，“哈”的意思是太阳，“他”的意思是月亮。“哈他”代表男与女、日与夜、阴与阳、冷与热、柔与刚，以及其他任何相辅相成的两个对立面的平衡。哈他瑜伽认为，人体包括两个体系，一为精神体系，一为肌体体系。体位法可以打破原有的骚乱，消除肌体不安定的因素，停止恶性循环的运动，通过调息来清除体内神经系统的滞障，通过庞达控制身体的能量并加以利用。

4. 王瑜伽

如果说哈他瑜伽是打开瑜伽之门的钥匙，那么王瑜伽就是通往精神世界的必由之路。哈他瑜伽重在体式和制气，王瑜伽偏于意念和调息，通常使用莲花坐等一些体位法进行冥想，摒弃了大多数严格的体位法。王瑜伽积极提倡瑜伽的八支分法，即禁制、尊行、坐法、调息、制感、内醒、静虑、三摩地。

5. 昆达利尼瑜伽

昆达利尼瑜伽又称为蛇王瑜伽。昆达利尼证明了人体周身存在 72000 条气脉，七大梵穴轮，一根主通道和一条尚未唤醒而处在休眠状态的圣蛇。通过打通气脉，使生命之气唤醒那条蛇，使它穿过所有的梵穴轮而到达体外，一旦昆达利尼蛇冲出头顶的梵穴轮，即可获得出神入化的三摩地。

6. 密宗瑜伽

国外称怛特罗瑜伽，也称咒乘、持明乘、密乘、果乘、金刚乘。它是公元 7 世纪到 12 世纪以后印度大乘佛教一部分派别与婆罗门教相结合的产物。密宗瑜伽“乐空双运”双修法的生理学根据便是三脉七轮及“军荼力蛇”学说。所谓“乐空双运”，即是密宗瑜伽密的教义及特别修行法。其理论根源于密宗《大日经》与《金刚顶经》。《金刚顶经》与《大日经》讲的是佛的秘密自证境界。

7. 阿斯汤嘎瑜伽

在帕坦伽利的《瑜伽经》里，八分支法瑜伽也被称做阿斯汤嘎瑜伽，是最古老的瑜伽练习体系。阿斯汤嘎瑜伽是一项严格的练习。世界流行的练习方式是由印度瑜伽师 Pattabbi Jois 创立的。阿斯汤嘎瑜伽均衡地锻炼了身体的力量、柔韧度和耐力。

8. 艾扬格瑜伽

艾扬格大师是艾扬格瑜伽的创立者。有人说，这一体系的瑜伽是初学者、病人、中老年人的福音。艾扬格瑜伽被公认为最讲究体位练习方法，它可以协调身体平衡，对疾病治疗的效果很好。

9. 流瑜伽

流瑜伽，也有人称其为“流程瑜伽”。传自西方，是哈他瑜伽与阿斯汤嘎瑜伽的混合体。它的教义和难度介于两者之间。

10. 热瑜伽

印度人比克若姆在美国创立了热瑜伽体系，一经推出便轰动了整个瑜伽界。虽然这种练习方式被一些古典瑜伽师认为不符合传统观念和规范，但热瑜伽无疑拥有忠诚的追随者。

11. 双人瑜伽

在方兴未艾的瑜伽热潮中，双人瑜伽渐渐受到关注。和个人修习相比，双人瑜伽更重视分享、交流和互助，在增加了瑜伽乐趣的同时，练习者之间的爱、友情、信任、合作精神也随之提高。

三、瑜伽运动的价值与作用

（一）瑜伽的价值

1. 健身价值

瑜伽是以柔软性的徒手动作为基础，意为“结合、统一”，它特别强调呼吸规则和运动规律，既发展了人们的协调性、灵活性、柔韧性和耐久性，又能改善心血管系统的功能，提高人体的有氧代谢能力，培养节奏感及现代美的气质并促进人的身体健康，有利于协调整个机体的功能。它通过缓慢极限的姿势融伸展运动、呼吸和放松运动为一体，有效地提高人的身体素质、改善身体形态、增强身体机能、调节心理健康状况。

2. 艺术价值

由于瑜伽在优美轻柔的音乐伴奏下，做着各式各样的轻盈的动作，所表现出的健美的体魄、高超的技术和充沛的体力等，是人类所追求的身体状况的最高境界，这其中包含着高度的艺术性因素。大学生经过瑜伽的训练能产生欢快的振奋人心的情绪，使锻炼者不仅锻炼了身体，增强了体质，而且还提高了审美意识和艺术修养，充分体现了它的高度艺术性。

3. 瑜伽的社会价值

随着社会的进步，人们在参加体育锻炼过程中所表现出来的“求新心理”以及求趣、求知、求动的心理活动，使昔日的传统体育运动项目已不能满足其要求。人们需要呼吸新的时代气息，需要尝试新的体育活动方式。由于人们工作时间的相对缩短，娱乐时间延长，文化生活消费比例上升，体育生活家庭化将成为社会的主流，它带给我们的不仅仅是个体的美丽，还是锻炼的一种新方式：即追求科学、系统、个性的训练和指导。瑜伽运动作为现代体育发展的产物，与人们的现代生活息息相关。它也将被越来越多的人所接受，它沟通了人们之间的情感，给予人们从不认识到认识，再到了解，熟悉的机会，因此它的社会价值就显得十分重要。

（二）瑜伽的作用

1. 美容养颜作用

现代瑜伽调息能量手法依序从颈、肩、手进行充氧、排毒、活化按摩，再配合莱法耶精油进行芳香疗法，使人体通过呼吸精油的芳香调节情绪，且透过皮肤按摩促进血液和淋巴循环，达到全然放松、活化、排毒及调整形态的效果。它可消除体内和体表多余的脂肪，来维持人体吸收与消耗的平衡，降低体重，保持健美的体型。瑜伽运动吸引众多学生加入这项运动的行列中，为学校体育增添了新的内容，注入新的活力，进一步促进学生身体正常发育和功能发展。

2. 瑜伽的医疗保健和审美作用

瑜伽具有强度低、密度大、运动量可大可小，容易控制等特点，除了对健康的人具有良好的健身效果外，对一些病人、残疾人也是一种医疗保健的理想手段。它是在音乐伴奏下进行的身体练习，通过经常性的训练，能矫正不正确的身体姿势，培养正确端庄的体态，使锻炼者的形体和举止都会产生良好的变化，塑造人体美中的健康美和姿态美，并通过瑜伽的多种形式表达内心情感，抒发对国家、社会、家庭、集体、同学的关心和热爱之情。另外还能磨炼人的意志。它是一项深受大学生喜爱的运动。虽然，有些大学没有开展此项运动，但不久它将成为一种潮流遍及高等学校，并且成为学校美育教育的重要组成部分。

3. 瑜伽的瘦身作用

大学生由于受学校环境的影响，进行体育锻炼的条件受到限制，因为长期在学校生活和学习，很少到学校以外的场所进行体育锻炼。由于受到家庭环境或遗传因素的影响，肥胖的人群也比较多，经过瑜伽练习组合的持续姿势训练，能够提高人体热能的消耗，增强脂肪的运动，并且能够抑制脂肪合成，降低脂肪的积累，提高脂肪的代谢率，使体脂重量减小体重下降。总之，瑜伽运动是一项健康、娱乐、艺术、实效相结合的运动形式，它与大学生的生活密切相关，以其动作舒展，优美有力，给人以蓬勃向上，精神振奋的感觉。

在高校开设瑜伽课有利于培养学生对美的感受力和鉴赏力，有利于培养学生心灵和行为的健康美，有利于培养学生的体育兴趣，有利于推行素质教育，因此高校普及瑜伽运动必将是大势所趋，也是培养21世纪人才不可缺少的体育教学内容，瑜伽必将成为广大学生喜爱的终身健身项目。

第二节　瑜伽运动的准备和原则要求

一、瑜伽运动的准备

瑜伽已经成为当今社会的一种时尚运动了，越来越多的人加入瑜伽练习大军，并且不断地继续有人加入。练习瑜伽前应在用品、场地、时间和身心等方面做好准备工作，下面对其分别进行介绍。

1. 用品准备

（1）正确搭配服饰。瑜伽练习其实并没有固定的服装要求，只要衣服宽松舒适、柔软透气就可以了，休闲服、运动服和T恤都是不错的选择。但穿着的服装不要太宽大，否则“看不见”自己的身体，就不容易把动作完全做到位。下面是几种不错的瑜伽服搭配方案，可供大家参考：①背心上衣+长裤。初学的人如果对于展露身材感到害羞，可选择长裤遮掩一下。②紧身上衣+合身长裤。标准的瑜伽服装要富有弹性。③吊带衫+短裤。方便活动，而且可以看到身材的变化，让人在练习瑜伽时信心更足，心情也更好了。

（2）多检查自己的装备。瑜伽服对于瑜伽练习者来说是一种必备的物品。练习瑜伽时，需要穿上合身、舒适、透气、排汗性佳的服装，才不会在练习时妨碍身体的伸展。除了服装之外，还可以准备一些练习瑜伽的辅助用品，让练习更有效、更完美，如温水、瑜伽砖、毛巾、瑜伽垫、音乐、大镜面、精油等。

2. 场地准备

练习瑜伽时要选择安静、清洁、空气新鲜的地方，尽量离开房间而选择露天的自然地；在房间中练习要注意保持空气的流通，这对于调息练习尤为重要。练习瑜伽时可以在旁边摆放绿色植物。地上需要铺上松软的毯子，柔软度控制在能轻松地保持站立，千万不能让脚下打滑。

3. 时间安排

瑜伽练习没有具体时间要求，最适宜的时间是符合自己生活工作规律的，如果你白天上班，没有早起习惯，那么晚上当然最适合你。如果你一向有早起习惯，那么早晨最适合你。根据个人情况来安排练习时间是最好的。如果不用工作，那么就随时可以安排练习时间。

4. 身心准备

虽然瑜伽适合每个人学习，但第一步是需要了解自己的体能与身心健康状况，才能相辅相成达到自己预期的改善效果。对于患有心脏病、高血压、低血压或是其他严重器官疾病的患者来说，应该避免进行那些也许会带来危险的瑜伽体式的练习，他们应当在医生以及瑜伽教练的指导下练习。尤其原本就有一些肩颈或脊椎上的问题者，最好先与专业医师或瑜伽老师讨论，千万别贸然地做一些体能无法承受的动作。练习瑜伽需在一种精神放松的状态下开始。瑜伽可以让你的心完全地展开，尽情地休息与宣泄情绪，练习瑜伽时身体要放松，并保持愉快的心情。

此外，还需要做好饮食和热身准备。在饮食方面，瑜伽应该在空腹时练习。但是它也可以在你饱餐后 4 小时或是在你饮用一杯橙汁或一杯脱脂牛奶后 20 分钟后进行。不过，值得注意的是应该避免饮浓茶、咖啡、酒精，吸烟以及进食辛辣食物。在热身方面，它能让你把注意力集中到呼吸上，并通过深呼吸增加吸入的氧气，从而增强体力，为练习瑜伽做准备。总之，瑜伽就是一种生活方式。修习瑜伽的人应该规律地、完全投入地去练习，并且为了能在练习中得到真正的放松，练习前请做好准备工作。

二、瑜伽练习的原则

（一）一般原则

1. 让身体活动自如

多数人的身体僵硬，不太灵活。初练瑜伽姿势的人，可能觉得某些动作不太舒服，又害怕受伤，会对做某些姿势犹豫不决。所以开始时的小心谨慎是很自然的。但是，如果总是以舒缓、小心的态度练习，就会越来越能够感知哪些可以安全地做到，哪些则不能。随着柔软度的增加，那些做起来不太舒服的动作，也会跟着改观而能得心应手，毫无不适之感。

2. 放松

要把有意识的放松当成法宝，用到日常的练习中。在练习时，注意那些紧绷的部位，在心里诱导肌肉放松，轻柔地让关节张开，保持脸、下巴和肩膀的放松。无论在姿势间还是课程结尾的休息，都要有意识地放松，柔和自然地呼吸，感觉紧张都由体内释放。这种放松的姿态是瑜伽姿势课程中的登峰造极之势，是舒适无比的状态。

3. 呼吸

在刚练习时，最好别理会呼吸。在学会并开始熟悉某个姿势后，应该把注意力集中在肌肉和身体的感受、体位的摆放和其他的细节上。如果太过于注重呼吸，反而可能造成不自然的呼吸。最好的方法是以自然的节奏呼吸。

4. 从简入手

可以先从相对简单容易的姿势做起，还可以缩短保持的时间并休息，或减少重复的次数，这不但是从简入手，还能逐渐提高体能和柔韧性。如果有些站立式使肌肉颤抖，可试试靠着墙壁或单手扶在椅背上练习。

5. 为自己度身定制

当熟悉了各种姿势后，就可随意地搭配，到一定时候就会知道哪些姿势是最需要练的。在尝试做挑战性的姿势前，一定要用些容易的姿势做热身动作，也要加些反向姿势。好比说，做了一个前弯姿势，就要用一个后弯来均衡身体。脊柱扭转式是前弯和后弯的理想反向姿势。

（二）瑜伽饮食原则

1. 保持清淡饮食

调料口味过重，如过多食用辣椒、食盐、味精、酱油等是不利于健康的，也不利于保持良好的情绪。这就是我们常说的“变性食物”，主要是指使用刺激性调味品的食物，如过分辣、苦、酸、咸、干的食物。

2. 早上可以空腹练习瑜伽

早上空腹练习瑜伽无疑是最佳选择。因为空腹练瑜伽消耗的能量来自于脂肪，而不是肌肉，而如果在饭后练习的话，消耗的能量又往往来自于刚吃进去的碳水化合物。一定要让身体从囤积的脂肪里获得能量，才能最大化减脂。但是，一定要注意，空腹不等于饿，如果有饥饿感，可以在练习之前喝点牛奶、蜂蜜等流食，切忌不要在饥饿时进行任何锻炼，否则会对身体造成伤害。

3. 食用坚果类食物，避免营养缺乏

坚果类食物受到许多控制体重的女性的排斥，主要是由于其较高的热量。然而，坚果类食物中丰富的营养素对于素食主义的瑜伽爱好者非常有益。除了多食用豆类、牛奶等优质蛋白类食物外，适当增加坚果类食品能够弥补素食的不足。

4. 喝大量的水

通常一天喝 8 杯水的说法在减肥时期要加大。尽量多喝，不要喝咖啡，可以多喝绿茶、乌龙茶。多喝水可以帮助身体排除有毒物质，还可以帮助“融化”脂肪。只有喝充足的水，才能使肌体不过分地依靠食物中的油脂，使体内脂肪明显减少。

5. 缓慢仔细地咀嚼食物

细嚼慢咽好处很多，养成这种饮食习惯的人，食量尽管不大，但是更能充分地吸收养分和能量；足够的唾液能很好地与食物混合在一起，帮助肠胃消化营养。

总之，健康营养丰富的瑜伽饮食，有利于身心达到深度和谐的最佳状态。所以，对每一个希望生活得更健康快乐的人来说，瑜伽饮食是一种最为理想的选择。

（三）瑜伽运动生理学原则

瑜伽体式锻炼同样是一种运动，适当地了解相关的运动生理学原则，对我们在瑜伽练习过程中如何处理一些问题是非常重要的，也是非常有帮助的。

1. 个体差异

每个人的体质和思想都不相同，因此在瑜伽体式锻炼过程的身心反应也是不同的。比如两次瑜伽课之间的间隔时间，就依赖于每个人的具体状况：锻炼瑜伽的时间、体会身心连接的能力、上次瑜伽课的疲劳程度（或当日工作和生活的疲劳感）、生活中的压力大小、有无身体中原来存在的旧伤和疤痕组织、年龄等等，这只是其中的一些因素。这些因素同时也影响到我们对不同瑜伽锻炼方式的选择。

2. 适当负荷

如果希求进步的话，一位瑜伽习练者需要超过他本身所（认为）能承受的运动量（或者上一次能承受的运动量），给自己的身体多一点点压力来触动身体去调整、改变和强化。自己可以在锻炼体式的时候，延长一些体式维持的时间，或者增加体式的复杂性来完成这项略具挑战性的试验。

3. 循序渐进

这项原则和前面那项原则相辅相成。每个人都有自己最合适的“适当负荷”。这里重要的是，必须在增加运动量的同时，给自己增加休息和让身体恢复的时间及机会。如果瑜伽练习者过于着急地增加体式的难度和体式坚持的时间，那么很容易会造成伤害的发生，因此反而不能得到提高。

4. 调整适应

给自己的身体一个调整适应的时间。人的身体往往以它特有的方式来调整适应由体式复杂性增加或者持续时间延长所带来的挑战。在反复锻炼一个体式或一系列体式之后，身体开始逐渐适应变化，那些体式也就开始渐渐变得容易做了。就像阿斯汤嘎瑜伽传人 Pattabhi Jois 所说的，“练习、练习、练习，一切都会随之而来”，这也可以解释为什么一个瑜伽习练者在开始一个新的瑜伽锻炼时，无论是什么样的瑜伽方式，都会比较容易感到酸痛。但在坚持一段时间之后，这种酸痛又会慢慢消退，肌肉也逐渐适应了当前的锻炼。

5. 坚持不懈

“用进废退”这一规律，在瑜伽锻炼中同样存在。如果停止锻炼时间过长，或者干脆不锻炼了，在以前锻炼中得到的身体的力量、灵活性、平衡能力、从容和优雅同样也会随之慢慢消失。需要倾听自己的身体，同时听从身体的感觉来决定休息（休整）多长时间。

6. 放松休息

在我们休息的时候（停止锻炼），我们的身体会从“紧张反射”中解脱出来，从而过渡到“放松反射”。简而言之，我们关闭了肾上腺在紧张压力下不断产生肾上腺素的功能，从而让肌体在生理上恢复到平时“平常”的状态。一当回到“平常”状态，实际上，我们的消化系统就会在消化、吸收、排泄过程中表现得更好，免疫系统也会在处理外源性致病微生物中更加活跃，肌肉系统在放松中得到再生，拉紧的筋膜（这是瑜伽锻炼的特色）也会松开并且重组。这只是休息过程中肌体生理学上的一些变化。这时，人的感觉就像是重新加满了油的汽车，充满生机。

三、瑜伽常见姿势

瑜伽姿势运用古老而易于掌握的技巧，改善人们生理、心理、情感和精神方面的能力，是一种达到身体、心灵与精神和谐统一的运动方式，包括调身的体位法、调息的呼吸法、调心的冥想法等，以达至身心的合一。瑜伽姿势的种类很多，下面介绍常见的几种。

姿势一：祈祷式

做法：挺身直立，双脚并拢，双手胸前合掌，放松全身，调匀呼吸。

益处：建立集中和宁静的状态，为要做的练习做准备。

姿势二：展臂式（双臂向上举）

做法：上臂向上举过头，双臂分开与肩同宽，稍朝后仰头和上身。

呼吸：双臂上举时吸气。

益处：伸展腹部脏器，因此消除过多的脂肪，并改善消化。锻炼手臂和肩部肌肉。加强脊神经，开阔肺叶。

姿势三：前屈式（手触脚式）

做法：身体向前屈直到双手或手指触到脚的任何一侧，或脚前的地上。使用前额触到双腿，但不要拉伤。双膝保持伸直。

呼吸：身体前屈时呼气。在最后位置时试收缩腹部，最大量地呼气。

益处：有助于消除或预防胃部或腹部疾病，减少腹部多余脂肪，改善消化。有助于消除便秘，使脊柱柔软，加强脊神经。

姿势四：骑马式

做法：尽量向后伸出右腿，同时屈左腿，但左脚要保持原位。两臂保持伸直，在原位上。动作末尾时，身体重量应当由两手、左脚、右膝和右脚趾来支撑。在最后姿势时，头应向后仰起，背成弓形，向上凝视。

呼吸：右腿向后伸展时吸气。

益处：按摩腹部器官，改善其活动功能，加强两腿肌肉，得到神经平衡。

姿势五：山岳式

做法：伸直双腿，双脚并拢，身体向前俯卧，臀部翘在半空，头低下，使它位于两臂之间。身体应成为三角形的两条边。在最后位置时双腿和双臂应伸直，在此姿势时试将两脚跟着地。

呼吸：伸直双腿和弯曲躯干时呼气。

益处：加强双臂和两腿神经与肌肉。与前一姿势相反的方向弯曲脊柱，因此进一步有助于脊柱的柔软。加强脊神经，并向它们供应新鲜血液。

姿势六：八体投地式

做法：身体放低及地，以至于在此姿势的最后位置时只有双脚脚趾、双膝、胸部、双手和下巴触地。髋部和腹部应稍微抬离地面。

呼吸：呼尽后再行屏气。

益处：加强大腿和手臂肌肉，发展胸部。

姿势七：眼镜蛇式

做法：伸直双臂，从腰部抬起身体，头朝后仰，这个阶段与眼镜蛇式的最后位置相同。

呼吸：抬起身体和弓背时吸气。

益处：腹部受到压缩，有助于从腹部器官挤出淤血。这姿势对所有胃病，包括消化不良和便秘非常有用。弓背锻炼脊柱，使肌肉柔软，使最重要的脊神经重新焕发活力。

第三节 瑜伽的呼吸与冥想

一、瑜伽的呼吸

瑜伽呼吸法，是通过各种不同的呼吸方法（根据个人身心状况的不同而确定）有效地按摩内脏的一种呼吸方法。有针对性地进行瑜伽呼吸法的训练，对于身心的改善是相当快而大的。

（一）瑜伽呼吸的目的及作用

瑜伽呼吸法的目的，是通过各种不同的呼吸方法有效地按摩内脏，刺激各生理腺体良性地分泌，激活脉、轮（可能也相当于中医所说的经络、穴位）的潜在力量，更好地清理洁净身体，由此，为更高级的精神修养和灵性的开发奠定基础。相反，如果呼吸有了问题，身体的循环系统、消化系统、排泄系统都会受影响，大量毒素会蓄积在身体各部分，而成为致病之源。

（二）分类及功效

瑜伽倡导的呼吸是动用整个肺进行呼吸，通过肺吸入充足的宇宙能量供给身体，促进心脏血液循环并且通过血流将能量送至身体的各部。它温和地按摩胸部、腹部内的器官，增强其功能，使身体和心灵得到充分的放松，对身心健康有明显的裨益。正确的瑜伽呼吸主要有以下几种方法。

1. 呼吸分类

一般而言，按身体部位，呼吸可分为腹式呼吸、胸式呼吸和腹胸式完全呼吸。

（1）腹式呼吸——以肺的底部进行呼吸，感觉只是腹部在鼓动，胸部相对不动，是基本的呼吸法。缓慢有意识地用腹肌呼吸，把手放在腹部，可以感觉到腹部的运动，集中意识，手中能量可传达到腹部。动作要领：①两手的拇指和食指做出三角状，放在肚脐中心位置。②把手放在腹部上，两鼻孔慢慢地吸气，放松腹部，感觉空气被吸向腹部，手能感觉到腹部越抬越高，实际上横膈膜下降，将空气压入腹部底层。吐气时，慢慢收缩腹部肌肉，横膈膜上升，将空气排出肺部。吐气的时间是吸气的 2 倍。

（2）胸式呼吸——以肺的中上部分进行呼吸，感觉是胸部在张缩鼓动，腹部相对不动，是使头部清晰，使身体活性化的一种呼吸法。虽然是用单鼻孔来呼吸的，但是也要按照规定的速度呼吸。动作要领：闭嘴。从两鼻孔中有力而短促地呼出气体，就如从蒸汽机里发出声音一样，自然地吸气，以 1 秒 1 次来呼气。

（3）腹胸式完全呼吸——肺的上、中、下三部分都参与呼吸的运动。腹部、胸部乃至感觉全身都在起伏张缩，是使腹部、胸、肩到喉咙有意识地运用这种方式以及肺的下部、中部、上部全部运用这种方式的呼吸法。练习中会感觉到把滞留在肺部的能量放出去，同时会有新鲜的能量充满肺部。动作要领：①吐净气。慢慢地往腹部吸气，像要把腹部胀起一样，把腹部充满的空气提升到胸部，接下来，一边吸气一边提肩，使空气提到喉咙里。②使腹部慢慢地瘪下去，缩胸，放下肩部，吐气。

此外，按呼吸过程可分为屏息与不屏息两种，而屏息又分为呼气后的屏息与吸气后的屏息两种。按鼻孔呼吸位置可分为左鼻孔呼吸、右鼻孔呼吸、左右鼻孔交替呼吸等三种。

2. 呼吸收束

收束目的：一是避免能量混乱而耗散，二是将能量运送到需要的部位，三是刺激特殊的腺体与唤醒相关脉轮。练习瑜伽的呼吸法，一定要配合相应的收束法来进行。呼吸的收束法主要有三种：

（1）下巴收束法：在呼吸的过程中始终以下巴抵住胸骨（与其说是下巴向下抵胸部，不如说是提起胸部，使其与下落的下巴相结合），肋骨要抬起，头、胸骨、肚脐和两大腿之间要处于一正中线上。

（2）会阴收束法：垂直收缩肛门与生殖器之间的中心部位，与此同时将下腹部前和肚脐下部压向后上方的背部。

（3）腹部收束法：一般是配合呼气时进行，通过横膈膜一边将内脏向后上方的背脊牵拉，一边向上移，感觉腹部完全凹扁下去。

（三）动作要领

1. 吸气

（1）以自己最感舒服的姿势坐定。

（2）把胸、浮肋和肚脐提起，伸直脊骨。

（3）尽量向下低头，使颈部变柔软，然后进行下颌收束法。

（4）人的感情之源位于肚脐和心脏之间。脊背必须经常同这个感情之源保持接触。身体的前部，也要始终与它接触。

（5）在吸气过程中，胸部向上方和两侧扩张时，切勿向前、后和左右倾斜。

（6）不能使横膈膜出现紧张。要把空气深深吸入横膈膜的底部。可以想象从浮肋下，腰的周围开始吸气，这是深吸气的秘诀。

（7）为了顺利地接受吸入的能量，预先处于一种被动的状态是重要的，特别是要使肺内侧的节律与进入空气的流动同步。

（8）就像把水倒入肺的底部。

（9）肺不发达的人，在肺脏完全发挥机能之前，必须小心翼翼、一点点地提高肺活量。

（10）支气管从气管分出，与肺的末梢血管相联结，在那里又分为细支气管，必须观察空气是如何到达细支气管的。

（11）就像水被土壤吸收那样，同时也应感受到被体内的细胞所吸收。在感觉这个吸收过程时，同时应感受到宇宙的能量（普拉纳）也被吸收进来，浸透体内，给人带来幸福感。

（12）吸入的能量从鼻进入体内，被身体所吸收。在吸气中，意识从肚脐上升到胸部上端。练习者必须始终感觉到精神的、心理的、知性的、生理和层次同上升的意识成为一体。这样，身体、呼吸、意识与内在之神便结合起来。

（13）皮肤的每个毛孔都要发挥旨在吸收普拉纳的作用。

（14）如果吸气过程中出现紧张，手的皮肤就会变得粗糙。练习者可以通过观察手的皮肤来调节自己的呼吸。

（15）吸气过程中，不能提肩，否则上肺部就得不到完全扩张，后颈部也会出现紧张。假如仔细观察一下，则会发现，肩被提起后，是立刻就落下的。为了不使肩提起，可以预先抬起胸部。

（16）松弛喉部，把舌平放在下颚上，但不能抵到齿牙。

（17）要闭眼，使之松弛。要预先使眼敏感，以便使它能内视吸气时，眼球总是习惯朝上转动，对此要注意。

（18）耳部、脸部的肌肉、前额的皮肤，也要预先松弛。

（19）正确的吸气，能够去除懒倦，刺激身心，增强元气。

2. 呼气

（1）调整姿势，其方法参照吸气的 1~4 点。

（2）呼气要缓慢地进行。为此，不能让吸气时抬起的肋间肌和浮肋松弛，否则，很难做到呼气顺畅和缓。

（3）呼气的动作从上胸部开始，因此不要使这部分收回。慢慢地呼气，直到肚脐收缩，气完全呼尽。这时身体便同灵性融合在一起了。

（4）呼气前，要把脊柱及其左右两侧提起，使全身像扎根于地的树木那样稳固。

（5）不能晃动身体，否则会扰乱神经和精神的活动。

（6）不要收回胸部，慢慢地顺畅地呼气。如果气息变得粗而急，那是因为胸部和脊背回落以及没有注意观察气息的流动。

（7）在吸气过程中，上半身的皮肤趋于紧张。但在呼气过程中，要松弛上半身的皮肤，不过不要使背部的内侧沉落。

（8）臂和胸的皮肤不能在两腋下互相接触。但不必特意把臂向外伸开，只要在腋下处留出些微空间即可。

（9）呼气使神经和脑平静下来，所以人变得谦虚，不再坚持己见。

3. 屏气

屏气分为两种，即呼气后的屏气和吸气后的屏气。通过感觉器官和知觉器官来抑制意识，使意识集中于灵性的基础，即意识的出发点。屏气会使练习者的身体、情绪、精神安定下来。屏气唤起潜在于体内的神性。不能因屏气而给脑、神经和身体带来紧张。屏气的目的是使神经系统恢复活力，所以必须在脑松弛的状态下进行。

屏气又分为用主观意志进行的和自然而然进行的。用主观意志进行的屏气印度语叫做萨希塔屏气。萨希塔屏气，有吸气后进行和呼气后进行的两类。自然而然进行的屏气印度语叫做凯瓦拉屏气。凯瓦拉屏气任何时候都可能在进行。在画家专心致志绘画时，以及牧师一心一意祈祷时所发生的屏气就属于这一类。在凯瓦拉屏气发生之前，身体会无缘无故地抖动起来，脑子里会出现幻觉，会看见令人恐怖的景象。忍耐性和持久力能帮助练习者超越这种状态，凯瓦拉屏气具有本能性和直觉性，它使练习者与外界脱离，与对象结合，体验到超凡脱俗的无比平静的喜悦。这可以说是同无限（灵性）融合的状态。

吸气后的屏气印度语叫做昂塔拉屏气，它帮助练习者从宇宙获取以能量形态表现的神。在昂塔拉屏气过程中，神和练功者的内在之神融合为一了。屏气时，语言、感觉和听觉都受到了控制。在该状态中，意识从嫌恶、贪欲、性欲、妒忌等各种感情纠葛中解脱出来，从而与普拉纳成为一体。

二、瑜伽冥想

冥想是瑜伽中最珍贵的一项技法，是实现入定的途径冥想，是一种对生命系统能量释放，重组、修复、优化的综合过程。一切真实无讹的瑜伽冥想术的最终目的都在于把人引导到解脱的境界。练习瑜伽者通过瑜伽冥想来制服心灵（心思意念），并超脱物质欲念，感受到和原始动因（The Original Cause，万源之源）直接沟通。瑜伽冥想的真义是把心、意、灵完全专注在原始之初中。

（一）冥想原理

冥想字面上的解释：冥，就是泯灭。想，就是你的思维、思虑，冥想就是把你要想的念头、思虑给去掉，找到感知。大家都误认为只有坐在那里才是冥想，甚至还专门为冥想设立了一堂课程，实际上随时随地可以进入无思虑的这种状态。例如体位法、观察呼吸也可以进入 DHYANA（禅），做体式的时候通过呼吸移动身体，当用呼吸移动身体，当身体达到极限的时候已经处于一种 DHYANA 的状态，有人把体式运动叫做移动冥想。通过一段时间来观察我们的身体，会发现在身体里有可控的部位和非可控制的部位。可控：比如移动身体、眨眼、吸气、闭气，是你可以控制的。非可控：比如指甲、头发的生长是你无法指挥的，是你不能够控制的。

冥想是以我们身体的可控部分为入口的。例如：把手做一个高度的弯曲，当你弯曲伸展，伸展到极限的时候，思维在这个时候就停止了，瑜伽很多体式要求尽量做到身体的极限，到达身体的极限后意识进入感知的状态，进入 DHYANA 的状态。练体式是使用了身体的极限，身体的运动后很多老师会设一些烛光冥想、观照呼吸的冥想等等，原理都是相同的。烛光冥想是用眼睛，眼睛张开，不要眨眼，其实只要掌握了原理不使用蜡烛也可以掌握冥想，不使用蜡烛，把眼睛睁开，尽量不眨眼，可控系统达到非可控的时候，眼睛睁开了一会，疲劳了需要眨眼来保护眼睛，但是你控制它们不眨，这时头脑的思维就停止了，这时候没有了任何思维。冥想的锻炼实际上是利用身体可控的部分切断思维，呼吸也一样，很多老师会教呼气、吸气、屏气。我们来实验一下，深吸一口气后屏息，在屏息这一瞬间头脑进入真空状态，无法进行思维。就进入了 DHYANA。DHYANA 这种状态是处于一种感知，这种感知是智慧的。小孩和疯子的思维是低级的尚未启动的，其感知是无知的和无智慧的。DHYANA 是知觉和智慧高度的统一。

（二）冥想的阶段

《瑜伽经》关于凝神、入定、三摩地的定义，已经很明确地概括了它们的内涵与区别。值得注意的是，此时的意识，已不再是静坐初始的意识，而是“独头意识”状态；此时意识聚焦之处、之物，已不是体内、体外某一点或某一物了，而是心识想象或记忆之中的物象。凝神的过程是将独头意识再指向意识之内的某一事物影像，入定是持续于所缘对象上静虑伺察，静虑的结果，是导致“定中独头意识”的出现；三摩地则是定中独头意识的高级境界。

1. 凝神

凝神，又译为“专注”，也称执持、内醒、摄念，是冥想的第一个阶段，这时要求心注于一处一物，但此处此物，已不是调息调心阶段的体外一物或体内某一点，而是意识之内的某一影像。

《瑜伽经》对凝神的阐释为：“把心集中在身体的灵性意识中枢内，或体内、体外的某种神圣形式上。”

《商积略奥义书》阐释为：“摄念（凝神）有三：摄持意念于‘自我’中；摄持外空与心空中；摄持地、水、火、风、空五中之元神形相。”这里的“自我”，指的是脱离了世俗相的“真我”，也就是宁静而无染的自我心相。而“外空”则指身外之虚空境相，以太空之空阔虚无可以引发自心之虚空止寂。而五大元素的元神形象，实际上也是脱离世间名相的“真实影相”，也可以说是自我的真实心相。总之，此处的三相，皆不离自我心中之相，应该指的是记忆或想象之相。

将《瑜伽经》与《商积略奥义书》的两种阐释对照起来，可知凝神的基本对象，一为庄严之形象（有相）；二为虚空相“无相”。无论是有相还是无相，都是心相，也就是说只能是“记忆”中之形象。

在调心阶段，运用意识与某一感官的结合，完成了多俱意识向独头意识的转变。此时的独头意识，既不是定中独头意识，也不是梦中独头意识，而是散乱独头意识。之所以说它是“散位”，是因为这种意识的凝注力尚弱，总还是倾向于从观想注意的对象上游离开去。在凝神阶段，则要控制散乱独头意识的这种倾向，全力使之指向观想的目标，导向“定中独头意识”。

那么，凝神阶段观想对象，与调心阶段独头意识产生前夕的所指对象是否应该是同一物象呢？应该说不是。因为调心阶段是以某一根（感官）配合意识而心系一物的，此物必与所用的根（眼耳等）相对应，如与眼对应的是物、光等色相；与耳相应的是声响、音乐等。而在进入独头意识之后，五根不起，意识独行，意识则不必依靠五根来寻攀体外体内的一点，而是回到内心，将意识记忆影像中的某一点作为观照对象，这一对象的特征与前一段的对象相比，多出了“庄严”（神圣）的要求，甚至可以说“抽象意义”更强一些。

在修持这一阶段时，首先要注意借助前一阶段（调心）的境相，在心境止寂、注意力集中的前提下，再进入凝神，如此效果更佳。其次要注意，观想的对象或为空、或为心中影像，不能是身外眼前之物、耳畔之声、鼻端之香、舌尖之味、肌肤之触觉，也不能是体内之息。因为，六根一动，便又倒退到了五俱意识或单俱意识状态，其时已远离凝神而去。

2. 入定

入定又称静虑、冥想或禅那，为冥想的第二个阶段。入定是对于对象“周流不断的知觉”或曰“连续的意识流”。这里的知觉就是指凝神阶段开始时心系一处的那种意念，就是一直维持着这个境界，不弃不离，莫失莫忘。

《商积略奥义书》论述静虑有“有功德者”与“无功德者”两种，“有功德者，谓之于神之形相而静虑也；无功德者，如自我之真性而静虑者也”。也就是说，有功德入定，观相对象带有“神圣”色彩；而无功德入定，则纯为观想“自我真实”。或者说，有功德定，是有赖于神圣的“他力”；而无功德定，纯依赖于“自力”。

《商积略奥义书》对入定的两种情形划分，还是从前一阶段“凝神”的不同关注对象延续引申下来的。不光是在入定阶段，其实在凝神阶段就存在两种不同的对象——有相的神明与无相的空或“自我”。

这里有一个问题：在调心阶段，强调“精神脱离知觉”，知觉与感觉的消淡，才使得注意力突出，而此处又突出“知觉”的作用，是否矛盾呢？应该说，此处的“知觉”，不同于认知过程中“知觉、感觉、记忆”的那个知觉，如果将此处的知觉说成“觉知”或“静虑”，可能更易让人理解。事实是，在入定阶段，不再是对观注对象的简单攀缘，而是细微地寻伺观察，此时记忆、思维、注意力，协同而用，使意识以所缘对象为契机，深入观察思虑其中的真相、真理，思虑的结果，便是使妄想杂念进一步消除，独头意识愈加澄清，达到极净时，便转向了“定中独头意识”。定中独头意识产生后，精神主体便进入定中，行者就进入了三摩地的修行阶段。

3. 三摩地

三摩地又称三昧，是瑜伽冥想的第三个阶段。《商积略奥义书》称其为：“情命自我与超上自我合而为一，无有三端（知识、能知、所知），以无上阿难陀（真智）为自相，以纯粹灵明为自性者也。”这与《瑜伽经》中“对象的真实本性放出光芒，不再受感知者的心的扭曲”的阐释是一致的。

经过长时间专注的静虑，到了三昧时，意守的主体与意守的对象开始合而为一，意守主体对自身的知觉消失，也不再受记忆与自由联想的干扰，思维也趋向于无分别的状态，观注者成为被观注者；以自心观注自心本身而不是关注其他。正如《瑜伽经》所云：“当所有精神涣散得以消除并且心注一处时，便进入三昧状态。”

三摩地是修习瑜伽的最高境界，也是“梵我合一”而消泯了知识、能知、所知“三端”的境界。要知道，所有这一切，都是在一心之中实现的，从静心到制感，再到独头意识、定中独头意识，无不是对心的活动的控制；而控制此心者，也正是自己的心。所以有人说这叫“以幻心破妄心”。而在三摩地时，身心无二、心境无二，此时，我、心、境已融合为一，这个合一体，便是“真我”，只有真我才能证得“真理”，并与明辨、喜乐的觉受相应，而真理、明辨、喜乐的结合，又使三摩地的境界由低至高，由欲界散地定到四禅、四空定、九次第定。

按照印度原始禅定论的说法，三摩地包含很多种类，通常有等持与等至两大类，等持包括欲界散地定与色界四禅在内。等至音译“三摩钵提”，涵盖了有心无心、有漏无漏一切定体，也包括无色界四空定、无想定、灭尽定等，也有将“等至”代指四禅八定的，称为“八等至”，或者再加上灭尽定，称为“九等至”。

（二）冥想方法

1. 走动式冥想

动作分解：带着觉知感受当下迈出的脚步，当意识完全专注时，身心达到联结，喜悦、宁静由内而生。

2. 观想

在大自然中，身心很容易得到平静，一花一草都可以成为我们观和想的对象。停止所有思考，静静地观察花、草、树木、蓝天、白云……感觉自己与观想的对象完全融为一体，享受大自然的能量。在家中也可以随时进入观想。只要找一个观想对象就可以了，譬如：水晶石、鱼缸、盆栽、图画等，任何你喜欢的对象都可以。这些物体能帮助我们集中注意力，渐渐排除外在的干扰，慢慢转向内心世界，体会宁静和安详。

3. 烛光冥想

功效：舒缓眼睛疲劳，促进眼睛周围血液循环、排除毒素、增强视力、使眼睛有神。提升专注能力、充分吸收烛光的能量，使内心光明自信，消除内心的恐惧，心灵更加平静。

动作分解：（1）选择自己舒适的坐姿坐在瑜伽垫上，挺直脊柱。先闭上眼睛，调整呼吸；放松全身，慢慢睁开双眼，视线由大腿慢慢向上。（2）开始凝视烛光，专注地观察它的内焰、外焰、颜色、大小、形状。尽量不要眨眼睛，让眼泪自然流下。（3）慢慢闭上眼睛，观想烛光在眉心处直到对烛光的印象变得模糊时再次睁开眼睛凝视烛光，重复5~8次，保持专注和放松的状态。最后，让自己平躺下来，全身放松。

4. 语音冥想

在所有的瑜伽冥想体系中，没有哪一种比得上瑜伽语音冥想的功效那么直接、久经时间考验或广为人们使用。瑜伽语音冥想又称曼特拉（Mantra）冥想。“曼特拉”的意思是能把人的心灵从其种种世俗的思想、忧虑、欲念、精神负担等等引离开去的一组特殊语音。一个人只要把注意力集中在他的瑜伽语音上，就能逐渐超越愚昧无知和激情等品质，而处身在善良品质的高度上。从这一步，瑜伽冥想更往深处发展，逐渐演变为完美的禅，而最终进入入定状态。

（四）静坐前期调整

静坐是瑜伽冥想修行的第一方法，对于身心健康，十分有益。印度文献记载：修者静坐，可减少身痛、心乱、麻痹等疾；修者静坐久，可减少妄念，禅之静定生智，减少烦恼或愚昧。

瑜伽冥想或修禅坐在此前需要经历五个步骤的调整：

1. 调饮食

人身与饮食有着十分重要的关联活动，饮食若调整不好，容易影响身安心静；当我们进食时，食物经过咀嚼，进入胃中调和消化，并转为对身体的滋养，各类营养精华化于血液，以供全身使用，因此说饮食与生命之体有着不可分割的关系。然而食物不可过多，即不要吃得过饱，饱食者令胃肠不宜消化，往往增加了肠胃功能的机能疲劳，不易吸收精华，反而排泄于体外，此类人叫身贪，见饮食无法自制。饮食美味令感官细胞兴奋过度，往往在饱食后身体懒散，松懈；这正是增加胃肠工作所产生的疲劳，这种疲劳的结果是气机虚满身体，气满浮躁上行，造成身体火大，令静坐不得安宁。但饮食太少，营养不够，则造成体弱力衰，静坐难以有成效。因此，我们说调整饮食结构时，饮食适度最为佳。

2. 调睡眠

人生活与工作离不开睡眠，睡眠的目的是恢复人的体力与精神，因此睡眠至关重要。平常睡眠我们都知道，以八小时为适度，古人说："久卧伤神，少卧神伤"，睡得过多则精神困昧，不利于静坐；睡得过少则体力不能恢复，精神恍惚，也不宜静坐。因此睡眠要保持节制有度，当我们神志清明，精神气爽时，安身静坐，效果较佳。

3. 调身

静坐前，在我们的行住坐卧四仪规中，要常保持宁静安详的心态，时刻牢记瑜伽八支分法的第一条：道德尊范。不可有粗暴与不安的举动，粗暴与不安的举动除对自己不利外，与环境也不相应，境相气粗，心意轻浮，必难入定。人静坐时，须宽衣解带（坐垫须后高一两寸），从容入座，腿或双盘、或单盘，自行选择，然后安置两手，把右掌的背叠在左掌上面（男士，女士相反），贴近腹部，轻放在腿根上；把腿左右摇动四五次，以做放松调和，然后端正身形，脊骨勿挺勿曲，轻盈自然，颈正端庄、不低不昂；鼻子与脐轮（腹部）如垂直线相对；开始呼吸吐纳腹中积气三到七次，把舌头抵上额，由鼻徐徐吸入清气，轻闭两眼，坐久或觉身有俯仰斜曲，随时矫正之（坐的时间根据自身的能力而定）。

4. 调息

鼻中气体出入名为呼吸，一呼一吸完成名为调息。静坐最重要的功夫在调息。呼吸有四种：（1）喉轮呼吸：即喉头呼吸，此呼吸最浅短，仅在喉头出入，不能尽肺叶张缩的力量，因此达不到吸氧吐碳（二氧化碳）的功用，血液循环不能优良，如此呼吸属于不良作用，因此要改变。（2）胸式呼吸：此较喉轮稍好，气体能达胸部，充满肺部，能做此呼吸，仍不算调息。（3）腹式呼吸：一呼一吸，气体能到达腹部，在吸气时空气入肺充满遍体，肺底舒畅扩张，把膈肌压下，这时胸部空松，腹部外凸；又呼气时腹部紧缩，膈肌被推而上，紧抵肺部，使肺中浊气尽量外散，这方算是静坐的调息，此调息能有效地使身体放松。练习者还要注意：呼吸丝毫不可刻意或用力，鼻息轻细深长，自然达到腹部，连自己的耳朵也不闻出入息声，方是调息相；呼吸经历由粗到细，细到微细，微细到悬吸最终入体息阶段。（4）体呼吸：此呼吸静坐功深者能够做到，呼吸细微得无法再细致，出入不知，如无呼吸，虽有器官作用，但无觉用，而气息仿佛从全身毛孔出入，至此既是达到调息的极致，可入深定。

5. 调心

心有真心与妄心，真心是心的本体，妄心是心的虚妄作用。我们自有生以来，迷昧真心，都在妄心用事，念念不停，眼、耳、鼻、舌、身、意，组成妄心身用，犹如意马心猿，难调难伏。我们静坐，可有两种心象：一是心中散乱，支持不定；二是心中昏昧，容易瞌睡。治散乱病，要把心中一切放下，看透身体也是外物，置之不睬，专心一念嗡字音轮于小腹间，自可入定。治昏沉病，要把心提起，注意鼻端，使精神振作；或起而径行再坐；或修数息观，从一到十，数到不乱，心息相依，绵绵密密，昏散两除。

通常来说心经历的由染而净要经五个层次：第一，散乱心，随着外境心念纷飞。第二，昏沉心，痴钝朦胧，陷于昏睡。第三，不定心，散乱多于安定。第四，一心，心能凝住于一境。第五，定心，心状澄静。后二者便是修行瑜伽所得的现象。

以上五种境地调整好了，就能安身静气地进入专一冥想或者禅修事态中。

(五) 冥想坐姿

瑜伽冥想的目的在于获得内心的平和与安宁。真正的瑜伽冥想的姿势都是打坐式的。打坐又可细分为简易坐、单莲花坐、双莲花坐、至善坐、吉祥坐、雷电坐等。

1. 简易坐

简易坐是一种舒适安逸的坐姿。可以根据自己的需要来调整坐姿，比如可以两腿盘坐在垫子上。如果膝部有疾病，可以单腿或双腿向前伸直。坐在地上，两腿向前伸直；弯右小腿，把右腿放在左大腿根处；弯左小腿，把左腿放在右大腿之下；可以把双手结个手印，放在两个膝盖上，最好两手相叠，拇指相对放在腿上。以此姿势坐着，可以 10 分钟、20 分钟递增。

2. 单莲花坐

坐在地上，垫一个小垫，便于稳定，两腿向前伸直；弯右小腿，把右脚紧顶放在左大腿内侧；弯左小腿，把左腿放在右大腿上面；肩背正直，下颌内收，两手相叠，拇指相对放在腿上。以此姿势坐着，可以 10 分钟、20 分钟递增。患坐骨神经痛的和骶骨毛病的不适合做这个练习。

3. 双莲花坐

坐在地上，垫一个小垫，便于稳定，两腿向前伸直；弯右小腿，把右脚放在左大腿上，脚底朝上；弯左小腿，把左腿放在右大腿上面，脚底朝上；肩背正直，下颌内收，两手相叠，拇指相对放在腿上。以此姿势坐着，可以 10 分钟、20 分钟递增。每次打坐完后，按摩两膝、大腿、两踝和两小腿腿肚。

4. 至善坐

至善坐被认为是最重要的一种姿势，瑜伽哲学中讲人身上有 72000 条经络，而我们的生命之气就在这些经络里流通，所以至善坐有助于清理这些经络，使之畅通无阻。坐在地上，两腿并拢并同时向前伸展；弯曲左小腿，用双手抓住左脚，用左脚跟紧紧顶住会阴部位，然后弯曲右小腿，把右脚放在左脚踝之上；把右脚跟靠近耻骨，右脚底板则放在左腿的大腿与小腿之间；背、颈、头保持直立。随意一点坐下也可以，但一定要背、颈、头保持直立。

5. 雷电坐

两个膝盖跪在地上，两个小腿和脚背贴在地面上；两膝靠拢，两个大脚趾相互交叉，这样便使两个脚跟向外指了；伸直背部，将臀部放落到两个分离的脚跟之间。

6. 吉祥坐

坐于地面，两腿向前伸直；弯曲左小腿，左脚板顶住右大腿；弯曲右小腿，右脚放在左大腿和左小腿腿肚之间；两脚的脚趾应该楔入另一腿的大腿和小腿腿肚之间；两手放于两腿之间的空位处或放在两膝之上，头、颈和躯干保持在一条直线上。这个姿势除了会阴不被顶住之外，其他各方面完全和至善坐一样。患有坐骨神经痛或骶骨感染的人不应做这个姿势。

（六）瑜伽冥想音乐

瑜伽冥想音乐的特点是抒情、自然、休闲，再没有别的什么冥想功法能像瑜伽冥想音乐一样，在经受过如此悠久历史的考验后还这般广受欢迎并被普遍使用。瑜伽冥想音乐使人获得内心的和平安宁与快乐幸福，从而达到身体健康安泰的效果。

首先，聆听并在瑜伽冥想音乐中歇息。基本简单的原则就是聆听瑜伽冥想音乐，让瑜伽冥想音乐进入耳朵和心意，与你为伴。不论何种年龄和职业，我们都需要一处可远离现代摩登生活的压力、焦躁、寂寞、空虚和个人琐事的庇护圣地。这是一个在哪都能练习的巧方妙法，可以回避此类事项的烦扰。练习时可以随着比较轻松的瑜伽冥想音乐旋律，一边拍掌跳舞，一边聆听瑜伽冥想音乐，并且跟着唱诵，也可以不用瑜伽音乐伴奏来做瑜伽冥想音乐——比如说，可以配合着呼吸来做。

◎ 思考题

1. 瑜伽可以分为哪些种类？
2. 瑜伽练习的原则有哪些？
3. 瑜伽常见的姿势有哪些？
4. 瑜伽吸气的动作要领有哪些？
5. 冥想的坐姿有哪些？

第八章　健美操和体育舞蹈

第一节　健美操概述

健美操是一项融体操、舞蹈、音乐为一体的新兴体育项目。它的内容丰富、形式多样（不受年龄、性别、气候、场地的限制），充分展现了各种优美的人体造型，体现青春活力。经常进行健美操锻炼，不仅能健身美体，提高协调性、节奏感、韵律感和表现力，而且还能激发情绪、愉悦身心，更重要的是它给人们带来热情奔放的情感体验，符合现代人追求健美、自娱自乐的需要，因此，深受广大群众的喜爱。

一、健美操的起源与发展

（一）国际健美操的起源与发展

健美操的起源可追溯到两千多年前。古希腊人对人体美的崇尚举世闻名。他们喜爱采用跑跳、投掷、柔软体操和健美舞蹈等各种体育项目进行人体美的锻炼。而古印度很早就有瑜伽术，其中的一些姿势与当前流行的健美操所常用的基本姿势是一致的。由此可见，古代人对健身健美的追求是现代健美操形成与发展的基础。19世纪末20世纪初，欧洲出现了许多体操流派，他们在理论和实践上的创新对健美操的发展起到了推波助澜的作用。而20世纪80年代初，随着遍及全球的健身热和娱乐体育的发展，健美操以其强大的生命力风靡世界。美国是对世界健美操的发展有着重要影响的国家，其代表人——影视明星简·方达，根据自己的健身体会和经验，撰写了《简·方达健美术》一书。该书自1981年出版后，引起了世界的轰动。她现身说法，促进了健美操在世界范围内的推广。与此同时，自1985年开始，美国正式举办一年一度的健美操锦标赛，并确定了竞赛项目和规则，使健美操发展成为竞技性运动项目。健美操不仅在美、英、法等国家迅速发展，而且在一些发展中的国家和地区也得到不同程度的开展。苏联早已把健美操列入大、中、小学的体育教学大纲。在亚洲地区，日本、菲律宾、新加坡等国家也建有许多健美操活动中心及健身俱乐部，人们都开始将健美操作为自己的主要健身方式，由此形成了世界范围内的健美操热。

（二）我国健美操的兴起与发展

世界性的健美操热是于20世纪70年代末传到我国的。当时北京、上海、广州等地相继举办了各种健美操培训班。随后各种新闻媒介对国外各种健美操的介绍，逐步推动了健美操在我国的广泛开展。1984年，原北京体育学院成立了健美操研究组，接着上海体育学院成立了健美操教研室，率先开设了健美操课程。一些大专院校也根据原国家教委对高校体育教学的要求，逐步开设了健美操普修或选修课，从而把我国的健美操从社会引向了学校。1986—1988年，健身健美操和竞技健美操在我国得到了长足的发展。继1986年4月在广州举行的我国首次全国女子健美操邀请赛后，1987年5月在北京我国又成功地举办了首届正式的竞技健美操比赛——“长城杯”健美操邀请赛。为了有组织、有计划地推动全国大学生健美操运动的发展，1992年2月，在北京成立了中国大学生体育协会健美操、艺术体操协会。1992年9月，中国健美操协会在北京的正式成立，标志着我国健美操运动进入一个崭新的发展阶段。

二、健美操的分类与特点

（一）健美操的分类

目前，世界健美操和我国健美操种类繁多，分类方法也各不相同。根据健美操的目的和任务，可以将其分为健身健美操、竞技健美操和表演健美操三大类。

1. 健身健美操

健身健美操，也称为大众健美操，是集健身、娱乐、防病为一体的群众性普及性健身运动。健身健美操的主要目的在于健身，因此，其运动强度和动作难度相对较低，可为社会不同年龄、层次、性别、职业的人所选用。根据不同的需要，健身健美操还可从不同的角度进一步分类和命名。如按年龄结构可分为老年健美操、中年健美操、青年健美操、少年健美操、儿童健美操、幼儿健美操等；按练习的目的和任务可分为热身健美操、姿态健美操、形体健美操、减肥健美操、节奏健美操、活力健美操、跑跳健美操等。

2. 竞技健美操

竞技健美操是根据竞赛规则与规程的要求组编的一套具有较高艺术性、以比赛取得优异成绩为主要目的的健美操。竞技健美操只进行自编动作的比赛，有特定的比赛规则和评分方法，需完成一定的难度动作，对人体的心肺功能、身体素质、技术技能和艺术表现能力有较高要求。一般较适合于青年人。竞技健美操比赛共设五个项目：男子单人、女子单人、混双、混合三人、混合六人健美操。

3. 表演健美操

表演健美操主要是以在表演中展示自己的价值和魅力；在观赏中陶冶情操、净化心灵、促进健美操活动的广泛开展；满足人们表现自我的需要为目的，在特定的活动、场合或节日庆典中进行表演，集观赏、娱乐为一体的体育节目。一般而言，健身健美操用于表演极其普遍，竞技健美操用于表演时可不受规则的限制。

（二）健美操的特点

1. 集健美和健身于一体

健美操是以健身为基础，根据人体解剖学、运动生理学、体育美学等多学科理论，为使人体健康健美地发展而编排的。健美操动作讲究健美大方，强调力度和弹性，练习内容讲求针对性和实效性，不仅能使身体各部位的关节、韧带、肌肉得到充分锻炼，使人体匀称和谐地发展，而且还能增强体质，培养健美的体形和风度，塑造健美的自我。因此，健美操是一项既注重外在美的锻炼，又强调内在美的培养的人体运动方式，对人的身心影响较为全面。

2. 鲜明的节奏感和韵律感

健美操是一种必须在音乐伴奏下进行的身体练习，音乐是健美操的灵魂。与艺术体操相比，健美操更强调动作的力度。因此，健美操的音乐节奏趋于鲜明强劲，风格更趋于热烈奔放。健美操音乐多取材于迪斯科、爵士、摇滚等现代音乐和具有上述特点的民族乐曲，而正是音乐中的高低、长短、强弱、快慢等有节奏的变化，使健美操更富有一种鲜明的现代韵律感。此外，旋律清晰、活泼轻快、情绪激奋的音乐，不仅能振奋练习者的精神，使人产生跃跃欲试的动感，而且还能使人在练习过程中忘却疲劳，产生一种轻松愉快的心情。

3. 动作的多变性和协调性

健美操成套动作的多变性，不仅表现在动作的节奏和力度上，而且还表现在动作的复合性方面。其每节操很少是单个关节的局部动作，大多为多关节的同步运动。如在完成大幅度的上肢动作时，常伴有腰、膝、髋、踝和头部等的动作。这不仅可使身体各关节的活动次数成倍增长，而且还能有效地改善和提高人们身体的协调性。

4. 广泛的群众性

健美操是一项富有趣味性的运动，它能给人们带来热情奔放的情感体验，符合现代人追求健美、自娱自乐的需要，因此深受广大群众的喜爱。同时健美操，尤其是健身健美操的练习形式多样，运动负荷和难度可以自我调节，不同年龄、性别、形体、素质、个性、气质的练习者都可酌情择项参加锻炼，各种人群都能从健美操练习中找到适合自己的练习方式，通过训练增强体质，弥补自身的某些不足，并且还可从中获得乐趣，因而，健美操是男女老幼所青睐的一项运动。此外，健美操不受气候的影响，对场地、器材条件的要求不高，练习起来简便安全，适合不同地区、不同条件的单位和部门开展，因此，这项运动具有广泛的群众性。

三、健美操的锻炼价值

1. 增强体质　增进健康

经常进行健美操锻炼，对心血管系统、呼吸系统、消化系统以及内脏器官都有良好的影响，会使心肌纤维逐渐变粗，心肌增厚，收缩有力，心输出量增加，提高供血能力，可使血管壁弹性增加，预防心血管疾病的发生。通过长期健美操的有氧运动，人的呼吸加深，呼吸频率减少，吸氧量增大，可使呼吸肌得到充分的休息，促进良好的新陈代谢。健美操通过人体腰部、腹部、髋部等全方位的运动，加强了胃肠蠕动，促进消化液的分泌，从而增强了消化机能，促进了人体新陈代谢，有利于营养的吸收和利用，从而提高人对疾病的抵抗能力。

2. 锻炼人顽强的意志

意志是人们自觉地确定目的，并支配行动，克服种种困难而实现目的的心理过程。人们在跳健美操时有明确的目标——强身美体。对于从未接触过舞蹈、体操的人来说，初学健美操会遇到许多困难，如动作不协调，柔韧素质差，动作无法到位，体力跟不上等，可健美操以其独特的魅力吸引着练习者克服困难，咬紧牙关，坚持下去，使其意志力逐渐增强。良好的意志品质不是自发产生的，而是在教育和学习中形成的。一套大众健美操一般都在五六分钟以上，竞技健美操则在 1 分 45 秒左右，要收到强身健身的效果，须有一定运动负荷，这就需要一定的耐力和顽强的意志去完成。

3. 调节心理活动　陶冶美好情操

健美操是在音乐伴奏下进行的身体练习。健美操练习，不仅能使人形成美的体魄，而且对人的心理状态也有良好的影响。优美明快的音乐节奏、活泼愉快的形体动作，使人陶醉在美的韵律之中，排除心理上的紧张和烦恼，身心得到全面调节，精神面貌和气质修养都会有所改善和提高。

4. 提高人的注意力

注意，是人的心理活动对一定对象的指向和集中，是人们获得知识和提高工作效率的必要前提。它也是在实践活动中发展起来的，人们出于学习、猎奇的目的和个人兴趣对新奇的事物，容易引起注意。健美操节奏明快，动作刚劲有力，有较强的刺激，可减肥美体，满足人们对美的追求，可以创造欢乐的气氛，故容易引起人们的兴趣，使人在短时间内将注意力集中在健美操运动上来。人们不可能终身只对一项工作、一种事物产生注意，常有注意的转换。虽然注意的转移频率主要依赖于神经过程的灵活性，也就是依赖于兴奋和抑制交替的过程，但后天的训练培养是可以使其得到改善的。健美操的动作灵活多变，小关节动作多，不对称的动作多，节奏多，变化多，多变化的练习可以培养人的注意转换。

5. 健美操可以塑造健美形体

追求形体美是人们选择健美操的直接动机。形体美主要指人体外形的匀称、和谐、健美。遗传因素生成了人的基本体型，但后天塑造却是完全可能的。健美操是在生理学、解剖学、人体造型学、体育美学等多学科的理论指导下进行创编的。其动作和程序具有明确的对整体和局部目标的针对性。实践证明它是塑造形体的有效手段之一，因其实效而受到人们重视。大学生正处于生长发育期，是塑造形体的最佳阶段，大学生练习健美操很有意义。

第二节　健美操的基本动作、编排和赛事欣赏

一、健美操的基本动作

健美操基本动作是由基本步法和上肢动作两部分组成的。

（一）基本步法

健美操基本步法是体现健美操练习者下肢动作基本姿态的主要练习手段，根据动作完成的形式不同，可将基本步法分为五大类：两脚交替类、迈步类、点地类、抬腿类和双腿类。

1. 两脚交替类

两脚始终做依次交替落地的动作。

（1）踏步（原始动作）。动作描述：两腿原地依次抬起，依次落地，同时两臂屈肘握拳，自然前后摆动。技术要点：下落时，踝、膝、髋关节依次有弹性地缓冲。

（2）走步。动作描述：迈步向前走时，脚跟先落地，过渡到全脚掌；向后走时则相反。技术要点：落地时，踝、膝关节有弹性地缓冲。

（3）一字步。动作描述：一脚向前一步，另一脚并于前脚，然后再依次还原。技术要点：向前迈步时，先脚跟着地，过渡到全脚掌；前后均要有并腿过程；每一拍动作膝关节始终有弹性地缓冲。

（4）V 字步。动作描述：一脚向侧前方迈一步，另一脚随之向另一方迈一步，成两脚开立，屈膝，然后再依次退回原位。技术要点：两腿膝、踝关节始终保持弹动状态，分开后成分腿半蹲，重心在两腿之间。

（5）漫步。动作描述：一脚向前迈出，屈膝，重心随之前移，另一脚稍抬起，然后原地落下，或向后撤一步，重心后移，另一脚稍抬起，然后原地落下。技术要点：两脚始终保持交替落地，身体重心随动作前后移动，但始终在两脚之间。

（6）跑步。动作描述：两腿经过腾空，依次落地缓冲，两臂屈肘摆臂。技术要点：落地屈膝缓冲，脚跟尽量落地。

2. 迈步类

一条腿先迈出一步，重心移到这条腿上，另一条腿用脚跟、脚尖点地或吸腿、屈腿、踢腿等，然后向另一个方向迈步。

（1）并步。动作描述：一脚迈出，另一脚随之并拢屈膝点地，再向反方向迈步。技术要点：两膝始终保持弹动，动作幅度和力度可随风格而定。

（2）迈步点地。动作描述：一脚向侧迈一步，两脚经屈膝移重心，另一腿在前、侧或后用脚尖或脚跟点地。技术要点：两膝同时有弹性地屈伸，重心移动轨迹呈弧形，上体不要扭转。

（3）迈步吸腿。动作描述：一脚迈出一步，另一腿屈膝抬起，然后向反方向迈步。技术要点：经过屈膝半蹲，抬膝时支撑腿稍屈膝。

（4）迈步后屈腿。动作描述：一脚迈出一步，另一腿后屈，然后向相反方向迈步。技术要点：经过屈膝半蹲，支撑腿稍屈膝，后屈腿的脚跟靠近臀部。

（5）侧交叉步。动作描述：一脚向侧迈一步，另一脚在其后交叉，随之再向侧迈一步，另一脚并拢，屈膝点地。技术要点：第一步脚跟先落地，身体重心快速随着脚步而移动，保持膝、踝关节的弹动。

3. 点地类

一腿屈膝站立，另一腿伸出，用脚尖或脚跟点地后还原到并腿位置的动作。

（1）脚尖点地。动作描述：一腿稍屈膝站立，另一腿伸出，脚尖点地，然后还原到并腿姿势。技术要点：支撑腿始终保持屈膝站立，并且随动作有弹性地屈伸。

（2）脚跟点地。动作描述：一腿稍屈膝站立，另一腿伸出，脚跟点地，然后还原到并腿姿势。只可做向前和向侧的脚跟点地。技术要点：支撑腿始终保持屈膝站立，并且随动作有弹性地屈伸。

4. 抬腿类

一腿站立，另一腿抬起的动作。

（1）吸腿。动作描述：一腿屈膝抬起，落下还原。技术要点：支撑腿保持屈膝弹动，大腿上抬超过水平，上体保持正直。

（2）摆腿。动作描述：一腿稍屈膝站立，另一腿做摆动。技术要点：摆腿时上体顺势前倾、后倒或侧倾。

（3）踢腿。动作描述：一腿稍屈膝站立，另一腿抬起，然后还原。技术要点：抬起腿要有控制，保持上体正直。

（4）弹踢腿（跳）。动作描述：一腿站立（跳起），另一腿先向后屈，再向前下方踢腿还原。技术要点：腿弹出时要有控制，保持上体正直。

（5）后屈腿（跳）。动作描述：一腿站立（跳起），另一腿向后屈膝，放下腿还原。技术要点：支撑腿保持弹性，两膝并拢，脚跟靠近臀部。

5. 双腿类

双腿站立，身体重心在两腿之间的动作。

（1）并腿跳。动作描述：两腿并拢跳起。技术要点：落地缓冲有控制。

（2）分腿跳。动作描述：分腿站立屈膝半蹲，向上跳起，分腿落地屈膝缓冲。技术要点：屈膝半蹲时，大、小腿夹角不小于90°。

（3）开合跳。动作描述：由并腿跳起，分腿落地，再由分腿跳起，并腿落地。技术要点：分腿屈膝蹲时，两脚自然外开，膝关节沿脚尖方向屈，夹角不小于90°，脚跟落地。

（二）上肢动作

在完成基本动作时加入不同的手臂动作就会使动作变得丰富多彩，或改变动作的强度和难度。如手臂在肩以上的动作强度就大于手臂在肩以下的动作强度；手臂动作变化多的一组动作就难于手臂动作变化少的动作组合。另外，健美操的手臂动作除了自然摆动和一些舞蹈动作外，主要是模仿上肢力量练习的一些动作。这样做既美观，又使练习更加有效。

1. 常用手形

（1）掌形：五指伸直并拢。

（2）拳形：握拳，拇指在外，压在食指弯曲部位。

（3）五指张开形：五指用力伸直张开。

2. 上肢动作

（1）举：臂伸直向某方向抬起。

（2）屈臂：前臂与上臂角度不断减小。

（3）伸臂：前臂与上臂角度不断增大。

（4）屈臂摆动：屈肘在体侧自然地摆动，可依次和同时进行。

（5）上提：直臂或屈臂由下至上提抬起，如屈臂前提、直臂侧提。

（6）下拉：臂由上举或侧上举拉至身体两侧。

（7）胸前推：立掌，臂由肩部向前推。

（8）冲拳：屈臂握拳，由腰间猛力向前冲拳。

（9）肩上推：立掌，屈臂由肩部向上推。

二、健美操的编排原则与方法

（一）编排的原则

1. 有明确的目的性

编排一节和整套动作时，首先根据编操的目的任务即编的用途和需要解决的问题而选择内容，做到有的放矢。编排体育课的准备活动时，根据课的任务，为顺利进入基本部分，应选择能充分活动全身各关节和大肌肉群的动作，此外，还应根据课的具体内容，进行专门性活动。例如，课的主要内容是技巧项目，就应加强头颈、腕、肘、膝关节的健身活动，适应该项目的具体动作的学习。编排参加比赛的健美操时，在竞赛规则的基础上，应充分发挥本队的优势，以独特、新颖、具有一定难度的动作，确定不同的运动员负荷和时间长短，如青少年健美操，则应选择节奏强、速度快、有力、活泼的动作。

2. 注意全面锻炼身体

编排一套操，选择的内容要符合身体全面锻炼的要求。从人体部位来说，应包括头颈、上肢、躯干、下肢以及全身动作，从动作方面来说，应包括左、右、前、后的动作，从身体素质来说，应考虑到力量、速度、柔韧、协调、灵活等，使身体各部位都能得到锻炼。

3. 科学地安排运动负荷

编排健美操，要遵循人体生理规律，要合理安排躯干动作，一套操的后半部安排全身和运动负荷大的跳跃运动，最后是整理运动。如果是体育课的准备活动，则整理运动省略，等课结束时再做。一套健美操一般由 9 节左右组成，每个动作的重复次数应根据对象和任务需要来确定，一般每节为四八呼，需要时为加大运动负荷也可六八呼和八八呼。剧烈的跳跃运动一般采用二八呼。

4. 创造性

健美操的内容极为丰富，创编一套操不仅要根据实际情况选择动作，而且要针对不同要求选择一些新动作，避免千篇一律，枯燥无味。可以通过改变开始姿势、方向、幅度、速度、路线等方法，创编具有锻炼效果的动作。特别是编排体育课用的准备活动不能老一套，应不断变化补充新内容，激发学生练习的积极性，提高效果，并要体现健美操的特点。无论是个人还是集体成套动作，无论是徒手还是持轻器械的练习，均应在音乐伴奏的基础上进行，动作应体现健美操的特点。例如：球类课的准备活动就可以采用“音乐下的球操”来热身，还有上巴山舞，不是由老师直接示范，而是通过视频让学生自学自练，教师做引导。不是单人、双人原地跳，而是采用队形变换来完成，也可以采用轻器械操来代替最原始的扩胸、振臂运动。

5. 一致性

一套健美操的特点和风格是通过与音乐的协调搭配而表现出来的。音乐是健美操的灵魂，健美操是表现音乐的一种手段。动作是解释音乐的一种身体语言，音乐的选择决定了整套操的风格。因此，在创编健美操时，要根据音乐的背景、文化特点，尽量设计出既能充分说明音乐，又不失健美操特点的动作，使音乐旋律和风格与动作形象和风格融为一体，达到音乐和身体动作相互促进和表现的高度统一。

（二）编排方法

健美操的教学不能停留在学生机械地模仿上，要通过启发诱导、多媒体教学等教学方法，培养学生能力，引发课后效应，并在课内外一体化的催化作用下，增强学生自觉锻炼、自觉健身的意识，使其养成健身习惯。因此学生在初步掌握编操的原则与方法的前提下，如果能按个人意愿、身体状况自编自练，无疑对养成终身锻炼习惯是一种激励和推动。

1. 编排单个动作

单个健美操动作是成套健美操动作的基本单位，因此，健美操的编排教学也应从单个动作的编排入手，目的是帮助学生建立编排的概念。教师以“命题”的方式给出规定的步伐，每个步伐允许有方向和高、低冲击的变化，要求学生每一个步伐编排 2~3 种手臂动作，引导学生对同一动作的改编求异，鼓励大胆创新。第一次的编排活动可以作为课后作业，让学生在课下完成，给他们充分的想象时间，然后在课堂上检查完成情况，并让每一个学生都当众表演自己的编排动作，培养其表演欲望、竞争意识和外向型的性格，同时也为他们提供相互学习、相互借鉴的机会。在这一阶段，平时健美操动作做得不好的同学会表现出缺乏自信心，认为自己无法编排出好动作，这时教师应采取鼓励和启发式的教学手段，帮助他们树立自信，告诉他们“积极参与本身就是一种成功”，“动作做得不好没关系，只要能编出来就可以”，并淡化编排的质量，在对每一个同学进行点评时，教师应以表扬为主，保护学生的编排热情。

2. 编排组合动作

首先进行 1×8 拍组合动作编排的教学，使学生初步掌握组合动作的编排方法，即先进行步伐的组合排列，再进行手臂动作的编排。在课堂上教师仍以“命题”方式规定 1×8 拍动作中的步伐种类和完成编排的时间，由学生自由排列步伐顺序，同时编排手臂动作。在学生进行编排动作的表演后，教师可启发他们将自己编排的组合动作进行步伐的重新排列，变换动作节奏和路线、身体姿势、动作方向，体验健美操动作的丰富性、多样性和立体性，进一步开拓学生的编排思路。其次进行乐句 4×8 拍组合动作的编排教学，目的是使学生掌握合理的连接和过渡技巧，使编排的动作具有连续性和流畅性。教师可规定乐句的步伐种类，在学生掌握了连续技巧后，要求他们在编排动作时有三维空间的变化。这一阶段，学生有了上述编排活动的体验，对自己的编排能力充满自信，编排欲望也不断高涨，编排的动作也逐渐趋于协调、合理，这时，教师对学生的表演应提出质量上的要求，要求其动作清晰准确、规范到位，动作与音乐相吻合。

3. 编排成套动作

教师对学生成套动作的编排可有时间、场地、队形变换的要求，可以规定少量的低难度动作，音乐自选，成套动作要表现出相应的协调性、合理性、流畅性和新颖性，动作之间连接的巧妙性，造型也应具有想象力和创造力。健美操成套动作的编排在很大程度上决定了健美操编排者对该项目的认识和理解。编排成套健美操这一阶段，可要求学生在课下分组完成，学生在经过集体构思后，通过观察、总结和提炼，将公认的最佳编排动作组合起来。教师可通过教学比赛的方式要求学生在表演动作时协调一致、清晰规范、富有力度和韵味，与音乐节奏相吻合，并将自己创作的喜悦、对音乐与动作的理解通过身体动作和面部表情充分地表现出来，同时培养学生的竞争意识、钻研精神、集体荣誉感和组织能力。

三、赛事欣赏

1. 欣赏形体美和着装美

优美的身体形态、得体的着装是夺取健美操冠军的必备条件。因为健美操比赛是从运动员一上场就开始的，五官端正、身材匀称、具有健与美特征的运动员，配以得体的着装及恰到好处的脸部化装，首先就会使观众得到视觉和审美心理上的极大满足。

2. 欣赏音乐美

音乐是健美操的灵魂，音乐赋予了健美操特有的活力。当听到鲜明强劲的动感音乐，首先就会随着音乐的旋律按照自己的理解产生联想和想象，在大脑中形成一定的情感意向，忍不住想“舞蹈”起来，进而在精神和听觉上得到满足。

3. 欣赏动作美

动作的力度、幅度、准确性、协调性、熟练性及稳定性是健美操项目评判和欣赏的重要方面。

（1）特定动作的欣赏。特定动作有连续 4 次俯卧撑、仰卧起坐和高踢腿跳。在欣赏单人完成这部分动作时，主要看动作的规范性、准确性及姿态。而双人、3 人、6 人集体项目完成这部分动作时，不仅要看以上的内容，而且还要看整体的一致性、整齐性。

（2）特定要求动作的欣赏。特定要求动作包括 4 个 8 拍的站立式操化动作组合、连续 30 秒的跑跳动作。在欣赏这部分动作时，主要看动作的各种变化。

（3）难度动作的欣赏。难度动作可分为支撑类动作、跳跃类动作、转体类动作及俯卧撑类动作。在欣赏这部分动作时，主要看运动员完成动作的质量如腾空的高度、动作的开度、支撑动作的持续时间变化及稳定性等。集体完成这些动作时，还应看动作的整齐性和一致性。

（4）力度的欣赏。“力度”是健美操的重要特点之一，与成套动作质量密切相关。男单动作应豪放，力度感强，体现男子的阳刚之气。女单动作应优美，刚柔结合。

（5）表现力的欣赏。运动员在进行健美操比赛时，应表现出朝气蓬勃的精神面貌和喜悦、自信的激情，将音乐、动作深层次的内涵淋漓尽致地表现出来，用眼神和脸部表情与裁判和观众交流，吸引观众，感染观众。

4. 动作创新及编排的欣赏

一套节奏感强、动作有独创性、有新意及编排立意新颖、风格独特、连接巧妙、流畅连贯，具有体育和艺术美感染力的成套动作，必然会牢牢地吸引观众，征服观众，使他们得到视觉、听觉和心理上的满足。

第三节 体育舞蹈概述

一、体育舞蹈简介

体育舞蹈俗称跳舞运动，是一种按国际上规定的标准舞动作进行锻炼和比赛的运动项目，因此，国际上也把国际标准交际舞称为体育舞蹈。它既是舞蹈的运动化，又是运动化的舞蹈。交谊舞的起源，可以追溯到公元10世纪以前，它从古老的民间舞发展演变而成。蕴含着交际舞意识形态的男女对舞，最早出现在非洲黑人的民间土风舞中，他们多数在农闲季节和节日成群结队地在草地和广场上跳乡村土风舞。最早出现交谊舞的国家是意大利，继而，意大利出现了世界上第一批专职舞蹈师。15世纪末，宫廷舞蹈又演变成奢华庆典活动的骑士舞。当时有节奏缓慢的"低舞"，有适合男士跳的雄壮有力、富有弹跳的"高舞"，以及有图形变化的"链舞"——"步兰尔"舞3种类型。16世纪初，交谊舞的"低舞"派生出"帕凡"、"拉伏尔地"等壮观华丽的队列式舞步，并由"步兰尔"舞派生出法国的"库尔特"、"不雷"，以及西班牙的"查礼"舞等更为豪华富丽的舞蹈。17世纪中叶，交谊舞逐渐从拘谨、文雅、华丽趋向于尊贵、活泼、轻快。18世纪初，在德国和奥地利民间流行一种"兰德勒"舞，后演化成三步舞——华尔兹。它和波兰的"玛祖卡"、"波尔卡"一样，都以轻快的节奏和快速的旋转而受到人们的欢迎。19世纪，法国大革命、工业革命和浪漫主义运动对人们的思想观念带来很大影响，男女服饰有了很大改变，交谊舞服饰不受限制。因此，波尔卡、华尔兹等十分流行。到了19世纪末，当华尔兹舞方兴未艾之际，一种糅合了波尔卡、华尔兹的狐步舞雏形的新颖舞步应运而生。之后，起源于古巴的拉丁舞也逐渐盛行，人们一度热衷于这种独特节奏的舞步，从此拉丁美洲的这种舞蹈节奏很快传到欧洲各国。20世纪初，交谊舞逐步进入一个崭新的历史时期，1924年"英国皇家交际舞专业教师协会"召集了各国舞蹈专家，对当时的交际舞进行了整理，将各个舞种、舞步、舞姿、步法进行分类并加以规范化，同时制定了便于交际舞比赛的某些规则。此后，相继规定了7种交际舞为"国际标准交际舞"，俗称"老国标"或"老交际舞"，它们是"布鲁斯"、"慢华尔兹"、"慢狐步舞"、"快华尔兹"、"快步舞"、"伦巴"、"探戈"，并在伦敦曾举行过舞厅舞比赛。1927年，美国又产生了"吉特巴"舞，那时美国和各国海军士兵由于海上生活单调经常在军舰上踏舞，丰富了交际舞脚下的点踏动作，因此，在第二次世界大战时期，当时的"水手舞"——"吉特巴"风靡全球。

当今交谊舞有了蓬勃的发展，从20世纪20年代至60年代"老国标"经历了半个世纪的演变，发展成为“新国标”，新的国际标准交际舞增加了拉丁舞，从1960年开始拉丁舞也被列为世界交谊舞锦标赛的比赛项目。至此国际标准交际舞形成两大种类，10个舞种。为了区别“老国标”，“新国标”包括：第一类摩登舞：华尔兹、探戈、狐步舞、快步舞、维也纳华尔兹；第二类拉丁舞：伦巴、恰恰、桑巴、斗牛舞、加依夫（也称牛仔舞）。1964年以后，在国际标准交际舞比赛中，又增加了新的内容，这就是“集体舞”。迄今为止，摩登舞、拉丁舞、集体舞这3项崭新的交际舞被称为“当代国际标准交际舞”。

二、体育舞蹈的特点和分类

（一）特点

（1）严格的规范性。规范性首先表现在国际标准交谊舞是一个完整的舞蹈系统，如同中国古典舞和西方芭蕾舞一样，它是经过数百年历史的锤炼，几代人的加工而成的；其次表现在技术的规范性上，它严格到多一分嫌过，少一分欠火。

（2）表演观赏性。国际标准交谊舞融音乐、舞蹈、服装、风度、体态美于一体，既有观赏的价值又有参与的可能，被认为是一门“真正的艺术”。

（3）体育性。一方面体现在竞技性，即比成绩，拿冠军；另一方面表现在锻炼价值上，它是陶冶情操，锻炼体魄的好形式。

（二）分类

按舞蹈的风格和技术结构分为现代舞（摩登舞）和拉丁舞两大类。按竞赛项目可分为三类：现代舞、拉丁舞和团体舞。现代舞分：华尔兹、探戈、狐步、快步和维也纳华尔兹。拉丁舞分：桑巴、恰恰、伦巴、斗牛、牛仔舞。

1. 现代舞

现代舞起源于欧洲，具有端庄、含蓄、稳重、典雅的风格和绅士风度。舞步流畅，轻柔洒脱，舞姿掩盖，起伏有序，音乐节奏清晰，舞蹈富于技巧性，是老少皆宜的舞系。

（1）华尔兹。华尔兹舞也称贺舞，是现代舞中历史最悠久，生命力最强的舞蹈形式。“华尔兹”一词最初来自古德文 Walzel，意思是“滚动”，“旋转”或“滑动”。华尔兹的风格特点是庄重典雅，华丽多彩。其动作流畅起伏婉转多变，舞姿飘逸优美，文静柔和。舞蹈时，男伴似王子气宇轩昂，女伴似公主温文尔雅，雍容大方。华尔兹音乐3/4节拍，节奏中等，每分钟约30小节。

（2）探戈舞。探戈舞起源于非洲中西部的民间舞蹈探戈诺舞。探戈舞是最早被英国皇家舞蹈协会肯定，并加以规范的四个标准舞之一。它综合了世界各种探戈舞的精华，以其刚劲挺拔、潇洒豪放的风格和独有的魅力征服了舞坛。探戈舞步独树一帜，斜行横进，步步为营，俗称“蟹行猫步”。探戈动作刚劲锐利，欲进又退，欲退还前，动静快慢，错落有致，沉稳中见奔放，闪烁中显顿挫。探戈音乐速度中庸，气氛肃穆，以切分为主，听之铿锵有声，振奋精神。

（3）狐步舞。狐步舞起源于美国黑人舞蹈。1914 年夏，美国赏哈利 · 福克斯模仿马在慢步行走时的动作，并设计了一种舞蹈形式，迅速在全美风行。人们因此称狐步为福克斯。现在国际上跳的狐步舞是英国的约瑟芬 · 宾莉改编的。狐步舞的风格特点除具有华尔兹的典雅大方、舒展流畅和轻盈飘逸之外，更具有其独有的平稳大方，悠闲自在，从容恬适的韵味。狐步舞的舞步轻柔、圆滑、流畅，方位多变且不并步。在动作衔接中呈现出降中有升，升中有降的线行流动状。狐步音乐 4/4 拍，速度中庸，节奏明快，情绪幽静而文雅，基本节奏与探戈相反，是慢快快。

（4）快步舞。快步舞从美国民间舞改编而成，早期快步舞吸收了快狐步动作，后又引入芭蕾的小动作，使动作更显轻快灵巧。现在大家跳的是英国式的快步舞。快步舞的风格特点是轻快活泼，富于激情。舞步洒脱自由，饱含动力感和表现力。快步舞音乐 4/4 拍，每分钟 50 小节，基本节奏是慢慢快快，慢快快慢。

（5）维也纳华尔兹。维也纳华尔兹起源于奥地利北部山区农民舞，是历史最悠久的舞蹈。维也纳华尔兹的风格特点是动作舒展大方，连绵起伏，节奏清晰，旋律活泼，动作优美，舞步轻快流畅，旋转性强。维也纳华尔兹的音乐是 3/4 拍，每分钟 60 小节。在比赛中常放在第 5 个舞种进行，要求选手有充沛的体力才能从容地完成。

2. 拉丁舞

拉丁美洲舞中，伦巴的历史最悠久，舞型最成熟，原始的风味糅合时新的线条，透露恋爱的剧情，气氛迷人，动容入情。而桑巴、恰恰和牛仔却刻意突出身体的感受，以淋漓尽致的律动为能事，充分表达青春欢乐的气息。至于斗牛舞，则气势轩昂，炫耀夸张，戏剧化的效果最强。

（1）伦巴。现代伦巴舞是由古巴舞蹈吸收 16 世纪非洲黑人舞蹈和西班牙“波莱罗”舞蹈逐渐完善而形成的。伦巴舞的音乐缠绵、浪漫，舞蹈风格柔媚、抒情，是表现爱情的舞蹈，与其他拉丁舞不同的是在舞步运行中，髋部富有魅力地扭摆，上身自由舒展，在抑扬的韵律节奏下，具有文静、含蓄、柔巴的风格，更加展示了女性婀娜多姿的美态。伦巴舞因在拉丁舞中历史悠久，舞型成熟和它那异国情调的独特风格，被誉为拉丁舞之魂。伦巴舞音乐 4/4 拍，4 拍走 3 步，每分钟约 28 小节。

（2）恰恰。恰恰舞由非洲传入拉美后，在古巴获得很大发展，它是模仿企鹅姿态创编的舞蹈。在动作编排上一反男子领舞的习惯，男女动作不求统一整齐，且多半是男子随后。恰恰舞的音乐曲调欢快有趣，4/4 拍，每分钟 29～32 上节，4 拍跳 5 步。恰恰由于名称动听，节奏欢快易记，邦伐斯鼓和沙球的咚咚沙沙声与动作相吻合，舞蹈又有诙谐、花哨的风格，所以备受欢迎，是拉丁舞中最流行的舞蹈。它与伦巴舞一起被称为姊妹舞。

（3）牛仔舞。牛仔舞原是美国西部20世纪二三十年代盛行的牛仔舞蹈，舞步带有踢踏动作。节奏快速兴奋，动作粗犷，带有举持舞伴和甩动的技巧，是表现牧人强健体魄和自由奔放情绪的舞蹈，具有独特的魅力。牛仔舞音乐4/4拍，每分钟44小节，舞曲欢快，有跃动感，舞步丰富多变，其强烈的扭摆和连续快速的旋转，常使人眼花缭乱，亢奋热烈。

（4）桑巴。桑巴舞是从巴西农村的摇摆桑巴舞传入城市演变而来的，后在里约热内卢狂欢节上公开表演后，以它微妙的节奏和强烈的感情倾倒了巴西人，逐步成为巴西的民族舞。20世纪20—30年代桑巴舞传入欧美。桑巴舞的风格特点是动作粗犷，起伏强烈，舞步奔放、敏捷，富有强烈的感染力。由于它在移动时是沿舞程绕场行进，因此它是拉丁舞中行进性的舞蹈。桑巴舞音乐2/4拍，每分钟48~56小节。

（5）斗牛舞。斗牛舞起源于西班牙，是模仿西班牙斗牛士动作，有西班牙风格的进行曲伴奏的一种拉丁舞。在舞蹈中，男士象征斗牛士，女士象征斗牛士的斗篷，因此舞蹈应表现出男子强壮英武和豪迈昂扬的气概。斗牛舞音乐2/4拍，每分钟60小节，一拍跳一步。

三、体育舞蹈的特性

体育舞蹈是融体育与舞蹈为一体的新型体育运动项目，它之所以风靡世界、覆盖全球，必有其独特的功能，除了体育的教育性、锻炼性、竞技性、舞蹈的自娱性及娱人性等特点外，还可以将任何几种特点进行组合，从而显示出体育舞蹈的多功能特性。

1. 教育性

体育舞蹈的价值和作用，就在于给人以真善美的教育，不断陶冶情操，吸收美的真谛，提高民族的精神文明水平。真：体育舞蹈的真就是真实、真诚、实事求是。舞蹈表演必须在真实的基础上，才能为人所喜爱，亲切感人。善：体育舞蹈继承了交际舞社交性的特点，它是人际交往、感情交流、沟通心灵的工具，而人际关系的特点是它具有感情基础。美：对于舞蹈家来说，它始终是毕生追求的目标。所以，体育舞蹈的功能，就在于真、善、美的教育，它可以教育人们去追求崇高的思想境界，医治人们心灵上的创伤，提高民族的精神素质。

2. 锻炼性

体育舞蹈是一向很有锻炼价值的全民健美、健身、健心运动。它能健美形体、锻炼体魄。（1）健美形体：经常参加体育舞蹈锻炼，进行形体训练，可以改善体型体态，对人的形体进行“生物学”改造，使体态丰满、和谐，使形体符合一定的健美标准。（2）健身：长期从事体育舞蹈锻炼，会对心血管系统产生很大的影响。它能使人的心脏得到锻炼，使心肌发达，心搏有力，心脏每次收缩时排出的血量增加，每分钟心跳次数逐渐减少，从而使心脏有一定的休息时间，对体育舞班50名男女学生的心率测定表明，在相对静止状态下，平均每人心率为62次/分。这样心脏就具备了一定的储备功能，使之能适应更大的负担，进而提高了人体的活动能力。(3) 健心：人的心理活动的本质是脑对客观事物的反映。当代人们的心理负担过重，下岗、考试落榜、升等晋级等一桩桩烦心事情，百感交集，如果焦虑过多，心理冲突过大，往往会引起心理疾病。而跳舞却能使人调整身心，逐步消除情绪障碍，以取得心态平衡，保持乐观的心情，以饱满的情绪再度投入紧张的学习和工作。

3. 竞技性

世界冠军对体育舞蹈训练方法的信息反馈表明，体育舞蹈可以作为一种大强度训练法，在美的旋律中进行生物学改造，它能挖掘人的潜力，充分发挥人的本质力量去与“极限”拼搏，去创造新的世界纪录。体育舞蹈与国际上流行的有氧运动、有氧操、有氧舞蹈是有区别的，有氧运动的心率指标一般为125~150次/分，而体育舞蹈中有些舞种的心率指标已超过180次/分，如快步舞、恰恰等，人体活动的能量代谢已处于无氧代谢状态，所以，体育舞蹈既是一种有氧运动，又是一种无氧运动。

4. 社交性

体育舞蹈继承了交谊舞“舞会舞蹈形式”的特征，从而成为社会交际活动的工具。

5. 国际性

舞蹈都具有民族性，而愈是民族化的舞蹈，愈能步入国际舞坛，体育舞蹈的各个舞种起源于世界各国。国际上没有一种统一的语言，而体育舞蹈却是一种国际上通用的“形体语言”，是全世界统一标准的舞蹈。

6. 自娱性

舞蹈可分为自娱性舞蹈和娱人性舞蹈两类。现代娱乐活动的特点是参与性强，每个人都想亲生参加体育舞蹈活动，而人类本身也具有手舞足蹈的本能。

7. 娱人性

当代世界上的思潮趋向是追求平安稳定，通俗文艺朝向高雅文艺发展，体育舞蹈由自娱性向娱人性发展，并以它相对稳定的高雅文明形态步入世界舞坛。在国际性文艺节的舞台上，就有体育舞蹈表演，在电视节目中也有体育舞蹈欣赏。因此，它具有一定的观赏性、娱人性。

8. 群众性

体育舞蹈具有广泛的群众性，它时而以娱乐运动形式出现在娱乐厅，时而以锻炼形式出现在广场、公园、运动场等。这是舞蹈运动意识的萌芽，也是群众性体育舞蹈运动辐射到每一个生活角落的真实写照。

第四节　体育舞蹈的基本技术与比赛

一、体育舞蹈的基本技术

体育舞蹈有十个舞种，它们的基本动作各不相同，由于篇幅有限，本节仅介绍摩登舞中华尔兹和拉丁舞中伦巴的基本动作。

（一）华尔兹的基本动作

华尔兹属旋转型舞步，其特点是舞姿华丽高雅，秀美潇洒，动作流畅，旋转性强，热烈兴奋。它以此起彼伏，连续不断的潇洒转体，至今保持“舞蹈之王”的美称。华尔兹的舞曲是 3/4 拍，每分钟约 30 小节。其基本舞步是一拍跳一步，每小节跳三步，但也有每小节跳两步或四步的特定步法。

第一拍一般用大步，第二拍与第三拍一般用小步，舞步的升降一般为“降、次升、升”。

1. 左脚并换步

准备姿势：闭式舞姿。

第一拍　男：左脚前进。女：右脚后退。

第二拍　男：右脚向侧并稍向前。女：左脚向侧并稍后退。

第三拍　男：左脚并右脚。女：右脚并左脚。

2. 右脚并换步

准备姿势：闭式舞姿。

第一拍　男：右脚前进。女：左脚后退。

第二拍　男：左脚向侧并稍向前。女：右脚向侧并稍向后。

第三拍　男：右脚并左脚。女：左脚并右脚。

3. 右转步

该步法由六小节构成，每小节向左转 3/8（135°），共 3/4（270°）。

第一拍　男：右脚前进，开始右转。女：左脚后退，开始右转。

第二拍　男：左脚向前，右转 1/4。女：右脚向侧，右转 3/8。

第三拍　男：右脚并左脚同时右转 1/8。女：左脚并右脚，身体完成转动。

第四拍　男：左脚右腿，继续右转。女：右脚前进，继续右转。

第五拍　男：右脚向侧，右转 3/8。女：背左脚向侧，右转 1/4。

第六拍　男：左脚并右脚，身体完成转动。女：右脚并左脚，右转 1/8。

4. 左转步

第一拍　男：左脚前进，开始左转。女：右脚后退，开始左转。

第二拍　男：右脚向侧，左转 1/4。女：左脚向侧，左转 3/8。

第三拍　男：左脚并右脚，左转 1/8。女：右脚并左脚，身体完成转动。

第四拍　男：右脚后退，继续左转。女：左脚前进，继续左转。

第五拍　男：左脚向侧，左转 3/8。女：右脚向侧，左转 1/4。

第六拍　男：右脚并左脚，身体完成转动。女：左脚并右脚，左转 3/8。

5. 外侧换步

第一拍　男：左脚后退。女：右脚前进。

第二拍　男：右脚后退，开始左转。女：左脚前进，开始左转。

第三拍　男：左脚向侧，并稍向前，转 1/4。身体稍转。女：右脚向侧，并稍后，转 1/4，身体稍转。

第四拍　男：在反身位置和外侧舞伴中，右脚前进。女：在反身动作位置中，左脚后退。

6. 扫步

第一拍　男：左脚前进，有轻微反身动作。女：右脚后退。

第二拍　男：右脚向侧，并稍前进。女：左脚斜退，右转 1/4，身体稍转。

第三拍　男：左脚在侧行位置交叉于右脚后。女：右脚在侧行位置交叉于左脚后，身体完成转动。

(二) 伦巴的基本动作

在拉丁舞系列中，伦巴的历史最悠久，舞型最成熟，被称为“拉丁舞之王”。伦巴动作舒展，舞姿优美，配上缠绵婉转的音乐，使舞蹈充满浪漫情调，令人陶醉。伦巴舞曲节奏较缓慢，曲调抒情。近年来，随着伦巴舞的广泛流传，舞曲也出现了较为热烈奔放的旋律。伦巴舞曲的节奏为每分钟约 28 小节，4/4 拍，重音在第一拍上。节奏：//：蓬嚓　嚓嚓　蓬嚓　蓬嚓：//拍子：1 2 3 4 拍音乐走 3 步胯部摆动 5 次。基本韵律是：“快、快、慢。”伦巴舞有一个非常重要的特点：“先出胯，后出步。”这样，舞步的节拍和音乐节奏才能一致。

1. 前进十字步

准备：闭式舞姿。

男：重心在左脚，右脚旁点地。女：重心在右脚，左脚旁点地。

第一拍　男：重心右移，出右胯。女：重心左移，出左胯。

第二拍　男：左脚前进一步。女：右脚后退一步。

第三拍　男：右脚后回步。女：左脚前回步。

第四拍　男：左脚左横一步。女：右脚右横一步。

2. 后退十字步

第一拍　男：重心左移，出左胯。女：重心右移，出右胯。

第二拍　男：左脚后退一步。女：左脚前进一步。

第三拍　男：左脚前进一步。女：右脚后退一步。

第四拍　男：右脚右横一步。女：左脚左横一步。

3. 前进十字步

第一拍　男：重心右移，出右胯。女：重心左移，出左胯。

第二拍　男：左脚前进一步。女：右脚后退一步。

第三拍　男：右脚后回一步，左手放到腰际处。女：左脚前回步。

第四拍　男：左脚左横一步。女：右脚前进一步，右脚尖在男伴双脚中线，准备做扇形步。

4. 扇形步

第一拍　男：出左胯，右脚收向左脚。女：出右胯，右转身 90°。

第二拍　男：右脚退一步。女：左脚向斜前方进一步。

第三拍　男：左脚向左前方进一步。女：右脚向右后方退一步。

第四拍　男：右脚右横一步，身体展开成扇形位置。女：左脚向左后方横步，重心左移，身体展开成扇形位置。

5. 开式扭胯

第一拍　男：出右胯重心在右脚，后半拍左脚并向右脚。女：出左胯重心在左脚，后半拍右脚擦地向左脚靠拢。

第二拍　男：左脚前进一步。女：右脚掌向右转 45°，同时左脚跟离地，双膝并拢，左胯扭向左前方。

第三拍　男：右脚后回步，左手带领女伴前进。女：左脚前进一步。

第四拍　男：左脚左横步，左手上举。女：右脚进一步，右转身 90°，右脚尖对男伴双脚中线，左脚旁点地。

6. 阿里曼娜

第一拍　男：出左胯，重心左移。女：出右胯，重心右移。

第二拍　男：右脚后退，左手带领女伴右转。女：左脚前进，右转身 90°。

第三拍　男：左脚前回步，继续带领女伴右转。女：右脚收向左脚，同时右转身。

第四拍　男：右脚右横步，与女伴成双拉手势。女：左脚左横步，右转 90°与男伴相对。

7. 扫步

第一拍　男：出右胯，重心右移，左反身。女：出左胯，重心左移，右反身。

第二拍　男：左脚后退一步，左转身 90°，右手向前单拉手势。女：右脚后退一步，右转身 90°，左手向前单拉手势。

第三拍　男：右脚前进一步，右肩与女伴左肩相靠。女：左脚前回步，左肩与男伴右肩相靠。

第四拍　男：左脚左横步，右转 90°，成双拉手势。女：右脚右横步，左转身

90°，成双拉手势。

第五拍　男：出左胯，重心左移，右反身。女：出右胯，重心右移，左反身。

第六拍　男：右脚后退一步，右转身 90°，成单拉手势，左手向前伸出。女：左脚后退一步，左转身 90°，成单拉手势，右手向前伸出。

第七拍　男：左脚前回步，左肩与女伴右肩相靠。女：右脚前回步，右肩与男伴左肩相靠。

第八拍　男：右脚右横步，左转身 90°，成双拉手势。女：左脚左横步，右转身 90°，成双拉手势。

第九拍　男：出右胯，重心右移，左反身。女：出左胯，重心左移，右反身。

第十拍　男：左脚后退一步，左转身 90°，右手向前，单拉手势。女：右脚后退一步，右转身 90°，左手向前，单拉手势。

第十一拍　男：右脚前回步，右肩与女伴左肩相靠。女：左脚前回步，左肩与男伴右肩相靠。

第十二拍　男：左脚左横步，左转身 90°，成双拉手势。女：右脚右横步，左转身 90°，成双拉手势。

8. 点步转

第一拍　男：重心左移，出左胯。女：重心右移，出右胯。

男：右脚向前点步，向左反身。女：左脚向前点步，向右反身。

第二拍　男：左转 90°。女：右转 90°。

第三拍　男：左转，重心移向左脚。女：右转，重心移向右脚。

第四拍　男：左转身 180°，成双拉手势。女：左转身 180°，成双拉手势。

9. 组合

（1）十字步第 1~2 小节。（2）扇形步接开式扭胯第 3~4 小节。（3）阿里曼娜第 5 小节。（4）扫步第 6~8 小节。（5）点步转身第 9 小节。

二、体育舞蹈比赛的特点、场地、音乐、服装与欣赏

（一）比赛特点

体育舞蹈是从文艺转变而来的项目，因此它既有文艺的痕迹又有体育的特点。

1. 主持人制

体育舞蹈比赛自始至终在主持人的指挥和控制下运行，主持人既是司仪、广播员，又是宣传鼓动员、观众代言人，是场上的中心人物。

2. 比赛和表演结合

体育舞蹈比赛之前、中间或结尾，经常穿插国内外优秀选手的表演，既可使比赛更加丰富多彩，气氛热烈，也可使裁判、参赛选手和记分组等比赛人员得以休息和重新准备。

3. “淘汰”与“顺位”结合的比赛方法

体育舞蹈比赛从预赛到半决赛采用淘汰制比赛方法，即根据比赛编排从参赛人数中按规定录取定量选手进入下一轮比赛，淘汰其余选手。按国际惯例，最后通常取 6 对选手进入决赛。在决赛比赛中采用顺位法决定单项和全能的名次。

4. 评分特点

体育舞蹈评议时每个评委在 1 分 30 秒~2 分 30 秒的时间内，要从 6~20 对选手中确定入选名单或名次顺序，这要求评委精力集中，业务熟练，眼光敏锐，反应迅速，判断正确。

（二）比赛的场地、音乐、服装

体育舞蹈比赛场地长 23 米，宽 15 米。选手按逆时针方向运行，交换舞程线时应过中心线。比赛音乐决赛时每曲 2 分 30 秒，其他赛时每曲规定不得少于 1 分 30 秒。比赛服装规定：摩登舞男子穿燕尾服，女子穿不过脚踝的长裙；拉丁舞服装应有拉美风格，男女选手服装必须协调。专业选手背号为黑底白字，业余选手背号为白底黑字。

（三）比赛欣赏

体育舞蹈融艺术、体育、音乐、舞蹈于一体，被人们称为“健”与“美”相结合的典范。作为一种艺术形式，它有独特的观赏性，强烈的艺术感染力使它在众多的体育项目中鹤立鸡群。而作为一项体育运动，它又有极强的竞技性，使它有别于崇尚表演的舞蹈艺术。同时，体育舞蹈还是一项老少皆宜的健身和娱乐方式。正因为如此，体育舞蹈自问世之日起，就很受大众喜爱并很快风靡世界。我们可以从以下几个方面来观赏。

1. 欣赏形体美

在比赛中，几乎所有的选手不仅技艺超群，而且都以其优美的形体外貌使裁判和观众为之倾倒，优美的身体造型与音乐的协调配合能够极大地满足人类的审美心理要求。因此，在这样一个较量美的运动项目中，优美的身体形态也就成为夺取好成绩的必要条件。

2. 欣赏音乐美

音乐是体育舞蹈的重要组成部分，体育舞蹈一定要在音乐的伴奏下进行。音乐是一种表现艺术，它以声音来表达创造者和表演者的内心世界。因此，我们在观赏时，可以随着音乐的旋律产生联想与想象，进而在自己头脑形成富有一定情感的臆想，在情绪中受到感染和陶冶。我们观看体育舞蹈比赛，要欣赏音乐与动作的有机结合，表演者的动作必须符合音乐的特点，巧妙地把技术动作、乐曲的旋律、节奏以及个人的风格和谐地组织起来。

3. 欣赏动作美

根据体育竞赛的竞技性特点，由动作、技术和战术综合表现的动作美，是欣赏体育竞赛的核心内容。当代体育舞蹈的发展，要求运动员在不同的舞种表演中，寻求和表现不同的风格。体育舞蹈比赛中，运动员利用自己的身体条件和表演风格，把具有各自特色的动作表演得那样娴熟，完成足够数量的精彩的难度动作组合，做到动中有静，静中有动，舒展流畅，连绵不断，使外表的动作与内在的情感融为一体，加上优美动听的音乐，令人陶醉在美的艺术之中，充分得到美的享受。

◎ 思考题

1. 健美操的锻炼价值有哪些？
2. 健美操的编排原则有哪些？
3. 体育舞蹈的特性有哪些？
4. 华尔兹的基本动作有哪些？
5. 伦巴的基本动作有哪些？

第九章　跆拳道

第一节　跆拳道概述

一、跆拳道简介

跆拳道运动是一项起源于朝鲜半岛的古老而又新颖的竞技体育运动，是朝鲜民族在生产和生活基础上发展起来的一项运用手、脚技术和身体能力进行自身修炼和搏击格斗的传统体育项目。说它古老，是因为它在有记载的朝鲜民族史上已有3000多年的历史；说它新颖是因为跆拳道自20世纪50年代中期在朝鲜半岛重新崛起到现在，半个多世纪以来，努力向世界传播，已经风靡全球，成为一项新颖的竞技体育项目。跆拳道的内容十分丰富，但主要包括品势修炼（动作组合）、搏击格斗和功力检验三大部分。跆拳道的“跆”字，意为像台风一样猛烈地、强劲地跳踢的“脚”；“拳”字意为拳头，是用来进攻的武器；“道”是指人生的正确道路，在这里寓意使用手脚的方法和原理。跆拳道运动要求练习者不仅学习跆拳道的技术、更注重对跆拳道礼仪、道德修养的学习和遵从，每一次练习都要求“以礼始，以礼终”，培养人的礼仪、忍耐、谦虚和坚忍不拔的精神，这对青少年尤其具有特殊的教育意义。跆拳道练习者身穿专用的白色跆拳道道服，腰系代表不同段位的腰带进行训练和比赛。跆拳道的水平高低是由练习者的级别和段位体现的，水平越高，其段位也就越高。跆拳道的段位分为初级的十级至一级和高级的一段至九段。跆拳道的比赛是分男女两个组别按体重分级进行的。跆拳道运动是以腿法为主要进攻手段，因而比赛时气氛紧张激烈，双方斗智斗勇，拳来腿往，高难动作精彩纷呈，充分展示了人的斗志，鼓舞人奋发向上的精神，陶冶人的道德情操，同时可以使人享受到打击艺术的美妙感觉。

1973年5月，世界跆拳道联合会（WTF）在汉城（现首尔）成立，金云龙当选为主席。1975年，世界跆拳道联合会被国际体育联合会接纳为正式会员。1980年国际奥委会正式承认了世界跆拳道联合会。在世界跆拳道联合会（简称世界跆联）被正式公认后的十多年中，跆拳道运动在全球得到了空前的发展，现在风行全球150多个国家和地区，参与练习者多达7000万人，而且在洲际和世界各级各类大赛上都可看到跆拳道的影子。现在，世界上基本形成了以世界跆联为主体倡导的竞技跆拳道，其鲜明特点是以竞技为主，品势练习为辅。还有一种是国际跆联倡导的以品势修炼为主，竞技实战为辅的跆拳道运动。

中国跆拳道协会经中华人民共和国民政部正式批准，于2004年在北京成立。中国跆拳道协会的宗旨是：在遵守国家宪法、法律的前提下，团结中国跆拳道工作者、运动员和跆拳道爱好者，在中国推广和普及跆拳道运动，增强中华民族的身体素质；提高跆拳道运动技术水平，攀登世界跆拳道高峰；增进同各国家和地区跆拳道人士的友谊，加强与世界跆拳道联盟和亚洲跆拳道联盟等国际体育组织以及世界各国跆拳道协会的联系与合作。

二、跆拳道的特点与作用

（一）跆拳道的特点

1. 以腿为主，手足并用

跆拳道技术方法中占主导地位的是腿法，腿法技术在整体运用中约占3/4，因为腿的长度和力量是人体中最长最大的，其次才是手。腿的技法有很多种形式，可高可低，可近可远，可左可右，右直右屈，可转可旋，威胁力极大，是比赛时得分和实用制敌的有效方法。其次是手法，手臂的灵活性很好，可以自如地控制完成防守和进攻动作，同时也可以变化为拳、掌、肘、肩的多种用法，进行实战。在竞赛规则以外的跆拳道实战中，人体的一些主要关节部位也可以用来作进攻的武器，或防守的盾牌，这是跆拳道技术的本质，如人体的手、肘、膝、脚等关节部位，是跆拳道实战中最常用、最有效的击打武器。

2. 方法简练，刚直硬打

不论是在比赛时还是在实战中，跆拳道的进攻方法都是十分简捷而实效的。对抗时双方都是直接接触，以刚制刚，用简练硬朗的方法直接击打对方，或拳或腿，速度快，变化多；防守的动作也是以直接的格挡为主，随即是连续的反击动作。防守时很少使用躲闪防守法，追求刚来刚往，硬拼硬打，尽可能保持或缩短双方间的距离，以增加击打的有效性，在近距离拼斗中争取比赛或实战的胜利。

3. 内外兼修，功法独特

跆拳道理论认为，经过专门训练，人的关节部位能产生不可思议的威力，特别是拳、肘、膝和脚四个部位，尤以脚和手为甚。长期专门练习跆拳道，可以使人达到内外合一的程度，即内功和外力达到统一的巅峰。由于无法确定人体关节部位武器化的威力和潜力到底有多大，只有通过对木板、砖瓦等物体的击打来测量验定练习者的功力水平。

4. 以击破为测试功力的手段

跆拳道在向外推广时，大多是以这种击破的方式向人们展示其威猛无比的功夫，这种方法是用拳、掌或脚分别击碎木板、砖瓦，以此检验和测试练习者的功力程度。这种独特的方法现已成为跆拳道训练、晋级升级、表演比赛的一个主要内容。

5. 强调气势，发声扬威

无论品势还是竞技跆拳道，都要求在气势上给人以威严，多以发出洪亮并带有威慑力的声音来显示自己的能力。尤其是在竞技跆拳道比赛中，双方练习者都会以规则允许的发声来提高自己的斗志，借以在气势上压倒对手，甚至在出击时配合击打效果使裁判得以认可，争取在心理上战胜对手。所以，跆拳道练习者都要进行专门的发声练习。

6. 礼始礼终，培养良好道德品质

跆拳道给人们留下的较深的印象是，跆拳道练习者始终是在不同的场合行礼鞠躬。这是因为跆拳道练习者始终把“礼”作为训练内容，强调“礼始礼终”，即练习活动都要从礼开始，以礼结束，并突出爱国主义。跆拳道练习者在练习技术的同时，在道德修养方面也要不断提高自己。通过用行礼的方式向长辈、教练、老师、队友鞠躬施礼，使跆拳道练习者养成发自内心的行礼习惯，以养成恭敬谦虚、友好忍让的态度和互相学习的作风，并培养其坚忍不拔的意识品质。

（二）跆拳道的作用

练习跆拳道能够改善和增强体质，提高防身自卫能力，磨炼意志，培养道德情操，丰富文化生活，具有健身、防身、修身养性、娱乐观赏等多方面的作用，是人们增强体质，振奋精神的一种好手段。

1. 修身养性，培养道德情操

“文以评心，武以观德”说明武德在中华武术文化方面的重要地位。武术以“尚武崇德”作为教育的基本原则，“尚武”，能培养“自强不息”的精神，通过长期的跆拳道训练，练出了强健的体魄，磨炼出克服困难的坚强意志，这是“自强不息”的精神基础。“崇德”崇尚道德修养，与人为善，宽厚处事，豁达胸怀，通过跆拳道训练，磨炼出吃苦耐劳的意志品质，树立尊师爱友，诚实守诺，团结互助的集体主义观念，培养高尚的道德情操和自强不息的精神，达到修身养性的教育作用。

2. 防身自卫

跆拳道的最大特点就是具有技击性，其所练习的每一个动作都是围绕着技击而展开的，千百年来人们以练武防身为目的，所以学习跆拳道掌握这门防身自卫的技能，能在危难时刻保护自己及亲人生命财产的安全。

3. 强身健体，增强体质

练习跆拳道时人体各部位都在运动，对人体的锻炼是全方位的、多层次的，长时间进行武术训练不但能使人体在速度、力量、耐力、柔韧性等身体素质方面得到很大提高，而且还能调节体内阴阳平衡，调养气血，改善人体机能，提高机体抵抗力和免疫力，可纠正青少年的含胸、弓背等不良身体姿态，对现在青少年过于肥胖、消瘦、厌食等现象都有非常好的改善作用。

4. 锻炼意志品质

跆拳道对人意志品质的考验是多面的，通过练习要有“冬练三九，夏练三伏”、常年有恒、坚持不懈的意志品质。要克服枯燥关，培养吃苦耐劳、永不自满的品质，锻炼勇敢无畏、坚韧不屈的意志，经过长期锻炼，可培养练习者勤奋、刻苦、果断、顽强、虚心好学、勇于进取的良好生活习性和意志。

三、跆拳道精神与礼节

（一）跆拳道精神

跆拳道精神包括：礼仪、廉耻、忍耐、克己、百折不屈。具体含义如下：

1. 礼仪

（1）高昂相互谅解的精神。

（2）对于诽谤或侮辱他人的恶习应感到羞耻。

（3）谦虚、互相尊重人格。

（4）提倡人道主义和正义感。

（5）师范与学员、前辈与晚辈的关系应明确。

（6）处事要符合礼仪。

（7）尊重他人的所有物。

（8）不论问题的大小，坚持公平原则，慎重处理。

（9）不送不收心中含糊的礼物。

2. 廉耻

（1）不顾没有传授实力，俨然像有权威的师范诱导善良学员走向歧途，却不觉羞耻。

（2）示范时为了炫耀威力，把裂开的松板黏合，或预制有裂纹的砖头将其击破，还厚颜无耻地面向观众或学员。

（3）过分奢侈装饰道场或以假奖状、假奖杯装饰办公室，用过分虚伪的热情获取学员们的欢心，以隐瞒自己的无能。

（4）真正的武道之人即使提升他的段或级也会谦让。与之相反的是要求超过实力以上的段或级，或用钱买也不觉羞耻的似是而非的武道人。

（5）任何以私利或炫耀假武力为目的而需要段或级的人。

（6）不是为了培养优秀的弟子而是以盈利为目的运营道场、向学员无理要求钱物或出卖证明书的行为。

（7）言行不一致，不守信用的师范或学员。

(8) 向晚辈询问有关技术意见而感到羞愧的前辈。

(9) 为了私利奉承于权力，作为武道人忘记应遵守的基本姿态却摆出武道人的样子要威风。

3. 忍耐

忍即是德。有句古语里说："忍一百遍能使家庭和睦"，即能忍的人可得到幸福与繁荣。无论是持有高段的人还是技术完美无缺的人，想做成任何一件事，首先要设一目标，再以持久的忍耐力不断地向那一目标迈进，才能如愿以偿。作为跆拳道人，不管遇到什么困难，忍耐并克服它，才是有效的方法之一。

4. 克己

不论道场内外，克制自己着实是重要的问题。假如在自由对打时，因某些失误，被下级或同僚打时，若不能克制自己，感情用事加以攻击，将会造成事故。而且，不谦虚不节制，没有分寸地生活，盲目羡慕他人，爱慕虚荣也将会失去作为武道人的资格。老子曰："强者不是战胜对方的人，而是战胜自己的人"，即自胜自强。

5. 百折不屈

一个真正的跆拳道人是谦虚、正直的。若是一个有正义感的人，不论对方是谁或其人数有多少都会丝毫不畏惧，不犹豫，果断地向前迈进。孔子说过这样一句话：明知是正义的也不敢大声高喊，更不敢站出来的人，是没用的胆小鬼；向着既定目标，以百折不屈的精神，正直地倾注一切精力，就没有失败的人。

(二) 跆拳道礼节

跆拳道练习虽然是以双方格斗的形式进行，但是不管它怎样激烈，双方都是以提高技艺和磨炼意志品质为目的，所以在双方各自内心深处都必须持有向对方表示敬意和学习的心理。因此在练习或比赛前后都一定要向对方敬礼，即跆拳道运动始终倡导的"以礼始，以礼终"的尚武精神。跆拳道是练习者精神和身体的综合修炼，使练习者在艰苦的磨炼中培养出理想的人格和体魄，并能够真正掌握防身自卫的本领，因而对练习者的精神锻炼中就必须包括礼仪的教育和熏陶。礼仪是跆拳道运动必不可少而且十分重要的组成部分。

赛前礼节：运动员依照主裁判"立正"、"敬礼"的口令，立正向陪审席行标准礼，标准礼为鞠躬的自然姿势，腰部前倾 15°，头部下倾 45°，两手握拳贴于双腿两侧。运动员依主裁判"向左向右转"的口令，内转相对，立正站好，再依"敬礼"的口令，相互敬礼。

赛后礼节：比赛结束时，运动员在各自的位置相对站见。运动员依主裁判"立正"、"敬礼"的口令，相互敬礼。运动员依主裁判"向左向右转"及"敬礼"的口令转向监督官，向监督官行标准礼。

第二节　跆拳道基本技术与战术

一、跆拳道基本技术

跆拳道以其变幻莫测，优美潇洒的腿法闻名于世，被世人称为踢的艺术，这是跆拳道区别于其他格斗术的一个重要特点。跆拳道的腿法讲究变化多样和灵活多端，对人体的柔韧性，大脑反应的灵敏性，身体运动的稳定性都有很高的要求，它是对人体机能和体能的综合考验。跆拳道实战中脚踢进攻时一般使用的部位包括脚前掌、脚趾、脚背、足刀、脚后跟、脚后掌（脚跟底部）。利用这些部位可以进行站立踢、跳动踢、助跑踢、转身踢和飞踢等不同形式的进攻，而且每种踢法踢击的部位各有不同。实战过程中，运用脚踢时要根据具体情况，如对方所处位置、暴露的部位、防守的姿势以及双方的距离，选择不同的踢法。

（一）准备姿势（格斗势）

准备姿势也称实战姿势或预备姿势，是竞赛跆拳道比赛中双方开始时的基本站立姿势。准备姿势应便于进攻和防守反击以及步法的移动。

1. 动作过程

（1）两脚开立与肩同宽，两臂垂与体侧。（2）左脚或右脚向另一脚的前方迈出，两脚相距一步距离前后站立，使身体侧对对方，同时两手半握拳，沉肩、两臂屈肘自然垂放（左脚在后是左架准备姿势，右脚在后是右架准备姿势）。（3）重心落在两脚之间，膝部略弯曲，眼睛平视对方面部，下颚微收。

2. 要领

（1）两臂所放位置不是固定的，也可以一臂下垂或两臂下垂。

（2）两脚之间的距离和重心的高低可根据具体情况进行调整，原则上是在移动时能最快调整好身体重心。

（3）若重心下降，大小腿之间的夹角几乎等于90°时，则为低位姿势。

3. 准备姿势的理论基础

在跆拳道比赛中，运动员身体侧对对手，在前面的称前脚，在后面的脚则称后脚；同样，在前面的腿称为前腿，在后面的腿则称为后退。一般来说，运动员做出准备姿势，或是准备进攻，或是准备防守反击，此时运动员心理和身体都要放松，重心的高低取决于自己是否能以最快速度向各个方向移动。在比赛中，双方运动员经常有一个互不进攻的短暂时间，既双方都保持着准备姿势，原因是：（1）等待对方进攻，自己准备反击。（2）自己直接进攻得点的把握不大，犹豫不决。（3）进行短暂的休息，调整体力。（4）在比分领先的情况下拖延时间。（5）其他战术的需要。此时运动员不一定站在固定位置上，有经验的运动员往往会主动后撤或向一侧移动几步，使对方也不得不随自己而调整准备姿势，而此时却是对方进攻自己的较好时机，运动员应在平时训练中进行这方面的专门练习。由于生活中的习惯，一般运动员是将右腿作为优势腿。一般习惯使用前腿旋踢得分的运动员常将优势腿放在前面，如左腿是优势腿，则运动员常以右架准备姿势站立；而经常使用后退旋踢的运动员就往往将优势腿放在后面，如右腿是优势腿，则常以右架准备姿势站立。

（二）准备姿势的基本步法

准备姿势的基本步法，是指在准备姿势站立后，向不同方向移动的方法。在跆拳道技术体系中，步法是其中重要的一环，尤其在运动员刚开始接触跆拳道这项运动时，要用较多的时间来进行专门的步法练习。由于竞赛跆拳道规则的限制，在比赛中运动员主要是用腿攻击和防守反击，因此运动员的步法是否灵活，在一定程度上决定了他的进攻和防守或反击是否能够达到目的，这也使得步法训练在跆拳道训练中占据着重要地位。

1. 上步

（1）动作过程：右架准备姿势（以下简称“右架”）站立，右脚向前上一步，成为左架准备姿势（以下简称“左架”）。反之左架亦然。

（2）要领：上步时通过向左拧腰转髋完成，两臂在体侧自然上下移动，重心不要上下起伏过大。

（3）实战使用：上步时，常用于逼迫对方后撤，或引诱对方进攻，而当对手使用上步时，自己可立即使用进攻技术进攻对方。

2. 后撤步

（1）动作过程：右架站立，左脚向后撤一步，成为左架准备姿势，反之左架亦然。

（2）要领：后撤步时重心保持平稳移动，通过向左拧腰转髋完成，两臂在体侧自然上下移动。

（3）实战使用：后撤步时，常用在对方使用前旋踢时，当对方准备继续进攻时，可用前腿的侧踢或鞭踢或下压阻击对方。

3. 前跃步（前进步）

（1）动作过程：右架站立，两脚同时向前跃进一步，保持右架准备姿势，反之左架亦然。

（2）要领：向前跃步时，重心不宜起伏过大，尽量使重心平稳移动，两脚稍离地即可。

（3）实战使用：前跃步时，常用在快速接近对方以使用旋踢或下压等进攻动作；当对方前跃步时，可用前腿的劈腿或后踢或后旋踢迎击对方，但有时对方使用前跃步是为了引诱自己反击后要调整重心时再进攻得点，因此，此时自己可随之后撤一步而不被对方所利用。

4. 后跃步（后撤步）

（1）动作过程：右架站立，两脚同时向后回撤一步，保持右架准备姿势，反之左架亦然。

（2）要领：向后回撤时，重心不宜起伏过大，尽量使重心平稳移动，两脚稍离地即可。

（3）实战使用：后跃步常用在对方进攻，自己需要快速与对方拉开距离时，此时由于自己有一个向后撤的惯性，再用进攻的动作就一定有难度，一般是使用迎击动作如后踢或后旋踢等。因此若对方使用后跃步时，自己要防止对方的阻击动作；如果自己使用组合动作，在对方后跃步时，自己一般使用侧踢、推踢或外摆下压等动作。

5. 原地换步

（1）动作过程：右架站立，两脚原地前后交换，由右架换成左架，反之左架亦然。

（2）要领：重心不宜起伏过大，尽量使重心平稳移动，两脚稍离地即可。

（3）实战使用：原地换步常用在对方与自己是闭式站位，自己为了与对方形成开式站位用以更有利于击打对方胸部时，或是为了不让对方的优势腿发挥威力，使对方感到别扭。而当对方原地换步时，可利用此时机强攻得点。

6. 侧移步

（1）动作过程：第一种步法是以前脚为轴，后脚向左（右）侧方向移动，用以改变与对手的站位方向；第二种步法是右架站立，右脚先向右（或向左）侧移动一步，随之左脚也迅速向右（或向左）侧移动一步。

（2）要领：一般是将身体重心移向前脚，以利于后脚进攻。

（3）实战使用：主动进攻时，对方反应速度快，则使用向一侧移动侧移步，诱使对方来不及调整身体重心而不能很好地反击。或是当对方进攻，自己不向后撤，而使用侧移步与对方贴近使用进攻动作。

7. 垫步

（1）动作过程：右架站立，右脚向左脚内侧上步，同时左腿迅速抬起以便进攻和防守。

（2）要领：使用垫步，主要是在主动进攻时用前腿攻击对方。

（三）基本腿法

（1）前踢：实战姿势的基本姿势开始。右脚蹬地髋关节向左旋转，双手握拳置于体侧；同时，右腿以髋关节为轴屈膝上提。当大腿抬至水平或稍高时，关节向前送，向前顶，小腿以膝关节为轴快速向前上方踢出，力达腿尖，整条腿踹直。踢击后迅速放松，右腿沿原路线弹回，将右脚放置在左脚前面仍成实战姿势。动作要领：膝关节夹紧，小腿放松，要有弹性；往前送，高踢时往上送；小腿回收与前踢的速度一样快。主要攻击部位有面部、下颏、腹部、裆部。前踢也可用于防守。将前踢发力部位由脚尖改换为脚跟时，前踢动作就变为前蹬动作，动作方法要点相同，只是脚的形状发生了变化。

（2）侧踢：实战的基本姿势开始；右脚蹬地右腿以髋关节为轴屈膝提起，两手握拳置于体侧；随即左脚以前脚掌为轴外旋180°，髋关节向左旋转，右腿以膝关节为轴向前蹬伸，右脚快速向右前上方直线踢出，力点在脚跟。发力后沿起腿路线收腿，放松，重心落下（原处或向前均可），再次回到实战姿势。动作要领：起腿时大小腿、膝关节夹紧；踢出发力时头、肩、腰、髋、膝、腿和踝成一直线；大小腿直线踢出，原路线收回。侧踢动作的主要攻击部位有膝部、腹部、肋部、胸部和头面部。

（3）后踢：实战姿势开始，转身后腿后撤背对对方。重心后移至左脚，右脚蹬地后屈膝提起，右脚贴近左大腿，两手握拳置于胸前；随即左脚蹬地伸直，右脚自左大腿内侧向后方直线踢出，力达脚跟。踢击后右脚沿原路线快速收回，成实战姿势。动作要领：起腿后上体和大小腿折叠收紧；后踢时动作延伸要长，用力延伸；转身，提腿，出脚动作连续一次性完成，不能停顿；击打目标在正后偏右。后踢动作的主要攻击部位有膝部、腹部、裆部、胸部和头面部。

（4）下劈：实战姿势开始。右脚蹬地，重心前移至左脚。同时，右腿以髋关节为轴屈膝上提，两手握拳置于胸前；随即充分送髋，上提膝关节至胸部，右小腿以膝关节为轴向上伸直，将右腿伸直举于体前，右脚过头。然后放松向下以右脚后跟（或脚掌）为力点劈击，一直到地面，成实战姿势。动作要领：腿尽量往高，往头后举，要向上送髋，重心往高起；脚放松往前落，落地要有控制；起腿要快速、果断；踝关节要放松。劈腿的主要攻击部位有头顶、脸部和锁骨。

（5）勾踢：实战姿势开始。右脚蹬地重心前移，右腿以髋关节为轴屈膝上提，两手握拳置于体侧；左脚以前脚掌为轴外旋180°，右腿以膝关节为轴继续向前上方伸成直线，顺势右脚的脚掌用力向右侧屈膝鞭打，顺鞭打之势上体右转，右腿屈膝回收，右脚落回原处，成实战姿势。动作要领：提膝，伸直，右侧屈膝鞭打动作要连贯快速，没有停顿；击打点在体前偏右侧，以脚掌为击打点；左脚旋转支撑要保持平衡，踹击后迅速将腿收回。摆踢攻击的主要部位是头面部和腹胸部。

（6）后旋踢：实战姿势开始。两脚以两脚掌为轴均内旋约180°，身体随之右转约90°，两拳置于胸前。上体右转，与双腿拧成一定角度。右脚蹬地将蹬地的力量与上体拧转的力量合在一起，右腿继续向右后旋摆鞭打，同时上体向右转，带动右腿弧形摆至身体右侧，右腿屈膝回收；右脚落到右后成实战姿势。动作要领：转身旋转，踢腿连贯进行，一气呵成，中间没有停顿；击打点应在正前方，呈水平弧线；屈膝起腿的旋转速度要快；重心在原地旋转360°。后旋踢攻击的主要部位有面额和胸部。

（7）推踢：实战姿势开始。右脚蹬地，重心前移，右脚以髋关节为轴提膝前蹬，用右脚脚掌向前蹬推，力点在脚掌，推力向正前方。动作要领：提膝后尽量收紧膝关节；重心往前移，利用身体的重量和力量；推的时候腿往前伸展，送髋；推的路线水平往前。推踢的主要攻击目标是腹部。

（8）横踢：实战姿势开始。右脚蹬地，重心前移至左脚，右脚屈膝上提，两拳置于胸前；左脚前脚掌碾地内旋，髋关节左转，左膝内扣；随即左脚掌继续内旋至180°，右腿膝关节向前抬至水平状态，小腿快速向左前横向踢出；击打目标后迅速放松收回小腿。右腿落回原地成实战姿势。动作要领：膝关节夹紧，向前提膝，尽量走直线；支撑脚外旋180°；髋关节往前顺，身体与大小腿成直线；严格注意击打的力点在正脚背；踝关节放松，击打的感觉是“面团”，“鞭梢”。横踢攻击的主要部位有头部、胸部、腹部和肋部。

（9）跳踢：指先跳起使身体腾空，然后在空中完成各种踢法的攻击技术。跳踢包括旋风踢、双飞踢、腾空后踢、腾空劈腿、腾空后旋踢、跳步横踢等多种方法，是跆拳道高难技术动作。

（10）单腿连踢：同一条腿连续进行两次以上的进攻方法。这种技术也属于跆拳道高难技术动作。

（11）双腿连踢：两条腿连续进行两次以上的进攻。这种技术同样属于跆拳道高难技术动作。

二、跆拳道基本战术

竞技跆拳道的战术种类可以分为以下几种：

1. 直接进攻方式

充分发挥自己的技术特长，使用确有把握的特长技术直接进攻对方，运用这种战术的较好时机是：

（1）对方的各项速度没自己快时。

（2）对方动作不够熟练时。

（3）对方体力不足时。

（4）当对方防守姿势出现空隙时。

（5）当与对方的距离适合攻击时。

2. 压迫式进攻

压迫式进攻也称为猛攻，是一种先发制人的主动进攻，是有计划有准备的战术行动，这种战术的优点是直接掌握主动权，迫使对方只能防守，没有反攻的机会，在短时间内取得绝对胜利，缺点则是自己的体力也消耗得较快，使用此种战术，自己的力量、速度、耐力一定要强于对手，在技术或经验不如对方时，对方近战能力差时，对方耐力或心理素质差时，可以取得较为满意的有较进攻。

3. 引诱式进攻

这种战术是跆拳道中最常用的基本战术之一，也是充分发挥假动作与真动作联合的较好手段。随着跆拳道运动员技术水平的日益提高，告别是当对手动作反应快，防守能力强时，直接进攻很容易被对手反击，经验丰富的选手常常使用假动作，“声东击西”“指上打下”，有时也会故意露出破绽，引诱对方进攻。使用假动作的目的是促使对方对自己的虚假动作产生某种反应，而改变正确的防守姿势，或使其失去平衡，然后加以利用并进行攻击。在使用引诱式进攻时，自己的动作一定要快于对手，否则不易成功。

4. 反击战术

当对方正面猛烈进攻时，适当地移动步法，既可避免锋芒，又可以制造战机，还可乘对手进攻时，在防守的过程中反击对方。

5. 克长战术

一般来说，每个运动员都有自己擅长的技术，在比赛中要能及时发现对方擅长使用的方法，然后及时调整自己的战术，采用相应的方法，克制对方的技术专长，使其不能正常发挥。

6. 打短战术

几乎每个运动员都有自己的弱点和短处，应当在比赛中进行观察，对对手的弱点迅速做出判断，及时调整自己的战术，集中精力专门攻击对方的弱点，同时，自己也要不断地变换方法，以免被对手察觉自己的战术意图后故意引诱自己进攻，使对方反击成功。

7. 针对习惯性动作的抢攻战术

许多运动员在比赛中存在着一些无意识的习惯性动作，针对对手自然产生的习惯动作，应当善于观察和及时捕捉这些战机，准备好，一旦对方出现习惯动作，则立刻发动进攻。

8. 边线进攻

当对方故意越出边界线时，主裁判应当判罚对方警告一次。这时应当利用跆拳道规则，通过边线进攻逼迫对手出界。一种方法是利用主动进攻，有目的地将对方逼迫出界。另一种方法是自己被对手逼迫到边线，要及时贴身转动，使对手来不及调整而被迫出界，还有一种方法是自己将对方引诱至边线，运用贴身转动，将对手逼迫出界。

9. 体力战术

跆拳道比赛体力消耗大，采用体力战术，就是合理分配体力，每一局用多少体力要根据对手而定。如果对方技术较弱，那就保持体力以技术获胜；如果对方技术好，可以消耗体力的打法取胜；如果对方实力相当，还应有打持久战的准备；如果对方耐力差，应连续进攻，不给对手喘息之机，迫使对方体力迅速下降，以此取胜。

竞技跆拳道的各项战术是互相矛盾互相克制的，正如每个进攻方法都有反攻一样，由于跆拳道比赛过程情况复杂，变化多端，对手多种多样，运动员应根据比赛中随时变化的情况，灵活机动地运用一种或多种以及综合战术，从而达到预定的比赛目的。

第三节　跆拳道竞赛规则

为了增强跆拳道比赛的观赏性和公正性，备战国际大赛，依据世界跆拳道联盟最新颁布的竞赛规则及解释，结合国内跆拳道竞赛的实际情况，以及我国跆拳道运动员参与国际大赛竞争的需要，2010 年中国跆拳道协会对现行的竞赛规则及解释进行了修订，正式颁布了新的《跆拳道竞赛规则及解释（竞技）》，其主要内容如下。

一、比赛区

由中国跆协指定的国内赛事，要求比赛场馆至少应有 3000 个座位，场馆地面面积至少为 40×60 平方米，能给观众和运动员提供最佳的视觉和听觉效果。场馆地面到天花板的高度应在 10 米以上。场馆内照明应在 1500 至 1800 勒克斯之间，由场馆顶部直接照射到比赛场地。比赛区应为 8 米×8 米、水平、无障碍物、正方形、有弹性且不易打滑的垫子，或由中国跆协批准使用的其他规格的比赛场地。比赛区应铺设经中国跆协监制或指定的专用比赛垫。必要时，比赛区可根据实际需要置于一定高度的平台上。为保证运动员的安全，比赛场地边界线外应有与地面夹角小于 30 度的斜坡。

二、比赛服装和护具

（1）运动员穿着和佩戴的道服和护具必须由中国跆协指定或认可；

（2）运动员比赛时须佩戴护具，包括：护胸、头盔、护裆、护臂、护腿、护齿、手套、感应脚套（使用电子护具的情况）。其中护裆、护臂、护腿应戴在道服内；除了头盔，头部不得佩戴其他物品。与宗教信仰相关的物品，应提前获得许可并佩戴在头盔或道服内；

（3）跆拳道比赛道服、护具及其他装备的具体要求应分别指定；

（4）教练员在赛场执教时，必须穿着规范的运动服、运动鞋。严禁穿着与比赛不相适应的衣着入场执教。

（5）赛事组委会应负责准备好所有比赛所需装备，中国跆协应提前提供所需比赛装备的数量。

三、比赛时间

比赛时间是指每场比赛为3局，每局比赛2分钟，局间休息1分钟；比赛时间也可根据实际情况，由比赛技术代表决定调整为比赛3局，每局1分钟或1分半钟或者比赛2局，每局2分钟。

四、允许使用的技术和攻击的部位

1. 允许使用的技术

（1）拳的技术：紧握拳头并使用正拳进行正面攻击的技术；

（2）脚的技术：使用踝关节以下脚的部位进行攻击的技术。

2. 允许攻击的部位

（1）躯干：允许使用拳和脚的技术攻击躯干部位被护胸包裹的部分，但禁止攻击后背脊柱；

（2）头部：锁骨以上的部位，只允许使用脚的技术攻击。

五、得分

（1）使用允许的技术，准确、有力地击中得分部位时得分。

（2）得分部位。①躯干：护胸上蓝色或红色部分覆盖的躯干部位；②头部：锁骨以上的头颈部位（包括颈部、双耳和后脑在内的整个头部）。得分部位：头部和躯干如图9-1所示。

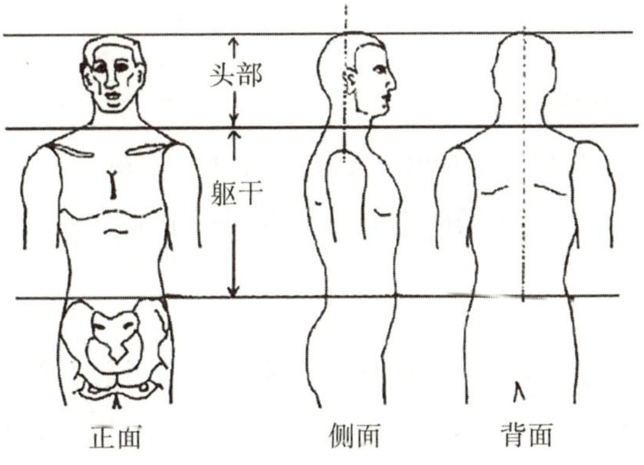

图9-1 得分部位：头部和躯干

六、犯规行为的判罚

（一）以下行为将被判罚“警告”

（1）双脚越出边界线；

（2）逃避或拖延比赛；

（3）倒地；

（4）抓、搂抱或推对方运动员；

（5）攻击对方运动员腰以下部位；

（6）用膝部顶撞或攻击对方运动员；

（7）用拳攻击对方运动员头部；

（8）教练员或运动员有任何不良言行；

（9）提膝阻碍或逃避对方运动员的攻击。

（二）以下行为将被判罚“扣分”

（1）主裁判员发出“分开”（Kal-yeo）口令后攻击对方运动员；

（2）攻击已倒地的对方运动员；

（3）抓住对方运动员进攻的脚将其摔倒，或用手推倒对方运动员；

（4）故意用拳攻击对方运动员头部；

（5）教练员或运动员打断比赛进程；

（6）教练员或运动员使用过激言语、出现严重违反体育道德的行为；

（7）每局比赛开始前，主裁判员应该检查双方运动员的电子护具和感应脚套，观察运动员是否有任何操纵电子计分系统，增加感应脚套敏感性或者其他违规方式的企图。如发现故意违规操纵的行为，主裁判员保留给予该名违规运动员“扣分”判罚的权利，同时根据运动员违规的严重程度，主裁判员也保留判罚该名运动员犯规败的权利。

七、加时赛和优势判定

3 局比赛结束后比分相等，加赛 1 局，时间为 2 分钟，由“突然死亡”或“优势判定”确定胜负。比赛前 3 局的得分和警告判罚全部清零，第 4 局比赛的结果为比赛的最终结果。

1. “突然死亡”

（1）任何一方运动员先得分，则比赛结束，先得分者获胜；

（2）因犯规造成对方运动员得 1 分，则比赛结束，得分者获胜。

2. “优势判定”

（1）加时赛结束时，双方运动员均未得分，进行“优势判定”；

（2）该场比赛裁判员填写“优势判定卡”，按少数服从多数原则进行判定；

(3)“优势判定”的依据是加时赛中运动员表现出的主动性。

八、获胜方式

裁判员等技术官员依据本规则对比赛胜负进行判定。获胜方式包括以下 8 种:
(1)击倒胜(KO 胜)
(2)主裁判员终止比赛胜(RSC 胜)
(3)比分胜(PTF 胜)
(4)分差胜(PTG 胜)
(5)优势判定胜(SUP 胜)
(6)弃权胜(WDR 胜)
(7)失去资格胜(DSQ 胜)
(8)主裁判员判罚犯规胜(PUN 胜)

九、击倒

运动员在比赛中受到合法的强有力攻击后,出现以下三种情况之一,判定为“击倒”:除双脚以外的身体任何部位触地;身体摇晃,丧失继续比赛的意识和能力;主裁判员判定被攻击的运动员不能继续比赛。

◎ 思考题

1. 跆拳道有哪些特点?
2. 跆拳道的精神是什么?
3. 跆拳道有哪些基本腿法?
4. 跆拳道有哪些基本战术?
5. 跆拳道比赛规则中有哪几种获胜方式?

第十章　飞　镖

第一节　飞镖运动的起源、发展及其现状

一、飞镖运动的起源

飞镖运动历史悠久，它起源于15世纪的英格兰。据记载，古罗马军团的士兵被罗马皇帝派到遥远的不列颠岛，多雨的英国气候不便于他们长时间在户外活动。于是，他们在板棚中，把箭投向用柞树横切面制成的靶子，由此逐渐发展成现代飞镖运动。另一种说法认为，飞镖运动是由英国的弓箭手在近距离作战时使用的一种10英寸长的投掷武器演变而来的。第三种说法和具体的历史人物有关。英国国王亨利七世体质较弱，他考虑到打猎既危险又辛苦，决定不再打猎，制作了一种短柄镖枪向柞树的横切面投掷以达到健身的目的，不久，王公大臣们也喜爱上了这种运动，它逐步流传到民间。现代飞镖运动出现在19世纪末，英国人贝利恩·甘林被认为发明了如今的飞镖记分系统。

二、飞镖运动的发展及其现状

20世纪初期，飞镖运动在英国迅速普及，成为酒吧里的一项非常受人欢迎的体育休闲娱乐运动。早在1908年，飞镖就已正式被认定为一项技巧运动，这还要归功于英国利兹的一位酒吧老板。据说，在利兹，飞镖曾被认为是一种非法的“机会游戏”。于是这位酒吧老板带着飞镖和镖盘到法庭找法官挑战，在事先确定投镖的目标区后，这位老板率先投镖，连续三镖，镖镖击中目标。轮到法官上场，自然败下阵来，法官输得心服口服，当场宣布飞镖根本不是机会游戏，而是一项技巧运动。飞镖这项技巧运动在英国吸引了众多的热情参与者。越来越多的酒吧里挂上了镖盘，当地的飞镖组织和联盟也就自然而然地得到了发展。在英国众多的全国性组织中，国家飞镖协会是成立最早的，1924年它主办了一次飞镖锦标赛。1927年，英国一家国际新闻报纸开始赞助伦敦的地方性飞镖比赛，这项比赛以后逐步成为地区和全国性的重要赛事——国际新闻锦标赛。到1939年，这项运动已非常流行，甚至发展到紧张而残酷的战争领域。据称，有关官员为了保持国内的稳定，曾

决定禁止在酒吧里玩飞镖，因为他们怀疑飞镖滋生了劳动阶层的坏习惯，使他们养成了游手好闲的坏毛病。然而公众的反对之声非常强烈，政府的禁令也就无从生效。

第二次世界大战期间，飞镖成为全世界人民所喜爱的一项运动。享有很高知名度的国际新闻锦标赛对促进战后飞镖的迅速普及至关重要。1947 年至 1990 年，国际新闻锦标赛每年都要在英国举行。英国地方性和全国性飞镖比赛吸引了无数的观众。在世界各地，这项运动也在不断地普及。到 20 世纪 70 年代，飞镖运动在英国已深入人心，电视也开始向广大观众和飞镖爱好者转播飞镖比赛。1973 年，大约有 800 万人（相当于英国人口的 1/6）通过电视观看了在英格兰举办的国际新闻锦标赛。现在，英国仍然是世界飞镖运动的中心，它拥有 700 万镖手，7000 家注册俱乐部。英国妇女也组成 400 多家妇女飞镖俱乐部，并定期举办飞镖比赛。最近几年，参加飞镖运动的美国人也越来越多，并以 300% 的速度增长，每年出售的镖盘就达 3 万多个，飞镖好手甚至比英国还多。在瑞典，甚至出现了没有飞镖就不能称为酒吧的情景，以至于啤酒商把飞镖作为啤酒的牌子，在商标上印上飞镖的镖盘。随着飞镖选手水平的不断提高，飞镖运动的观赏性日益增强，它吸引了许多商业赞助，带来了可观的收益，组织全国性赛事的有关组织也诞生了。1973 年英国飞镖组织成立，1975 年美国飞镖组织成立，1976 年澳大利亚飞镖联合会成立，1977 年加拿大全国飞镖联合会成立。欧洲很多国家和南非、日本、巴西等国家也相继成立了全国性飞镖组织。1976 年，世界飞镖联合会（WDF）诞生，它被公认为是众多国际比赛的正式官方团体，各个国家的飞镖运动协会陆续加入世界飞镖联合会，成为国际飞镖运动大家庭的一员。2007 年，国际飞镖联合会（IDF）成立，2014 年国际飞镖协会（IDA）成立。

飞镖日益受到人们喜爱的原因要归于这样一个突出事件。英国职业选手约翰·劳在 1984 年举行的首次由电视转播的记分赛上，投出了绝妙的 9 镖（第一轮：T20、T20、T20；第二轮：T20、T20、T20；第三轮：T17、T18、D18。）结束了 501 比赛。另一位有此佳绩的是美国职业选手保罗·里姆，他在 1990 年的国际大使职业赛上也以精彩绝伦的 9 镖（第一轮：T20、T20、T20；第二轮：T20、T20、T20；第三轮：T20、T19、D12。）结束 501 比赛。现在有多位飞镖选手在各种大赛中完成 9 镖 501 分。

1997 年，是中国飞镖运动推广的起始年，飞镖运动在原国家体委进入立项审批过程；也是在这一年全国的体育爱好者每周四的晚上，在中央电视台体育频道《假日体育》栏目第一次看到了世界职业飞镖锦标赛的录像，第一次看到了世界飞镖皇帝——菲尔·泰勒。菲尔·泰勒被外界尊称为“世界飞镖皇帝”，更被英国女皇授予 MBE 勋章。国家体育总局于 1999 年 5 月 26 日批准将飞镖运动列为正式体育竞技项目之一。中国飞镖运动协会和北京市飞镖运动协会也很快成立。首届中国飞镖公开赛于 1999 年 12 月 29 日至 31 日在天津举办。在随后的全国飞镖比赛中涌现出一批飞镖高手：代利军、韩稀成、李卫红、史永生、刘成安等。2015 年国内正式启动中国飞镖联赛（CDL），各分站赛第一名奖金高达 10 万元，年底总决赛第一名奖金超百万元，这好似对国内飞镖市场注入了一针强心剂。

目前飞镖运动在中国高校基本上属于缓慢发展状态，只有少数高校设有选修课，更多的则是以学生飞镖社团的形式存在于高校体育文化活动中。未来国家体育总局社体指导中心将加大飞镖运动在高校推广的力度。

第二节 飞镖基本动作及练习方法

一、握镖

当我们拿到一套飞镖，准备开始投镖动作时，肯定要问或至少心中会问：我用什么样的方式握镖呢？其实，握镖的方法多种多样、因人而异，我们觉得最舒服的握镖方法，就是适合自己的、正确的握镖方法。在我们练习飞镖的开始阶段，我们会发现：由于在不同的时期使用不同的飞镖，我们会自然地尝试使用几种不同的握镖方法。下面介绍的是握镖的一些基本要点、几种常见的握镖方法、飞镖形状与握镖方法的关系。

1. 握镖的基本要点

（1）拇指所放位置

首先将一套飞镖中的一支放在食指上，找出这支飞镖的平衡点，此平衡点就是飞镖的重心。将拇指放到飞镖重心点，再用其余手指从另一侧握住飞镖，至于一共要用几个手指，就随我们自己的感觉了，原则上来讲：握镖的手指最好不要少于 3 个（含拇指），且尽可能不去接触镖杆甚至尾翼。

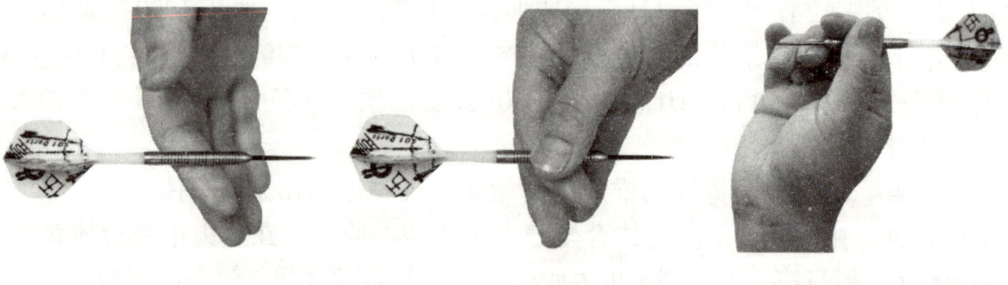

拇指放在重心点并不是一成不变的，这种方法只是告诉我们：拿到一套以前从未使用过的飞镖时我们所要握住的基点。其后根据我们自己投掷的感觉，以重心点为基点向前或向后移动拇指，最终调整到适合自己的握镖位置。

（2）手指握镖部位

握镖时，最好用手指第一关节以上的部分接触飞镖。使用手指越多、与飞镖的接触面积越大，虽然可以在投掷的加速过程更好地发力；但同时会给我们的出镖带来很大困难，即在飞镖离手时需要协调更多的手指，并且要避免“带”镖的现象（就是在出镖时手指不能完全张开而碰到飞镖，使飞镖在出手时改变方向）。在出镖时手指的协调动作，是握镖的关键问题，它直接影响到飞镖的落点。因此相对减少与飞镖的接触面积，可以更稳定地出镖，避免“带”镖现象。

（3）把镖的力量

握镖时手指不应过于紧张和用力。保证飞镖在手指上稳定就可以了，所用的力量应保证飞镖不会轻易滑落，并在投掷的加速过程能控制住飞镖。在握镖的动作中通常的错误是：手指太紧张、太用力。手指过于紧张和用力的结果就是：“带”镖现象频繁发生。

（4）镖针朝向

镖针应正对镖盘，且尽量保持水平或稍往上翘。

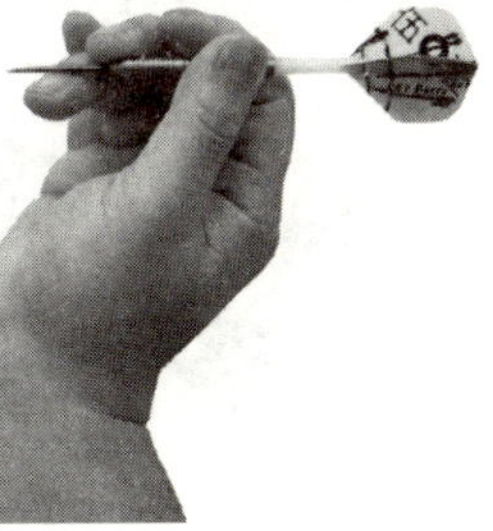

千万不要将飞镖握在拳头内，而应使虎口正对镖盘、手指与掌心形成一个空洞。也许你会问：不握拳，不接触飞镖的手指怎么办？应将不接触飞镖的手指自然展开或翘起，使其离开飞镖，我们会发现握镖的手是一个喇叭的形状。这样做的目的同样是在出镖时减少“带”镖现象的出现，同时使镖针保持在水平线之上，使投出的飞镖能更好地按照其标准的弧线飞行。

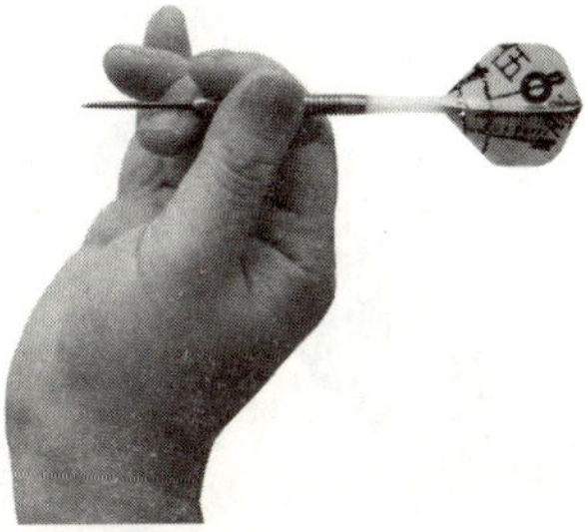

2. 常见的握镖方法

最常见的握镖方法是中国人握毛笔的方式，叫做四指三维法，即拇指放在镖身的一侧，食指和中指放在镖身的另一侧，无名指放在镖身的下侧、小指自然展开。这是一种很稳健的握镖方式，也可以称做“最基本的握镖方法”。

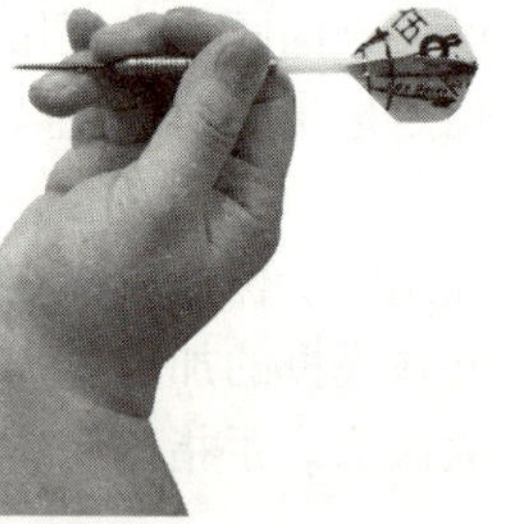

五指三维法，这是四指三维法的一种变形，即拇指放在镖身的一侧，食指、中指和无名指放在镖身的另一侧，小指放在镖身的下侧。这种方法使握镖更加牢固，同时因增加了手指的参与，给出镖时手指的协调带来了难度。

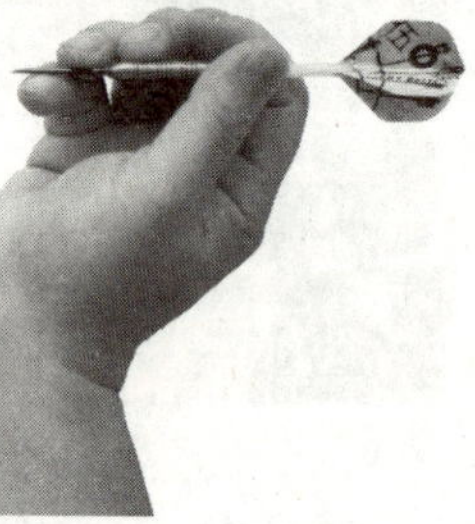

三指三维法，这是四指三维法的另一种变形，也是我们俗称的“拿铅笔”的方法，即拇指放在镖身的一侧，食指放在镖身的另一侧，中指放在镖身的下侧，无名指和小指自然展开，这是除四指三维法外另一种比较常见的握镖方法。关键是要保证在使用这种握镖方法时，镖针正对镖盘并保持在水平线以上。

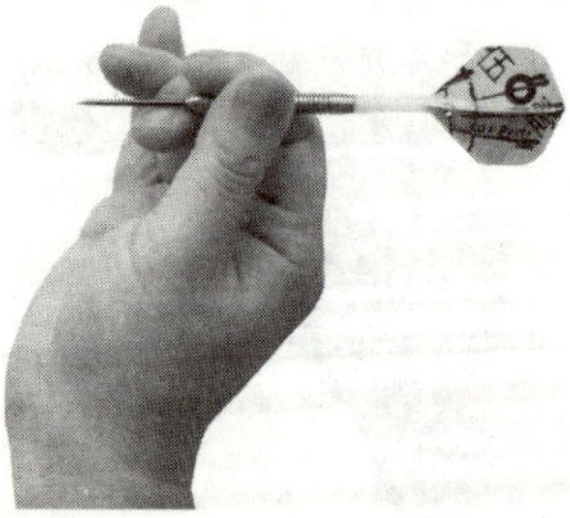

五指两维法，即拇指放在镖身一侧，其余四指放在另一侧，小指触到镖针。这是一种不太常见的握镖方法，一般人使用这种方法可能会觉得有些别扭。在使用五指两维法时要特别注意：在出镖时保证镖针不会朝下。

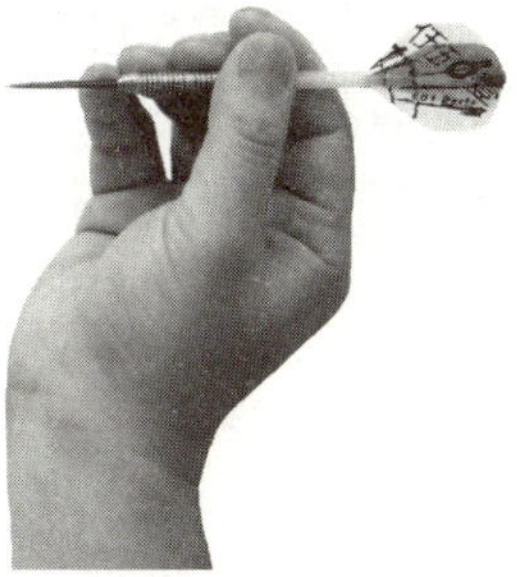

四指两维法，这是四指三维法的变形，即拇指放在镖身一侧，食指、中指和无名指放在另一侧，小指自然展开。

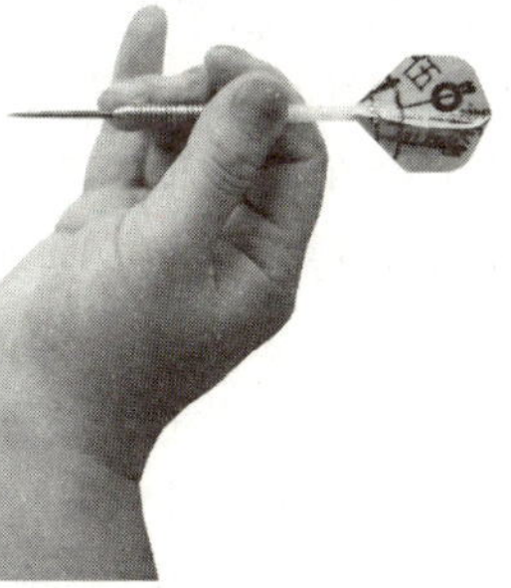

三指两维法，即拇指放在镖身一侧，食指和中指放在另一侧，无名指和小指自然展开。这种方法相对于前几种方法，在对飞镖的控制方面不太牢固，在出镖时容易使飞镖下沉。

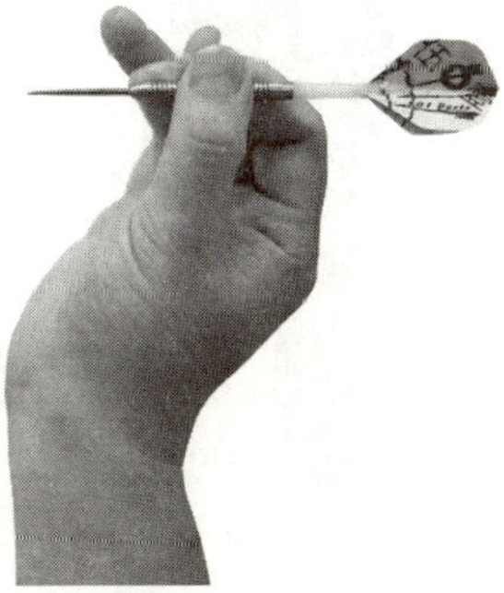

3. 飞镖形状与握镖方法的关系

由于镖身的形状和重量不同，不是每一种握镖方法都适合于各种类型的飞镖。在练习中，不仅要找到适合于自己的握镖方法，同时也要找到适合于这种握镖方法的镖身，握镖方法与镖身的形状是相互影响的。

握镖方法、使用的飞镖因人而异，只要找到适合自己的、符合握镖基本要点的方法，都是好的方法，切忌简单而盲目地模仿他人。

我们可以去尝试不同的握镖方法，从中进行比较，找到最适合自己的方法。一旦找到了适合自己的握镖方法和飞镖，就应专一地练习，熟悉对它的感觉，最终固定地为自己所用。

二、站姿

当手握飞镖站到投镖线后时，“采用什么姿势投镖”就成为我们面临的一个新问题。从理论上讲，只有一种站姿是标准的：即以握镖的手同侧的腿在前的站姿。

在展开投镖姿势之前，我们首先要确定自己的身体相对镖盘所站的位置。很多飞镖爱好者经常会碰到这样的问题：换了一个投镖环境就找不到自己所站的位置，在练习了很多次之后，还是找不到在自己家里投掷的感觉。这个原因很简单，就是他们没有找到投镖站姿的对应点。对应点的正确选择方法是，利用镖盘上的内中心圆（红心）作为参照物（镖盘无论在什么地方悬挂，永远都不会改变其本身的分区设置），用握镖手一侧的肩部正对镖盘上贯穿红心的垂直线，双肩的连线与镖盘正面尽量垂直。下面介绍正确的站姿。

（1）腿。前腿作为支撑腿，身体适当前倾，身体的重心放在支撑腿上；后腿向身后侧自然伸直，脚尖触地，其作用是用来保持身体的平衡。这里要注意的是：双腿都应是伸直的。任何的弯曲或松懈都会影响投掷的稳定性，导致投掷动作不正确而影响准确性，并增加支撑腿的疲劳。

（2）脚。前支撑脚的站位应与投镖线呈 0 度至 90 度，根据个人身体情况而调整。在投镖的过程中，双脚是用来负重和保持身体平衡的关键，所以应坚如磐石，尽量不要移动或者抬起。

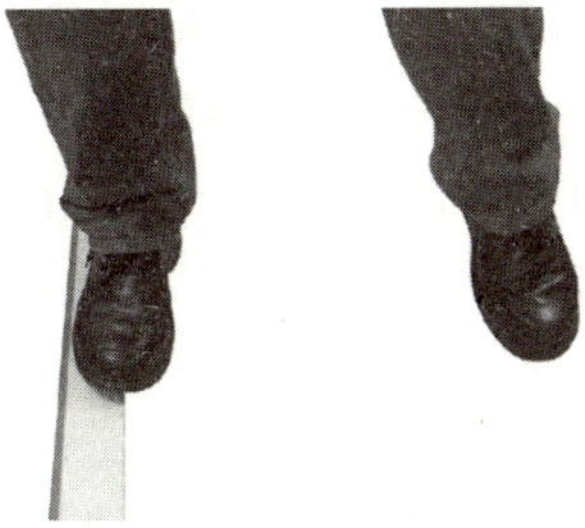

（3）上体。上体前倾，前倾的角度因人而异，建议找到感觉最舒服的那个角度，不必为了追求与镖盘更加接近而牺牲投镖感觉和腰部的健康。挺胸展腹，不是收腹（在我们看国际飞镖高手的录像时，最突出的就是他们的腹部）。尽可能展开双肩至极限，但绝不是耸肩。

（4）臂。握镖手一侧的大臂上举与肩平，成为双肩连线的延长线的一部分，小臂上抬，此时前臂的各部分（大臂、肘、小臂、手）同样固定在上体的二维平面内。这里要特别强调：肘部作为投镖动作中手臂连杆中一个关键的连接部位，在进行投镖动作的过程中尽量不要脱离开垂直于镖盘正面的二维平面。后面的手臂自然下垂，靠紧身体后侧，小臂抬起，紧靠腰部，其任务是承载每轮投镖过程中未投出的飞镖。

（5）头。头部尽可能转向镖盘，使双眼尽可能直视目标，在每轮投镖的过程中，头部应尽量保持固定。

所有对站姿和手臂姿态的要求，都是为了保证所投掷的飞镖的落点。在投镖过程中除投掷飞镖的手臂处于相对放松状态外，身体其他部位都应保持平衡和稳定。当我们第一次按照上述方法确定站姿时，可能会觉得不太舒服。没关系，我们上面所讲述的，是理论上的、基本的、正确的站姿。对于身体条件不同的人，可以根据自身的情况进行调整。

确定并经过练习固定我们的站姿，是飞镖运动中非常重要的一个基础环节，正确而牢固的基本站姿，将会对我们今后飞镖技术的提升产生积极的影响。决不要采用双脚并排站立的投镖姿势，或其他只为一时舒服而违背基本原理的姿势练习飞镖，其结果将会影响其他技术动作，并在我们达到一定熟练程度时，出现很大的问题。最终会出现两种结果：第一是我们要回过头来重新开始学习上述所有的基本动作，彻底改变以前的动作（这个过程非常痛苦）；第二就是因为技术水平举步不前，而放弃我们所喜欢的飞镖运动。这样的例子在我们身边数不胜数。

三、投掷动作

1. 飞镖的飞行轨迹和投掷前手臂的状态

首先让我们看一下飞镖的飞行轨迹，它是一条抛物线。抛物线的弧度有大有小，决定抛物线弧度大小的因素包括：飞镖的形状、飞镖出手的早晚、投掷力量的大小、手腕的动作，甚至还有身高因素等等。一次成功的投掷所产生的抛物线，应该是一条弧度相对较小的、完美的抛物线。为了实现这种完美的抛物线，就需要我们掌握正确的投掷动作。

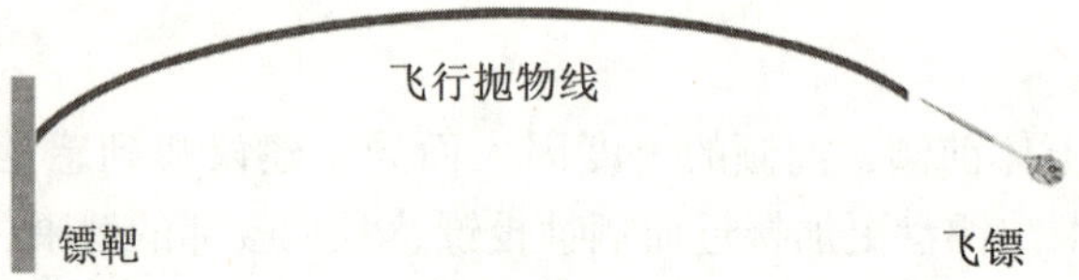

现在，让我们先来看一下，在进行投掷动作前手臂的状态。上图所示手臂的状态，就是前面所介绍的前臂的姿态。为了更清楚地了解投掷时手臂各部分的动作，现将上图手臂的结构用机械连杆图表示出来：

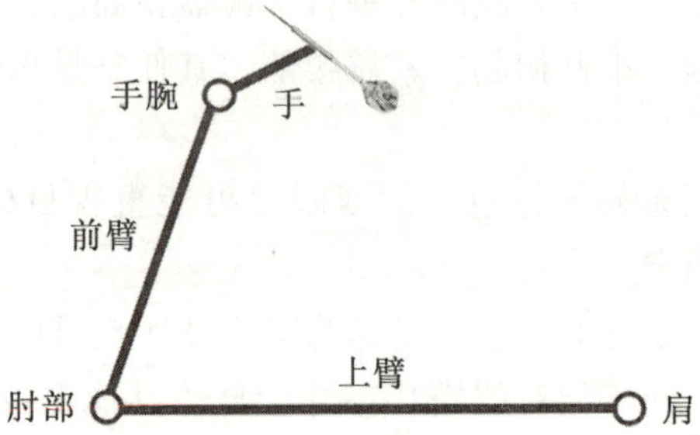

2. 手臂各部分的动作要求和投掷过程中飞镖的状态

下面我们就投掷过程中手臂各部分的动作要求和飞镖在手中和飞行中的具体状态分别进行说明：

肩。肩部是这组连杆在运动时唯一保持不动的部分，它是这组连杆的基座。也就是说：肩部与身体其他部位（除前臂外）在投镖过程中要保持不动。

上臂。经常会听到这样的建议："投镖时上臂保持不动"，这种建议实际上是错误的。上臂在投镖动作的后期，腕部开始动作时，应被动顺势向上抬起。如果上臂不动，就会缩短连杆运动的距离，影响飞镖抛物线的弧度，阻碍投镖时的加速过程，最终影响准确性（其道理与步枪和手枪的区别是一样的：步枪的枪筒较长，因此它的准确度、射击距离和力度都要强于手枪）。这里需要注意的是：在投掷动作开始阶段（小臂回收阶段）上臂是保持固定不动的。

肘部。在投掷过程中肘部应保持自然垂直，不能左右摇摆。

前臂。前臂在这组连杆运动中是起连动作用的部分。在投掷动作开始时，前臂缓慢回收，然后向目标做加速的弧线运动（速度不易过快，应尽量自然舒畅）。当飞镖出手后，前臂仍按运动方向运动，最终与上臂平直并指向镖盘，我们称这个动作为“随挥动作”。随挥动作使连杆运动变得完整，使我们在这个过程中找到并固定一个准确的出镖点，并使飞镖按照我们设定的抛物线飞行。错误的动作是：在飞镖出手时立刻停止前臂运动或回收前臂。前臂在回收和投掷的过程中不能左右摆动。

手腕。在投掷过程中，手腕起着关键的连接作用。从连杆运动图中可以看出：在前臂开始回收动作时手腕向后仰。随着前臂向前做加速运动时，手腕带动手部随前臂运动，在出镖时手腕顺势自然下摆，用以增加出镖速度和力量。手腕动作的早晚、轻重、松紧，直接影响到投镖的精确度，一般情况下：如果手腕下摆动作过晚或过重，飞镖的落点会过低，相反则会过高；而手腕的松紧程度会影响到手腕动作的早晚和轻重。投掷命中率不高的原因一般反映在手腕的连接动作出现的问题上。

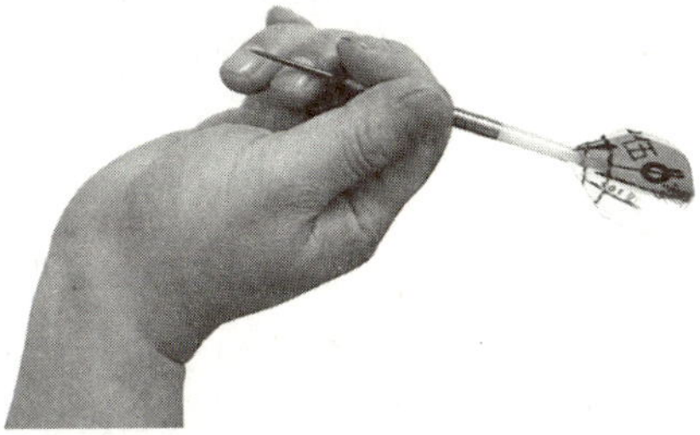

手。在回收过程中手随手腕上扬，手心朝上，手指均匀用力；飞镖出手后随手腕下摆。飞镖出手的早晚、手指用力的大小同样影响飞镖的准确度，飞镖出手过早有可能使飞镖落点过高，相反则有可能过低。从这一点可以得出一个结论：飞镖出手的早晚直接影响飞镖落点的高低。而出镖时手指用力不均匀将使飞镖的落点发生偏移。

概括地说，投掷动作就是：以肩为基点，以大臂为支撑，小臂带动手腕和手在垂直于镖盘目标区的两维平面内，做慢收、快发并以随挥动作结束的机械三连杆运动。

飞镖在手中的状态。当我们站好站姿时，飞镖的镖针是正对镖盘并略微上抬的；随着回收动作和手腕的后仰，抬起的角度增大；在投掷时随小臂前移，抬起的角度减小；在出镖时镖针几乎是水平的或稍微有些上翘。

飞镖的飞行状态。飞镖沿着既定抛物线平稳飞行。当我们发现投出的飞镖，在飞行过程中有上下或左右摆动的现象时，可能是由以下的原因造成的：

（1）握镖的位置不合适。根据飞镖的重心点前后调整握镖位置。

（2）飞镖的镖身、镖杆或尾翼的搭配不合适。重新更换其他长度的镖杆或其他形状的尾翼。

（3）投镖时有“带”镖现象或手指用力不均匀。

（4）在投掷过程中镖针向下了。

（5）出镖时镖针抬得太高。

3. 瞄准

现在，我们可能要问：投掷飞镖用不用瞄准？投掷飞镖当然、也肯定要瞄准。但飞镖运动的瞄准概念，是和我们知道的射击运动的瞄准不太相同的，它不是根据由一只眼睛、准星和目标组成的一条直线来瞄准。飞镖是一项需要运用相对固定的投掷感觉来击中目标的运动，这种相对固定的投掷感觉是在固定了正确的投镖姿势，并经过长时间的投镖练习之后获得的。投镖时的瞄准其实就是用眼睛对目标点进行的“目测”。眼睛目测的结果被反馈到大脑，经过大脑对目测信息的处理，在大脑储存的信息中找到对应目测结果的投镖感觉，再经中枢神经系统将这种感觉传输到手臂进行投镖动作，所以投镖时瞄准的关键是眼睛对目标的锁定。瞄准时我们要做的是：保持身体稳定，双眼直视目标，不要让视线范围内的任何事物影响自己的视线。

4. 站姿的调整

由于镖盘分值区的不同，为了便于投掷不同的分值区时对应地调整我们的站姿，我们可以把镖盘简单地分为上、下、左、右四个半区。即以红心为中心画一条水平线，将镖盘分为上、下两个半区；再同样以红心为中心画一条垂直线，将镖盘分为左、右两个半区。

根据所投掷的目标所在的区域不同，我们需要对投掷的方向进行调整，主要是依靠以腰部和前脚（腿）为轴的移动来完成对站姿的调整。这里需要注意：在针对不同的目标区域进行站姿调整时，切忌以前臂的肩部为轴，将大臂进行上、下、左、右的移动，从而破坏投镖的基本站姿，使投掷动作的基点发生变化，最终将使落点发生较大偏差。

5. 投掷动作的练习

在练习投镖动作之前首先要固定站姿，站姿练习可以在徒手的状态下进行，面对可照出全身影像的镜子，按照动作要求站好，利用镜子对自己的站姿进行调整。为固定大臂与上体的动作，可利用墙面进行练习，即前臂紧靠墙面，肩部及后背依墙面展开并靠紧墙面，使手臂、上体和支撑腿均在同一平面内。站姿固定后，就可以开始投掷动作练习了。

在确定了自己专用的飞镖并找到了适合自己的握镖动作后，按照投掷动作的要求，首先利用镖盘进行实际演练，找到动作上的感觉。在进行实际演练的同时，在没有镖道的条件下应进行徒手练习，徒手练习和实际演练在投掷练习的过程中相互结合，以确保动作的规范，最终将正确的动作固定并保持下去。在练习的开始阶段要专注于形成正确的技术动作，不要因为得分没有达到自己的期望而半途而废。练就扎实的基本技术动作将使我们在真正的压力来临时仍能保持稳定。

四、练习方法

飞镖运动前，应做一些热身准备活动，这样有利于在短时间内调动身体的积极性，发挥出水平，同时也可以避免运动伤害。练习或比赛前应做 5 到 10 分钟的准备活动，主要活动的部位是腰、肩、肘、腕、手指，下肢主要是膝关节、踝关节。运动结束后，做一些放松活动，如绕腕、耸肩、踢腿、绕脚踝。热身活动应坚持不懈，包括肩部热身 、手臂热身 、手腕热身 、腿部热身 。

1. 落点练习

首先，我们应该知道为什么要进行练习。世界职业飞镖锦标赛冠军约翰·帕特先生所说的下面这段话，清楚地说出了飞镖练习的乐趣和重要性："任何选手进行练习无不是有两个原因，第一个原因很明显，就是要提高自己的能力和技术水平，使自己在以后的比赛中变得强大和具有竞争力。任何体育运动最重要的一条基本原则就是你必须进行训练来提高自己的水平。大家肯定认同：练习的数量和质量是与水平的提高密切相关的。事实也是如此。第二个原因就是练习本身是一个令人愉悦的过程。在没有竞争的前提下投掷飞镖是非常令人享受的事，它能使人放松或兴奋。把飞镖投向空中击中心仪已久的目标是我们都渴望体验的奇妙的境界，没有什么比投中制胜的一击更令人愉快的了。应该使投飞镖进入一个冥想的状态，我们都知道心理因素是在飞镖盘上决胜的关键。这项运动使人上瘾的根源就是无休止地希望更近、更近，直至完美。”我们将落点练习分成三个步骤：熟记镖盘分数区的位置、密度练习、落点练习，这三个步骤的练习需要相互结合进行。

（1）熟记镖盘分数区的位置。我们首先要了解自己的目标——镖盘的分数区，用“了解”还不能充分表达，应该是将镖盘所有的分数区“刻”在自己的大脑里，当我们闭上双眼，它也应当清楚地在脑中出现。只有这样，我们才能在比赛中不会为了寻找我们要投掷的分数区，而影响了自己的感觉和投掷的连贯性。

熟记分数区是和投掷动作练习、密度练习、落点练习相结合的，并不是要抱着镖盘死记硬背。对镖盘各分数区的熟记程度应达到：将镖盘最外圈的分数圈取下后，仍能不假思索地判断飞镖投中的任何分数区。

（2）密度练习。“密度练习”一词来自射击训练中的一种练习方法。它的目的是让我们在练习中找到每轮投掷时，三支镖投中一个目标区域的相同的投掷感觉。密度练习的结果是我们在比赛过程中获得高分的基础。

在每轮投镖过程中，对同一目标的投掷感觉和动作是否一样，反映在镖盘上就是：三镖的落点是否在一个极小的区域内，这就是落点密度。三镖的投掷感觉和动作越接近，落点也就越密；相反，投掷感觉和动作有偏差，落点就会相差很远。优秀的选手的密度一般在 10 毫米以内，也就是说：投掷同一个目标点，镖与镖的落点之间的距离保持在 10 毫米之内。

在进行密度练习时，不要过于追求对我们要投掷的目标点的调整，也就是说：在向目标点投掷第一镖后，无论是否投中目标，随后的两镖都应以第一镖投中的点为新的目标进行投掷，以达到三镖投掷感觉和动作的统一。

（3）落点练习。分别对镖盘上所有的分值区（1～20 分区以及它们的两倍区、三倍区和内、外圆心区，共 62 个分值区）进行投掷练习，目的不言而喻：就是要提高我们的准确性和强化对镖盘上各分区的投掷感觉和动作。转圈练习方法是比较通用和有效的落点练习方法：依次从 1 分打到 20 分的单倍区和圆心区。三镖中有一镖投中一个分数才能按顺序去投下一个分数；然后计算所需的总镖数。随着水平的提高，我们可以要求自己每个分数区投中二镖，然后再去投下一个分数区。最终，我们要练习的是每轮三支镖都要投到同一分值区后，再去投下一个分值区。此种方法同时可以针对两倍区和三倍区进行练习。如果不觉得枯燥的话，它是很好的练习方法。此种方法可以同时有效地练习本节中所讲述的落点练习三个步骤。

2. 分数的计算

对分数的口算能力高低，直接影响比赛（国际通用的 01 比赛）的成绩。快速而又准确的口算，能够保证我们在比赛中不会因计算分数而影响投掷感觉的连续性（投镖的节奏），同时可以使我们能够更快地结束比赛。

在以 501 分规则进行练习时，切忌使用计算器帮我们计算。在开始练习计算时，应借助记分板或纸记录剩余分数；最好能够在不借助任何器具的情况下，只利用口算来完成 501 分的计算。

要求练习的结果是：在每轮投镖结束后，即刻得出剩余分数。这里没有窍门，只有多练、多算，才能达到熟能生巧。

（1）501 分的规则。比赛开始前，双方的基本分数各为 501 分，以倒扣分数（减去每轮投中的分数）的方法进行比赛，先扣至 0 分的一方为胜方，但要注意：一定要在所剩分数一半的双倍区结束。例如：A 剩 40 分时，投中 20 分区的外圈双倍区，即为结束；B 如果剩 28 分，应投中 14 分区的外圈双倍区结束。特别注意：如果剩 50 分时，投中红心，也为比赛结束，因为红心区（50 分）是绿心区（25 分）的双倍区。如果没能够在双倍区结束，而投中单倍区或其他小于结束分的分数区，那么只能按分数多少继续向下减，直至投中所需要的双倍区为止。

爆镖：有三种情况，①三镖或三镖之内投中的分数之和，超过所剩的分数；②三镖或三镖之内投中的分数之和，等于所剩的分数，但最后一镖未投在双倍区；③只剩 1 分。爆镖时，分数保留在此轮投掷前的剩余分数上。

（2）选择双倍结束区。在 501 分的练习过程中，根据自己的习惯选择自己擅长的双倍区作为自己最有把握的结束区。其实，所有双倍区都应该是我们拿手的。以下的双倍区对于其他的双倍区，有它们的优势，如 16 分、20 分、12 分等分数的双倍区，其特点是：如果不能用一镖投中这些分数的双倍区，而只投中了它的本分值区，还可以直接继续投掷它们所剩余分数一半的双倍区，而不需要多使用一镖来将剩余分数调整成双数。例如：20 分的双倍区未投中，只投中 20 分，我们可以继续投掷 10 分的双倍区，以便用最少的镖数结束比赛。以此类推，我们可以自己将镖盘上的分数区进行比较。

（3）高分结束。在采用 501 分规则的比赛中，单轮（三镖）最高可以结束的分数为 170 分，后面的“拆分表”列出了比较常用的 170 分以下各个分数结束的方法（也叫拆分方法）。当然，除了表中列出的结束方法外，我们也可以根据自己的特点和习惯，设计其他更好的结束方法。但无论怎样的组合或者拆分，我们的目的只有一个：用最少的镖数结束 501 分。

飞镖结束拆分表（170~99）

170	3×20	3×20	50	131	3×19	3×14	2×16
167	3×19	3×20	50	130	3×19	3×19	2×8
164	3×19	3×19	50	129	3×19	3×16	2×12
161	3×17	3×20	50	128	3×20	3×20	2×4
160	3×20	3×20	2×20	127	3×20	3×17	2×8
158	3×20	3×20	2×19	126	3×19	19	50
157	3×19	3×20	2×20	125	25+50+50		
156	3×20	3×20	2×18	124	3×20	2×16	2×16
155	3×20	3×19	2×19	123	3×17	3×14	2×16
154	3×18	3×20	2×20	122	3×18	3×20	2×4
153	3×19	3×20	2×18	121	3×17	3×18	2×8
152	3×19	3×19	2×19	120	3×20	20	2×20
151	3×17	3×20	2×20	119	3×19	3×18	2×4
150	50+50+50			118	3×18	2×16	2×16
149	3×19	3×20	2×16	117	3×19	20	2×20
148	3×20	3×20	2×14	116	3×19	1×19	2×20
147	3×19	3×18	2×18	115	3×19	18	2×20
146	3×19	3×19	2×16	114	3×20	18	2×18
145	3×20	3×15	2×20	113	3×19	16	2×20
144	3×18	3×18	2×18	112	3×20	20	2×16
143	3×18	3×19	2×16	111	3×17	20	2×20
142	3×20	50	2×16	110	3×20	18	2×16
141	3×20	3×15	2×18	109	3×19	20	2×16
140	3×20	3×16	2×16	108	3×20	16	2×16
139	3×13	3×20	2×20	107	3×19	18	2×16
138	3×19	3×19	2×12	106	3×20	14	2×16
137	3×19	3×16	2×16	105	3×19	16	2×16
136	3×17	3×17	2×14	104	3×18	18	2×16
135	25	3×20	50	103	3×17	20	2×16
134	3×20	3×14	2×16	102	3×20	10	2×16
133	3×20	3×19	2×8	101	3×17	18	2×16
132	3×20	3×20	2×6	99	3×19	10	2×16

下面是针对分数计算和双倍结束的练习方法：

170 分练习。这是 501 分打法的一种简化版本，和 501 分一样，170 分也要求是在双倍区结束。这个练习主要针对双倍结束，同时对分数计算有很高的要求。在此练习中不要使用其他方式辅助记分，只用口算的方法记分。这是一个具有挑战性的练习方法，因为170分是可以用一轮（三镖）结束的最高分。这个练习是可以进行技术统计的，统计我们每次结束所需要的镖数，可以通过这种统计来观察自己的进步。

101分练习。这个练习主要是熟悉100分以下分数的变化，使我们在比赛中可以更灵活、更有把握地完成比赛。对于大多数镖手来讲，除了一些基础练习之外，101分练习比501分和170分练习更为重要。

3. 对抗练习

对于飞镖运动的初学者来说，在掌握了飞镖的基本投掷动作和比赛规则并经过一段时间不间断的练习之后，适当的对抗练习是非常必要的。

每天要练习多长时间，才能达到较高的水平呢？其实要想很快地掌握飞镖的要领，并达到一定的水平，是和每个人的自身条件和领悟力有关系的。一般来说，飞镖是一种感觉的运动，为了保持投掷的感觉，坚持每天练习是必不可少的。每天练习时间因人而异，初学者最好不要少于2小时。另外，不要忽视徒手练习，应该争取多做徒手练习。

在进行对抗练习之前，首先我们要清楚地知道：对抗练习的目的不是赢了几个对手后的喜不自禁，或者是被打得落花流水时的沮丧。对抗练习的目的是对我们平时独自练习的成果进行一个小小的测验，在对抗中找到我们平时练习的不足，帮助我们及时进行总结；同时可以学习其他飞镖爱好者在技术上的优点，与其交流练习的体会。与高手对抗时还可以锻炼我们的心理素质，为今后的“大考”（正式比赛）打下基础。

只有在明确了对抗练习的目的后，我们才可能真正地从对抗练习中学到自己所需要的东西，才不会为一局的输赢患得患失，才能真正找到平时练习的不足，为下一步的练习制订出更加契合实际的计划。在对抗练习中要充分发挥平时练习的水平，及时对自己的技术动作和实战技巧进行总结和调整，切实提高自己的实战能力，使基础练习与实战相结合，让练习更加具有针对性和实战性。

对抗练习和基础练习应有机地相互结合。一般情况下一味地进行对抗练习并不能真正使我们的技术动作有根本的提高。相反只进行基础练习而忽略了对抗练习，同样达不到练习的效果，有可能继续自己在基础练习中出现的错误，并使错误动作最终定型而影响今后飞镖技术水平的提高。

因此，基础练习和对抗练习应相互搭配、相互补充，定期地参与一些地区性的比赛、联赛和交流活动就是最好的对抗练习，时间的固定可以使我们有充分的时间进行准备，同时可以更有针对性地制订基础练习计划和有规律地进行总结。在对抗练习时，应虚心听取对手的建议和意见，不耻下问；在充分理解和实践的基础上，认真学习各方有益的技术和练习方法。同时应毫无保留地与对方进行交流，珍惜每一次对抗的机会，充分发挥自己的竞技水平，哪怕我们的水平与对手相差很远。

第三节 飞镖竞赛规则及裁判法

一、飞镖运动竞赛规则

飞镖运动分为硬式飞镖运动和软式飞镖运动，相比较而言在高校更适合开展软式飞镖运动，所以本书主要介绍软式飞镖运动规则。

（1）场地及器材。从镖盘正面中心点到地面垂直线的顶点至投镖线的正中心距离为2.44米，是选手投镖的最短距离（镖手身体可前倾越线）。各投镖区之间的距离以两个飞镖机外框之间的距离为准，此距离应不少于1米。

镖盘正中心垂直离地面高度为1.73米。飞镖机的靶面直径为39.37厘米。参赛者的飞镖重量并无限制，但镖头必须为塑料，缺损或折断后不能使用。镖手必须单手投镖，一次只能投一支飞镖。镖手可在投镖线上任何位置投镖，包括其两端延长线。

（2）比赛通则。镖手每轮每次最多可投3镖。镖手站在投镖线上后必须在30秒内完成3支镖的投掷。如果裁判员认为镖手故意拖延比赛时间，则可将其判为非体育道德行为。无论飞镖机是否记录，飞镖一经投掷便算作一次投掷。但镖手无意掉落的飞镖可捡起后再次投掷。镖手在投完3镖后，无论飞镖机是自动还是手动按键启动“镖手更换”，在飞镖机显示屏尚未显示下一位镖手投镖时，下一位镖手都不得投镖，已投的飞镖视为无效镖，不能拔回再投。如果投到对方的分数，对方可以选择保留分数或者退回之前的分数。每位镖手在投镖前都有责任确认显示屏上显示为正确选手。非投镖镖手必须站在正在投镖镖手后方1米以外。对于行动不方便使用轮椅或其他支撑物的镖手，其轮子或支撑物可以压在投镖线上，但不得超越。双方镖手必须向对方出示运动员证，确认对方身份正确无误。双方镖手必须在指定机器进行相应比赛项目的比赛。所有镖手必须按组委会的着装要求着装，特别是着装的商标LOGO必须符合组委会要求。

（3）一般比赛项目。

开始：OI/DI/MI

结束：OO/DO/MO

单红心/双红心

（4）争红心。比赛双方各投一镖，最靠近红心正中央的镖手为胜方。争红心的投镖顺序，按照比赛规定猜硬币或者飞镖机本身的随机功能决定。如果第一轮投镖双方距离红心正中央距离一样，则进行第二轮投镖争红心。第二轮投镖争红心由第一轮争红心后投镖者先投镖，如仍未能分出胜负，则进行第三轮争红心，以此类推。争红心时，所投掷的飞镖必须插在靶面上，如果掉落，则此次飞镖重投。所有投中镖靶的飞镖不得拔出，直至决出胜负。如每轮先投镖者投中靶面正中央位置，则必须拔出该支飞镖，这样后投镖者才同样有机会投中红心最中心位置。

(5) 练习镖。镖手在指定飞镖机练习 9 镖后开始比赛。在比赛进行中，参赛镖手不得在其他机器进行练习，否则判该镖手本局负。

(6) 教练及队友。在双人或队际赛中，队友可以相互提示，但不能拖延比赛时间。所有单人赛中，教练员不能指导或提示。

(7) 非体育道德行为。比赛期间参赛镖手必须保持绅士风度按照飞镖竞赛规则相关要求进行比赛，所有非体育道德行为视为犯规，可予以警告，直至取消其参赛资格，情节严重者罚令其离开赛场且报名费不予退还。

(8) 飞镖机异常。比赛期间，发现飞镖机不正常运作或记分有误，则马上停止比赛，不要移动飞镖，比赛双方同意更正，才能使用退镖功能，更正至双方同意分数，否则通知裁判到场处理。比赛时飞镖投到靶面上后掉到地上，得分以飞镖机显示为准。如飞镖停在靶面上的位置与飞镖机显示分数不同时，双方同意，可以使用退镖功能手动调至更正分数。当决胜镖出现后，该局马上结束。飞镖机记分下出现决胜镖，必须以飞镖机显示数据为准。如果决胜镖已经插在靶面上而飞镖机没有记分或未显示正常分数，也算胜出，由裁判手动调整分数。

(9) 检录及广播。镖手必须在比赛开始前 10 分钟到达检录处，各自查询对阵表及比赛飞镖机号（赛事现场不会广播提示），并马上到指定的飞镖机进行比赛。镖手在到达指定飞镖机 5 分钟后，仍未见到对手，必须马上到检录处向裁判员告知情况。裁判员将通过广播系统提示缺席参赛镖手，再过 5 分钟后缺席镖手仍未出现，裁判员将通过广播系统警告缺席参赛镖手，再过 5 分钟后仍未出现，则裁判员直接判缺席参赛镖手弃权。

(10) 禁止吸烟与饮酒。比赛场内严禁吸烟，包括电子香烟，违者将被取消比赛资格，并要求离开赛场。飞镖传播于酒吧，与酒吧有着千丝万缕的联系，现在对于飞镖比赛是否允许饮酒有一定争议。建议高校飞镖比赛场内禁止饮酒。

(11) 飞镖机故障及停电。如果飞镖机由于某些原因出现故障或者在比赛期间停电，造成比赛中断。待飞镖机恢复正常运作后，裁判应尝试复原比赛至中断前状态，若无法复原，必须重新进行比赛。

二、飞镖运动裁判法

飞镖运动裁判法是为了确保飞镖竞赛规则的实施，保证飞镖竞赛公正和正常进行而制定的，它为裁判员现场执法操作提供了依据。裁判员必须精通竞赛规则，熟练掌握和运用裁判法，提高业务水平，确保竞赛规则的实施，严肃认真、公正准确地执行裁判工作。下面介绍飞镖运动裁判法的主要内容。

1. 竞赛组织

（1）竞赛表格及裁判用具。

（2）场地、器材、设备。

（3）奖品准备和发奖安排。

（4）接待、食宿、交通等事宜。

2. 编排

（1）编排前的工作：①了解相关情况，竞赛日期、拟安排的场次、开闭幕式时间、参赛队数及参赛人数等。②审查报名单。

（2）秩序册内容：参照其他体育项目。

3. 竞赛程序

（1）预赛程序

①赛前 20 分钟，由检录长进行第一次检录。

②赛前 5 分钟第二次检录，全体运动员由检录长讲解有关竞赛注意事项、检查飞镖，带领运动员进入赛场。

③赛前 2 分钟第三次检录，临场裁判员就位。

④记录处发给临场裁判员“预赛成绩表”，裁判员在“预赛成绩表”上注明裁判场位号。

⑤运动员各练习 9 镖，运动员争先。

⑥比赛开始。

⑦比赛结束，运动员和裁判员签名，记录员收回“预赛成绩表”进行统计。

⑧记录长将复赛运动员名单交裁判长审核，审定后交检录长和报告员公布。

复赛、1/4 决赛、半决赛比赛程序与预赛相同。

（2）决赛程序

①赛前 20 分钟，由检录员进行第一次检录。

②赛前 5 分钟第二次检录，集合运动员，检查飞镖。

③赛前 2 分钟第三次检录，裁判员就位。

④运动员入场。

⑤记录长发给临场裁判员“决赛记分表”，同时运动员练镖。

⑥裁判员宣布比赛开始，运动员争先。

⑦比赛结束，运动员和裁判员签名。

⑧记录处收回决赛记分表，排列运动员名次。

⑨记录长将统计表、名次排列表交裁判长审核、签名。

⑩记录长将审核后名次交送组委会，填写奖状。

⑪广播员请运动员入场。

⑫裁判长按5、4、3、2、1顺序宣布比赛名次。

⑬颁奖仪式。

⑭比赛结束。

4. 裁判员的组成

飞镖竞赛设仲裁委员会、裁判委员会、裁判长、副裁判长、裁判员、记录长、记录员、检录长、检录员、广播员、医务人员等。在一次竞赛中，其人数配备应根据竞赛性质、规模、主办单位的要求和参赛运动员的具体人数来决定。

（1）仲裁委员会

保证竞赛规则的实施，对裁判员进行考核，当发现裁判员严重漏判、误判时，在取得多数意见，且认定事实后，与裁判长商议给予及时处理和纠正。

监督裁判委员会的工作，任何仲裁委员会成员在未取得仲裁委员会多数意见时，不得干预、指使裁判员的正常工作，否则将由仲裁委员会撤换其职务。

仲裁委员会一经发现裁判员营私舞弊和有不适宜担任临场裁判工作的言行时，有权向裁判长建议，经过仲裁委员会决议予以撤换。若裁判长或副裁判长有同样言行，经仲裁委员会同意并上报赛事组委会，可撤销其职务。

仲裁委员会由主办单位任命5或7人组成，其中设主任1人，委员4或6人。仲裁委员会成员应来自不同单位，领队和教练不得担任仲裁委员会的工作。仲裁委员会成员必须精通竞赛规则和裁判法，并有一定声誉和威望。

（2）裁判委员会

裁判委员会的职责主要有制定有关裁判工作的各项管理制度，制定裁判工作发展规划和年度工作计划，贯彻执行竞赛规则，组织各级各类裁判人员培训，各级全国性比赛裁判人员的选派和赛区裁判工作管理，对国内赛事中的裁判工作实施监督，搜集国内外裁判技术信息资料，组织裁判理论与实践研究和交流，按有关规定对违规违纪裁判人员进行处罚等。

赛前由主办单位指派相应人数的裁判员组成裁判委员会，不足人员由承办比赛的主管单位选派。裁判委员会由裁判长、副裁判长、记录长和检录长等人员组成。其成员必须精通竞赛规则及裁判法，经全国裁判员培训学习并考试合格，具有熟练的业务组织能力。

（3）裁判长

①组织和培训裁判员，制定竞赛程序和工作计划，明确裁判人员的分工。

②主持裁判委员会，对竞赛规则和执行进行解释。

③赛前及赛会期间，负责布置和检查场地、器材设备、灯光系统及音响效果等方面的工作。

④配合仲裁委员会处理竞赛中发生的有关裁判工作方面的重大问题。

⑤竞赛中指挥各裁判组及赛场工作。

⑥发现运动员有违反竞赛规则行为时，有权提出警告直至取消其比赛资格。

⑦负责检查裁判员提交的“比赛记录表”和比赛结果。

⑧介绍运动员，指挥竞赛活动。

⑨经与仲裁委员会商议，有权撤换不称职的裁判员。

⑩大会结束后，做好竞赛工作总结。

飞镖比赛要求裁判长全面掌握赛事进程，可随意站位，必要时可上赛场提醒运动员应注意的问题，裁判长指挥时不应影响临场裁判，指挥语言要简练。

（4）裁判员

全国飞镖锦标赛和全国公开赛、大奖赛等全国性比赛的预、复赛，每个赛场应配备 2 名裁判员（其中 1 名记分裁判、1 名报分裁判），省、自治区、直辖市级比赛每个预、复赛赛场配备 2 名临场裁判员（其中 1 名记分裁判），省市以下的竞赛预、复赛至少要 1 名临场裁判员，后备裁判员的职责与临场裁判相同。

临场裁判员应来自不同单位，在确有困难的情况下，同一单位的临场裁判员不得在同一赛场，全部比赛可配备 4~6 名后备裁判员。临场裁判员应按以下要求配备：

①在预赛或省、市级比赛中，每个赛场配备 2 名临场裁判员，负责裁判和记分工作。

②在前 16 名半决赛至决赛阶段的比赛中，每个赛场配备 1 名临场裁判员，1~2 名记分裁判。

临场裁判员（包括后备裁判员）都要经过裁判业务学习和考核，合格后才能担任。对临场裁判员的要求如下：

①必须精通飞镖竞赛规则与裁判法。

②裁判员不得兼做领队、教练和运动员。

③在一场比赛尚未结束前，无特殊原因不得提出更换要求。

④不得服用带酒精的饮料，禁止在裁判过程中拍照或彼此闲谈。

临场裁判员的职责如下：

①检查飞镖、号码、姓名，安排运动员争先。

②宣布选手每次投镖的分数。

③检查选手在比赛中有无犯规行为。

④宣布比赛胜负。

⑤向犯规选手发出警告，直至终止比赛，把运动员犯规情况书面报告给裁判长。

记分裁判的职责如下：

①记录参赛选手的姓名、号码。

②在记分板及表格上记录由主裁判宣布的分数，并写出剩余分数。

③当一场比赛结束时，请运动员、临场裁判员在“竞赛记录表”内签名。

(5) 运动员、教练员的权利和义务

运动员的权利与义务如下：

①飞镖运动员有权代表户口所在省、自治区、直辖市及所属俱乐部参加全国性比赛。

②在取得户口所在地主管部门同意后，有权代表其他地区参加全国性比赛。

③经选拔合格，代表国家参加国际比赛。

④运动员应自觉遵守“运动员守则”。

教练员的权利与义务如下：

①熟悉、掌握、运用竞赛规则指导运动员，认真执行竞赛规程各项条款。

②钻研业务、提高训练水平、努力培养运动员，扩大飞镖运动的人员数量，推动飞镖运动向前发展。

③有疑问和意见要以书面形式向仲裁委员会提出。

◎ 思考题

1. 常见的握镖方法有哪几种？
2. 飞镖运动正确的站姿是怎样的？
3. 飞镖投掷过程中手臂各部分的动作要求分别有哪些？
4. 飞镖比赛中的501分规则的主要内容是什么？
5. 飞镖运动竞赛规则中对争红心有哪些具体要求？

第四编　民族传统

第十一章　武　术

中华武术历史悠久，源远流长。它是以中国传统文化为理论基础，以内外兼修、术道并重为鲜明特点的运动。在长期生活与斗争实践中，武术摄养生之精髓，集技击之大成，玄机秘法，深邃莫测，形成了较为系统的技术体系和众多门派，而且它植根于中华传统文化之沃土，蕴涵中国传统哲理之奥妙，形成了内涵丰富、层次纷杂的庞大理论体系，二者交相辉映，得以使独具中国特色的武术在华夏百花园中焕发异彩。

第一节　武术概述

一、武术运动简介

武术在我国有悠久的历史，它的产生，缘起于我国远古祖先的生产劳动。武术作为独立的社会文化现象，是同中华民族文明的产生同步的。武术萌芽于原始社会时期。氏族公社时代，经常发生部落战争，因此在战场上搏斗的经验也不断得到总结，比较成功的一击、一刺、一拳、一腿，被模仿、传授、习练着，促进了武术的萌芽。武术成形于奴隶社会时期。夏朝建立，经过连绵不断的战火，武术为了适应实战需要进一步向实用化、规范化发展，商周时期，商代出现了武术训练的重要手段——田猎，商周利用“武舞”来训练士兵，鼓舞士气。武术发展于封建社会时期。秦汉以来，盛行角力、击剑。随着“宴乐兴舞”的习俗，手持器械的舞练时常在乐饮酒酣时出现，如《史记·项羽事纪》记载的“鸿门宴”中“项庄舞剑，意在沛公”，便是这一形式的反映。唐朝以来开始实行武举制，对武术的发展起了促进作用，如对有一技之长的士兵授予荣誉称号。由此可见武术作为一种文化形式已相当具有影响。宋元时期，以民间结社的武艺组织为主体的民间练武活动蓬勃兴起，有习枪弄棒的“英略社”，习射练习的“弓箭社”等。明清时期是武术大发展时期，流派林立，拳种纷显。拳术有长拳、猴拳、少林拳、内家拳等几十家之多；同时形成了太极拳、形意拳、八卦拳等主要的拳种体系。

到了近代，武术适应时代的变化，逐步成为中国近代体育的有机组成部分。民国时期，民间出现了许多拳社、武士会等武术组织。1927 年，在南京成立了中央国术馆。1936 年中国武术队赴柏林奥运会参加表演。中国武术自唐宋后，就逐渐传向国外。日本、朝鲜、越南及东南亚国家习武者不少，并形成一些武术门派。在欧美国家，中国武术的影响也非常深远，称中国武术为“功夫”。很多西方人认识中国文化首先是从了解中国武术开始的。中国武术是中国人民对世界文化的重要贡献。

中国武术具有独特的风采。武术的主要内容由拳术和器械的套路组成。根据拳种和类别的不同，套路有长有短，有刚有柔，有单练，有对练，风格不同，表现各异，但共同的要求是动作连贯、往返多变、起伏转折、快速敏捷、节奏鲜明。在武术的动作和练法中，都具有攻防的作用，如踢、打、摔、拿、击、刺等动作，是组成武术套路运动的主要因素，它们都有着不同的演练特点和攻防规律。在中国武术的长期发展中，逐渐演化出十八般武艺或十八般兵器。通常认为十八般兵器包括：“刀枪剑戟、斧钺钩叉、镋棍槊棒、鞭锏锤抓、拐子流星。”中国古代的兵器远不止这 18 种，平常所说的十八般兵器或武艺只不过是一种泛称。

中国武术文化底蕴丰富，门类众多。按流行地区分类，可划分为南拳、太极拳；按山脉、庙宇分类，可划分为少林拳、武当拳、峨眉拳；按形象分类，可划分为蛇拳、猴拳、螳螂拳等；按技术内容分类，可划分为拳术类、器械类、气功类、摔跤类等。拳术类包括长拳、太极拳、南拳、形意拳、八卦拳、通臂拳等。器械类包括刀术、剑术、枪术、棍术四大主要形式。气功类包括禅家、道家、儒家、医家和拳家五大派别。摔跤起源于中国古代的角力和相扑，现称为中国式摔跤。在中国武术发展史上，最为著名的武术流派是少林派、武当派和峨眉派。此外，气功与摔跤也在中国武术中占有一席之地。

二、武术运动的特点

（一）具有攻防技击性

武术最初作为军事训练手段，与古代军事斗争紧密相连，其技击特性显而易见。在实用中，其目的在于杀伤、制服对方，以最有效的技击方法，迫使对方失去反抗能力。这些技击术至今仍在军队、公安中被采用。而今武术作为体育运动，是将技击寓于搏斗运动与套路运动之中。

搏斗运动集中体现了武术的攻防格斗特点，在技击上与实用技击基本上是一致的，但是从体育的角度出发，它受到竞赛规则的制约，以不伤害对方为原则。如在散手中对武术中有些传统的实用技击方法作了限制，而且严格限定了击打部位和护具。短兵中使用的器具也做了相应的变化，而推手则是在特殊的技术规定下进行竞技对抗的。因此，可以说武术的搏斗运动具有很强的攻防技击性，但又与实用技击有所区别。

套路运动是中国武术的一个特有的表现形式，不少动作在技术规格、运动幅度等方面与技击的原形动作有所变化，但是动作方法仍然保留了技击的特性。即使因编排和演练技巧上的需要，穿插了一些不一定具有攻防技击意义的动作，然而就整套技术而言，主要的动作仍然是以踢、打、摔、拿、击、刺诸法为主，是套路的核心内容。因此说武术具有明显的攻防技击性。

（二）具有内外合一、形神兼备的民族风格

中国武术在锻炼方法上有其自身的特点，有别于其他体育项目，归纳起来有如下四点：

（1）内外相合的高度协调：武术动作结构复杂，运动方向多变，每个动作既要求手、眼、身、步的协调配合，还要求躯体运动与内在的精神、意识、呼吸的高度配合。长拳中强调"手、眼、身、步、精神、气、力、功"八法协调配合；形意拳讲究"外三合"即手与足合，肘与膝合，肩与胯合；"内三合"即心与意合，意与气合，气与力合进而达到内外"六合"；太极拳要求"以心行气，以气运身"，这些都是要求锻炼者在运动中达到内外相合，高度协调的目的。

（2）刚柔相间的劲力方法：中国武术用力方法主张亦刚亦柔，认为"纯柔纯弱，其势必削；纯刚纯强，其势必亡"，只有取刚柔之中和，才会生出极其丰富的劲力表现，所谓"刚柔相推而生变化"。为此中国各家拳法特点或以刚为主，或以柔著称，各家拳法的劲力方法或刚中含柔，或柔中寓刚，或先刚而后柔化，或先柔而后刚发，充满丰富的劲力特点和变化技巧。

（3）运气调息贯注动作：中国武术十分重视运气和调息的锻炼。武术在调息中注意与动作起伏变化的配合，有所谓"提、托、聚、沉"四法，使呼吸与运动协调配合，以保证动作的完成和运动持久。西方体育在运动中也注意调整呼吸或加深加快呼吸以助发力和加快动作频率。中国武术则重视养气、练气、运气，使气在意念引导之下与动作相合，做到以意导气，便利从心。

（4）气势连贯的整体意识：中国武术在套路演练中十分强调动作与动作的内在联系，在练法上强调势势相承，一气呵成。整套动作不可"断"，动作与动作连接强调停歇顿挫，富于节奏，更要做到"形断意连"、"势断气连"，要善于运用内在的心志活动，即心、神、意、气将动作有机地连接起来。就是在格斗中也讲究势势相承，连环成招，令对手防不胜防。

（三）具有广泛的适应性

武术的内容和练习形式丰富多样，不同的形式和内容都有与之相适应的各种练功方法。其动作结构、技术要求、运动风格和运动量相同，分别适应不同年龄、性别、职业、体质的人的锻炼需要，人们可以根据自己的条件和兴趣爱好进行选择练习。同时，武术运动不受时间、季节的限制，场地器材也可以因陋就简，这种广泛的适应性给开展群众性健身活动创造了有利条件。

三、武术运动的作用

（一）增强体质的作用

武术要求精神、意、气与动作内外相合，所以它不仅是形体上的锻炼，而且能够使身心得到全面的锻炼。系统地进行武术锻炼，有助于人体速度、力量、灵敏、耐力、柔韧、协调等素质的增长，对外能够利关节、强筋骨、壮体魄，对内能理脏腑、通经络、调精神。武术许多功法注意调息行气和意念活动，对人体内环境的调节、人体机能的改善、体质的增强具有明显的效果。

（二）防身自卫的作用

在武术套路和搏斗运动中，技击动作是其主要内容。套路虽然是以演练的形式出现，但它包含许多攻防中可用的拳法、掌法、腿法、擒拿法和快摔法，经常锻炼不仅人体机能和素质得到提高，还能增强对距离、时机的判断能力，可以起到防身自卫的作用。散打、推手的许多招式动作可以直接用于搏击和防卫，其中许多战术有益于防身自卫能力的增强。

（三）修身养性的作用

进行武术锻炼要常年不懈、持之以恒。长期进行武术锻炼，能够培养坚忍不拔、勇敢无畏以及果敢、冷静、坚毅的意志品质。武术在几千年绵延的历史中，一向重礼仪，讲道德，“尚武崇德”成为学武之人的一种传统教育；诸如尊师重道、讲礼守信、见义勇为、不逞强凌弱、学之有恒、精益求精等，可以培养和陶冶高尚的情操。激烈的攻防技击与人生修养相结合，进而达到修身养性的目的。

（四）观赏娱乐的作用

武术作为东方文化的人体运动，具有很强的艺术魅力和观赏价值。无论是套路运动还是搏斗运动，历来为人们喜闻乐见。唐代大诗人李白诗曰：“起舞拂长剑，四座皆扬眉”；杜甫在《观公孙大娘弟子舞剑器行》的著名诗篇中有“一舞剑器动四方，观者如山色沮丧”的描绘。汉代的“角抵戏”，宋代的“瓦舍”、明清的“走会”，都充分体现了武术的表演功能。现代竞技武术套路强调攻防特点，突出高、难、美、新。它所表现的富有生动韵律和气势如虹的招式动作及其演练技巧和散手的激烈巧取、推手中的借力发力，都具有极高的表演价值和观赏性，给人以美的享受。

此外，人们还可以根据自己的兴趣和爱好选择适合自己的项目进行锻炼。群众性的练武活动可以成为人们切磋技艺，交流思想，增进友谊的良好形式，既可达到健身，又可达到自娱娱人的目的。

第二节　武术的内容与分类

综观有记载的较有代表性的中国武术分类方法，归纳起来有地域分类法、名山大川分类法、姓氏分类法，技术特点分类法等等，这些分类方法从某一个侧面展现出武术的丰富内容，但缺少了整体性和系统化。下面介绍形式与类别分类法和功能分类法两种分类方法。形式与类别分类法是按武术的运动形式分类即套路运动和搏斗运动。功能分类法是根据武术的教育功能和社会功能而分成竞技武术、健身武术（传统武术）和学校武术，下面分别阐述。

一、形式与类别分类法

（一）套路运动

以技击动作为素材，遵照攻守进退、动静疾徐、刚柔虚实等运动变化规律编成的整套练习形式称为套路运动。套路运动按照演练形式的不同分为单练、对练和集体演练三种类型。其中单练又包括拳术和器械两类内容。对练包括徒手对练、器械对练、徒手与器械对练三类内容。

1. 拳术

徒手演练的套路运动称为拳术。拳术中又包含许多不同的种类，称为拳种。主要的拳种有长拳、太极拳、南拳、形意拳、八卦掌、八极拳、通背拳、劈卦拳、翻子拳、地躺拳、象形拳等。

（1）长拳：是以手型、手法、步型、步法、腿法、平衡以及蹿蹦跳跃、闪展腾挪、起伏转折等动作与技术组成的拳术。其运动特点是：姿势舒展、动作灵活、快速有力、节奏鲜明。是竞技武术中的主要项目，传统的长拳有查拳、华拳等。

（2）太极拳：是一种柔和、缓慢、连贯、圆活的拳术。它以掤、捋、挤、按、采、挒、肘、靠、进、退、顾、盼、定为基本运动方法（也称太极十三势）。在国内外广为流行，以健身修性为主，也是竞赛项目。传统的太极拳有陈、杨、吴、孙、武等式。

（3）南拳：是一种流行于我国南方各地拳术的总称。拳种流派颇多，广东有洪、刘、蔡、李、莫等家，福建有咏春、五祖等派。主要特点是：拳势刚烈，步法稳固，多桥法，擅标手，常以发声吐气助发力、助拳势。

（4）形意拳：以三体式为基本姿势，以劈、崩、钻、炮、横五拳为基本拳法，并吸取了龙、虎、猴、马、鼍、鸡、鹞、燕、蛇、骀、鹰、熊等十二种动物的动作与形象组成的拳术。其运动特点是：整齐简练，严密紧凑，发力沉着，朴实明快。

（5）八卦掌：是以摆扣步走转为主，以推、托、带、领、穿、搬、截、拦等掌法变换为内容的拳术。其运动特点是：沿圆走转，势势相连，身灵步活，随走随变。

（6）通背拳：是以摔、拍、穿、劈、攒等五种基本掌法为主要内容，通过圈、揽、勾、劫、削、摩、拨、扇等八法的运用所组成的拳术。其运动特点是：出手为掌，点手成拳，甩膀抖腕，放长击远，发力冷弹脆快。

（7）象形拳：是以攻防动作结合模拟各种动物形态或人物形象所组成的拳术。常见的有螳螂拳、鹰爪拳、猴拳、蛇拳、醉拳等。其运动特点是：象形生动，取意体现攻防特点。

2. 器械

器械套路种类繁多，分为短器械、长器械、双器械、软器械四类。短器械主要有刀、剑、匕首等；长器械主要有棍、枪、大刀等；双器械主要有双刀、双剑、双钩、双枪、双鞭等；软器械主要有三节棍、九节鞭、绳标、流星锤等。下面介绍四种主要的单练器械项目。

（1）剑术：以刺、点、撩、挂、截、穿、崩、挑等剑法，配合步型、步法、平衡、跳跃等动作构成的套路。其运动特点是：轻灵洒脱，身法矫健，刚柔相兼，富有韵律。

（2）刀术：以缠头、裹脑和劈、砍、斩、撩、扎等基本刀法配合步型、步法、跳跃等动作构成的套路。其运动特点是：快速勇猛，激烈奔腾，紧密缠身，雄健剽悍。

（3）枪术：以拦、拿、扎枪为主，兼有崩、点、劈、穿、挑等枪法，配合步型、步法、身法等构成的套路。其运动特点是：走势开展，力贯枪尖，上下翻飞，变幻莫测。

（4）棍术：以劈、扫、抡、戳、撩、挑等棍法配合步型、步法、跳跃等构成的套路。其运动特点是：勇敢泼辣，横打一片，密集如雨，梢把并用。

3. 对练

两个人或两个人以上，按照预定的动作程序进行的攻防格斗套路。

（1）徒手对练：是运用踢、打、摔、拿等技击方法，按照进攻、防守、还击的运动规律编成的拳术对练套路。常见的有对打拳、对擒拿、南拳对练、形意拳对练等。

（2）器械对练：是以器械的劈、砍、击、刺、格、挡、架、截等攻防技击方法组成的对练套路。主要有短器械对练、长器械对练、长与短对练、单与双对练、单与软对练、双与软对练等诸多形式。常见的有单刀进枪、三节棍进棍、双匕首进枪、双打棍、对刺剑、对劈刀等。

（3）徒手与器械对练：是一方徒手，另一方持器械，双方进行攻防对练的套路。常见的有空手夺刀、空手夺棍、空手进双枪等。

4. 集体演练

集体进行的徒手的或器械的、或徒手与器械结合的套路练习称为集体演练。竞赛中通常要求6人以上，如集体基本功、集体拳、集体刀、集体长穗剑、集体攻防技术等。要求队形整齐，动作一致。可以变换队形图案，还可以配乐。

（二）搏斗运动

搏斗运动是两人在一定条件下，按照一定的规则进行斗智较力的对抗练习形式。包括散打、太极推手和短兵三项。目前在全国广为开展的有散打、太极推手。

（1）散打：是两人按照一定的规则，使用踢、打、摔等技术方法制胜对方的竞技项目。

（2）太极推手：是两人按照一定的规则，使用掤、捋、挤、按、采、挒、肘、靠等手法，双方粘连黏随，通过肌肉感觉来判断对方的用劲，然后借劲发力将对方推出界外或使之倒地以决胜负的竞技项目。

（3）短兵：是两人手持一种用藤、皮、棉制作的短棒似的器械，在16市尺直径的圆形场地内，按照一定的规则使用劈、砍、刺、崩、点、斩等方法以决胜负的竞技项目。

二、功能分类法

功能分类法是依据体育分类法的基本原理和武术发展实际，从宏观的角度运用系统的观点，对中国武术进行分类。它既能反映出中国武术多内容、多形式、多类别的特点，更能反映出其多功能、多层次的特点。功能分类法把中国武术分为学校武术、竞技武术和健身武术三大类。武术是体育运动的组成部分，并且早已纳入现代化的轨道，它同其他现代体育项目一样具有教育功能（学校武术）和社会功能（竞技和健身），这种分类法可以真实、清晰地反映出现代武术的格局和发展实际。

（一）学校武术

学校武术侧重体现武术的教育功能，其目的是使学生通过武术的锻炼达到增强体质、增进健康，并使之了解祖国传统文化，达到振奋民族精神、培养优良品质的教育目的。党和政府十分重视民族传统体育的开展和推广，使武术得到蓬勃发展。在原国家体委和中国武协的领导下，各省、自治区、直辖市建立了武术协会、武术馆、社、研究会、辅导站、业余体校武术班，这些都是传授武术技能的途径。作为武术教育的重要标志是武术作为体育教学内容走进各级各类学校，特别是普通大、中、小学。目前在大、中、小学开展的教学内容有长拳类的少年拳、青年拳、刀术、剑术、枪术、棍术，还有太极拳、剑、攻防格斗技术以及各种健身功法等。另外，军事院校、公安学校、警校开设有以擒拿格斗、散打为重点的套路和攻防格斗技术教学。我们可将这一部分武术称为学校武术。

（二）竞技武术

竞技武术是以创造优异运动成绩为主要目的。中华人民共和国成立以后国家在这方面投入了大量的工作，如竞赛体制的建立、竞赛规则的制定、裁判法的研究与实施、竞赛规定套路的创编、推广和使用。特别是针对武术中流行最广、最具代表性的长拳、南拳、太极拳剑以及长拳类的刀、剑、枪、棍等项目进行改造使之成为能够进行比赛的竞赛项目，这是武术竞赛史上前所未有的创新之举。近年又有传统拳术如形意拳、八卦掌等竞赛规定套路的创编、推广以及国际武术竞赛套路的推出，这些项目与学校武术相比较，存在着初级与高级之分，简单与复杂之别。竞技套路在动作数量、动作组别、技术难度、编排布局上均有特定要求，所以与学校武术存在明显的区别。同时竞技武术还包括按规则进行比赛的散打、推手、短兵等对抗性运动。

（三）健身武术

健身武术是指除学校武术、竞技武术以外的流行于广大民间的那些源流有序、拳理明晰、风格独特、自成体系的传统武术。这些传统武术包括拳术、器械、练功方法、对练以及攻防实战技术（也包括以健身为目的的新编健身套路）。我国人民自古以来就以此作为健体强身、防身自卫、保家卫国、娱乐身心的方法和手段。在现代快节奏以及和平安定的生活环境中把武术作为健身方法和手段已成为人们生活的一大需要。随着我国经济的快速发展，人民生活的日益提高，以武术作为健身的手段的人数仍处在上升的趋势。现在成千上万的外国人学练中国武术大多也是为了健身。

综上所述，功能分类法体现了中国武术的整体结构，特别是在社会功能系统下属的子系统即健身武术涵盖了流行于民间的 100 多个拳种，这是其他分类方法所不及的。功能分类法不仅反映了现实的武术整体框架和发展格局，而且为制定武术发展总战略，调整发展各系统，达到整体的发展提供了思路和依据。它的各种功能、技术层次关系是不变的，但是，其中所含内容是动态的，不断完善充实而加以变化的。功能分类法有利于中国武术作为一个整体向世人展现，使世界各国对中国武术的功能作用、技术层次有明晰的了解，便于选择和学习，从而有利于中国武术走向世界。

第三节 武术基本功

武术基本功是练习武术必须具备的身体活动能力、技术技巧能力以及心理素质等基础。基本功训练时，有一系列专门的综合性练习人体内、外各部位功能的方法和手段，这些方法和手段，突出了武术运动的专项要求，具有鲜明的内外兼修的运动特点。基本功包括手形、手法、腿功、腰功、肩功和桩功等主要内容。腿功表现的是腿部的柔韧性、灵活性和力量等功夫；腰功表现的是腰部灵活性、协调控制上下肢运动的能力和身法技巧的功夫；肩功表现的是肩关节柔韧性、活动范围的大小以及力量等方面的功夫；桩功表现的是腿部力量和呼吸内息的功夫。

一、基本手形和手法

（一）手形

1. 拳

各部位名称：拳眼、拳心、拳面、拳背、拳轮（如图 11-1 所示）。

动作说明：五指卷紧，拇指压于食指、中指第二指节上。

要点：拳握紧、拳面平、直腕。

易犯错误：拳面不平、屈腕。

纠正方法：讲解拳的攻防作用。

教法提示：先示范与讲解拳的规格、要求，再采用手形变换练习。

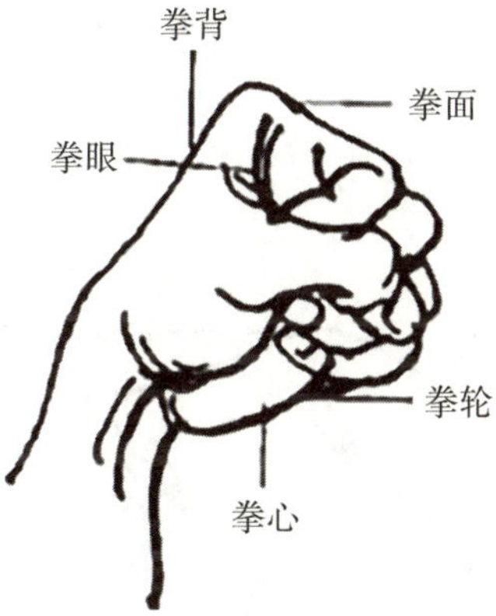

图 11-1　拳的各部位

2. 掌

各部位名称：掌心、掌背、掌指、掌根、掌外沿（如图 11-2 所示）。

动作说明：四指伸直并拢，拇指弯曲紧扣于虎口处。

要点：掌心开展、竖指。

易犯错误：松指、掌背外凸。

纠正方法：讲解掌的攻防作用。

教法提示：同拳。

3. 勾

各部位名称：勾尖、勾顶（如图 11-3 所示）。

动作说明：五指撮拢成勾，屈腕。

要点：屈腕。

易犯错误：松指，腕没有扣紧。

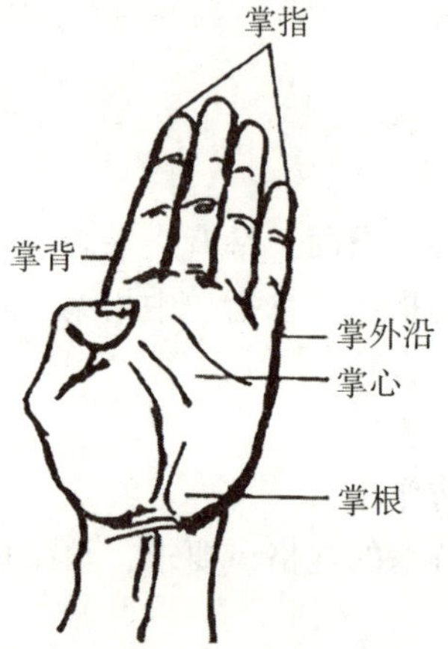

图 11-2 掌的各部位

纠正方法：讲解勾手的攻防作用。

教法提示：同拳。

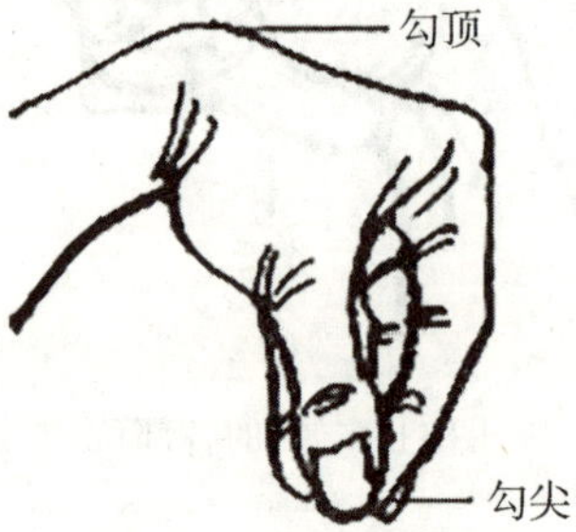

图 11-3 勾的各部位

（二）手法

1. 冲拳

预备姿势：两脚左右开立，两拳抱于腰间，拳心朝上。

动作说明：右拳从腰间旋臂向前猛力冲出，力达拳面，目视前方。

要点：挺胸、收腹、直腰、出拳快速有力，做好拧腰、顺肩、急旋前臂的动作（如图 11-4 所示）。

2. 架拳

预备姿势：同冲拳。

动作说明：右拳向右上方架起，拳眼向下，目视左方。

要点：松肩、肘微屈、前臂内旋，力达前臂外侧。

图 11-4 冲拳

3. 推掌

预备姿势：同冲拳。

动作说明：右拳变掌，以掌外沿为力点向前猛力推出，目视前方。

要点：同冲拳，注意沉腕、翘掌、力达掌外沿（如图 11-5 所示）。

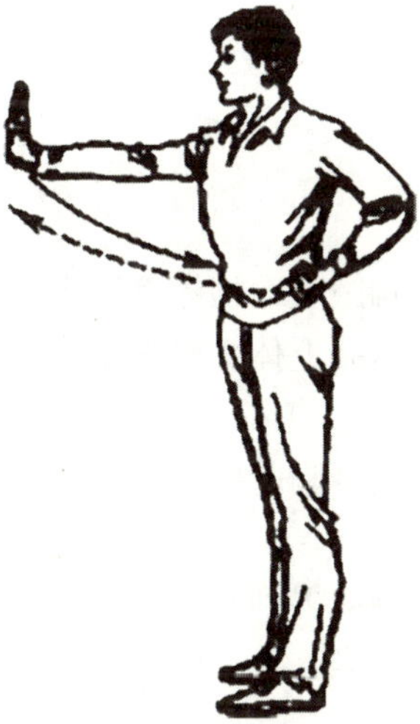

图 11-5 推掌

4. 亮掌

预备姿势：同冲拳。

动作说明：抖腕亮掌，臂成弧形举于头上，目视左方。

要点：抖腕、亮掌与转头要同时完成（如图 11-6 所示）。

图 11-6　亮掌

二、腿功

（一）正压腿

面对一定高度的物体，左脚跟放在物体上，脚尖勾起，两腿伸直，两手扶按在左膝上，或用两手抓握左脚，然后上体立腰向前下方振压，用头顶尽量触及脚尖。两腿交替进行。

学练要点：两腿伸直，立腰挺胸前压。

（二）侧压腿

右腿支撑站立，左脚从体侧放置到一定高度的物体上，脚尖勾起，右臂上举，左掌立于胸前，两腿伸直，腰部挺立，上体向左侧下振压，振压幅度要逐渐加大，直到上体能侧倒在左腿上。两腿交替进行。

学练要点：两腿伸直，开髋立腰挺胸，上体完全侧倒。

（三）后压腿

背对一定高度的物体，两手叉腰，右腿支撑站立，左腿后伸，脚背放到物体上，两腿伸直，上体向后下振压，并逐渐增大振压幅度。两腿交替进行。

学练要点：两腿伸直，立腰挺胸，头随上体后仰。

（四）仆步压腿

右腿屈膝全蹲，全脚着地；左腿向左侧伸直，脚尖内扣；两手分别抓住两脚脚背，成左仆步；腰部挺直，左转前压。左右仆步交替进行。

学练要点：直腰抬头，一腿全蹲，另一腿伸直，两脚压紧地面。

（五）正搬腿

右腿伸直支撑，左腿屈膝提起，左手扶膝，右手抓住左脚，然后将左脚向前方伸出，直至膝关节挺直，左脚外侧朝前。两腿交替进行。

学练要点：两腿伸直，立腰挺胸，被搬腿的脚尖勾紧（如图 11-7 所示）。

图 11-7　正搬腿

（六）侧搬腿

左腿伸直支撑，右腿从体侧抬起，右手经右小腿内侧绕脚后抱住右脚跟，将右腿伸直，脚尖勾紧。两腿交替进行。

学练要点：两腿伸直，立腰挺胸，身体直立平稳。

（七）竖叉

两腿伸直前后叉开成直线。左腿后侧着地，脚尖上翘；右腿前侧着地，脚背扣在地上，两臂立掌侧平举。两腿交替进行。

学练要点：立腰挺胸，沉髋挺膝。

（八）劈横叉

两腿伸直向左右两侧叉开下坐成直线，两腿内侧着地。两臂立掌侧平举。

学练要点：髋关节完全打开，立腰挺胸。

三、腰功

（一）前俯腰

并步站立，两手十指交叉，直臂上举，手心向上；上体前俯，挺胸，塌腰，两手尽力触地。再两手松开，用两手绕过双腿，抱住两脚跟部，尽量使自己的上体、脸部贴紧双腿。

学练要点：两腿挺膝伸直，上体前俯时，挺胸、塌腰、收髋。

（二）甩腰

开步站立，两臂伸直前举，以腰为轴，上体做前后屈和甩腰动作，两臂也随之甩动。

学练要点：两腿伸直，腰部放松，后甩时抬头挺胸，甩腰动作紧凑而有弹性。

（三）涮腰

两脚开立，略宽于肩，上体前俯，以髋关节为轴，两臂向左前下方伸出。然后挥动两臂，随上体向前、向右、向后、再向左做翻转绕环。左右涮腰交替进行。

学练要点：两腿伸直，以腰为轴，翻转绕环圆活、和顺。

（四）下腰

两脚开立同肩宽，两臂伸直上举；腰向后弯，抬头，挺腰，双手撑地身体呈桥形。

学练要点：两脚支撑站稳，膝关节尽量挺直，腰部后弯上顶，脚跟不能离地。

四、肩功

（一）压肩

面对一定高度的物体，两脚开立同肩宽，上体前俯，两手抓住横杆，抬头挺胸，塌腰，用力向下振压。

学练要点：两腿伸直，肩部松沉，用力震压，力点集中于肩部。

（二）单臂绕环

左弓步站立，左手扶按左膝，右臂以肩为轴做直臂的顺、逆时针绕环。两臂交替进行。

学练要点：臂伸直，肩放松，绕立圆。

（三）双臂绕环

开步站立，以肩关节为轴，两臂分别向前和向后做直臂绕环。顺、逆时针绕环交替进行。

学练要点：身体正直，臂伸直，肩放松，绕环协调和顺。

（四）两臂交叉绕环

开步站立，两臂直臂上举，左臂以左肩关节为轴，向前下做顺时针绕环；同时，右臂以右肩关节为轴，向后下做逆时针绕环。两臂顺、逆时针交替进行。

学练要点：身体正直，两臂伸直，绕环协调和顺。

五、桩功

桩功是武术基本功中具有特殊意义的功法，主要是指在静中求动，静中练功，静聚威力，快速制人的武术功法。两腿站定，练弓步桩、马步桩、浑元桩等都是下固两腿，中稳身躯，上静于脑，气沉丹田，以意领气，调气练气。动中求静，贵在聚气，调气，发力，静中求动，意在练气，聚气，壮气，发力，有推山之力。因此练桩功，可增强腿部力量，可协调上肢完成动作，配合下肢，使上下肢形成一体。对初学者来说，应经常练弓步、马步和少林派中的各种桩功。

（一）弓步

动作说明：前脚微内扣，全脚掌着地，屈膝半蹲，大腿成水平，膝部约与脚面垂直；另一腿挺膝伸直，脚尖里扣斜向前方，全脚掌着地，上体正对前方，两手抱拳手腰间。

要点：挺胸，立腰；前腿弓、后腿绷（如图 11-8 所示）。

图 11-8 弓步

（二）马步

动作说明：两脚左右开立为脚长三至四倍，脚尖正对前方，屈膝半蹲，大腿成水平，眼看前方，两手抱拳于腰间。

要点：头正、挺胸、立腰、扣足（如图 11-9 所示）。

图 11-9　马步

（三）虚步

动作说明：后脚尖斜向前，屈膝半蹲，大腿接近水平，全脚掌着地；前腿微屈，脚面绷紧，脚尖虚点地面。

要点：挺胸、立腰、虚实分明（如图 11-10 所示）。

图 11-10　虚步

（四）仆步

动作说明：一腿全蹲，大腿和小腿靠紧，臀部接近小腿，全脚掌着地，膝与脚尖稍外展；另一腿平铺接近地面，全脚掌着地，脚尖内扣。

要点：挺胸、立腰、开髋，全脚掌着地。

（五）歇步

动作说明：两腿交叉屈膝全蹲，前脚全脚掌着地，脚尖外展；后脚跟离地，臀部外侧紧贴后小腿。

要点：挺胸、立腰、两腿贴紧。

（六）丁步

动作说明：两腿半蹲并拢，一脚全脚掌着地支撑，另一脚停在支撑脚内侧相靠，脚尖点地。

要点同虚步（如图 11-11 所示）。

图 11-11　丁步

第四节　武术基本套路

一、初级长拳第三路

初级长拳第三路是武术长拳类中最基础的套路之一，共分为四段。深受广大人民群众，特别是青少年学生的喜爱。

（一）技巧注意事项

1. 姿势准确

长拳套路是由许多动作有机地衔接组成的，无论是动态还是静态，对身体各部分的姿势要求都有一定的规格，拳谚上要求做到“式正招圆”。“式”，通常指各种静止姿势。基本要求是：头正、项竖、肩沉、胸挺、腰直、臀敛；上肢动作要挺拔、舒展；下肢动作要求稳健、匀称，轮廓清楚。“招”，主要是指由动到静，一个完整的技术方法。它不仅要求做到有头有尾，过程清楚，而且要求身体各部位达到高度的协调、圆满、完整，各种拳法、掌法、步法、身法的变化做到路线清晰、力点准确、攻防有序。

2. 劲力顺达

要有劲力，首先要做到用力顺达，讲究发力顺序。武术中有“三节”、“六合”的说法，手和脚为梢节，肘和膝为中节，肩和胯为根节，这六个部位在运动中和谐，称为“六合”。一般来说，上肢发力应是“梢节起，中节随，根节催”；下肢则是“起于根，顺于中，达于梢”；牵涉上下肢的动作，则是“起于腿，发于腰，传于肩，顺于肘，达于手”，使腿、膝、胯的力量，通过腰力作媒介，以送肩、顺肘而达于拳面，使上、中、下三节都贯通起来。除了讲究发力的顺序外，还要做到发劲的刚柔变化，肌肉的松紧配合要得当。通常动作开始时要放松，逐渐加速，力达末端时达到最高速，这种劲力既迅速敏捷，又有弹性。

3. 节奏鲜明

一个套路由几十个动作组成，形成不同的运动节奏。长拳中主要表现为动与静、重与轻、快与慢、起与伏、长与短的变化。动与静的变化，要做到“动迅静定”，动如疾风般迅速，静若山岳似的稳定；重与轻的变化，武术有“重如铁”、“轻如叶”之说，如震脚、砸拳、踏步等动作力沉千钧，而弧形步、跃步前穿则要轻灵，若风飘柳絮；起与伏，则是从动作的空间运动来讲节奏变化的，高的动作要挺拔，有顶天立地的气概，低的动作要沉得下去，有鱼翔浅底的本领；快与慢也体现了一定的节奏变化，不能一快到底，为了表现身法和动作的韵律，常出现以慢带快或快而轻慢尔后更快的生动节奏；长与短的变化，就像写文章点标点似的，武术中的“长句”称挂串动作，即连续完成多个动作，“短句”称顿挫动作，有时做一两个动作即停，长短相参，使节奏更加多变。

4. 精神饱满

武术中通常称为“精、气、神”，主要指精神、意念和气质。练套路时，首先，要精神饱满，严肃认真，思想集中，充满信心，要有假设性的攻防含义和击打形象，表现出勇敢、机智、无所畏惧的气概来。其次，在每个动作中，要注意手与眼的严谨配合，通过眼睛的传神会意来表现动作的攻防变化。“眼随手动，步随身行”，就是说，动作的攻防、架挡、进击、格守，眼神都在贯注中紧密配合，左顾右盼，传神会意；“眼到手到，步到身到”，当动作戛然而止时，眼睛全神贯注，静中含动；通过传神会意来体现人的精神面貌，使动作之间有机地联系起来，做到形断气不断，势停意不停。

5. 呼吸得法

练习长拳时，动作和呼吸的配合，讲究“提、托、聚、沉”四种方法。一般情况下，由低动作进入高动作或跳跃动作时，应该运用“提”法（吸气，提高重心）；当静止性动作出现时，应该运用“托”法（短暂地停止呼吸，稳定重心）；当刚脆、短促发力动作出现时，应该运用“聚”法（呼气过程）；由高动作转入低动作时，应该运用“沉”法（呼气后短暂停吸，下降重心）。这些呼吸随动作变化，运用时要在自然呼吸的基础上，慢慢体会，从反复实践中逐步掌握。

（二）武术套路

预备动作：

1. 虚步亮掌　2. 并步对拳

第一段动作：

1. 弓步冲拳　2. 弹腿冲拳　3. 马步冲拳　4. 弓步冲拳
5. 弹腿冲拳　6. 大跃步前穿　7. 弓步击掌　8. 马步架掌

第二段动作：

1. 虚步栽拳　2. 提膝穿掌　3. 仆步穿掌　4. 虚步挑掌
5. 马步击掌　6. 叉步双摆掌　7. 弓步击掌　8. 转身踢腿马步盘肘

第三段动作：

1. 歇步抡砸拳　2. 仆步亮掌　3. 弓步劈拳　4. 换跳步弓步冲拳
5. 马步冲拳　6. 弓步下冲拳　7. 叉步亮掌侧踹腿　8. 虚步挑拳

第四段动作：

1. 弓步顶肘　2. 转身左拍脚　3. 右拍脚　4. 腾空飞脚
5. 歇步下冲拳　6. 仆步抡劈拳　7. 提膝挑掌　8. 提膝劈掌弓步冲拳

结束动作：

1. 虚步亮掌　2. 并步对拳　3. 还原

二、二十四式简化太极拳

（一）太极拳的动作要领

各式太极拳有不同的流派特征，然而，它们的动作要领基本上是一致的。

1. 神为主帅，意动身随

练习太极拳的全过程都要求用意念引导动作，把注意力贯注到动作中去。例如：做太极拳“起势”两臂徐徐前举的动作，从形象上看，与体操中两臂前平举的动作相似，但在太极拳的练法上，开始做动作前就要有向前平举的意念。做气沉丹田就要有把气沉到腹腔深处的意念。意不停，动作随之不停，犹如用一条线把各个动作贯穿起来一样。古人在练拳过程中所总结的“神为主帅，意动身随”，就是强调用意念引导动作。

2. 注意放松，不用拙力

练习太极拳时，要求在保持身体正常姿势的情况下，身体各部位的肌肉、关节做到最大限度的放松。在做动作的过程中，要避免使用拙力和僵劲，人体的脊柱按自然的状态直立，头、躯干、四肢等部位自然、舒展地活动，达到式式连贯、处处圆活、不僵不拘、周身协调、动作自如的状态。

3. 上下相随，周身协调

太极拳是一种全身性的运动。有人说，打太极拳时全身“一动无有不动”、“由脚而腿而腰总须完成一气”，这些都是形容练太极拳时“上下相随，周身协调”的意思。初学者虽然在理论上也知道要以腰为轴，由躯干带动四肢来进行活动，但往往感到力不从心。在这种情况下，可先练习单式动作，同时练习步法，然后再进行套路练习。

4. 分清虚实，稳定重心

在掌握太极拳身体姿势的动作要领后，要注意动作的虚实和身体的重心。因为在太极拳的套路中，动作之间的连接，以及位置方向的改变，都贯穿着步法的变换和重心的转移，同时，还要讲究身法和手法的运用。不论由虚到实，还是由实到虚，既要分明，又要连贯衔接，做到势断意不断，一气呵成。所谓“迈步如猫行，运动如抽丝”，就是对太极拳脚步轻盈和动作均匀的描述。

5. 自然呼吸，气沉丹田

练习太极拳时，由于动作轻松柔和，要求呼吸平和，且要增加呼吸的深度，以满足机体对氧气的需要。太极拳运动强调运用腹式呼吸，以横膈上下活动完成“气沉丹田”，让腹部存养含蓄，不使上浮，这样在练拳时就不至于因缺氧而气喘，并有助于重心稳定。注意含胸拔背有助于“气沉丹田”。

（二）太极拳对身体各部位姿势的要求

1. 头部

练习太极拳时，对头部姿势的要求是很严格的。所谓“头顶悬”、“虚领顶劲”，或“提顶”、“吊顶”的说法，都是要求练习者头向上顶，避免颈部肌肉硬直，更不要东偏西歪或自由摇晃。头颈动作应与身体方向位置的变换、躯干的旋转相呼应，做到上下连贯协调一致。同时，面部表情要自然，下颌向里微收，口自然合闭，舌尖轻轻顶住上颚。眼神要随着身体的转动，注视前手（个别时候看后手）或平视前方，既不可皱眉怒目，也不要随意闭眼或精神涣散。打拳时，神态力求自然，注意力一定要集中，不要东张西望，否则会影响锻炼效果。

2. 躯干部

针对胸背，太极拳要领中指出要“含胸拔背”，或者“含蓄在胸，运动在两肩”。意思是说在锻炼过程中要避免胸部外挺，但也不要过分内缩，应顺其自然。“含胸拔背”是互相联系的，背部肌肉随着两臂伸展动作，尽量地舒展开，同时注意胸部肌肉要自然松弛，不可使其紧张，这样胸就有了“含”的意思，背也有“拔”的形式，从而可免除胸肋间的紧张，呼吸调节也自然了。

腰在人体起着非常重要的作用，保持人体行、站、坐、卧的正确姿势。在练习太极拳的过程中，身体要求端正，不偏不倚。拳术家说：“腰脊为第一之主宰”、“刻刻留心在腰间，腹内松劲气腾然”、“腰为车轴”，等等，都是强调如果腰部力量中断或在身体转动中起不了车轴的作用，就不可能做到周身完整一气。练习时，无论进退或旋转，凡是由虚而逐渐落实的动作，腰部都要有意识地向下松垂，以帮助气的下沉。注意腰腹不可用力前挺，以免影响转换时的灵活性。同时，腰部向下松垂，可以增加两腿力量，使下盘（下盘指髋关节以下身体部位）得到稳固，使动作既圆活又完整。在配合松腰的要领当中脊椎骨要根据生理正常姿势竖起，不可因松腰而故意后仰前挺或左右歪斜，以致造成胸肋或腹部肌肉的无谓紧张。

对于臀部，练太极拳时要做到“垂臀”（或称“敛臀”），这是为了避免臀部突出而破坏身体的自然状态。练习时，要注意臀部自然下垂，不要左右扭转。在松腰、正脊的要求下，臀部肌肉要有意识地收敛，以维持躯干的正直。总之，垂臀和顶头的要求一样，应用意念调整，不是用力去控制。

3. 腿部

在练习太极拳的过程中，进退的变换、发劲的根源和周身的稳定，都靠腿部来控制。因而在锻炼时，要特别注意在重心移动的过程中脚放的位置和腿弯的程度。练拳人常讲：“其根在脚，发于腿，主宰于腰，形于手指”，可见腿部动作姿势的好坏，关系着整体动作的正确与否。腿部活动时，首先要求髋和膝关节放松，这样可以保证进退灵便。脚的起落要轻巧灵活；前进时脚跟先着地，后退时前脚掌先着地，然后慢慢踏实。

4. 臂部

太极拳术语中讲“沉肩垂肘”，就是要求这两个部位的关节放松。肩、肘两个关节是相关联的，能沉肩就能垂肘。运动时应经常注意肩关节松开下沉，并有意识地向外引伸。太极拳对手掌部位的要求是：凡是收掌的动作，手掌应微微含蓄，但又不可软化、飘浮；当手掌前推时，除了注意沉肩垂肘之外，同时手腕要微向下塌，但不可弯得太大。手法的屈伸翻转，要力求轻松灵活。出掌要自然，手指要舒展（微屈）。拳要松握，不要太用力。手和脚的动作是完整一致的，如果手过度向前引伸，就容易把臂伸直，达不到“沉肩垂肘”的要求；而过分地沉肩垂肘，忽略了手的向前引伸，又容易使臂部过于弯曲。总之，做动作时，臂部始终要保持一定的弧度，推掌、收掌动作都不要突然断劲，这样才能做到既有节奏，又能连绵不断、轻而不浮、沉而不僵、灵活自然。

（三）初学太极拳的注意事项

1. 练好基本动作，不要急于求成

从表面看，太极拳运动轻松自如，没有难度，其实，它对周身各部位都有较高的要求，其运动的方法与我们的日常活动有较大的区别。初学者很难一开始就做到全身协调、形神兼备，常常不能分清动作的起止、手脚不能兼顾、体会不到动作的发力顺序。相对于套路来讲，太极拳的基本功和基本动作要简单得多。有的练习几乎是静止不动，如无极桩；有的仅有手部动作，如升降桩、开合桩；有的只做脚下练习，如单独步法练习。因此，初学者从基本功和基本动作入手，就不容易出现错误动作，才能体会到太极运动的劲力、方法、配合。太极拳界历来流传“十年练架子，十年练套路，十年练推手”的说法，也就是说非三十年不能领会太极拳的精髓。尽管把练习太极拳的各阶段划分得太长，但却充分说明，练习太极拳要打架子（基本动作）、练套路，最后才能用于实战技击。

2. 速度要均匀

初学太极拳时宜慢不宜快，从慢上练功夫、打基础。先把动作学会，把握动作要领，熟练以后，不论速度稍快或稍慢，都要从头到尾保持均匀。打一套“简化太极拳”，正常的速度是4~5分钟，有的人慢练，可长达8~9分钟，但也不可太慢。

3. 架势不可忽高忽低

初学时架势可以高一点，也可低一点，但在“起势”时就要确定高低程度，以后整套动作要大体上保持同样的高度（除“下势”以外）。体弱者最好采用高一点的架势练习，随着动作的熟练和体质的增强，再练中型架势或低一点的架势。

4. 要掌握适当的运动量

太极拳虽然不如其他拳术和其他运动项目运动剧烈，但是它要求上下肢在一定的弯曲下做慢动作，加之要求全身内外上下高度协调统一，所以，还是有一定运动量的。特别是下肢的运动量比较大。因为打太极拳，一方面要求两腿分清虚实，体重经常由一条腿来负担，而这条腿又是在膝关节弯曲情况下来支撑体重的；另一方面，由一个姿势转到另一个姿势、重心由一腿过渡到另一腿上时要求缓慢，用的时间较长，这就大大增加了下肢的负荷量。所以，初学者练完一两趟“简化太极拳”，往往会感到两腿酸痛，这是正常的生理现象。坚持练下去，这种腿部酸痛现象就会消失。每次锻炼的时间长短、趟数多少、运动量大小，应根据工作和学习情况及自己的体质而定。患有不同伤病的人，每次的运动量不宜太大，要注意循序渐进，逐步加大运动量，必要时应征求医生的意见。总之，在初练太极拳时，运动量的掌握要因人而异，因病制宜，不应贪多求快，急于求成。

5. 要持之以恒

练太极拳同从事其他体育锻炼一样，贵在坚持。不仅开始时要积极参加练习，而且一定要坚持练下去。根据自己工作或学习的时间情况，最好每天在业余时间能安排一定的时间进行练习，切不可“三天打鱼，两天晒网”、“一曝十寒”，或是认为已经练会了，或者感到病情有所好转，就不再继续坚持练习。否则，不仅不能逐步提高太极拳的技术水平，不能做到精益求精，而且更重要的是不能更好地收到坚持练太极拳增强体质和治病防病的效果。一般情况下，每天在上班前、下班后或工间操、课间操时间，在本单位的院落、空地都可以练习。有条件的最好能在清晨或晚间，到就近的公园、树林、广场、河边、空地等空气清新和环境安静的地方练习。如果这些地方设有太极拳辅导站，可以参加集体学习，收效会更好一些。

（四）二十四式简化太极拳基本套路

第一组	1. 起势	2. 左右野马分鬃	3. 白鹤亮翅	
第二组	1. 左右搂膝拗步	2. 手挥琵琶	3. 左右倒卷肱	
第三组	1. 左揽雀尾	2. 右揽雀尾		
第四组	1. 单鞭	2. 云手	3. 单鞭	
第五组	1. 高探马	2. 右蹬脚	3. 双峰贯耳	4. 转身左蹬脚
第六组	1. 左下势独立	2. 右下势独立		
第七组	1. 左右穿梭	2. 海底针	3. 闪通臂	
第八组	1. 转身搬拦捶	2. 如封似闭	3. 十字手	4. 收势

三、散打

散打又称技击术或擒拿格斗术，是中华武术的精髓。它主要包含踢、打、摔、拿与格、架、截、闪等攻防技巧（高级技巧还有抓筋、点穴法），对敌中远距离，可用拳打脚踢；对敌近距离，可用头、肘、膝、肩、胯、背等躯体各部进行贴靠撞打与摔拿。它需要练习者练就灵活的步法，娴熟的手法，敏锐的眼法，协调的身法。在刚柔相济的同时，配以过硬的身体各部功力，不动则已，动则出杀招制服敌人。学习散打术，是培养人顽强毅力、优秀心理素质和克敌制胜本领的最佳途径。散打术招法简捷，没有套路，注重实用。基本技术主要包括拳法、肘法、腿法、膝法、摔法和拿法。

（一）基本拳法、掌法

1. 直拳

动作说明（以右直拳为例）：左脚向前上一步，同时右拳以蹬腿、扭腰、送胯的合力从胸前猛力向前旋转冲出，重创对手的面部，同时左手防护头部。直拳在距离对方较远时使用。

2. 摆拳

动作说明（以右摆拳为例）：左脚向前上一步，同时右拳以蹬腿、扭腰、送胯的合力，借腰部转动发力，由后猛力向前横勾，同时左手防护头部，重创对手的太阳穴或脸部。它是侧面进攻的拳法。

3. 勾拳

动作说明（以右上勾拳为例）：左脚向前上一步，同时结合蹬腿、扭腰、送胯的合力，将右拳由后向前上方屈臂猛力勾击，重创对手的腹部、下巴或心窝。勾拳在短距离实战中威力大，实战时根据需要也可以使用左、右平勾拳打击对手。

4. 扣拳

动作说明（以左扣拳为例）：左腿在前，左臂以肘为轴，拳由下经胸向前上方，用拳背摔出。扣拳是近距离中攻击对方的拳法，可用拳背抽击对方面部。在实战中配合肘法、手法攻击对方，能发挥较大的威力。

5. 撩拳

动作说明（以左撩拳为例）：左腿在前，上体快速向右拧转 180°，同时左拳经胸腹，向身体后下方撩击，同时右掌放于下颌左侧防卫。撩拳是近距离击打对方的拳法。它能在败退中突然反击对方。可有力地撩中对方腹、裆部位，它是一种隐蔽的拳法。

6. 劈掌

动作说明（以左劈掌为例）：左腿在前，左臂先向前上方撩击对方，再以肩关节为轴向下后方斜劈，手指向下，同时右掌上挑，护脸侧面。劈打时，攻击对方肩、颈等部位。劈掌动作大，用力凶猛，是杀伤对方的一种重要方法。

7. 挑掌

动作说明（以右挑掌为例）：左腿进步，同时左掌由下向前上方挑击，手臂伸直，虎口向前，右掌护脸左侧，保护头与肋。挑掌是由下向上攻击对方裆、腹部位的掌法，是一种隐蔽手法。

8. 穿掌

动作说明（以右穿掌为例）：两手变掌，左腿向前上步，同时右掌从右胸向前穿击。穿掌时向前探肩，另一手护脸侧，保护头与肋。穿掌是用指尖穿击对方眼睛、面部的掌法，它能主动攻击对方。在实战中快速连续的穿掌能扰乱对方攻、防思路。

（二）基本肘法

1. 盘肘

动作说明：乙用右勾拳击甲方的左脑门。甲用左臂向上外格挡乙右腕部，同时右臂屈肘，上身左转，横击乙的左脑部。

2. 崩肘

动作说明：乙用两手抓住甲的双肩厮打，甲立即用右手抓乙的左腕部。同时上身右转，上左步，用脚尖钩住乙右脚跟；左手屈肘内旋，用肘后侧向下击乙的右臂。乙松右手后缩，甲顺势用左肘尖向左崩击对方的心窝，重创乙胸部。

3. 砸肘

动作说明：乙用两手抱住甲的左腿膝部，想摔倒甲。甲即以左前臂向下紧压乙后脑，同时右臂屈肘上举，用肘尖向下打击乙的背部。

4. 挑肘

动作说明：乙右拳向前勾击甲腹部。甲立即以左臂由内向外按拨乙的右拳，同时右臂屈肘，肘尖向前上挑击乙的下巴。

5. 顶肘

动作说明：乙上步，左拳击甲胸部，甲以右腿上步，从外侧扣住乙方的左腿，同时右臂屈肘格挡乙的左拳，左手抓乙左腕后拉，右肘尖向前顶击乙方的左肋部，乙被击伤。

（三）基本腿法与膝法

在格斗术中下肢攻防主要是腿与膝的动作。中国拳谚有“手是两扇门，全凭腿打人”之说，因为腿比手长，肌肉发达，力量强，在技击中，腿攻击范围广，破坏力也比手大，膝部攻击通常在贴身近战时采用。以下介绍几种较常用的腿法与膝法。

1. 腿法

（1）前蹬腿。动作说明：甲左脚上前一步，右腿屈膝抬起，腿由屈到伸，用脚跟向前猛力蹬出，可重创敌心脏、小腹、裆部。格斗中有时也用后蹬腿，是比较隐蔽的技法。

（2）弹踢腿。动作说明：甲左脚上前一步，右腿屈膝提起，脚面绷直，大腿带动小腿，用脚面猛力前弹踢出，可伤及敌心窝、腹部、裆部及下颌。

（3）横踢腿。动作说明：甲左脚向前上一步，身体在向左拧腰转胯的同时，右腿迅速在体侧提膝，右小腿屈伸横扫，使用脚面或脚尖，可伤及敌肋胸部、裆部或头部。

（4）侧踹腿。动作说明：甲左脚上半步，脚尖外撇，同时左转身，右腿屈膝上抬，小腿由屈到伸，用脚掌外缘向前踹出。可伤及敌胸腹部或膝部。

（5）转身后旋腿。动作说明：甲进攻时上右脚，同时身体左转，保持左转势能，再以右脚掌为轴，身体速向左后转 180°，带动左腿用脚跟扫击对方中盘或头部。可伤及敌头部、胸腹部或肋部。

2. 膝法

（1）正顶膝。动作说明：甲用双手紧抱对方颈部并用力下按，同时速提右膝，由下向前上用膝盖猛力顶撞，可伤及敌面部、裆部。

（2）侧撞膝。动作说明：甲左脚上前一步，用双手紧抱对方颈部并用力下按，同时速提右腿，用膝盖由右向左猛力顶撞对方大腿外侧、肋部或太阳穴。可伤及敌腿部、肋部或头部。

（3）跪膝。动作说明：当把对手击倒或摔倒在地时，可速屈膝抬腿，用膝盖向下跪击。可伤及敌面部或胸部。

（四）基本摔法

在散打中，敌近身时，可用各种摔法将敌摔倒，再使用肘、膝、腿、拳法，使敌失去战斗力。以下介绍几种主要摔法：

1. 抱单腿摔

动作说明：乙拳击甲面部，甲侧身躲过后迅速进步，右脚落在乙方右腿外侧，屈体，左臂插入乙方裆中，右手从外边抱乙左大腿，头部右侧贴紧乙方身体左侧，抱乙腿于自己腹前，然后挺腹，仰头、迅速站起，两手向上端把对方扛起，向后或者向前摔。

2. 握颈抱腿摔

动作说明：乙左摆拳击甲头部，甲低身避过，头部从乙左腋下穿过，同时左腿上步插入乙裆中，右手由外向里搂住乙大腿中部，把乙腿抱起，左手向右下方拉乙右肩，右手向上方拉乙左大腿，同时上体猛向左转使乙摔倒。

3. 掏裆摔

动作说明：乙右拳击甲头部，甲头低伏，同时用左手抓住乙右腕，带向右后方，身体前倾，头从对方右腋下穿过，右脚上步落在乙方两脚之间，用右肩贴紧乙腹部，右手掏入乙裆中抱住乙右大腿，挺胸站起，将乙摔向体后。

4. 切肩别腿摔

动作说明：乙右拳击甲面部，甲左手向左格挡乙拳，同时身体迅速左转，上体稍前俯，右腿进步到乙右腿外侧别乙右腿的同时，左手刁带乙右臂向身体左后，右小臂向前切压乙左肩胸，左胸紧靠乙的右胸，上体猛向前俯压，将乙摔倒。

5. 夹颈后挑摔

动作说明：乙右摆拳打甲面部，甲左臂格挡，顺势下滑夹住乙颈部，右手抓住乙的左臂，向右转体，并用左大腿向后上挑起乙右大腿，体前倾。两手夹拉乙上体向右前下方，同时向右转腰，使对方向前翻滚倒下。

6. 夹颈缠腿翻

动作说明：乙直拳击打甲头部，甲用右臂格挡后，顺势下滑夹住乙颈部，右腿插入对方裆部缠住乙左腿，右脚尖向上勾起，左腿蹬直、向右转体，同时两手向后方推拉。

（五）基本拿法

拿法即擒拿，是格斗技术的一部分。在对敌格斗中用擒拿反敌关节，使对手关节、韧带失去正常活动，达到拿其一点控制全身，将敌制服的目的。以下介绍几种常用拿法：

1. 小缠丝

动作说明：甲以右拳击乙胸部。乙进右脚，用右手刁甲右腕。甲用左手按乙右手背，同时进左脚至乙右脚外侧。以右手变掌，作上下缠绕顺时针方向运动，力切乙右腕，使乙形成反关节背势，从而扑跌。

2. 大缠丝

动作说明：乙进右脚，用右手刁握甲右前臂。甲进左脚至乙右脚外侧，用左手抓握乙手背，使乙不得逃脱。同时甲右手扣牢乙右肘关节里侧，以左肘压乙右肘上侧并顺时针方向缠绕，加强肘的向下压力，使乙仰跌。

3. 颈拿法

动作说明：乙进右脚，用右手搂甲左颈外侧。甲左手置乙右小臂外侧，同时上身作顺时针旋转下沉，左手上托，颈部下压，与左手形成合力，使乙失去反抗能力。

4. 反扭臂拿法

动作说明：乙进右脚，用右手背击甲。甲进左脚，用左手拦截乙右手腕部，并用右手迅速抓拿乙右手四指，并用右臂顺时针缠转，向下向里带并上托，使乙右臂反关节，失去反抗能力。

5. 下巴推拿法

动作说明：乙双手搂抱甲腰部，甲双掌挤推，双手前绷，腰背后撑，挤击乙下颌气管处，破坏乙双手的锁抱力，使其必须松双手。

6. 反臂解脱反拿法

动作说明：甲右拳击乙面部，乙进右脚，右手刁甲右腕。甲即进右脚至乙裆部，同时右臂乘势逆时针滚动接曲肘，置乙右肘关节里侧。甲用左手，反拿乙右手关节，同时下蹲，右肘向下压乙右肘内侧，使乙仰扑。

7. 刁腕反拿肩击法

动作说明：乙用右拳击甲胸部。甲进右脚，同时用右手反拿乙右腕，使乙成背势。同时向右转身，上左脚至乙右脚里侧，左肘紧贴乙右臂外侧。拿直乙右臂，同时继续向右转身，以左肩撞击乙右臂外侧，使乙前倾。

8. 破前抓发压腕拿法

动作说明：甲被乙用右手迎面将头发抓住，甲速双手将其右手扣紧，用力后拉、身体与头部后仰，拉直乙胳膊，再猛向前一伏，形成再向下合切，乙腕必伤。

四、初级剑术

（一）套路简介

“初级剑术”原名“剑术练习”，是原国家体委为适应广大群众锻炼的需要而整理审编的器械初级套路。其运动特点是：腕力干脆灵活，剑法明快清晰，动作流畅大方，身法轻快多变，姿势飘洒优美。初级剑术分为四段，共32式（预备动作和结束动作除外）。该套路内容丰富，其中有刺剑、劈剑、挂剑、点剑、崩剑、云剑、架剑、挑剑、截剑、穿剑、斩剑、扫剑、剪腕花、撩腕花等剑法；有弓步、马步、仆步、虚步、歇步等基本步型；有上步、退步、插步、跳步等基本步法以及闪、转、翻、拧等身法。它以快速移动的步法，灵活多变的剑法，配合起伏转折和造型优美的定势动作，以及练习时刚柔相济，吞吐自如，身法协调，给人以美的享受。通过反复练习，可以熟练地掌握剑术的风格和特点，同时为习武者进一步提高剑术水平以及全面掌握武术技能奠定基础。

（二）剑的基本握法及剑指

（1）持剑：掌心贴近护手，食指伸直附掌于剑柄；拇指为一侧，其余手指为另一侧直腕扣握护手。剑脊贴近前臂后侧。

（2）握剑：五指握拢剑柄，虎口靠近护手。剑刃必须与虎口相对。

（3）剑指：中指与食指伸直并拢，其余三指屈于手心，拇指压在无名指第一指节上。

（4）立剑：剑刃朝上下为立剑。

（5）平剑：剑刃朝左右为平剑。

（三）基本套路

第一段：

1. 弓步直刺　2. 回身后劈　3. 弓步平抹　4. 弓步左撩
5. 提膝平折　6. 回身下刺　7. 挂剑直刺　8. 虚步架剑

第二段：

1. 虚步平劈　2. 弓步下劈　3. 带剑前点　4. 提膝下截
5. 提膝直刺　6. 回身平崩　7. 歇步下劈　8. 提膝下点

第三段：

1. 并步直刺　2. 弓步上挑　3. 歇步下劈　4. 右截腕
5. 左截腕　6. 跃步上跳　7. 仆步下压　8. 提膝直刺

第四段：

1. 弓步平劈　2. 回身后撩　3. 歇步上崩　4. 弓步斜削
5. 进步左撩　6. 进步右撩　7. 坐盘反撩　8. 转身云剑

◎ 思考题

1. 武术具有哪些特点？
2. 武术按功能可以分为哪几类？它们各有什么特点？

3. 初级长拳第三路的基本套路是什么？
4. 太极拳对身体各部位姿势的要求有哪些？
5. 二十四式简化太极拳的基本套路是什么？

第十二章　龙舟和舞龙舞狮

第一节　龙舟运动

一、龙舟运动简介

龙舟，俗称龙舟竞渡，又叫赛龙舟、划龙船，是我国民族传统体育活动，有着相当的群众基础，深受我国各族人民喜爱。龙舟运动起源于中国，是有着几千年悠久历史的中华民族优秀的传统体育文化。划龙船起源很早，古文献中有不少关于人们以“龙”为图腾的记载。“龙舟”一词在《穆天子传·五》中首次出现，《穆天子传》为晋代从战国时魏王墓中发现的先秦古书。南朝梁人宗懔《荆楚岁时记》载“五月五日，谓之浴兰节……是日，竞渡，竞采杂药。按五月五日竞渡，俗为屈原投汨罗日，人伤其死，故并命舟楫以拯之，至今竞渡是其遗俗”。据此，湖南境内竞渡活动可追溯到战国后期。屈原沉沙于洞庭湖畔的汨罗江，人民为了招屈原便有龙舟竞渡事。晚唐诗人刘禹锡在武陵生活期间，曾写下了《竞渡曲》。到今凡是与屈原的传说有关的地方，如汨罗江流域、溆浦县江口镇、泸溪县、桃江县、西水流域以及邵阳等地，其龙舟竞渡也开展得极为活跃。

龙舟竞渡除有招屈原的意义外，江华、江永县一带旧时有纪念汉代苍梧太守陈林的传说；湘西的泸溪县泸溪一带，则有祭龙求雨，祈求丰收的内容。江浙一带的端午竞渡与春秋时伍子胥受黜自杀、尸投江流事有关。苏州的龙舟活动便是为纪念春秋时被吴王杀害后投入水中的伍子胥而兴起的，在春日端午及农历六月都有举行。随着古越文化与长江中游文化的交流及融合，浙江龙舟竞渡的这种发展演变过程又增添了更多的纪念寓意，并有因地而异的纪念内容。或为纪念屈原，或为纪念伍子胥，或为纪念“有捍海灭倭功”的张坤，有的地方还有所谓“赛龙舟，祭曹娥”之说。然而竞渡习俗却始终世代相传，历久不衰，并赋予热爱家乡，维护正义，体恤苍民，祈求平安的美好愿望。

长期以来它深深受到人民群众的喜爱。对中国人来说，龙舟运动有很厚重的历史沉淀，很丰富的文化内涵与崇高的精神寄托，这是中华民族对龙的图腾崇拜决定的。20世纪80年代以来，国内、国际上的龙舟运动得到了长足发展。在国内，1984年，原国家体委决定将龙舟运动列为全国正式比赛项目，1985年中国龙舟协会成立，1983年第一次举办全国正式龙舟比赛并自1988年开始，多次成功地举办了各种不同规模，具有特色以及颇具水平的国际龙舟赛事，为弘扬中华优秀传统体育文化，增进各个国家和地区之间的了解和友谊，推动国际龙舟运动发展，作出了积极的贡献。在国际上，多年来，它伴随华人的迁移而传播到世界各地。自1976年在中国香港首次举办国际龙舟赛开始，世界各地先后举办国际龙舟赛事，其中不乏已举办了20多年的颇有影响的传统赛事，1991年，国际龙联在中国香港成立，迄今该组织的成员已遍及近60个国家与地区。随着龙舟运动在世界上的传播，各国人民也被这项融团结协作、勇敢拼搏于一身的体育项目所吸引，纷纷喜欢上这项运动。龙舟作为一项体育运动项目得到普及与提高的同时，其国际竞赛规则也逐步发展完善起来，并不断向着科学化、规范化的轨道发展。1995年，由国际龙舟联合会主办的第一届世界龙舟锦标赛在湖南省岳阳市成功举办，这是开历史之先河的赛事。此外，世界级的龙舟赛还有世界龙舟俱乐部锦标赛，每两年（逢双）举办一次，世界龙舟锦标赛的举办是龙舟运动走向世界的显著标志，是对中华民族优秀传统体育文化的大力弘扬。比赛呈现出龙舟运动国内与国际、群众性的普及与竞技性的提高兼而有之、并存发展的趋势，同时，也更证明了龙舟运动作为光辉灿烂的民族体育文化，是没有国界的，因此也更是世界的，这也是龙舟运动具有强大的生命力与震撼力的根本原因。

二、龙舟及其竞渡

（一）龙舟

龙舟竞渡的船，有专用船和普通船两类。专用船是指只用于龙舟竞渡时的用船；普通船是指平时的生产或生活用船。广州地区多选用昆甸木，取其结实耐腐，其他地方多用杉木，取其轻便，也有用樟木和其他木料的。龙舟一般要求轻利、易划，故都比较窄长，为了在行船时船身不致晃动，不少地方的龙舟都有龙骨（一根长的木方）。个别地方还要用麻扎竹篾绕船，目的是使船身稳固。一般说来，龙头大多用整木雕成，不管是专职龙舟还是业余龙舟，都是竞渡前才装（绑）在船上，它是龙舟与其他船相区别的主要标志。但是它的大小形制各地却不尽相同。除木雕龙头外，中华人民共和国成立前四川省五通桥还有用纸扎的龙头、龙尾（用篾条做骨架）。浙江余杭县五常乡金家塘村的龙头用纱布做成，称为“乌龙头”。龙尾大多用整木雕成，刻满鳞甲，各地虽然也有一定的差别，但它不是龙舟的主要标志，显得不那么重要，故此有的地方比较简单。有些地方的龙舟甚至只有龙头，没有龙尾，如广州大头狗龙舟就是这样。

龙舟的装饰指除去龙头、龙尾以外的东西，包括旗帜，船体上的绘画，以及锣、鼓、神位（广州地区）等。总的说来，龙舟上的装饰各地差别更大，很难找出共同的、规律性的东西。大体可分为装饰复杂、装饰简单和基本无装饰三类。

造型龙舟是指专门用作观赏游览的龙舟，这些龙舟往往较大，不进行速度比赛和游乡，船上的装饰特别复杂，有的还在船上演戏等。造型龙舟实际是从普通龙舟分化出来的。除此外还有独木龙舟、凤船、龙艇等。

（二）龙舟竞渡

传统的竞渡方式是指按传统习惯进行的，与现代体育比赛不同的竞渡方式。传统的龙舟竞渡有游乡、集会、比赛等形式。龙舟游乡，对地点是无所谓的，村庄所在地的河流，即是外村龙舟来游乡的地点。龙舟竞渡不只是龙舟的活动，还是观众的活动。龙舟多，观众多，气氛才会热烈，所以比较大而有名的竞渡地点，往往在比较大的城镇附近。龙舟竞渡的地点应包括自然条件和城镇条件两大因素，缺一不可。大多数地方对艄公和指挥的人（有的是打锣鼓的人）要求较严，均选择有技术、有经验的人担任，而对桡手的要求就不那么严格，如果是龙舟游乡或划着玩，则会划桨即可，有时还有小孩上船划水。如果是进行竞速比赛，就要选身强力壮的人当桡手。

龙舟竞渡前有一系列的仪式，只是各地习俗不一，差别甚大。但都是为了祈求神灵保佑，划船平安，消灾免难。祈求的对象是龙神，一般是到神庙里去烧香磕头。中华人民共和国成立后，这类求神、祭神的仪式发生了一定的变化，有的地方竞渡前已不拜神了，有的虽然拜神，也只是老年人拜拜，年轻人不愿拜了，当然有的地方仍有拜神仪式。

不少地方的龙舟竞渡都是划顺水，也有一些地方是横渡。凡是划顺水者，以某个地点为起点，另一地点为终点，两只龙舟并排而划，中间设一分道线，只要船尾超过另一只船头者为胜。凡是横渡者，大都在岸上设“标”，两船对抗设一标，多船比赛设三标，即红、绿、黄，夺红标为第一，绿标第二，黄标第三。标在岸上，所以每船都有夺标能手，他不参加划船，奋力夺标。龙舟竞渡的夺标，主要是争夺荣誉。有的地方既无奖品，也不设标，但竞争还是十分激烈。

中华人民共和国成立初期，一些地方先后对龙舟竞渡进行了适当的组织（如广州从 1953 年开始，四川省五通桥从 1954 年开始），以后龙舟竞渡活动时断时续，到了“文化大革命”期间，许多地方基本停止了竞渡活动，不少龙舟被拆毁。“文化大革命”以后，特别是党的十一届三中全会以来，龙舟竞渡活动迅速恢复，发展很快。四川省五通桥 1979 年恢复龙舟竞渡，1984 年 9 月 16 日还举行了“全国首届屈原杯龙舟赛”，标志着龙舟竞渡进入一个新的阶段；湖南省汨罗县 1980、1981 年的全县性龙舟比赛都是由县政府出面组织。原国家体委 1984 年审定的《龙舟竞渡规则》规定每个参赛队运动员 26 人（包括舵手 1 人、锣手 1 人、鼓手 1 人、划手 20 人、替补划手 3 人）。运动员需为年满 18 岁的男性公民，身体健康，能游泳 200 米以上（集训队员不得参加）。

三、龙舟技术

龙舟技术是指能充分发挥运动员机体能力、合理有效地完成龙舟动作的方法。它在龙舟运动项目中有着极为重要的作用，甚至起到决定性的作用。

（一）龙舟基本技术

龙舟基本技术包括握桨方法、船上坐姿、划桨技术、集体配合等技术。

1. 握桨方法

龙舟握桨方法是根据划桨操作的位置而定，如果是在右舷划桨，那么桨手用左手握在手柄上，四指从外向内并拢，大拇指从内向外包住桨把，而右手握在桨把的下端（桨叶与桨把的交界处），四指从外向内并拢，大拇指从内向外包住桨把，划行时要自然放松，不能握得太紧，以免手心起泡破皮。左舷划桨与右舷相反。通常我们把握在上面的手叫“上手”或“推手”；握在下面桨柄处的手叫“下手”或“牵引手”；上手臂的肩叫“推肩”或“上肩”，下手臂的肩叫“牵引肩”或“下肩”。

2. 船上坐姿

右排坐姿：左脚在前，全脚掌踏实在母船板上；右脚在后，位于自己臂部下方，前脚踏在母船板上；脚跟稍起，大腿和臀部的外侧紧靠贴在船舷的内沿。左排坐姿的技术要求与右排相反。

3. 划桨技术

（1）入水动作。入水是从桨叶尖端接触水面到桨叶全部浸入水中的阶段。入水是力量传递的重要部分。运动员在前一个恢复阶段有力摆动的基础上，再加速将桨叶靠近船体向前与船体平行地推出，使桨叶入水角度在 80°～90°为宜。这时，运动员的躯干前倾，转体伸着，扭紧躯干，使背部接近于面向划桨一侧，两臂伸直，抬高推桨的肘部，使拉桨肩向前，推桨肩稍后移，肘弯曲，手在头的上方。

（2）拉桨动作。桨叶入水后，推桨手迅速前推并撑住，使桨叶抓住水。拉桨手的肩后移，利用抬体和转体的力量直臂向后拉桨。从入水后到拉桨，运动员应将身体重量压在桨上。拉桨时腰背用力，臀部肌肉紧张。拉桨手拉过臀部开始屈臂。拉桨手的手腕先向内转，同时肘部向外翻，到上体抬至接近垂直时拉桨结束。拉桨动作是由一连串连续的同时向两个相反方向运动的动作所组成的，要尽可能长地保持用力的距离。

（3）出水动作。紧接着在拨桨时，两臂继续向上提桨，桨叶即迅速从水中提出。起桨向前时，桨的下叶不能碰水面，以免产生阻力，也不能提得太高，影响向前伸展手臂和入水时间以及配合划行时的速度。

（4）恢复（回桨）。从桨叶出水到下一次桨叶入水之间，桨叶不在水中划行，属回桨阶段。当桨叶达到坐姿时，推桨手转动桨把并上提向前，拉桨手则在髋部附近和同侧髋部一起有力地前移。桨叶出水后，运动员上身挺直，开始转动上体，将桨继续向前上方推出。在恢复阶段，应强调肌肉的放松和呼吸，这是使划桨动作连贯、协调的重要阶段。在恢复阶段的最后，运动员全身肌肉再度紧张，屏住呼吸，准备下一次桨叶入水。

4. 集体配合

龙舟运动很讲究完美的协调，快节奏的技术，同步一致和合理安排桨位。要求握桨把一致，入水角度一致，入水深度一致，用力均匀一致，并要绝对服从指挥，听口哨声或鼓声划行。其节奏应是咚（鼓声）——喳（划水声）；呼吸方法：起桨时——吸气，划桨时——哼声吐气。领桨手要求节奏好，抓水有力，出水快，个性顽强，平衡能力好，船尾舵手要求操作熟练，善于把握航道。第一，完美的协调。完美的协调是指在一条船上的二十几名运动员，其个人的体质、生理特性、技术和心理上的特点，可以互相弥补、互相取长补短而形成一个完美的整体。完美的协调还包括运动员心理上的协调。运动员之间应相互了解，团结协作，相互信任，相互宽容，完美地合作，高度地团结，从而取得集体的胜利。第二，快节奏的技术。龙舟技术首先要强调单人划船的规范技术。除了完美的协调，在划桨技术上要求更快的节奏。第三，同步一致。龙舟要求所有桨手从抓水到出水完全同步一致，就像一个人在划一样。但是每个桨手不能丢失个人的风格，不能因为取得技术上的同步一致而降低其个人的划桨效率。第四，龙舟的桨位安排。教练员可以通过桨位比赛来选择运动员，但对运动员的搭配有基本的要求。

（二）呼吸、起航和冲刺技术

1. 呼吸

龙舟的桨频较低，与呼吸较易配合，通常在桨叶出水到下一次抓水前，强调肌肉的放松和呼吸。而在摆桨的最后阶段，桨手开始屏气，以保持肌肉的紧张，为抓水作准备。

2. 起航

当初学的运动员在船上有了信心，并学会一定的划桨技术、有节奏时，就可以开始进行一般起航练习。起航是将船速尽快地加大到最大比赛速度。起航开始的三至四米要求划桨弧度大且有力，其效率高但稳定性差。运动员双臂弯曲，因此大部分力量通过躯干转动及肩进行传递。将静止的船很快加速需消耗大量的能量。一旦船速在50至60米距离中达到所需的船速，桨频就加大了，推桨的手一般高于头，这种桨频的变化应有节奏，不应破坏船匀速前进。拉桨之前应有3~4次深呼吸，增加肺的吸氧量。在最开始划的3~4桨中，不能呼气，使肌肉群保持紧张，更好地进行力量传递。

3. 冲刺

冲刺，实际上是冲线技术。当船体接近终点时的一瞬间，屏住气，奋力划行，用力蹬船的同时身体后仰，使船体加速向前，完成最后冲刺动作。

四、龙舟运动员损伤的特点及防治

（一）龙舟运动员损伤的特点及常见的运动损伤

（1）龙舟运动员的损伤特点。龙舟属于体能类项群运动项目，又属于典型的单一动作结构的周期性项群。研究结果表明，其运动损伤近86%集中于上肢、肩、背、腰部。除极个别是由急性损伤迁延而成外，绝大多数无明显受伤史，是在长期训练中逐渐积累产生的，属于劳损。

（2）龙舟运动员常见的运动损伤。龙舟运动员常见的运动损伤为腰肌劳损、肩背筋膜炎、腕关节软组织损伤、肩峰上滑囊炎、前臂伸肌群损伤和肘关节损伤等。

（二）运动损伤的基本原因和预防原则

1. 运动损伤的基本原因

（1）与专项技术的特殊要求有关。龙舟专项技术动作的特殊要求，导致身体某些部分容易受伤。（2）训练后缺乏必要的放松练习。大运动量训练后运动员的肩背部和腰部肌肉均存在着不同程度的僵硬现象，运动员往往感到肌肉酸痛和僵硬。因此，训练后放松肌肉很重要，应当看成训练的组成部分。（3）技术动作不正确。龙舟训练中，动作不正确，是导致损伤的又一种因素。（4）训练和比赛活动安排不当。①准备活动问题。如未做准备活动或准备活动不充分，就开始正式练习等。②局部负担过大。运动量安排不当，尤其是运动量过于集中，使局部负担量过大，是在运动训练中特别是专项训练中造成损伤的主要原因。③组织方法上有缺点。在运动安排上，不是从小到大，从简单到复杂，循序渐进，逐步提高。（5）运动员的生理、心理状态不良。如睡眠或休息不好，患病受伤或伤病初愈，疲劳和身体机能下降等。运动员的心理状态与损伤的发生也有密切关系。

2. 运动损伤的预防原则

（1）积极开展预防运动损伤的宣传教育工作，使有关人员从思想上引起重视。

（2）加强身体全面训练，加强肌肉力量练习。这是预防损伤的一个十分重要的方面。

（3）训练后放松练习。教练员应将放松练习列入训练，特别是要重视静力牵张练习。

（4）合理安排训练和比赛。训练计划的制订和执行应合乎训练原则。要了解每次训练中易发生损伤的技术动作，事先做好准备及采取相应措施，施教时倍加注意。

（5）加强医务监督，建立和健全自我监督制度。严格实施场地、设备卫生监督，场地、器械和防护用品要定期进行卫生安全检查，对已损坏的场地器械应及时维修，维修前一律禁止使用。

（三）运动损伤的处理方法

1. 按摩与针刺

对肩背筋膜和腰肌劳损等慢性劳损主要采用按摩与针刺相结合的治疗方法。按摩时注意对压痛点，特别是肌肉筋膜起止点，如肩胛骨缘、第三腰椎横突等处适当用拨法，有较好效果。对肌肉明显痉挛的部位，采用针刺也有很好的疗效。其要点是必须找准痉挛压痛点，直刺、斜刺均可，留针到针感消失（一般 10 多分钟），出针后肌肉痉挛可明显缓解甚至消失。

对髌腱病和髌骨劳损，可采用静力站桩和按摩相结合的方法。站桩时血液循环在膝关节附近比其他处更为良好，血液循环的加强可改善损伤局部的血液供应，起到舒筋活血的作用。站桩时间应循序渐进，以 5~10 分钟为宜。在按摩时，对髌尖和髌周部位使用有一定强度的"刮"法，促进局部血液循环，有较明显疗效。

2. 冷疗法

冷疗法是运用比人体温度低的物理因子（冷水、冰、蒸发冷冻剂）刺激来进行治疗的一种物理疗法。

（1）作用。冷因子刺激躯体可使组织温度下降，周围血管收缩，明显地减少局部血流量及充血现象，它还可使周围神经传导速度减慢，因此有止血、退热、镇痛和防肿的作用。它可使肌肉的收缩期、松弛期及潜伏期延长，降低肌张力及肌肉的电兴奋性，因而还有解痉作用。

（2）方法。①冷敷法。将毛巾浸透冷水（视毛巾温度上升的情况随时更换），或将冰块装入热水袋或塑料袋内进行外敷，每次 20~30 分钟，也可用冰块在治疗部位来回移动（冰块按摩法），或将伤肢直接浸泡在冷水中，但时间应缩短。②蒸发冷冻法。利用一些容易蒸发的物质接触体表，吸收热能而使局部温度降低。常用的有烷类冷冻喷射剂。喷射时喷出的细流应与皮肤垂直，距皮肤 30~40 厘米。喷射时间视病情而定，一般 5~10 秒，或皮肤上出现一层白霜即可。需要较长时间治疗时，可用间歇喷射法，即喷射 5 秒钟后停止 20~30 秒再进行，但重复不宜超过三次。要注意观察局部情况，避免皮肤冻伤。

（3）适应证。主要用于急性闭合性软组织损伤的早期。近年，有人利用局部冷刺激后有反应性血管充血及镇痛解痉的作用，而把冷疗法应用于闭合性软组织损伤的整个治疗过程。

（4）注意事项。伤后尽快使用，要严格掌握治疗时间，注意局部情况，一般出现皮肤麻木时应立即停止，防止过冷引起组织冻伤。面部损伤一般不宜用烷类喷射剂。

3. 热疗法

热疗法是运用比人体温度高的物理因子（传导热、辐射热等）刺激来进行治疗的一种物理疗法。

（1）作用。热因子刺激能使局部血管扩张，促进血液和淋巴循环，提高新陈代谢，有利于肿胀的吸收消散，缓解肌肉痉挛。热刺激还能加强白细胞、单核细胞的吞噬作用，促进坏死组织的消除，促进再生修复。因而热疗有消肿、散瘀、解痉、减少粘连和促进损伤愈合的作用。

（2）方法。①热敷法。将毛巾或敷料浸透热水或热醋后放于伤处，无热感时应立即更换，每次 30 分钟左右，每天 1~2 次。也可用热水袋热敷。②蒸熏法。用配好的药物加水煮沸，将需治疗部位直接在蒸气上熏。每次治疗 20~40 分钟，每日 1 次。此法能使药物通过温热作用渗入局部而起到治疗作用。有时也可用稀释的温热药液直接浸泡伤处。③红外线疗法。红外线由热光源产生。治疗时把红外线灯移至治疗部位上方，灯距一般为 30~50 厘米。剂量的大小可用改变灯与皮肤的距离来调节，一般以舒适温热、皮肤出现桃红色的均匀红斑为合适。每次治疗时间为 15~30 分钟，每日 1~2 次，15~20 次为一疗程。

（3）适应证。急性闭合性软组织伤的中、后期，慢性损伤。

（4）禁忌证。急性软组织伤的早期、高热、有出血倾向者，活动性肺结核、恶性肿瘤等。

（5）注意事项。①防止烫伤，对瘫痪或感觉障碍的伤员要注意观察，如其皮肤出现红紫或灼痛，应停止治疗，涂以凡士林或硼酸软膏，防止起水泡。②凡有皮肤过敏，或红外线治疗中有头晕、心慌、疲倦等反应，应停止治疗。③红外线治疗时要避免直接辐射眼部。

4. 拔罐疗法

拔罐疗法俗称“拔火罐”，是利用火的燃烧造成罐内负压，使其吸附在身体的一定部位（穴位）上来治疗疾患的一种传统疗法。它简便易行，对陈旧性损伤、慢性劳损和风湿痹痛都有较好的疗效。

（1）操作方法。①火罐选择。面积大、肌肉厚的地方，宜用大罐或中罐；面积小、肌肉薄的部位，宜用小罐。②点火方法。多用“闪火法”。用镊子夹着点燃的酒精棉球伸入罐子旋转燃烧片刻，迅速抽出，立即将罐子扣在皮肤上。③留罐时间。依罐的大小及吸力强弱而定。大的、吸力强的，可拔 3~5 分钟；小的、吸力弱的，可拔 10~20 分钟。气候炎热时，留罐时间应缩短，寒冷时可稍延长。一般隔日拔一次，5~7 次为一疗程。④取罐方法。取罐时，一手按压罐口边皮肤，另一只手将罐扳斜，使空气进入罐内，罐就自然脱落。不可强力硬拔，以免损伤皮肤。

（2）注意事项。①皮肤过敏、浮肿以及皮肤损伤的部位，均不宜拔罐。②拔罐时，病员应取舒适体位，不要移动，以免火罐脱落，并要注意保暖，避免风吹、着凉。③不要烧烫罐口，以免发生烫伤。④罐子拔上后，如病员感觉局部紧而疼，或烧灼痛，应把罐子取下，检查是否烫伤或皮肤过敏。如系烫伤，应另换部位；如系过敏反应，就不必再拔。⑤拔罐过程中，如病员出现头晕、恶心、面色苍白，应立即取罐，并按晕针处理。⑥取罐后，皮肤出现发红或青紫，属正常反应。如出现水泡，可用消毒针刺破，涂以紫药水。

五、龙舟竞赛规则

中国龙舟协会2003年制定并出版了《龙舟竞赛规则与裁判法》，现简要介绍其中有关龙舟竞赛规则的规定。

（一）比赛场地、设备与器材

1. 航道

赛场应设在静水水域，各航道都应是同样的宽度，航道线必须与起航线和终点线相垂直。航道本身所需要的长度、宽度，必须是经过专业人员测量的，并有精确的平面图纸。

2. 场地设施

登舟码头的建成以有利于龙舟靠岸，有利于运动员登舟，有利于裁判的工作为宜。登舟码头长度一般不得少于40米，可供三组龙舟停靠。通往登舟码头的路面必须平整。属于陡岸条件设立登舟码头，必须搭建水上平台码头，每个平台长20米，宽5米，高于水面约0.25米，平台之间的距离为10米。

3. 比赛器材

（1）龙舟。总长：18.40米（含龙头、龙尾），允许误差±5厘米。

舟长：15.50米，允许误差±3厘米。

舟宽：1.10米（中舱最宽处）允许误差±1厘米。

重量：因龙舟制作材料不受限制，龙舟本身重量不设统一标准。但要求同一次赛事使用的所有比赛龙舟最重与最轻的差距不得超过5公斤（含龙头、龙尾和舵桨）。

（2）舵桨。舵桨采用固定式，固定装置设在尾舱左侧船体上。舵桨总长2.50米，其中桨叶长75厘米，桨叶前沿宽20厘米，上端宽16厘米，弧形斜口延伸15厘米，允许误差±3毫米。桨叶的边缘厚度为0.7~1厘米。桨杆直径下端5厘米，上端3.5厘米，桨柄长15厘米，直径3.5厘米。

（3）划桨。划桨长度为105~130厘米，其中桨叶长48厘米，弧形斜口延伸12厘米，其中距末端36厘米至48厘米是桨叶的肩。桨叶前沿最大宽度为18厘米，长12厘米处宽16.75厘米，长24厘米处宽15.4厘米，长36厘米处宽14.05厘米，允许误差±1毫米。桨叶的边缘厚度为0.4~1厘米。桨杆直径2.5~3.5厘米，桨柄长57~82厘米。龙舟（含龙头龙尾）、舵桨、划桨的制造材料不受限制，但在同一次赛事中竞赛规程规定由大会统一提供的器材必须用同样材料和相同工艺制造。

（二）竞赛通则

1. 起航

（1）进入起点。赛前5分钟，各队根据起点裁判的指令进入规定的航道起点处；赛前3分钟进行点名，此时未能进入起航位置的队将受到黄牌警告，此等警告将作为抢航犯规一次计算；赛前2分钟取齐员开始排位。

（2）出发准备。各队舵手紧握好裁判调船绳（或杆），指挥好划手按取齐员的要求调整好龙舟的位置，将龙舟（龙头）前沿稳定在起航线上，此时有不服从裁判指挥或有意拖延时间者，将受到黄牌警告，此等警告也将作为抢航犯规一次计算。

（3）起航。各队准备就绪后在赛前1分钟时间内，发令员可以组织出发，发令程序为："各队注意"（运动员做准备姿势），"预备"（运动员处于静止状态），鸣枪或大会规定的出发信号（笛声）发出后各队出发。发令员通知"各队注意"时，未准备好的赛队，鼓手应把手高举过头并且不停摆动，发令员将视情况延时发出"预备"口令。此时如属有意延误比赛也将受到黄牌警告，此等警告作为抢航犯规一次计算。发令员发出"预备"口令时，舵手才能松开裁判调船绳（或杆）。"预备"至鸣枪之间相差时间为2至5秒。

（4）抢航犯规。发令员发令（鸣枪）前，凡划桨划动或利用敲鼓、吹哨、呼喊指挥划手者，均判罚为抢航犯规。

2. 途中

起航后，各队应自始至终在本航道划行，龙舟任何部分均不得超越本航道。若发生串道并以领先优势在其他龙舟之前时，不论相撞与否，实质已对其他赛队造成了影响，则该队被红牌判罚，取消其该项比赛资格。发生串道时，串道之龙舟落后于此航道的龙舟，未影响在此航道正常比赛的龙舟队的成绩，并能划回本航道时，判罚规则不在此例，包括中间航道的赛队串道处于其他龙舟之后，且又确实未曾接触及影响（包括舟的尾浪的影响）其他龙舟的正常划行，并划回本航道者，可不判犯规。

3. 终点

龙舟（龙头）前沿到达终点线，即为划完全程，由终点裁判根据龙舟通过终点线的先后顺序判定名次。龙舟到达终点后，应及时回码头接受裁判员的检查和交还器材，未接受检查之前队员不准上岸，不得与外界接触。

（三）水上安全条例

1. 龙舟安全标准

安全性能良好的龙舟是保证参赛选手安全、比赛顺利进行的重要物质条件，因此比赛龙舟必须达到（此标准专指木制龙舟）：

标准一：龙舟灌满水（与水面持平）能浮在水上不下沉。

标准二：22 名队员坐在龙舟上灌满水后下沉不超过运动员颈部。

2. 航行规定

训练中各龙舟应按逆时针方向航行，当两条龙舟航向交叉时，左边的龙舟应给右边的龙舟让出航道，避让时，可采用改变航向，停桨压水等措施。超越的龙舟应从右侧并与被超越的龙舟保持 5 米的间距，决不允许从被让龙舟前面越过。

第二节 舞龙舞狮运动概述

一、舞龙舞狮运动简介

（一）舞龙舞狮运动的起源与发展

舞龙舞狮是我国主要民族传统体育项目，也是一种非常重要的文化资源，在漫长的历史进程中，华夏子民以龙、狮为崇，形成了舞龙舞狮等民间民俗的舞龙舞狮文化。每逢升平之年、庆典、节日，人们往往用舞龙舞狮来庆祝、共欢。

中国是舞龙舞狮运动的发源地。舞龙舞狮自问世以来，一直深受各族人民的喜爱，历代相传，鼎盛不衰，并由此形成了极其灿烂的舞龙舞狮文化。舞龙舞狮在中国，原是一种以自发性、娱乐性、随意性为特点的民间传统文体活动。经过两千余年的发展，其形式、种类繁多，风格、流派异彩纷呈。舞狮有南狮和北狮之分，北狮动作轻巧，以跳跃、翻腾为主，流行于华北平原和中南、华东部分地区；南狮则动作大而威猛，鼓乐雄壮，闻之令人振奋，盛行于广东、广西等地。舞龙有火龙、草龙、布龙、纸龙、段龙、筐龙、灯龙等近百种。在传统习惯中，人们把龙当作吉祥的化身，每逢喜庆节日，各地都有舞龙的习俗。在旧社会，有的地方久旱不雨，还有舞龙求雨的风俗。

在近代，舞龙舞狮运动随着华人的迁移而传播到世界各地，近年来，东南亚许多国家和地区已将舞龙舞狮运动发展成为一项体育竞赛活动，国际性的舞龙舞狮比赛也逐年增多，现代的舞龙舞狮，已由一般的表演活动，发展成为一项集娱乐、喜庆、竞技和健身多种功能于一体的文化体育活动。舞龙舞狮运动是一项集体健身运动，它充分体现了一种民族精神，展示出一种团结力量，代表着一个民族的象征。在国家体育总局的领导下，随着中国龙狮运动协会的成立。舞龙舞狮运动经过不断的技术规范，已经走上了规范化、科学化、竞技化的发展轨道。目前，舞龙舞狮运动在世界上推广普及得很快，特别是西方人，把舞龙舞狮看作是集中国的历史、文化和体育于一体的运动，随着舞龙舞狮运动的蓬勃开展，人们在实践中不断开拓创新，使它更加展现出无穷的魅力，并为世界各国越来越多的人所接受和喜爱。国际性和地区性的舞龙舞狮比赛也在逐年增多。舞龙舞狮运动作为民族传统体育中的一项内容，它的产生和发展也是与中华民族的传统文化一脉相承的。

（二）舞龙

舞龙起源于汉代，经历代而不衰。舞龙最初是作为祭祀祖先、祈求甘雨的一种仪式，后来逐渐成为一种文娱活动。到了唐宋时代，舞龙已是逢年过节时常见的表现形式。

关于舞龙的来历，民间有这样一个传说：一天，龙王腰痛难忍，龙宫中的所有药物都吃了，仍不见效。只好变成老头来到人间求医。大夫摸脉后甚觉奇异，问道："你不是人吧?"龙王看瞒不过去，只好说出实情。于是大夫让他变回原形，从腰间的鳞甲中捉出一条蜈蚣。经过拔毒、敷药，龙王完全康复了。为了答谢治疗之恩，龙王向大夫说："只要照我的样子扎龙舞耍，就能风调雨顺，五谷丰登。"这件事传出后，人们便以为龙能兴云布雨，每逢干旱便舞龙祈雨，并有春舞青龙、夏舞赤龙、秋舞白龙、冬舞黑龙的规矩。

舞龙是劳动人民与美术家合创的艺术结晶品，人们掌握了技术的变化，美化了龙的形象，终于使想象中的龙，通过天人合一的精神贯注，点睛开光仪式使之有了生命和灵魂的寄托，想象中的云天火海盘旋飞舞、变幻多彩。舞龙是一种集体的健身运动，舞者必须合作无间，动作步法灵活敏捷，表现出龙的形态威猛又富有浓郁喜庆吉祥的热烈气氛。舞龙的套路以祥瑞、威猛为主。如"龙游四海"、"祥龙献瑞"、"祥龙戏珠"、"龙腾九霄"等各种套路。

舞龙运动是中华民族的民间艺术，它的创作过程包括绘画、雕刻、纸扎等工艺。在想象中夸大地突出龙的形象，威武出神入化，美观生动活泼，这条通过艺术而制成的龙，匠心独运，舞动起来色彩夺目，矫健活泼，盘旋飞跃，栩栩如生。我国舞龙技术，近年来不断提高，龙体的装饰，结合高科技的优势，而效果的表现，显得更为突出。舞龙艺术的进步与我国的经济繁荣、政治稳定、人民生活水平的不断提高都有着重大的关系。

（三）舞狮

舞狮开始于南北朝。在我国，舞狮的形式多种多样，大致可以分为北方舞狮和南方舞狮两种。北方舞狮的外形与真狮很相像，全身狮披覆盖，舞狮者（一般两人合舞一头大狮子）只露双脚，不见其人。北方舞狮有雌、雄之分，还有文狮、武狮、成狮、崽狮之分。南方舞狮主要流行于广东。这种舞狮由一人舞狮头，一人舞狮尾。狮子的造型、式样、颜色多与北方狮不同。舞狮者穿各种灯笼裤，上穿密纽扣的唐装灯笼袖衫或背心，可见舞狮者全身。舞狮要使出浑身解数。

1. 南狮

南狮，民间习惯称为醒狮、瑞狮、雄狮等（南狮是由北狮演变而来，又创新发展为新的模式，活跃在我国南方地区，以广东省发展最为活跃），南狮主要是在高桩上表演各种技巧动作，包括采青、飞桩、转体等，动作细腻、扣人心弦，是由一头狮子表演。

南狮起源，虽无证史可考，不过根据民间传说，相传在明朝年间，广东佛山某地出现一头怪兽，其形状为头生肉瘤，眼若铜铃，青面獠牙，这头怪兽于除夕晚出现，来去如风，专门破坏民间农作物，村民乡众不胜其烦，便定计除之，并命其名为年兽，乡民献计用竹篾及纸，扎成怪兽的形状并涂上颜色，再集勇士十数人，当年兽出现时，众勇士一拥而上，敲打器具发出“锵锵”及“咚咚”之声，有如雷鸣，年兽见了，觉得惊骇而落荒而逃，从此销声匿迹，不复出现。为了庆祝驱怪成功及纪念纸扎兽头的功劳，村民便于春节将它拿出舞动，有的人建议把它命名为舞狮，因为狮是兽中之王，勇猛的代表，吉祥的象征。

醒狮的开光点睛仪式：醒狮要经过开光点睛后，才能派用上场。舞狮源自民间，为了尊重传统，这些又不可废除，故在点睛时，赋其灵气，显其狮威，并在日后采青时，更有镇煞及为主家带来吉祥如意等等好兆头。因此点睛时是以朱砂笔点天灵、眼、鼻、舌、耳。

南狮的颜色一般以黄、红、黑三色为主，分别代表三国的刘、关、张，他们的忠、义、仁、勇素为民族的典范，用三种颜色代表他们，即表示对他们的崇敬及对其正义精神的赞赏；近年来还演变有彩狮、金狮等，其颜色五彩缤纷，金光闪闪，鲜艳美丽，增添了狮子的观赏性。南狮特别注重马步的运用，前后两人配合而作出狮子的自然跑行步。步法合理运用得当则有“静如灵猫似鼠出穴，动如猛虎擒羊利落”的特点。南狮的舞法与配合技巧也特别讲究。南狮的基本动作就是舞狮头，配合舞狮尾的“首尾呼应”缺一不可。

南狮的各种技巧难度，创新动作借助器械和音乐，表达了山、岭、岩、谷、溪、涧、水、桥、洞等意境；诠释了喜、怒、哀、乐、动、静、惊、疑、吼、寻、盼等神情；展现了翻、滚、卧、闪、腾、扑、跃、戏、跳等动作，在或动或静中，雕塑了狮的优美神情，展现了狮的精气神韵。南狮表演时的形象表现，要将狮子出洞时的慵懒动作；探洞时的多疑性格；登山时的昂首阔步；过桥时瞧见水中倒影时的骤然愤怒；戏水时的欢呼情绪；采食灵芝时的思疑贪馋；吞食时的回味；呕吐时的颓丧；月夜吐球时的谨慎；戏球时的乐趣等形态生动传神地表现出来，真可谓细致入微。南狮以神情为基础，同武术相结合，摆脱具体形态的局限，它以塑造一个夸张、浪漫的狮子为艺术形象。寓意着平地、高山、断崖、瀑布，以盼、望、惊、喜等各种神态，以狮形猫步的不同步形、步伐及奔腾跳跃、回旋翻转等高难动作，最后达到采青的目的。

什么是采青？南狮的采青是一种多姿多彩的艺术玩意。所谓采青，就是舞狮出游时，农历新年期间，家家户户为了招瑞狮临门呈祥献福，大家都在门前吊起一扎青菜与一封红包利市，或是在地上放一把生菜与红包之类，好让狮子前来采之，这是南方狮子独有的特别节目，它不但表达高难度的技巧与独特的武功，并且还充分显示了舞狮者的勇敢和机智。采青是南狮整个套路表演的中心思想和高潮之处。

2. 北狮

北狮表演以写实为基础，模仿狮子为主，双狮在引导员的引导下，无固定主题，以训狮娱乐为主，互相嬉戏，爬山等，表现狮子的威武神勇、无忧无畏的精神，给人们带来快乐。北狮，民间习惯称为圣狮、狮子舞、狮灯等（活跃在全国各地，较为分散，表演五花八门），北狮以在平地上表演为主，同时也可以在梅花桩、高台、彩球、高梯等器械上表演，是由引狮员引逗两头狮子进行表演。

北狮传统的舞法在讲究技巧和武术基本功的同时，更强调画面的艺术布局结构、特色套路的编排、引狮员和狮子的配合。在引狮员的引领下，双狮的动作随着鼓点的节奏，或快或慢、或进或退、或高低或翻滚或跳跃，展现姿态万千的狮形狮态。北狮在制造与设计方面，则尽量模仿狮子的形状，它的外表，多数像一些站立在庙堂前或古典式的宫殿建筑物门前的雕刻石狮差不多，而舞北狮则要狮头与狮尾并重，不能作单独式的替换人手。它的动态、舞法、仿佛与真的狮子一模一样，非常逼真。北狮常见的基本动作有：礼拜、伸腰、挠、舔、擦、探、吃、洗、抓、叼球、坐肩、钳腰、高台前、侧滚翻，双狮的配合有互跃、滚背、转花、搭爪立转等各种造型。

总而言之，南北狮不论在外形、舞步、动作以及锣鼓钹等节奏上都有着不同的风格，不同的传统。随着我国舞龙舞狮运动的蓬勃发展，现在已经是南狮北舞，或北狮南舞了，南腔北调变成南北和了，这促进了中华舞狮文化的创新。

二、舞龙舞狮运动的教学特点与功能

舞龙舞狮运动是一种包含武术、舞蹈、音乐、技巧等综合因素的体育项目。舞龙舞狮具有很强的健身、娱乐和观赏性。在现代生活中，它是一道充满浓郁民俗风情的独特景观，无论是庆典、开业以及重大活动的仪式上，都可观看到舞龙舞狮表演的壮观场面，而在农村，它更是庆祝丰收及其他各种喜庆活动不可多得的保留节目。中国的舞龙舞狮运动有着悠久的历史和灿烂的文化，它的起源和发展与社会的变迁和时代的演进是分不开的，它具有在一定社会条件下的历史性、民族性、传统性、文化性和竞技性等社会特性，以及健身娱乐、教育、表演、竞赛等社会功能。

（一）舞龙舞狮运动教学的特点

舞龙舞狮运动是一项民族传统体育项目，在其教学过程中主要体现了以下几方面的特点：

1. 强调集体配合

舞龙舞狮运动是一个集体项目。比如，在整个舞龙的过程中，它是在龙珠的带领下，由多人借助龙具共同完成龙的游、盘、翻、腾、穿、缠、戏等舞龙技巧动作。因此，我们在舞龙的教学过程中，更应该注重队员之间的协调配合，这是完成舞龙技术动作的基础。例如：在完成舞龙基本的“连续腾跃行进”动作时，就不能只强调龙头的腾跃，而忽视了龙头后面几节的跟进配合，这就很容易造成整个龙体的“打结”或“踩龙”等现象，这样势必会影响到整个舞龙的效果，所以在舞龙舞狮教学中集体的配合是十分重要的。

2. 体现民族性

前面我们已经谈到了舞龙舞狮运动是一项具有鲜明民族特色的民间传统体育项目，与华夏民族的许多传统文化有着千丝万缕的联系，也正是由于这一点，在舞龙舞狮的教学过程中就更应该体现出民族性这一特点。如：在教学中可以向学生介绍一些关于中国“龙狮文化”的知识；介绍有关舞龙舞狮运动与华夏民族精神的纽带作用，培养民族凝聚力。同时还要通过舞龙教学，使学生了解作为“龙的传人”、“炎黄子孙”所具有的责任，培养学生的民族认同感和自豪感。

3. 注重健身性与娱乐性相结合

现代的舞龙舞狮运动已经具有了明显的竞技性，但是在舞龙舞狮教学中，我们更应该将健身性和娱乐性有机地结合起来，使学生在舞龙舞狮运动中，也会得到艺术上的享受，提高艺术修养。舞龙舞狮运动本身就是一项民间喜庆的娱乐活动，丢掉了它的艺术性，也就丢掉了舞龙舞狮运动的本质。同时在舞龙舞狮教学中加强舞龙舞狮运动的艺术性与健身性的结合，可以更好地加深学生对舞龙舞狮动作的理解，提高舞龙舞狮运动的演练技巧和表演的效果。

总之，舞龙舞狮运动从民间的喜庆娱乐活动发展成为一项体育竞技项目，在它的教学过程中应该体现出它的特殊性，也就是它本身所蕴含的丰富的文化内涵。这就要求我们在继承和发展舞龙舞狮运动的同时，不仅要向学生传授舞龙舞狮运动优美的技术动作，而且更为重要的是继承舞龙舞狮运动优秀的文化内涵，加深学生对中国龙狮文化所具有的强大生命力的认识。

（二）舞龙舞狮运动的功能

1. 教育功能

舞龙舞狮问世以来，之所以一直深受各族人民的喜爱，是因为它具有显著的民族特色，它的产生与发展是与中华民族的传统文化一脉相承的，它与人们的生活息息相关，是劳动人民对自己的宗教信仰、民族文化、风俗习惯的一种寄托及表达方式。它还能增进对各民族文化更直观和更深入的了解，能激发起民族的自强和自豪感；同时，欢庆吉祥，也是一种热爱生活，培养积极进取、勇于竞争精神的教育。

2. 弘扬文化功能

舞龙舞狮运动是我国民族传统体育，不仅促进了各个民族之间的团结，凝聚了各民族人民之间的感情，而且对外也弘扬了我国优秀的传统“龙文化”。中国龙狮协会成立以来，已成功举办过多次全国舞龙锦标赛、精英赛、农运会、国际龙狮邀请赛和世界舞龙锦标赛，以及龙狮运动技术研讨会等，给各国朋友留下了深刻的印象。这些龙文化活动确实起到了让世界了解中国，让中国走向世界的作用。总之，龙是中国文化中的重要角色，五洲四海，只要有华人的地方，就有龙的形象，龙是中华民族共同的精神财富和文化象征。

3. 健身娱乐功能

舞龙舞狮是一项体力和智慧同时投入的创作和表演活动。比如，为了舞出龙的神韵，舞出龙的精神状态，龙头、龙尾和各节龙身之间要默契配合，技巧性很强，表演者须经过长期演练、磨合，认真体会，要练得"耳听六路，眼观八方"，才能把龙的潜跃翻滚、蜿蜒游动，舞得浑然一体。舞龙舞狮又是一种包含武术、舞蹈艺术、民族鼓乐等综合因素的体育项目。舞龙舞狮运动通过鼓乐的击打节奏将武术技术和舞蹈艺术有机结合起来，在变化多端的节奏中，舞龙舞狮者利用人体多种姿态，在动态行进和静态造型中将力度、幅度、速度、耐力等糅合于舞龙技巧当中，完成各种高难、优美的动作。很多龙狮舞的舞球者和龙、狮头、龙狮尾的表演者要使用一些舞蹈动作，这对表演者来说，是一种很好的身体和精神的双重锻炼，同时对于观赏者来说也是一种健康休闲、调节身心的方式。

4. 竞技功能

两千余年来，舞龙舞狮运动历代相传，鼎盛不衰，并且随着华人的迁移已经传播到世界各地，为当地人民所喜爱。可以说，世界上凡是有华人聚居的地方，就有舞龙舞狮运动。如今，舞龙舞狮运动已发展成为既具民族特色、又具吉祥喜庆色彩和观赏价值的体育竞赛项目。它融健身、娱乐、喜庆、竞技于一身，是具有广泛社会普及性的民间体育项目，又是一项拥有世界级、国家级赛事的传统竞技体育项目。舞龙舞狮运动经国家体育总局有关部门的不断挖掘和整理，已发展成为颇具民族特色、极具吉祥喜庆色彩和观赏价值的体育竞赛项目，国际性的舞龙舞狮比赛逐年增多。中国龙狮运动协会根据国家的体育方针、政策和有关法规，统一组织、协调全国舞龙舞狮运动的发展，推动舞龙舞狮运动的普及和技术水平的提高，促进舞龙舞狮运动的发展。

第三节　舞龙舞狮的比赛规则与赛事欣赏

一、舞龙竞赛规则与赛事欣赏

（一）舞龙竞赛规则

国际龙狮总会制定的《舞龙竞赛规则》共10章36条，其主要内容如下。

1. 比赛

（1）舞龙比赛竞赛类型为单项赛、全能赛。

（2）舞龙比赛按性别可分为男子组、女子组。

（3）舞龙比赛按年龄可分为成年组（18周岁以上，含18周岁）、少年组（12

周岁至17周岁，含12周岁）、儿童组（不满12周岁）。

（4）舞龙比赛按竞赛成绩可分为等级赛。

（5）舞龙比赛竞赛项目可分为：①规定套路（单龙，9把1珠，10人上场）；②自选套路（单龙，9把1珠）；③传统套路（形式不限）；④技能舞龙（单龙，9把1珠）。

（6）舞龙比赛套路的时间为8至9min。

2. 服饰与布置

（1）服饰。①比赛时，运动员应穿具有特色的表演服装。要求穿戴整洁，服饰款式色彩须与舞龙器材相协调。②执龙珠队员的服饰与其他队员应有明显区别。③运动员上场比赛须佩戴号码，执龙珠者为“0”号，执龙头者为“1”号，其余依次顺延，替换队员、伴奏队员均须佩戴号码。

（2）布置。①比赛时，允许运动队在鼓乐区装饰布置，以增强现场气氛。装饰物须运用得当，装拆方便，必须与竞赛内容相吻合；②装饰物不能阻挡评分裁判员视线，不得使用烟幕烟火闪光灯等饰物（传统套路除外），不得张挂与比赛无关的内容；③布置时间不超过10min，拆除时间不超过5min。

3. 音乐与计时

（1）音乐。舞龙音乐伴奏是烘托气氛、转换节奏、激励队员情绪不可分割的重要部分。音乐旋律、乐曲快慢、强弱转换等均要与舞龙动作成为一个协调、和谐、完美的整体。伴奏可选用鼓乐、吹打乐等多种形式，也可使用符合舞龙特点的音乐带进行伴奏。

（2）计时。①第一位运动员踏入赛场，开表计时；如在赛场内静止造型候场，以第一位运动员开始动作开表计时。②运动员完成套路动作后，最后一位队员离开赛场停表；如在赛场内静止造型结束，则以全体运动员完成静止造型停止动作停表。③计时以临场裁判组计时表为准。用两块表计时，按接近规定时间的表计算时间。

4. 舞龙动作的分类和难度

舞龙动作按其动作形态特征可分类为：

（1）8字舞龙动作；

（2）游龙动作；

（3）穿腾动作；

（4）翻滚动作；

（5）组图造型动作。

5. 规定套路

规定套路是根据舞龙技术发展的方向，所选定的具有代表性的舞龙基础动作和技巧动作，经过精心编排的套路。规定套路的动作规格、顺序、方向、行动路线均不得改变。规定套路比赛使用大会提供的公用龙具器材。

规定套路比赛不得替换龙头队员。

（二）舞龙运动的欣赏

舞龙运动大部分是在行进动态中完成“龙”的游弋、起伏、翻滚、腾越、缠绞、穿插等动作。利用人体多种姿态将力度、幅度、速度、耐力糅于舞龙技巧之中，或动或静，组成优美形象的龙的雕塑，展现龙的精气神韵。在观赏舞龙时可着重从以下几个方面着手：

（1）套路编排：套路编排要内容丰富，构思巧妙，结构新颖、风格别致。

（2）动作规格：龙体运动轨迹要圆顺流畅；龙体运动与人体动作要连贯；穿越和腾越时要龙形饱满、速度均匀、动作轻松利索；组图造型要动作到位，构图清晰，形象逼真，以形传神，以形传意。

（3）难度与创新：舞龙技巧难度可分为A级、B级和C级。其中，C级难度为最高，主要体现为具备有一定的专项素质和专项技能才能完成舞龙动作。而创新动作要符合龙的盘、游、翻、滚、穿、腾、戏等形态。

（4）动作与伴奏：舞龙动作与伴奏要和谐配合、协调一致、风格独特，能很好地烘托舞龙气氛。

二、舞狮运动竞赛规则与赛事欣赏

舞狮运动项目可分为南狮和北狮，它们风格不同，各具特色，其比赛规则相应地也分为两种，主要内容如下。

（一）舞狮（南狮）运动竞赛规则

1. 比赛套路时间

比赛套路的时间为10至15min，布置器材时间不超过15min。

2. 鼓乐与计时

（1）鼓乐。舞狮鼓乐是烘托气氛、转换节奏、激励队员情绪的不可分割的重要组成部分。音乐旋律、节奏快慢等要与舞狮动作协调一致，鼓、钹、锣节拍明朗准确，轻、重、快、慢有序。以打击乐演奏为主，也可采用吹打乐。

（2）计时。①运动员候场完毕，鼓乐起开表；②运动员摘狮头、狮被并步行礼停表。③计时以临场裁判组计时表为准。

裁判组以两块表计时，按接近规定时间的表计算时间。

3. 比赛顺序的确定

在竞赛委员会的监督下，赛前由各运动队派代表抽签决定比赛顺序，对于未参加抽签的队由组委会的人员代替抽签。

4. 场地

（1）竞赛场地为边长20m的正方形（特殊情况，最小面积不得少于边长18m

的正方形），要求地面平整、清洁，场地边线宽为0.05m，边线内沿以内为比赛场地。边线周围至少有1米宽的无障碍区。

（2）比赛场地应是木板或铺设地毯。

（3）竞赛场地上空从地面量起，至少有8m的无障碍空间。

5. 器材

（1）狮头、狮被大小匀称、协调。

（2）桩阵。桩阵中桩的高度最高不得超过3m，最低不低于0.5m，其中半数桩必须达到2m，桩顶脚踏圆盘直径不超过0.38m（含保护圈垫），桩阵长度不得超过15m，最短不少于10m（含曲线计算），宽度不得超过1.5m，不能少于0.5m。大会提供公用比赛器材，也可以在规定的公用器材中更换一组自备的器材，但必须保证安全并符合规则的要求，经大会批准后使用。

6. 服饰

运动员应穿具有特色的比赛服装，要求穿戴整洁。舞狮队员服饰款式色彩与狮头狮身相协调，伴奏队员、保护人员都必须统一服装。

7. 保护措施

（1）为避免伤害事故，运动队必须在桩阵、桥、索等器械下面设置海绵垫；否则，不得参赛。

（2）比赛中，允许有2至4人进场保护；但不得影响或接触比赛的运动员。

（3）赛场保卫人员应在赛前宣布禁止使用闪光灯拍摄并在比赛时实施。

8. 舞狮（南狮）动作的分类

上腿（不论单足或双足）、站肩、坐头、上桩、桩上飞跃、桩上连续飞跃、桩上环回快走、钳腰、壁虎功（壁面角度不少于60度、不能有凹凸）、翻滚、钢索、过桥、悬挂、其他梯、盘、球、堡。

（二）舞狮（北狮）运动竞赛规则

1. 比赛套路时间

比赛套路的时间为10至15min，布置器材时间不超过15min。

2. 鼓乐与计时

（1）鼓乐。舞狮鼓乐是烘托气氛、转换节奏、激励队员情绪的不可分割的重要组成部分。音乐旋律、节奏快慢等要与舞狮动作协调一致，以打击乐演奏为主，也可采用吹打乐。

（2）计时。①运动员候场完毕，鼓乐起开始；②运动员摘狮头、狮被并步行礼为计时结束。③计时以临场裁判组计时表为准。裁判组以两块表计时，按接近规定时间的表计算时间。

3. 场地

（1）比赛在地毯上进行。

（2）竞赛场地为边长 20m 的正方形平整场地（特殊情况，最小面积不得少于边长 18m 的正方形），要求地面平整、清洁，场地边线宽为 0.05m，边线内沿以内为比赛场地。边线周围至少有 1 米宽的无障碍区。

（3）竞赛场地上空从地面量起，至少有 8m 的无障碍空间。

4. 器材

（1）引球。球体直径不少于 0.3m（+0.02m），颜色、图案不限。

（2）狮头。

（3）狮身。狮身为包身覆盖形，两狮颜色要有区别或有不同标志，狮身可体。扮狮形的运动员衣裤应为狮子的肢体（狮子的前后腿）服饰，要与狮子的颜色、狮毛一致，运动员的鞋应为狮爪形面覆盖。要求：狮头、狮被大小匀称、色彩协调。

（4）高台。层搭台面高度最高不超过 3m。

（5）梅花桩。5 个立桩，最低 0.8m，最高为 1.6m，桩上圆盘面直径不超过 0.38m（含保护圈垫）。

5. 服饰

运动员应穿具有特色的比赛服装，要求穿戴整洁。舞狮队员服饰款式色彩与狮头狮身相协调，伴奏队员、保护人员都必须统一服装。

6. 保护措施

（1）为避免伤害事故，运动队必须在桩阵、桥、索等器械下面设置海绵垫；否则，不得参赛。

（2）比赛中，允许有 2 至 4 人进场保护；但不得影响或接触比赛的运动员。

（3）保护人员必须统一服装。

（4）赛场保卫人员应在赛前宣布禁止使用闪光灯拍摄并在比赛时实施。

7. 舞狮（北狮）动作的分类

上肩、上腿、飞跃、回转、翻滚、倒立、接抛球、双狮配合等。

（三）舞狮运动赛事欣赏

舞狮运动以丰富的想象、巧妙的构思、新颖的结构、别致的风格、高难度的技巧和借助所设计的创新动作演绎和表达山、岭、岩、谷、溪、涧、水、桥、洞等意思，展现狮子喜、思、动、静、惊、疑、怕、望、戏的神态和翻、滚、闪、腾、扑、跃、戏、跳等传统舞狮的形态，动作与音乐伴奏和谐一致，以展现舞狮的形美和神美以及舞狮文化的神韵和象征中华民族腾飞的精神面貌。在观赏比赛时，可从四个方面着手：

（1）套路编排：套路编排要结构合理，主题情节突出，狮饰、服饰得体，精神饱满，礼貌大方，能充分利用器材表现狮子的各种动作，并具有独创性。

（2）形神表现：形态动作要完美无缺，神态演示要丰富、逼真，要展现气宇轩昂，威武雄壮的气势。

（3）动作难度：舞狮动作难度分为A级、B级和C级。其中，C级难度为最高，表现为具有较高的专项身体素质和专项技能才能完成的舞狮技巧动作和组合动作，具有较高的锻炼和审美价值。

（4）狮乐配合：舞狮动作与音乐伴奏要紧密配合、自然合拍，声调要突出轻、重、缓、急和谐一致，风格独特，能较好地烘托舞狮气氛。

◎ 思考题

1. 龙舟运动的基本技术有哪些？
2. 龙舟运动损伤的处理方法有哪些？
3. 舞龙舞狮运动有哪些功能？
4. 舞龙比赛中舞龙动作按动作形态特征可分为哪几类？
5. 舞狮比赛中南狮和北狮的动作分类各有哪些？

第五编　幼 儿 体 育

第十三章　幼儿园体育活动设计与组织

第一节　幼儿园体育活动概述

幼儿园体育是幼儿园教育的重要内容之一，培养幼儿对体育活动的兴趣是幼儿园体育的重要目标，要根据幼儿的特点组织生动有趣、形式多样的体育活动，吸引幼儿主动参与。

一、幼儿园体育活动的目标与要求

根据《幼儿园教育指导纲要（试行）》（以下简称《纲要》）和《3~6岁儿童学习与发展指南》的相关规定，可以将幼儿园体育活动的目标与要求归纳如下。

（一）身心状况

1. 具有健康的体态（见表13-1）

表13-1　**3~6岁幼儿身高和体重参考标准**

3~4岁	4~5岁	5~6岁
1. 身高和体重适宜。参考标准： 男孩： 身高：94.9~111.7厘米 体重：12.7~21.2公斤 女孩： 身高：94.1~111.3厘米 体重：12.3~21.5公斤 2. 在提醒下能自然坐直、站直	1. 身高和体重适宜。参考标准： 男孩： 身高：100.7~119.2厘米 体重：14.1~24.2公斤 女孩： 身高：99.9~118.9厘米 体重：13.7~24.9公斤 2. 在提醒下能保持正确的站、坐和行走姿势	1. 身高和体重适宜。参考标准： 男孩： 身高：106.1~125.8厘米 体重：15.9~27.1公斤 女孩： 身高：104.9~125.4厘米 体重：15.3~27.8公斤 2. 经常保持正确的站、坐和行走姿势

注意幼儿的体态，帮助他们形成正确的姿势。如：提醒幼儿要保持正确的站、坐、

走姿势；发现有八字脚、罗圈腿、驼背等骨骼发育异常的情况，应及时就医矫治。

2. 情绪安定愉快（见表 13-2）

表 13-2　**3~6 岁幼儿的情绪表现**

3~4 岁	4~5 岁	5~6 岁
1. 情绪比较稳定，很少因一点小事哭闹不止 2. 有比较强烈的情绪反应时，能在成人的安抚下逐渐平静下来	1. 经常保持愉快的情绪，不高兴时能较快缓解 2. 有比较强烈的情绪反应时，能在成人提醒下逐渐平静下来 3. 愿意把自己的情绪告诉亲近的人，一起分享快乐或求得安慰	1. 经常保持愉快的情绪。知道引起自己某种情绪的原因，并努力缓解 2. 表达情绪的方式比较适度，不乱发脾气 3. 能随着活动的需要转换情绪和注意

营造温暖、轻松的心理环境，让幼儿形成安全感和信赖感。如：保持良好的情绪状态，以积极、愉快的情绪影响幼儿；以欣赏的态度对待幼儿，注意发现幼儿的优点，接纳他们的个体差异，不简单与同伴做横向比较；幼儿做错事时要冷静处理，不厉声斥责，更不能打骂。

3. 具有一定的适应能力（见表 13-3）

表 13-3　**3~6 岁幼儿的适应能力**

3~4 岁	4~5 岁	5~6 岁
1. 能在较热或较冷的户外环境中活动 2. 换新环境时情绪能较快稳定，睡眠、饮食基本正常 3. 在帮助下能较快适应集体生活	1. 能在较热或较冷的户外环境中连续活动半小时左右 2. 换新环境时较少出现身体不适 3. 能较快适应人际环境中发生的变化。如换了新老师能较快适应	1. 能在较热或较冷的户外环境中连续活动半小时以上 2. 天气变化时较少感冒，能适应车、船等交通工具造成的轻微颠簸 3. 能较快融入新的人际关系环境。如换了新的幼儿园或班级能较快适应

（1）保证幼儿的户外活动时间，提高幼儿适应季节变化的能力。幼儿每天的户外活动时间一般不少于 2 小时，其中体育活动时间不少于 1 小时，季节交替时要坚持。气温过热或过冷的季节或地区应因地制宜，选择温度适当的时间段开展户外活动，也可根据气温的变化和幼儿的个体差异，适当减少活动的时间。

（2）经常与幼儿玩拉手转圈、秋千、转椅等游戏活动，让幼儿适应轻微的摆动、颠簸、旋转，促进其平衡机能的发展。

（3）锻炼幼儿适应生活环境变化的能力。如：注意观察幼儿在新环境中的饮食、睡眠、游戏等方面的情况，采取相应的措施帮助他们尽快适应新环境。经常带幼儿接触不同的人际环境，如参加亲戚朋友聚会，多和不熟悉的小朋友玩，使幼儿较快适应新的人际关系。

（二）动作发展

1. 具有一定的平衡能力，动作协调、灵敏（见表 13-4）

表 13-4　**3~6 岁幼儿的身体平衡协调能力**

3~4 岁	4~5 岁	5~6 岁
1. 能沿地面直线或在较窄的低矮物体上走一段距离 2. 能双脚灵活交替上下楼梯 3. 能身体平稳地双脚连续向前跳 4. 分散跑时能躲避他人的碰撞 5. 能双手向上抛球	1. 能在较窄的低矮物体上平稳地走一段距离 2. 能以匍匐、膝盖悬空等多种方式钻爬 3. 能助跑跨跳过一定距离，或助跑跨跳过一定高度的物体 4. 能与他人玩追逐、躲闪跑的游戏 5. 能连续自抛自接球	1. 能在斜坡、荡桥和有一定间隔的物体上较平稳地行走 2. 能以手脚并用的方式安全地爬攀登架、网等 3. 能连续跳绳 4. 能躲避他人滚过来的球或扔过来的沙包 5. 能连续拍球

（1）利用多种活动发展身体平衡和协调能力。如：走平衡木，或沿着地面直线、田埂行走。玩跳房子、踢毽子、蒙眼走路、踩小高跷等游戏活动。

（2）发展幼儿动作的协调性和灵活性。如：鼓励幼儿进行跑跳、钻爬、攀登、投掷、拍球等活动。玩跳竹竿、滚铁环等传统体育游戏。

（3）对于拍球、跳绳等技能性活动，不要过于要求数量，更不能机械训练。

（4）结合活动内容对幼儿进行安全教育，注重在活动中培养幼儿的自我保护能力。

2. 具有一定的力量和耐力（见表 13-5）

表 13-5　**3~6 岁幼儿的力量和耐力**

3~4 岁	4~5 岁	5~6 岁
1. 能双手抓杠悬空吊起 10 秒左右 2. 能单手将沙包向前投掷 2 米左右 3. 能单脚连续向前跳 2 米左右 4. 能快跑 15 米左右 5. 能行走 1 公里左右（途中可适当停歇）	1. 能双手抓杠悬空吊起 15 秒左右 2. 能单手将沙包向前投掷 4 米左右 3. 能单脚连续向前跳 5 米左右 4. 能快跑 20 米左右 5. 能连续行走 1.5 公里左右（途中可适当停歇）	1. 能双手抓杠悬空吊起 20 秒左右 2. 能单手将沙包向前投掷 5 米左右 3. 能单脚连续向前跳 8 米左右 4. 能快跑 25 米左右 5. 能连续行走 1.5 公里以上（途中可适当停歇）

（1）开展丰富多样、适合幼儿年龄特点的各种身体活动，如走、跑、跳、攀、爬等，鼓励幼儿坚持下来，不怕累。

（2）日常生活中鼓励幼儿多走路、少坐车；自己上下楼梯、自己背包。

（3）手的动作灵活协调（见表 13-6）

表 13-6　**3~6 岁幼儿手的动作协调能力**

3~4 岁	4~5 岁	5~6 岁
1. 能用笔涂涂画画 2. 能熟练地用勺子吃饭 3. 能用剪刀沿直线剪，边线基本吻合	1. 能沿边线较直地画出简单图形，或能沿边线基本对齐地折纸 2. 会用筷子吃饭 3. 能沿轮廓线剪出由直线构成的简单图形，边线吻合	1. 能根据需要画出图形，线条基本平滑 2. 能熟练使用筷子 3. 能沿轮廓线剪出由曲线构成的简单图形，边线吻合且平滑 4. 能使用简单的劳动工具或用具

（1）创造条件和机会，促进幼儿手的动作灵活协调。如：提供画笔、剪刀、纸张、泥团等工具和材料，或充分利用各种自然、废旧材料和常见物品，让幼儿进行画、剪、折、粘等美工活动。引导幼儿生活自理或参与家务劳动，发展其手的动作。如练习自己用筷子吃饭、扣扣子，帮助家人择菜叶、做面食等。幼儿园在布置娃娃家、商店等活动区时，多提供原材料和半成品，让幼儿有更多机会参与制作活动。

（2）引导幼儿注意活动安全。如：为幼儿提供的塑料粒、珠子等活动材料要足够大，材质要安全，以免造成异物进入气管、铅中毒等伤害。提供幼儿用安全剪刀。为幼儿示范拿筷子、握笔的正确姿势以及使用剪刀、锤子等工具的方法。提醒幼儿不要拿剪刀等锋利工具玩耍，用完后要放回原处。

二、幼儿园体育活动的主要内容

体育活动是幼儿体育的主要内容，参加体育活动可以增强幼儿的体质，发展基本动作，培养勇敢、自信等优良品德和活泼开朗的性格以及坚强的意志品质等。幼儿除了在幼儿园中每天要接受一定的体育活动锻炼以外，在家庭中也应该保证让幼儿有一定的体育活动时间。其中幼儿每天的户外体育活动原则上不能少于 1 小时。幼儿的体育活动内容主要有如下几项。

1. 基本动作练习

基本动作主要有走、跑、跳、平衡、钻爬、攀登、投掷等。我们之所以称这些锻炼内容为基本动作，是因为这些动作是人的基本生活中的主要运动内容，同样这些运动内容也是体育运动的基础，所以发展幼儿的基本动作，对于锻炼他们的动作灵敏、协调、正确姿势非常重要。但应该注意的是幼儿期的部分器官发育还不成熟，在进行基本动作锻炼时，原则上不要搞技巧性训练。有些家长希望自己的孩子能在体育方面有特长发展，对孩子从小就进行特殊的体育项目训练这是要谨慎的。因为对孩子从小进行特殊项目的体育训练需要教练员具有较高的专业知识技能和对幼儿有较完善的保护性措施才可以进行，否则过多进行爆发力强烈和大运动量的超耐力的运动性训练，容易导致幼儿机体的损伤。在对孩子进行基本动作训练时，原则上要在有地板的室内或有沙土的平地上或有草坪的地方进行锻炼，以降低地面对幼儿机体的反作用力。因为幼儿期的下肢与脚部落地时的自我减震能力尚未完全形成，如果在水泥地上或柏油路面上进行锻炼时，一定要求孩子穿软底鞋，以减轻硬度高的地面的反震力对孩子肢体和肌肉群的损伤。据专家测算，在孩子跳跃落地时，水泥地面对孩子的反作用力是孩子身体重量的八倍。这种反作用力极容易导致孩子的损伤。

2. 身体姿势及体操练习

身体姿势主要是走、坐、立的姿势。身体姿势正确与否对幼儿的基本动作的形成有重要影响。而对幼儿进行身体姿势训练效果较为有效的训练内容是体操练习，幼儿的体操主要有徒手操、轻器械操、听口令走步等。徒手操应该是身体姿势训练的主要内容。轻器械操可以选用儿童哑铃、球、棍棒等等。

3. 体育游戏

体育游戏是以开展某种基本动作练习为主的有一定练习规则的体育活动。体育游戏有锻炼手部的构造性游戏、锻炼身体协调能力的运动性游戏等等。体育游戏是可以根据各种场合的特点，人多人少时都可以玩的一种具有趣味性的体育活动。正规性体育活动相对比较注重幼儿动作与技能的训练，目的性、计划性较强。各种体育游戏在活动开展中培养幼儿的平衡、钻、爬、跳跃、投掷、攀登、走、跑等能力，教师主要采取讲解、示范、指导、评价等方法让幼儿明确活动目的要求，并按其要求去完成某种活动，从而达到锻炼身体和发展某方面的技能，提高能力的目的。例如：在大班体育活动《小公鸡》中，老师通过游戏的方式、口吻由始至终指导、组织幼儿进行活动，活动要求非常明确：在活动中练习单脚独立的技能，并能在活动中机智灵敏、善于躲闪。活动开始，老师便以大公鸡身份组织教学，通过客观的游戏情节牵引着每位幼儿参与这个活动，从开始的公鸡找食—练本领（单脚独立）—再找食—再练本领—至狐狸捉公鸡等系列情节，使幼儿不仅在活动中玩得开心，而且不自觉中练到了某项技能，使之得到锻炼。

三、幼儿园体育活动的组织形式

按照不同的分类标准，幼儿园体育活动的组织形式有多种分类方式。比如，按照体育活动地点的不同，我们可以把它分为园内体育活动和园外体育活动，或室内体育活动和室外（户外）体育活动；按照体育活动组织的严密程度和教师指导方式的不同，我们可以把它分为正规性体育活动和非正规性体育活动。按照幼儿在园一日活动中参与体育活动的时间和内容的不同，我们通常把幼儿园体育活动的组织分为以下几种形式：

1. 早操活动

这里所指的早操活动，并非一般意义上所指的晨间体操活动，而是做操和晨间其他体育锻炼活动的总称。这种活动在天气晴好的情况下通常要求在幼儿园户外场地上进行（遇雨天，可在教室内做操，或利用走廊开展体操和小型游戏活动；在天气炎热或寒冷的季节，有条件的幼儿园可在专门的体育活动室中进行）；活动时间约半小时，且要求每天都按时进行；其活动的形式大多采用集体（如集体做操等）和自选活动（如利用运动器械，尤其是利用各种小型器材进行的小型多样的体育游戏和活动）相结合的方式（具体内容和形式可参见本章第三节幼儿园早操活动的设计与组织）。这种活动方式在全面锻炼身体、养成幼儿良好的身体姿态、培养幼儿自觉参与和积极参加身体锻炼的良好习惯等方面，都有十分重要的作用。坚持每天做操，还有利于培养幼儿持之以恒、不怕寒暑等良好的意志品质，并能有效地提高幼儿机体对环境的适应力，增加幼儿对疾病的抵抗力。

2. 体育教学活动

体育教学活动（传统意义上的上课）是幼儿园体育活动的基本组织形式。它通常采用集体（全班或小组）教学活动的方式，在无特殊情况（主要指下雨或天气过热、过冷）的条件下，要求在户外场地上进行。体育教学活动并非每天都进行，在现今的幼儿园中，各年龄班的体育教学活动一般每周安排 1 ~ 2 次，并大多采用游戏的方式来进行。

3. 户外体育活动

对户外体育活动的理解，我们不能笼统地认为户外体育活动泛指在“户外”进行的体育活动。如果这样理解，容易与上述两类活动混为一谈。首先，与户外进行的“体育教学活动”相比，这里所指的“户外体育活动”，是指非正规性体育活动，一般来说，它并不强调活动组织的严密性，且教师大多采取间接指导的活动方式来组织和实施活动，而“体育教学活动”作为一种正规性体育活动则往往比较强调活动组织的严密性，且教师主要采取直接指导的方式来组织和实施活动。其次，与户外进行的“早操活动”相比，早操活动一般由两部分活动组成，一是做操（这是早操活动中较为固定的常规内容），二是晨间其他体育锻炼活动。从活动形式和内容上分析，“早操活动”中第二部分的活动实际上是这里所指的“户外体育活动”的组成部分（可以称之为“晨间户外体育活动”），但“户外体育活动”在时间的安排上更为灵活，其活动形式更加多样，活动内容也更为广泛。

户外体育活动是幼儿园体育活动的重要组织形式。在正常情况下，户外体育活动必须在幼儿园户外场地上进行（遇特殊情况，可利用室内某些专门的“体育活动区域”，如“室内海洋球池”“感觉统合训练室”等，或专门的室内体育活动场地进行活动）并确保每天活动的时间。在时间安排上，户外体育活动一般有两个时间段，一是晨间或上午的某个时间段，二是下午的某个时间段。活动的内容主要是器械运动或利用小型器材进行自主游戏和活动，有时也安排做操（如幼儿午睡后的户外活动）。活动的形式多种多样，但通常采用自选活动的方式。因此，户外体育活动更能发挥幼儿活动的积极性、主动性和创造性，也更有利于教师因人施教。

除上述基本组织形式外，幼儿园体育活动还有“幼儿体育节”“幼儿运动会”“幼儿远足或短途游览”等组织形式。

四、幼儿体育活动的教学方法

幼儿体育教学既要贯彻当今社会发展对幼儿身心发展所提出的要求，又要充分体现幼儿体育活动的趣味性、健身性和安全性。因此，幼儿体育活动教学，必须依据幼儿生长和身心发展规律，合理运用教学方法，因材施教，科学有效地组织幼儿完成各种体育活动。幼儿体育活动的教学方法主要有以下几种。

1. 动作示范法与讲解法

（1）动作示范法需要注意以下几方面：①示范要有明确的目的性。突出动作的技术要点和关键环节，防止盲目性。②示范要正确、生动、富有表现力。③示范要利用合理的位置和方向。教师示范的位置和方向合理与否，直接关系到示范的效果。例如，在幼儿体育教学活动中，教师示范的位置和方向一般根据幼儿的人数、队形、动作技术、观察部位以及场地情况和安全要求等因素来确定。在室外活动，教师应选择面向太阳或迎风站位示范，这样在保护幼儿的同时也避免幼儿面向太阳或迎风而影响观察效果。

（2）讲解法。讲解法是教师在体育教学活动中，通过简明、生动的口头语言，向幼儿形象地传授体育知识、运动技能，组织幼儿练习的指导方法。讲解法的应用需注意以下几个方面：①讲解要有明确的目的。明确一节课中“讲什么”“怎样讲”，做到心中有数，有的放矢。②讲解应条理清晰，内容正确，重点突出。③讲解要生动形象、通俗易懂。以幼儿熟悉的事物来比喻动作要领的形象，如“小兔跳”“小鸟飞”等。④讲解与示范相结合。注意：根据幼儿年龄特点，小班及中班前期的幼儿其认识很大程度上会依赖于行动，思维大多由行动引起，易受外部环境的干扰，注意力很不稳定。对于中班后期及大班的幼儿体育教学，可适时灵活运用讲解与示范相结合的指导方法，因该年龄段幼儿的规则意识在逐步形成，他们已开始尝试控制自己的行为，遵守集体规则。

2. 完整法与分解法

（1）完整法，是指对单个动作或整套动作不分步骤地进行教学，一般用于比较简单或结构严谨、难以分解的动作，如深蹲站起动作。

（2）分解法，是将单个动作合理地分成几个步骤，或将整套动作分成几个单个动作，分别进行教学，如前翻滚动作采用分解法有利于使幼儿抓住动作的重点或难点，更快地掌握动作要领。

3. 保护与帮助法

幼儿对事物有强烈的好奇心，但缺乏生活动验，加上动作灵敏性和协调性较差，因此，在幼儿体育教学活动中，保护与帮助尤为重要。保护与帮助根据其性质可分为他人保护和自我保护，直接帮助和间接帮助。在幼儿体育活动中，主要是以教师保护和直接帮助为主。

4. 运动负荷量控制法

运动负荷量是指幼儿在体育活动中所承受的生理负荷量，它受活动的强度、密度、数量以及持续时间等因素影响。运动负荷量控制法的应用需注意以下几个方面：①考虑体育活动的适量性。②重视体育活动的结构性。在活动的每一个环节必须考虑运动和休息交替合理。③掌握体育活动的循序渐进性。遵循由易到难、由简到繁、由弱到强，不断提高的原则。

第二节　幼儿园体育基本动作规范

一、规范基本动作的意义

幼儿体育活动的开展是幼儿园课程中的一个重要内容，而其学习内容的重要构成便是发展幼儿的基本动作和身体素质，落脚点是发展幼儿的基本动作技术。规范基本动作，便于教师设计游戏课程进度和制定活动目标，同时也便于教师选择最正确的教学策略和辅助手段。

二、基本动作定义及学习策略

1. 立正

两脚跟靠拢并齐，两脚尖向外分开约60度；两腿挺直；小腹微收，自然挺胸；上体正直，微向前倾；两肩要平，稍向后张；两臂下垂，自然伸直，手指并拢自然微曲；拇指尖贴于食指第二节，中指贴于裤缝；头要正，颈要直，口要闭，下颌微收，两眼平视前方。

2. 跨立（幼儿园常用之为“稍息”动作口令）

左脚向左跨出约一脚之长，两脚挺直，上体保持立正姿势，身体重心落于两脚之间。两手后背，左手握右手手腕，拇指根部与外腰带下沿（内腰带上沿）同高；右手手指自然弯曲，手心向后。

3. 稍息

左脚顺脚尖方向伸出约全脚的 2/3，两脚自然伸直，上体保持立正姿势，身体重心大部分落于右脚。

4. 停止间转法

（1）向右（左）——转，以右（左）脚跟为轴，右（左）脚跟和左（右）脚掌前部同时用力，使身体协调一致向右（左）转 90 度，体重落在右（左）脚，左（右）脚取捷径迅速靠拢右（左）脚，成立正姿势。转动和靠脚时，两脚挺直，上体保持立正姿势。

（2）向后——转，按照向右转的要领向后转 180 度。

5. 蹲下

右脚后退半步、前脚掌着地，臀部坐在右脚跟上（膝盖不着地），两腿分开约 60 度，手指自然并拢放在两膝上，上体保持正直。蹲下过久，可以自行换脚。

起立时全身协力迅速起立，成立正姿势。

6. 齐步——走

左脚向正前方迈出，按照先脚跟后脚掌的顺序着地，同时身体重心前移，右脚按照此法运动；上体保持正直，微向前倾，手指轻轻握拢，拇指贴于食指第二节，两臂前后自然摆动，向前摆臂时，肘部弯曲，小臂自然向里合，手心向内稍向下，向后摆臂时，手臂自然伸直。

7. 跑步——走

听到预令（跑步），两手迅速握拳（四指蜷握，拇指贴于食指第一关节和中指第二关节），提到腰际，约与腰带同高，拳心向内，肘部稍向里合。听到动令（走），上体微向前倾，两腿微弯，同时左脚利用右脚掌的蹬力越出，前脚掌先着地，身体重心前移，右脚按照此法运动；两臂前后自然摆动，向前摆臂时，大臂略直，肘部贴于腰际，小臂略平，稍向里合；向后摆臂时，拳贴于腰际。

8. 立——定

齐步和正步走时，听到口令，左脚再向前大半步着地（脚尖向外约 30 度），两腿挺直，右脚取捷径迅速靠拢左脚，成立正姿势。跑步时，听到口令，再跑两步，然后左脚向前大半步（两拳收于腰际，停止摆动）着地，右脚靠拢左脚，同时将手放下，成立正姿势。

9. 向右（左）看齐

要领：基准幼儿不动，其他幼儿向右转头，眼睛看右邻幼儿腮部，前四名能通视基准幼儿，自第五名起，以能通视到本人以右第三名为度，后列幼儿先向前对正，后向右对齐。

10. 走

要领：双手自然摆臂，抬头、挺胸。

分类：正常走（散步、齐步走）、快步走、竞走、特殊方式走（弓箭步走、半蹲走、足尖走）。

11. 跑

要领：先练习屈臂摆臂；然后练习前脚掌发力；最后练习呼吸方法。

分类：慢跑、快速跑、障碍跑（跨、踏、绕、钻过障碍）、集体协作跑（接力跑）。

12. 跳

要领：通常顺序：先练习摆臂，原地有预摆；然后练习起跳动作；再练习空中控制动作；再练习落地缓冲动作；最后练习衔接动作。

分类：水平方向跳（立定跳、行进间跳、行进间连续单、双脚跳）、垂直方向跳（原地跳、行进间向上跳、连续单、双脚向上跳）。

13. 投

要领：先练习挥臂动作（或发力加速动作）；练出手角度；练手型；练运行线路；练衔接。

分类：肩上（抛掷、投、推）、肩下（扔、撇、抛）

三、各年龄班幼儿基本动作练习分布及其锻炼价值

1. 各年龄班幼儿投掷练习分布及其锻炼价值（分别见表 13-7 和表 13-8）

表 13-7　　**各年龄班幼儿投掷练习分布**

	小班	中班	大班
滚接球	互相滚接大皮球	互相滚接（其他物品）	互相滚接（其他物品）
抛接球		自抛自接低球、高球（头以下为低球，头以上为高球），两人近距离用双手相互抛接大球	两人相距 2~4 米抛接大皮球

续表

		小班	中班	大班
肩投	投远		练习肩上挥臂投物（投纸标、小皮球、100 克左右的小沙包）	肩上挥臂投远
	投准			肩上挥臂投准（距离 3 米左右，标靶直径 60 厘米左右）
拍球	原地	学拍皮球	左右手拍球	原地变换形式拍球（如转一周再拍）
	行进间			边走边拍球，边跑边拍球

表 13-8　　**投掷练习的锻炼价值**

投掷的形式	主要锻炼价值
肩上挥臂投远	锻炼上肢肌肉关节，增强肩、臂等部位肌肉力量
肩上挥臂投准或将物体投进指定范围内，一定距离外用小圈掷套物体	发展目测能力及动作的准确性
滚球击静止的或活动的靶	增强手臂、手腕以及有关关节的力量，发展目测能力，动作的准确性，以及对移动靶的运动判断的准确性
打雪仗	锻炼上肢肌肉关节，增强肩、臂等部位肌肉力量，发展目测能力，动作的准确性，对移动靶的运动判断的准确性，以及肌肉耐力

2. 各年龄班幼儿跳跃练习分布及其锻炼价值（分别见表 13-9 和表 13-10）

表 13-9　　**各年龄班幼儿跳跃练习分布**

	小班	中班	大班
原地双脚向上跳（纵跳）	双脚原地向上跳	原地纵跳触物（物体距幼儿高举的手指尖 15~20 厘米）	原地纵跳触物（物体距幼儿高举的手指尖 20~25 厘米）
立定跳远		不少于 30 厘米	不少于 40 厘米
双脚向前行进跳（兔跳）	双脚向前行进跳	双脚向前行进跳	双脚向前行进跳
侧跳		双脚在直线两侧行进跳	双脚在直线两侧行进跳
从高处向下跳	离地 15~25 厘米	离地 25~30 厘米	离地 30~35 厘米

续表

	小班	中班	大班
夹沙包跳		夹沙包跳	夹沙包跳
单脚连跳		单脚直线连跳	单脚折线连跳
水平障碍	跨跳	助跑跳过不少于 40 厘米的平行线	助跑跳过不少于 50 厘米的平行线
垂直障碍跨跳			助跑屈腿跳过 30 ~ 40 厘米
变换方向跳，转身跳			变换方向跳，转身跳
跳绳、跳皮筋、跳蹦床			跳绳、跳皮筋、跳蹦床
跳小跳箱或小木马			跳小跳箱或小木马

表 13-10　**跳跃练习的锻炼价值**

跳跃的形式	主要的锻炼价值
原地纵跳	增强腿部肌肉的力量，发展弹跳能力
纵跳触物	提高协调性、视觉运动能力，发展弹跳能力
双脚连续向前跳	增强腿部肌肉力量，发展肌肉、心肺耐力和协调性
单脚连续向前跳	增强腿部肌肉力量，发展肌肉、心肺耐力、平衡力和协调性
立定跳远	提高弹跳能力、下肢爆发力和协调性
从高处向下跳	发展平衡能力
单双脚轮换跳、单双脚交替跳、双脚开合跳、转身跳、侧跳	发展灵敏性和协调性
助跑跨跳	提高动作的灵敏性，提高弹跳能力、下肢爆发力和协调性
跳绳	提高协调性、视觉运动能力，发展上肢肌肉力量和耐力
跳蹦床	提高弹跳能力、平衡力和协调性

3. 各年龄班幼儿跑步练习分布及其锻炼价值（分别见表 13-11 和表 13-12）

表 13-11　　各年龄班幼儿跑步练习分布

	小班	中班	大班
变化方向跑	沿场地周围跑	一路纵队跑	一路纵队跑
听信号跑	听信号向指定方向跑	跑动中听信号做规定动作	听信号变速跑或改变方向跑；跑动中听信号做规定动作
快速跑		距离为 10~20 米	距离为 20~30 米
圆圈跑或曲线跑	圆圈跑	曲线跑	曲线跑
慢跑或走跑交替	距离 100 米	距离为 100~200 米	距离为 200~300 米
四散跑	在指定范围内四散跑	在一定范围内四散追逐跑	四散追逐跑、躲闪跑
绕障碍跑、窄道跑、接力跑	绕障碍跑	窄道跑、接力跑	接力跑

表 13-12　　跑步练习的锻炼价值

跑步形式	主要锻炼价值
绕圆圈跑、在狭窄的小道上跑	发展平衡能力和协调能力
绕障碍跑	发展灵敏性、平衡能力和协调能力
短距离快跑、接力跑	发展速度、灵敏性
四散追逐跑、躲闪跑	发展速度、灵敏性、对周围环境变化做出快速反应的能力和耐力
一定距离的慢跑	增加心肺功能，发展耐力
高抬腿跑、大步跑	增强腿步的肌肉力量，发展平衡、协调性

4. 各年龄班幼儿走步练习分布及其锻炼价值（分别见表 13-13 和表 13-14）

表 13-13　　各年龄班幼儿走步练习分布

	小班	中班	大班
自然走	1. 听信号向指定方向走 2. 在指定范围内散开走 3. 一个跟着一个走 4. 跨过小障碍走 5. 拉或推着小物体走	1. 听信号有节奏地走 2. 听信号变换速度、方向走 3. 高举手臂走 4. 在物与物之间或平衡板上走 5. 短途“远足”	1. 一队一队整齐地走 2. “高人走，矮人走” 3. 迈大步走、上下坡走、倒退走 4. 由脚跟过渡到脚尖的“滚动”式走 5. 拉或推重物走

表 13-14 **走步练习的锻炼价值**

走步形式	主要锻炼价值
持物走、推着或拉着物体走	提高控制身体的能力和动作的协调性
跨过低矮障碍物走	增强腿部肌肉力量，发展平衡能力
高举手臂走	增强背部、腹部、臀部的肌肉力量，发展平衡、协调能力
蹲着走（矮人走）	锻炼膝关节及周围韧带、肌腱，增强腿部肌肉力量和耐力
前脚掌走（高人走）	锻炼膝关节及周围韧带、肌腱，增强腿部肌肉力量、耐力和平衡力
变换走的方向及速度	提高动作反应的灵敏性
在平衡板上走、上下坡走	发展平衡能力
倒退走	发展平衡及协调能力
远足走	发展耐力素质

5. 各年龄班幼儿平衡、钻、爬、攀登练习分布（分别见表 13-15 和表 13-16）

表 13-15 **年龄班幼儿平衡练习分布**

	小班	中班	大班
窄道移动	在宽 25 厘米以内的平行线中间走。在 15～20 厘米的斜坡上走上、走下	在宽 20～15 厘米平行线中间走。在宽 20～30 厘米的平衡木上走	在有间隔物体（砖、木板、硬板等）上走。在离地面高 30～40 厘米，宽 20～15 厘米的平衡木上变换手臂动作如：叉腰、侧平举、前平举、上举向前走等
旋转		原地旋转 1～3 圈	两臂侧平举，闭目、足起踵转（5 圈左右）
闭目行走		闭目向前走 5～10 米	两臂侧平举单脚站立 5～10 秒
其他			高跷、对推等

表 13-16 **各年龄班幼儿钻、爬、攀登练习分布**

	小班	中班	大班
钻	钻过 70 厘米高障碍物（橡皮筋或绳子）	钻过直径为 60 厘米的圈或拱门	较迅速地连续钻过各种障碍物中的狭小空间
手膝着地爬	手膝着地爬	手膝着地爬	探索各种俯身爬
手脚着地爬		手脚着地爬	探索各种侧身或仰面爬
攀登	在小型攀登器械上爬上爬下	在大中型攀登架上爬上爬下	探索不同的爬上爬下的动作

第三节　幼儿园早操活动的设计与组织

一、幼儿园早操活动的意义

早操是在早晨进行的身体锻炼活动的总称，是幼儿园在早晨开展的、以基本体操为主要内容的一种体育组织形式，也是幼儿一日活动的重要环节，它既能锻炼幼儿的身体、发展幼儿的基本动作，又能激发幼儿参加体育活动的积极性。科学、合理地开展早操活动，对增强幼儿体质、促进幼儿身心健康具有十分重要的意义。

1. 有助于幼儿在精神饱满、体力充沛的状态中开始一日活动

在早操活动中，幼儿伴随着明快而熟悉的音乐，轻松、愉快地做着各种身体动作，能使神经系统彻底消除睡眠产生的抑制状态，激发和恢复机体主要器官系统的机能和工作能力，提高整个机体的活动能力，使其逐步进入良好的活动状态，在精神饱满、体力充沛的状态中开始一日活动。

2. 有助于培养幼儿的意志品质和良好的个性，使其养成体育锻炼的良好习惯

早操活动，能培养幼儿勇敢、顽强的意志品质和自信心，还能培养幼儿参与、乐群、合作及群体意识，使之形成良好的个性。开展早操活动，能使幼儿从小养成锻炼身体的良好习惯，并使幼儿逐渐体验和认识到体育锻炼是一日生活中不可缺少的内容。

3. 有助于幼儿形成良好的身体形态，增强身体抵抗能力

早操能促进幼儿良好身体形态的形成和身体的正常生长发育，增强幼儿各器官系统的功能，使其动作发展得更协调、更灵敏。早操活动一般是在早晨进行的，气温相对较低，空气相对凉爽和清新。这段时间坚持做早操等体育活动，能有效提高幼儿适应不同气温变化的能力。

二、幼儿园早操活动的内容和结构

幼儿园早操的内容应该包括操节、基本动作训练、队列练习、游戏、律动、歌舞表演等方面的内容，以避免单纯动作练习那种生硬、呆板和枯燥的弊端。下面将幼儿园早操分为六个部分逐一进行介绍。

（一）准备活动

准备活动也就是我们所说的入场。可以通过走步、跑步、简单的走跑交替动作达到热身的目的，让幼儿的身体机能迅速进入运动状态。如大班可采用跑、快走等动作，中班采用模仿的兔跳、大象走、蛙跳等动作进场。

（二）队列队形练习

在早操中常用的队列有：立正、稍息、原地踏步走、齐步走、跑步走、立定、

向前看齐、向左（右）看齐等。常用的队形有：排成一路纵队，排成2~6（多）路纵队，排成圆形或半圆形队形，排成密集队形（幼儿围拢在教师周围），排成分散队形（在一定范围内分散站立）等。幼儿园早操的队列队形练习要简单易行，通过队列变化训练，可使幼儿在团体中了解与认识自身与团体的关系，增进幼儿的团体意识让幼儿形成秩序感，并发展幼儿理解指令的能力；同时，队列变化与训练也是热身运动的一种积极的延续，为幼儿的早操活动作好充分准备；队列与队形变化包括：速度的变化；切段分队走或左右分队走，如四路变二路，二路变四路；圆形等等。

（1）小班：一个跟着一个走圆形、方形。

（2）中班：切段分队走、立正、看齐、原地踏步走、齐步走、纵队变成圆形。

（3）大班：左右分队走、并队走、原地向左右走、十字队逆时针走。

（三）操节

操节是早操活动的主要部分，是锻炼幼儿身体各部分动作的重要内容，教师要根据本地区、本园、本班幼儿的动作发展特点，因地制宜、因人而异地设计各种幼儿操，以促进幼儿身心发展。从早操的形式看：有徒手操和轻器械操。小班以徒手操和模仿操为主（例如，小鸡操、小鸭操、问候操等）；

中班和大班主要是徒手操和轻器材操。

徒手操包括模仿操、韵律操，武术操、健美操等，它一般包括：上肢运动、下蹲运动、体侧运动、体转运动、腹背运动、跳跃运动，不同的年龄班又有一定的差别：小班挑选其中的4~5节，大班则可以增添扩胸运动、全身运动等，但这些内容的编排也不是绝对的，主要要考虑本园、本地的实际而有所不同。例如：农村和城市，各年龄班的各个不同时期等，都应该有所不同。这些动作的编排顺序是：从上肢、下肢到全身，从运动量小的动作到运动量大的动作。

轻器械操是在徒手操动作的基础上，手持轻器械，如棍棒、花环、红旗、哑铃、绳、圈、乐器、椅子、大刀、筷子、花、球、帽子等做的各种动作。对于轻器械操，还应该注意做好以下几点：器材要美观，但不要花费太多的钱。器材可以利用一些无毒的废旧物品制作，主要考虑器材是否有利于幼儿动作的发展，要避免因为使用了器材而限制了某些动作要素和运动量。器材要具有多功能，尽量使器材具有一定的重量，增加运动量，另外，器材要尽量能发出声音，尽可能激发幼儿的兴趣。

（四）歌舞表演

歌舞表演是早操的重要内容，它能够增加早操的表演性，激发幼儿的兴趣。应该明确：在早操中，这些内容不应为表演而表演，而应该突出体育运动，为幼儿的动作发展服务，在激发幼儿兴趣的同时，发展幼儿的动作。要避免过多的舞蹈表演，以免削弱体育活动的运动量。动作的设计要从幼儿的实际需要出发，做到简单、大方，容易到位、有一定的强度，切忌从成人的角度去设计幼儿早操的动作，另外，操节的动作一般为四八拍。教师应有机地将艺术领域的要求融入其中，这不但能激发幼儿对舞蹈的兴趣，更能在早操活动中培养幼儿的方位感、动作协调性以及幼儿与同伴的合作能力等。

（五）体育游戏

由于幼儿对游戏的兴趣远远超过其他活动，因此，把游戏渗透在早操活动中，能够以此来激发幼儿对早操活动的兴趣，提高他们参与活动的积极性，进一步提高早操的锻炼价值。早操中的游戏，一般以体育游戏为主，也可以适当选择一些运动量大、情节简单的音乐游戏，如老虎和小动物、精灵和小仙女，但是要求做到：密度大、时间短、趣味大、器械少、动作简单、运动量大等。

（六）放松活动

在早操活动结束时，要求幼儿便步走，边走边要求幼儿做深呼吸，也可做些放松动作，并适当做一些柔韧性和静力性练习动作，使幼儿心率逐步恢复正常，让幼儿在愉快轻松的气氛中逐渐放松。待幼儿呼吸均匀，情绪平稳后，走回教室。

以上 6 项内容不一定要截然分开，有时候也可以自然地融合在一起。

三、幼儿园早操设计原则和步骤

（一）幼儿园早操设计原则

1. 遵循幼儿年龄特点

（1）小班：早操宜简单、易学和富有趣味性。

（2）中班：要求做操时，动作统一、规范和整齐。中班的幼儿，已经具备一定的运动能力和自我控制能力，因此，要求幼儿在做早操时，能够做到动作有力与动作整齐划一，如伸臂动作要求伸直等等；由此，不断促进幼儿大动作技能的发展与提高幼儿的运动能力。

（3）大班：要求活泼，并且动作要有一些变化。大班幼儿的运动能力与自我控制能力相对而言，要比小中班幼儿强，因此，可以通过早操动作设计一些必要的变化，进一步发展幼儿的运动能力以及有效促进幼儿大动作技能的发展。

2. 早操的运动量要适宜

运动量反映在运动强度和密度上。一般而言，早操的强度，以儿童平均心率 140 为正常；在早操活动时，心率最高可达到 150～170；放松阶段为 100～120；在早操结束 5 分钟后再测幼儿心率，幼儿心率应在 80 至 90 之间，5 分钟恢复后要求幼儿心率达到正常状态。早操的运动密度通常在 80% 以上，因为在早操中较少有等待时间，而且早操不是体育课或体能训练，它要求幼儿在较短时间内完成全身活动与运动内容，以达成为良好开始一天幼儿园生活做好准备的目的。

幼儿运动强度（如心率等）通常由医生抽样检查。具体测定方法由医生选择一至三个幼儿作为样本，在幼儿做早操的四个不同阶段（如热身阶段、操节阶段等）进行测试，并按照每个测试幼儿在早操活动不同阶段的心率，画出每个幼儿早操的心率曲线图，以供教师参考；教师根据心率曲线图了解早操运动量是否适宜。教师一般可以通过幼儿完成早操后的面部表情和出汗程度，来做一个运动量是否适宜的简单判断；如果运动量有过量的情况，则教师需要对早操做调整。

3. 早操不能舞蹈化

舞蹈的基本特征是柔美与舒展，具有欣赏的价值；但幼儿早操有增进幼儿体能和运动能力以及发展幼儿动作协调性的作用，故幼儿早操需要达成一定的运动量，无论是模仿动作还是扩展动作，均应该有一定适宜的运动强度；早操舞蹈化，则常常无法提高幼儿体能等。

4. 操节要合理

早操的功能之一，是幼儿在一天开始之初，起一种唤醒的作用；幼儿在早操后，尚有各种活动，故要求在幼儿完成早操后，能够轻松开始一天的活动。这就要求早操在设计上，要做到操节合理。一般早操由 6 至 10 个运动小节组成，小班通常为 6 个运动小节，中班为 6 至 8 个运动小节，大班为 8 至 10 个运动小节；在节奏节拍上，小班使用 2/8 拍；中、大班使用 4/8 拍。

5. 音乐选择原则

音乐选择要有美感，音乐对于儿童的活动和运动是有直接的影响的，因此，音乐的选择需要重视。一般在早操中选择活泼的、明快的音乐较为合适；一般而言，音乐选择的一个技巧是，先有操，再选择音乐；音乐配操，而不是操配音乐。

6. 器材运用原则

在器材操中，应尽量一物多用；废物多用；应强调器材运用中的安全性。在早操器材运用过程中，器材出现的先后次序和运用方式需要仔细设计；运动器材在早操中使用的必要性，也需要仔细考量与讨论，以使器材在早操活动中对幼儿运动兴趣和运动能力真正起到提高的作用。

（二）幼儿园早操设计步骤

1. 确定操名

无论具体采用何种内容的早操，或采用哪种形式的早操，均需首先确定一个操名；球操、圈操或者花样操，确定一个名称有利于建立主题。

2. 创编早操

以年级为单位，成立早操编排小组。由有特长的教师集体创编具体的早操内容和具体的早操动作细节，同年级组，早操动作和音乐相同；大、中和小班早操内容与音乐应采用不同的方式，因为每个年龄组幼儿的大动作技能发展、体能发展和运动能力均不同。

3. 音乐的选配

确定操名、建立主题和创编好早操后，就应该选择合适的与早操主题相应的音乐。音乐在早操中起着口令、节拍的作用，因此在选择操节部分的音乐时，应重视音乐本身的节奏和旋律，所选择的音乐要与早操风格、特色一致，并充分考虑是否符合幼儿的年龄特点，达到动作与音乐协调统一的目的。如：操节适合选择节奏明快，速度符合动作的音乐（各年龄班有所不同），队列练习要选择进行曲风格的音乐，基本动作训练则要选择符合动作性质的音乐（快跑、转圈、左右跳等应各有不同），放松运动则适合采用舒缓柔和的摇篮曲风格的音乐。另外，音乐音频的高低、性质要相对一致，以免出现不协调的现象，让幼儿在早操中同时受到音乐的熏陶。在选择音乐时还应注意以下两点：一是要有童趣，要符合幼儿年龄特点。切忌音乐成人化，盲目地追求时尚的流行歌曲。没有童趣，不符合幼儿年龄特点，直接影响了动作编排，多数只能做上肢动作和跑跳动作。二是乐曲要富于变化，节奏不要单调，因为曲目虽有变化但节奏雷同，不能调节活动强度。

4. 教师汇操

早操的创编，常常不是一次就能成功的。应根据教师的特长成立早操编排小组，分年龄段专门进行操节的编排、音乐的选择。在早操编好后，本年龄段的教师应进行汇操。教师汇操的目的之一，就是一起讨论早操的编排，是否适合幼儿，并及时作出修正或调整；汇操的另一个目的就是通过汇操，可以在一个年级组统一早操的动作、统一领操的口令（语言的、哨音的和手势的）以及统一教给幼儿早操动作时的动作要领（重点与难点）。此外，汇操也可以使教师本身十分明确所编排早操的动作对于幼儿体能发展的作用等等。

5. 幼儿学习

在教幼儿新的早操时，可以通过教师的准确示范或首先培养一两个幼儿掌握新的早操，来加强幼儿学习新的早操时动作要领掌握的准确性；幼儿掌握新的早操宜一次成型：首先给予幼儿一种新的早操的整体概念或印象，可以帮助幼儿较快地掌握新的早操；再在平时加强练习，可以有效帮助幼儿熟练掌握新的早操动作。

第四节　幼儿园户外体育活动的设计与组织

一、幼儿园户外体育活动概述

1. 幼儿园户外体育活动的概念

幼儿园户外体育活动是在户外开展的通过教师直接指导或间接指导的集体活动和分散活动的形式，以基本动作、器械活动及各种体育游戏为活动内容的一种幼儿园体育活动的组织形式。

2. 幼儿园户外体育活动的意义

开展户外体育活动的最终目的不仅仅是增强幼儿的体质，更大的价值在于通过体育锻炼发展幼儿各方面的能力，促进其身心和谐发展。户外体育活动从幼儿的兴趣、爱好、能力、水平出发，给幼儿提供了更多自由活动的机会。它不仅有利于发挥幼儿的积极性、主动性和创造性，而且更有利于教师因人施教。它改变了传统的、单一性的体育活动形式，是通过丰富的活动材料、充足的场地空间、科学的项目设置来促进幼儿动作、思维、兴趣、意志等诸方面素质全面发展的一种途径和方式，也是培养幼儿自主性、发挥幼儿创造性的一项自主活动。

二、幼儿园户外体育活动的形式

幼儿园户外体育活动大多以户外区域体育活动的形式开展。户外区域体育活动是针对传统体育活动而开展的一种新的体育活动形式，它是根据健康领域目标、内容和要求创设若干运动区域，投放不同的运动器材，让幼儿自主参与，用他们自己感兴趣的方式发展基本动作，提高幼儿动作的协调性和灵活性。这种形式能充分利用幼儿园环境，在遵循幼儿生长发育规律的基础上，因地制宜地把各种不同的场地科学地创设成不同的区域；还可投放不同的材料，让幼儿在良好的体育环境中自由结伴、自选内容、自主地进行体育活动。

(一) 幼儿园户外体育活动区域设置

1. 按幼儿园地质地貌设置区域

根据幼儿园多样化的地质地貌，可以设置塑胶地、沙地、石地、水池、草地、木地、土坡、水泥地等区域。

2. 按基本动作类型设置区域

按基本动作类型，幼儿园可以设置奔跑区、跳跃区、投掷区、平衡区、钻爬区、攀登区、悬垂区、自由活动区等。

3. 按运动器材特征设置区域

按运动器材特征，幼儿园可以设置固定大型运动器材区（滑滑梯、跳床、攀岩墙等）和可移动小型器材区（球类、跳绳等）。

(二) 幼儿园户外体育活动区域材料投放

1. 幼儿园户外体育活动区域材料设计与投放的原则

幼儿园户外体育活动的开展过程中，材料的设计与投放是幼儿能否充分运动的关键因素。在材料的设计与投放方面应遵循安全性、情景性、层次性、挑战性等四个原则。

(1) 安全性。安全是开展幼儿运动的前提，因此，作为教师首先应该从场地选择上体现安全意识，避开场地上的危险地带，或将其进行调整。如避开草地上的灯架或人流拥挤的路段，用软布包住竹梯、篮球架的边角，所有材料无尖角等，在物质上保证幼儿的人身安全。其次要在区域中设置明显的标志。作为幼儿自由选择、自主活动的区域活动，活动区玩法需一目了然，这就必须借助一些指示明确的显性标志，如用平面箭头指示的路线标志或用辅助器械铺设而成的区间路径；又如在区域牌上张贴幼儿活动照片以示活动的玩法；又或有相对明显的区域区隔线，以利于幼儿养成遵守游戏规则的好习惯；还有入区人数控制的插牌标志等。总之，要为保证幼儿充分的运动做好周密的铺垫。

（2）情景性。实践证明，音乐可以促进幼儿情绪愉快地更投入地参与活动，活动时心情放松，便于幼儿动作协调。因此，选好音乐是幼儿运动的前提。一般来说，要根据主题的更换选择不同背景的音乐，如《我是中国人》主题中的“泥娃娃”、“大中国”、“娃哈哈”、“北京欢迎你”等；《春天来了》主题中的“蝴蝶花”、“郊游”、“蜗牛与黄鹂鸟”等，让孩子们在不经意的聆听中更亲近主题。此外，场地整体氛围的营造也至关重要，孩子们的活动兴趣容易受外界事物的刺激而变得兴奋起来，而其中的一些情景，如模拟房子、模拟海底世界、模拟小树林等错落有致地摆放在场地中间，可以间接地激发幼儿参与运动的兴趣，同时也引发了幼儿与材料产生互动的欲望。

（3）层次性。区域性运动追求的是一种幼儿自主的活动，因此我们在材料的设计上更应体现层次性，即材料丰富多样，既要符合幼儿的现有水平，又要给幼儿一定的难度；既要让幼儿获得成功，又让幼儿的能力得到挑战。如孩子们可以根据自己的能力选择大小不一的竹梯、轻重不同的沙袋、高低不等的板凳、空心实心的轮胎等开展平衡、攀爬、背负行走等各种运动游戏。

（4）挑战性。挑战性的运动环境旨在鼓励幼儿在活动中勇敢地去挑战、克服困难、体验成功。我们在活动内容和场景中应适当地设置一些“问题情景”，适度地设置一些“困难”，使运动环境具有一定的挑战性，以满足不同幼儿的需要，培养幼儿挑战自我的精神。

安全性、情景性、层次性及挑战性四个原则应相辅相成，但前提是必须指向材料设计与投放的适宜性，即适宜于幼儿的充分运动，适宜于幼儿的快乐体验，适宜于幼儿的健康成长。

2. 户外区域体育活动材料投放的依据

（1）根据幼儿活动兴趣投放材料。户外体育区域活动中材料色彩鲜艳、器材新颖或有声响，都能极大地吸引幼儿的注意力，他们会来尝试一番，仔细琢磨这些器材的玩法，教师在活动前应充分考虑到这点，如：我们在活动前准备了小动物套圈，其鲜艳的色彩和可爱的动物形象一下子就吸引了好多幼儿，而且每次活动总是人流不断。当场地上放置许多色彩缤纷的跨栏时，小朋友一见就涌了上去。可见，在材料投放时应考虑到幼儿的年龄特点和兴趣爱好。

（2）根据幼儿基本动作发展目标投放材料。在准备户外体育区域活动时教师往往不知所措，不知该选择哪些玩具和活动器材，这时可以根据幼儿动作发展目标来投放材料。如果是同龄幼儿进行的户外体育区域活动，则可依据小中大幼儿不同年龄段的体育动作发展目标选择活动器材，同时也能体现出各年龄段不同的层次要求。

（3）根据各活动区功能需要投放材料。户外体育区域活动是幼儿户外体育活动的一种特殊类型，因而在活动形式上区别于一般的户外体育活动。它是全国性或年龄段的体育活动，并且划分了一定的活动区域，如：钻爬区、投掷区、跨跳区、自由活动区等。因此，在投放活动材料时可依据这些不同区域的特点，有选择地投放。如：钻爬区，可放一些便于幼儿钻爬的垫子、桌子、椅子或是在挂着的绳子上吊一些小铃铛、气球，让幼儿练习钻爬动作。

三、幼儿园户外体育活动的开展原则与组织方法

1. 幼儿园户外体育活动的开展原则

（1）活动量的渐进性原则。有计划、有步骤、按一定程序来进行，从简单到复杂，从少量到大量，从轻缓到逐渐加强，从相对安静到运动状态。合理安排运动量，采用运动后即时脉搏测定法来掌握幼儿的运动量，这种方法简便、容易掌握。从实验观察，单个动作练习一般进行 8～10 次，运动后即时脉搏升至 174～186 次/分为宜，每次练习总时间为 15～20 分钟，运动后身体微出汗最为合适。

（2）经常性原则。应坚持不懈地进行，保证每天带幼儿到户外去运动，发展各种能力，满足他们玩的需要。

（3）动静交替的原则。不同类型、不同性质的运动要合理搭配。使幼儿动静交替地进行不同性质的活动，能预防神经系统的疲劳，保持身心愉快的情绪，并起到全面锻炼身体的作用。如小班幼儿很喜欢活动量较大的体育游戏“老狼老狼几点了”，有时玩得满头大汗、气喘吁吁，这时教师可以带他们一起玩活动量较小的体育游戏，如“我是能干的大公鸡”等，让幼儿在原地做一些小动作的活动，这样就控制和调节了幼儿的运动量，可以更好地组织与指导幼儿活动。

（4）全面锻炼的原则。保证各个部位，各种技能都能得到全面协调的发展。如：幼儿的颈、胸、腰、上肢、下肢等身体部位，都要协调发展。走、跑、跳、投掷、攀登、钻爬等基本动作技能都要得到锻炼。

（5）个别对待的原则。活动设计中要考虑不同能力幼儿的需要，改变过去那种“一刀切”的做法，从幼儿的个体差异出发，对发展水平不同、能力不同的幼儿提出不同的要求。对那些动作发展好的幼儿要适当提高难度，让他们“玩得有劲”；对那些动作发展较差的幼儿则降低动作要求，让他们也体验“成功的快乐”。例如跳跨栏活动中，要提供几种不同高度的跨栏，让幼儿自由选择。孩子们根据自己的能力和水平选择适合自己的高度进行练习，然后再根据自己的实际情况选择是

否增加高度。还有对个别肥胖儿的教育和体弱儿的照顾等。

（6）安全性原则。在给孩子更多自由的同时，还要特别强调安全教育。户外场地活动范围较广，幼儿四处分散活动时，教师的视线不能顾及每个幼儿。因此，在活动前要尽可能预计到可能出现的不安全因素，活动前老师要向孩子交代活动的规则和有关安全事项，增强其自我保护意识。检查仪表，注意调节幼儿运动负荷，活动前后减加衣服。教师四处巡回走动，及时纠正幼儿危险动作，聆听幼儿交谈、评价。发现问题及时进行必要的安全指导和安全教育。

2. 幼儿园户外体育活动的组织方法

（1）以班级为单位轮换式的体育区域活动。以班级为单位轮换式的体育区域活动更注重有目的地发展幼儿的基本动作和活动过程中的创造性以及幼儿自主运动能力。教师可以通过2~3个区域，让幼儿将活动器材玩熟、玩透，想出器材的各种玩法。

（2）以年龄段为单位的体育区域活动。根据本年龄段的目标，通过创设更多的区域，提供比较多的材料来满足幼儿的不同需要，引导幼儿自由结伴，自主选择。

（3）全园混龄、混班形式开展的体育区域活动。混龄、混班活动，即通过异龄、异班孩子间的多重互动，促进其身心全面的发展。可以将混龄、混班的游戏活动经验拓展到多种户外活动之中。

①晨间操的混班。将以班级为单位的晨间操形式进行调整，打破班级间界限，以年级组为单位，进行整体编排。②体育教学的混龄。将混龄游戏、亲子活动的经验迁移到体育教学活动中，不同年龄段教师共同备课，共同组织体育混龄教学活动，集教师的集体智慧来满足不同年龄孩子的发展需要。③远足活动的混龄。小班弟弟妹妹第一次远足活动，由大班的哥哥姐姐牵着弟弟妹妹的手走进公园，一起捡树叶，一起唱歌，一起玩民间传统游戏。在活动中，哥哥姐姐有了责任意识，弟弟妹妹有了情感依恋，混龄活动让更多孩子成为朋友。

第五节　幼儿园体育游戏设计

《纲要》指出，开展丰富多彩的户外游戏和体育活动，培养幼儿参加体育活动的兴趣和习惯，增强幼儿体质，提高幼儿对环境的适应能力。用幼儿感兴趣的方式发展基本动作，提高幼儿动作的协调性、灵活性。

一、幼儿园体育游戏的含义

体育游戏也称活动性游戏或运动游戏，是根据一定的体育任务设计的，由身体动作、情节、角色和规则组成的一种活动性游戏，是幼儿体育活动的一种主要形式。幼儿的体育游戏不同于表演游戏、结构游戏和角色游戏，它由各种基本的动作组成，有严格的规则，有明确的结果，是以发展幼儿身心为目的的一种锻炼活动。

二、体育游戏对幼儿成长的作用

1. 有利于锻炼幼儿的机体

幼儿在体育游戏中进行奔跑、跳跃、投掷等活动，能加强中枢神经系统的支配性以及心脏、血液循环、呼吸系统的运动，加上运动器官大小肌肉的积极活动，使各器官系统的生理机能都得到锻炼和改善，能更好地促进新陈代谢，从而达到增强体质的目的。

2. 促进幼儿智力和语言的发展

做体育游戏时，由于身体承受了一定的运动量，血液循环会加快，从而改善脑的营养供应，促进脑的发育，为幼儿智力的发展提供更好的物质基础。

3. 有利于培养幼儿的意志品质

体育游戏一般都有严格的规则，游戏规则贯穿着游戏的全过程，要求每个幼儿必须学会控制自己的行为，一是自己遵守游戏规则，保持和伙伴的协调一致；二是注意观察他人是否有违反规则的行为，以保证游戏的顺利进行，同时，教师对游戏规则一贯严格认真的要求，还可以锻炼幼儿在完成游戏时克服自私自利情感和情绪的能力。

4. 有助于幼儿社会性交往技能的提高

合作是一种重要的社会性交往技能。伙伴游戏本身就是合作的过程，幼儿在社会性游戏时，要按游戏的主题、情景、规则、玩法进行交流，协商谁来扮演什么角色，怎样布置背景和使用玩具等来共同完成游戏活动。游戏中的这种幼儿之间的交往活动，使幼儿了解自己和同伴的想法、行为、愿望和要求，学会与同伴合作。

5. 有助于幼儿“去中心化”，学会理解他人

在游戏中，幼儿也逐渐学会理解他人。在角色游戏中，幼儿要以别人的身份出现，这时他们既是别人又是自己，使得他们要从不同的角度考虑问题，也学会从别人的角度来看问题和观察世界。例如，当幼儿在游戏中扮演“妈妈”时，一方面他清楚地知道自己不是“妈妈”，但是另一方面又必须站在“妈妈”的立场上来思考问题和计划自己的行动。这种在思想上把自己转变为他人的行为可以使幼儿比较自然地学会改变自己看问题的角度，逐渐克服“自我中心”的观点和思维的片面性，学会比较客观地看待问题。

6. 有助于幼儿掌握社会道德行为规范

幼儿在内容健康的社会性表演游戏中，通过扮演角色，模仿社会生活中人们的行为准则，可以帮助幼儿掌握一些道德行为规范，然而，游戏的内容大多是社会现实的反映，那么，现实生活中的积极因素和消极因素都不可避免地反映到幼儿游戏

中来，这就需要成人给予正确的引导。例如，幼儿园的有些孩子玩过“乘公共汽车”游戏后会问老师：为什么我们上车要排队，不能挤，和平时看到的不一样？这时，老师就可以“乘公共汽车”为主题组织一个讨论：为什么生活中有些叔叔阿姨上车乱挤、不排队？这样做对不对？应该怎么做？这样可以帮助孩子分析他们看到的现象，明确正确的行为标准。

7. 帮助幼儿体验不同的情绪情感

学前期是儿童情绪情感发展的重要时期。游戏有助于幼儿体验积极的情绪情感，也有助于幼儿消除消极的情绪情感。如在“老鹰捉小鸡”游戏中，扮演鸡妈妈的幼儿体验着妈妈对孩子的关心和爱护，用自己的身躯保护孩子，教会孩子躲闪，当他们取得成功时，他们会体验到自豪感，增强自信心。但如果失败了，幼儿在游戏中也不会有任何负担，不会造成任何损失，可以重玩。这样可以帮助幼儿在今后的生活中，遇到失败不会一蹶不振、失去信心，而要从失败中吸取教训，重新来过。

三、幼儿园各年龄班体育游戏的特点

1. 小班体育游戏的特点

小班幼儿体力和身体素质比较薄弱，大肌肉群发育不太完善，各项基本动作都还没有正确掌握，动作缺乏协调性和准确性，平衡能力差，活动不自如。小班幼儿的心理特点是喜爱游戏、好模仿，注意力不易集中。他们对游戏中的动作、角色、情节都很感兴趣，但是对游戏的结果不大注意。小班幼儿的体育游戏，动作内容和情节都比较简单，角色较少，便于幼儿模仿，常常集体做同一动作。规则也比较简单，是幼儿容易做到的。

2. 中班体育游戏的特点

中班幼儿的体力和动作有所发展，平衡能力和独立生活能力也有很大提高。他们能辨别方向，注意力较易集中，能控制自己，比较自觉地遵守游戏规则。中班幼儿比较喜欢有情节、有角色、有追逐性的游戏，对游戏的结果有所注意。中班的体育游戏除有一定的情节外，还增加了一些无情节的、只为完成某项任务的分组竞赛游戏，游戏的规则也比较复杂，并带有限制性。

3. 大班体育游戏的特点

大班幼儿身体更壮实，体力更充沛，动作显得更加协调有力、灵活自如。他们的知识范围扩大了，观察分析和理解能力有了显著的提高，开始具有组织能力和控制注意的能力，增强了责任感，喜欢游戏有胜负的结果。大班体育游戏中竞赛性成分增多，游戏动作加多，难度加大，往往需要幼儿克服一定的困难之后才能达到游戏的目的，游戏中的情节和角色之间的关系更为复杂。

四、幼儿园体育游戏设计案例

(一) 小班体育游戏设计案例

1. 网小鱼

游戏目标：(1) 发展幼儿动作的灵敏性和反应能力。

(2) 学会躲闪，培养幼儿合作能力。

游戏玩法：将全班幼儿分成两部分，一部分幼儿扮演小鱼，另一部分幼儿扮演渔网。扮演渔网的幼儿围成一个大圆圈，扮演小鱼的幼儿站在圆圈中间。游戏开始：幼儿边念儿歌边做游戏，当念到渔网来捕小鱼时，扮演小鱼的幼儿找空隙钻出去四散跑开。游戏反复进行。

游戏规则：(1) 幼儿在画定的池塘范围内跑。

(2) 当说到最后一句“快快游”的时候，才能跑。

(3) 跑时要注意安全。

2. 钻山洞

游戏目标：(1) 体验与同伴参与体育游戏的快乐。

(2) 锻炼钻的运动技能，以及躲闪的能力。

(3) 能动作协调地钻过山洞。

游戏玩法：把幼儿分成两大组，一组幼儿分成两排，请幼儿面对面站好，两臂伸直与对面的小朋友掌心相碰，搭成拱形山洞，另一组幼儿按顺序钻山洞，可以边说儿歌边钻山洞，儿歌说到最后一个字时，可以捉钻进山洞里的幼儿，被捉住的幼儿视为淘汰，游戏可以唱歌、说儿歌和绕口令的形式轮流反复进行。

游戏规则：(1) 提醒幼儿弯腰、屈膝、低头，身体全部钻出洞之后才能站起来。

(2) 在说儿歌和绕口令快结束时，要注意躲闪。

3. 老鹰捉小鸡

游戏目标：(1) 锻炼幼儿行动的敏捷性，使幼儿学会躲闪。

(2) 通过幼儿对民间游戏的了解，培养幼儿团结合作的精神，弘扬我国民族文化。

(3) 培养幼儿对体育动动的兴趣。

游戏玩法：幼儿扮演小鸡，一位老师扮演鸡妈妈，另一位老师扮演老鹰。

师：小鸡宝宝们，鸡妈妈想带你们出去玩玩，你们想去吗？鸡宝宝按顺序排好队，跟着鸡妈妈出发吧（幼儿在童谣音乐声中走进活动场地，同时做准备活动并进行队列训练）。

幼儿：老鹰来了。

师：哎呀，谁来了？(老鹰来了）快到妈妈身后躲起来。

(师幼玩老鹰捉小鸡游戏)

游戏规则：游戏时应该做到不推也不挤，有序排队，注意安全。

4. 小老鼠上灯台

游戏目标：(1) 发展幼儿从上往下跳的能力。

(2) 提高幼儿的自控能力。

游戏玩法：幼儿扮演小老鼠，走在平衡木上，边走边说儿歌，当说到“叽里咕噜滚下来”时，幼儿迅速从平衡木上跳下，并保持蹲下来的姿势。否则就会被大花猫吃掉。被逮到的幼儿则扮演小花猫，重新做游戏。

儿歌：小老鼠上灯台，偷油吃下不来，喵喵喵，猫来了，叽里咕噜滚下来。

游戏规则：幼儿跳下时必须蹲下且不能动。

(二) 中班体育游戏设计案例

1. 勇敢的消防队员

游戏目标：(1) 练习走、跑、钻、跳等相结合的动作。

(2) 对幼儿进行保护动物、保护森林、保护环境教育。

(3) 培养幼儿相互合作的精神。

游戏器材：轮胎、竹梯、钢圈、体操垫、橡皮筋、动物模具、红丝带。

游戏玩法：(1) 角色分配：教师——“消防队长”；幼儿——“消防员”。

(2) 某消防训练基地，消防员正在进行训练。突然，接到火警 119 指挥中心命令，市郊森林发生大火，全体官兵赴失火现场进行灭火，抢救被大火围困的动物，经过激烈的战斗，终于把火扑灭，救出了被围困的小动物。

游戏规则：(1) 严格按照游戏路线进行游戏。

(2) 注意安全。

2. 小动物过桥

游戏目标：(1) 能大胆尝试各种平衡器具，发展平衡潜力。

(2) 培养初步的合作意识和竞争潜力。

游戏准备：(1) 平衡木、平衡台、竹梯、搓板等各种独木桥若干。

(2) 各种积木、布包、沙包、塑料盆、桶等玩具分布在场地的周围。

(3) 录音机、磁带、干毛巾 (供幼儿擦汗用)。

游戏玩法：

(1) 请幼儿扮演主角、活动身体，教师引导幼儿在音乐伴随下模仿自己喜爱的各种小动物的动作。

(2) 熟悉器材、探索玩法。

①教师带领幼儿将场边的器械搬到场中间搭成各种桥 (允许按幼儿的意愿搭桥)。我们小动物来玩过小桥的游戏，大家先来搭桥吧。

②请小朋友选自己喜欢的小桥去走走玩玩，看谁走得又快又稳。

③幼儿分散活动，老师观察指导。鼓励幼儿大胆走过平衡木，提醒幼儿找人空的小桥走，不要碰撞同伴。

（3）交流分享、重点练习。

①请幼儿相互讲讲走了哪些小桥，用了哪些方法，怎样过小桥又稳又安全。

②请多名幼儿演示，大家评议。

③教师尝试引出持物走独木桥的方法。小动物们，下面我们来做过桥表演的游戏好吗？过桥时你们能够拿场地边上的各种玩具做各种动作，看谁能勇敢地走过独木桥并表演各种动作。

教师做动作演示：一手侧平举，一手扶着头顶上的塑料盆走过独木桥。

幼儿分散、自由地选取辅助材料并用各种不同的方法走过独木桥。

教师观察，及时发现大胆勇敢及动作方法多的幼儿。

请幼儿轮流演示，师生评议。

（4）放松身体、整理收拾器材。

①幼儿模仿小动物吃青草，并适当休息、擦汗。

②表扬勇敢大胆、用心参与活动的幼儿。

③师生共同收拾整理活动器具。

3. 造房子

游戏目标：（1）发展直线快跑的潜力。

（2）能独立想出持物跑的方法，提高自我保护意识。

（3）通过游戏明白要养成热爱劳动、做事情认真的品质。

游戏准备：（1）积木、可乐罐若干。

（2）幼儿在活动前合作搭建过房子。

（3）录音机、磁带。

游戏过程：

（1）幼儿随音乐做准备活动。

①组织幼儿将积木摆在场地四周。

②幼儿在教师的带领下，进行绕障碍走、跑、跳的练习。

（2）游戏“造房子”。

①幼儿5到8人一组组成建筑队，为自己的建筑队起名字。

②各队排头站在起跑线上，每人拿一块积木，听到信号，每队第一名幼儿迅速跑到指定的地点，按照要求建构房子，然后跑回本队拍第二人的手……直至队尾。

③请幼儿示范携带积木跑步的方法，并引导幼儿讨论。

④幼儿分散自由练习持物快跑。

⑤再次进行比赛。增加比赛的难度，如在路上放置一些障碍物，要求幼儿必须绕过障碍。

（3）放松游戏“打气”。

教师模仿打气动作，幼儿模仿充气的动作，练习呼吸。幼儿拿积木离开活动场地。

（三）大班体育游戏设计案例

1. 编花篮

游戏目标：（1）锻炼幼儿单腿站立、单脚跳跃的能力。

（2）通过游戏提高孩子们的合作能力，培养他们互相协调、团结友爱的精神。

游戏准备：《健康歌》光盘、一块平坦的场地。

游戏玩法：播放《健康歌》，幼儿随着《健康歌》的音乐在教师的指导下做热身运动。孩子们先手拉手站好，其中一名孩子将自己的一只腿放在旁边两名孩子的手上，单腿站立，然后，孩子依次将自己的一条腿放在另一孩子的腿上，所有孩子将腿搭好后，最先那个孩子的腿放在最后一名孩子的腿上，开始游戏，边单腿跳边唱儿歌：“编、编、编花篮，花篮里面有小孩，小孩的名字叫花篮。”

游戏规则：（1）参加游戏的人数在三人以上。

（2）若有一个小孩的腿掉下来了，游戏必须重新开始。

放松活动：幼儿在音乐的伴奏下，活动活动四肢，使身体完全放松。

2. 两人三足

游戏目标：（1）锻炼下肢力量，发展身体的协调性和平衡性。

（2）学会合作、协商。

游戏准备：皮筋、平衡凳、轮胎、音乐（热身、放松）。

游戏玩法：（1）音乐热身。跟随音乐活动身体关节，重点活动下肢关节。

（2）出示皮筋，引出游戏名称。①幼儿自由两两结合，用皮筋绑在一起，试着走一走。在走的过程中，注意走得好的。②教师小结，引导幼儿为什么有的小伙伴走得好，不摔跤，让幼儿知道要协商，喊口号一起走，节奏、脚步统一。

（3）分两组比赛、闯关。①第一关，小伙伴自由分成两组，看哪组走得快。②第二关，加大难度，从低到高放置平衡凳。让幼儿一只脚在上一只脚在下走过平衡凳。③第三关，全部放置轮胎。每组投放 8 个轮胎，一只脚在轮胎里面，一只脚在轮胎外面走过去。④第四关，要求幼儿协商好，一只脚在轮胎里面，一只脚在轮胎外面，一起跳过轮胎。

（4）放松活动：游戏结束后进行放松活动，如让幼儿坐在地上互相捶捶腿，拍拍后背等。

3. 走大鞋

游戏目标：（1）尝试两人、三人合作平移走“大鞋”，发展幼儿平衡能力及互相协作的精神。

（2）选择自己喜欢的方式，进行小组循环的“大鞋”游戏，充分体验合作运动的愉悦。

游戏准备：用木板和宽牛筋自制的“大鞋”若干双，可供两至三个幼儿一起玩，大鞋上分别写有数字1、2。

游戏玩法：(1) 热身运动，活动活动筋骨。

(2) 两人合作“走大鞋”。①幼儿自由组合，两人一组分别选择一双“大鞋”进行合作“走大鞋”的尝试。

②教师巡视观察，注意发现幼儿在尝试过程中出现的问题，如两人迈步不协调，步速不一致等，并引导幼儿积极探索。

③请幼儿说说自己走得怎样，如何才能走得更好。可以用动作配合语言表达自己的想法、做法。

④师幼共同总结“走大鞋”的好方法，即动作要领：后一名小朋友扶着前一名小朋友的肩膀；走的时候先出有数字1的鞋，再出有数字2的鞋，同时两人一起喊“1、2、1、2，…”的号子。这样就不会摔倒，两人才能协调一致地向前走。

4. 调皮的小袋鼠

游戏目标：(1) 练习多种跳的方法：单脚跳、双脚跳。

(2) 通过游戏中不同障碍物的设置，尝试多种跳的方法。

(3) 乐意参与跳的活动，并努力克服困难，一直跳到结束。

游戏准备：圈若干、椅子两把。

游戏玩法：

(1) 准备活动。教师请幼儿手拉手围成一个大圆圈，大家边唱歌边跳跃，可以手拉手跳，也可以自己叉腰跳，教师注意引导幼儿按照儿歌内容变换跳的姿势。

(2) 游戏活动。①幼儿扮演小袋鼠，教师带领幼儿原地练习单脚跳及双脚开合跳。再将幼儿分成人数相等的两队站在场地的一端，另一端放两把小椅子。

②游戏开始前，教师先示范讲解动作要领及过程，让幼儿明白游戏的规则及玩法。

游戏开始后，排头的两位先单脚跳过圈，绕过弯曲的小桥（绳子），再进行开合跳圈，最后绕过小椅子，跑回自己的小队，拍一下第二位幼儿的手，站至队尾，第二位幼儿继续进行第一位幼儿的动作。

放松活动：教师带领幼儿边唱边进行游戏。

◎ 思考题

1. 简述幼儿园体育活动的目标与要求。
2. 简述各年龄班幼儿基本动作练习分布及其锻炼价值。
3. 幼儿园早操设计的原则和步骤分别是什么？

4. 幼儿园户外体育活动开展的原则有哪些？

5. 体育游戏对幼儿成长的作用有哪些？请分别列举一些适用各年龄班幼儿的体育游戏案例并简要介绍。

附　录

国务院办公厅转发教育部等部门关于进一步加强学校体育工作若干意见的通知

国办发〔2012〕53号

各省、自治区、直辖市人民政府，国务院各部委、各直属机构：

教育部、发展改革委、财政部、体育总局《关于进一步加强学校体育工作的若干意见》已经国务院同意，现转发给你们，请认真贯彻执行。

国务院办公厅

2012年10月22日

关于进一步加强学校体育工作的若干意见

教育部　发展改革委　财政部　体育总局

为深入贯彻落实《中共中央　国务院关于加强青少年体育增强青少年体质的意见》（中发〔2007〕7号）和《国家中长期教育改革和发展规划纲要（2010—2020年）》，推动学校体育科学发展，促进学生健康成长，现提出如下意见：

一、充分认识加强学校体育的重要性

1. 广大青少年身心健康、体魄强健、意志坚强、充满活力，是一个民族生命力旺盛的体现，是社会文明进步的标志，是国家综合实力的重要方面。体育锻炼是提高学生健康素质的有效途径，对青少年思想品德、智力发育、审美素养和健康生活方式的形成具有不可替代的作用。加强学校体育，增强学生体质，对于提高学生综合素质，实现教育现代化，建设人力资源强国，培养德智体美全面发展的社会主义建设者和接班人，具有重要战略意义。

2. 党中央、国务院历来高度重视青少年的健康成长，把加强青少年体育锻炼作为提高全民健康素质的基础工程，把加强学校体育作为贯彻党的教育方针、实施素质教育和提高教育质量的重要举措。多年来，各地不断完善和落实各项政策措施，广泛开展阳光体育运动，有力推进学校体育改革发展。但总体上看，学校体育仍是教育工作中的薄弱环节，学校体育未能得到足够重视，评价机制不够完善，体育教师短缺，场地设施缺乏，影响和制约了学生体质健康水平的提升。各地各部门要充分认识加强学校体育的重要性和紧迫性，把提高学生体质健康水平作为落实教育规划纲要和办好人民满意教育的重要任务，摆在更加突出位置，纳入重要议事日程，切实抓紧抓好。

二、明确加强学校体育的总体思路和主要目标

3. 加强学校体育要以科学发展观为指导，全面贯彻党的教育方针，全面实施素质教育，把增强学生体质作为学校教育的基本目标之一，加强政府统筹，加强条件保障，加强监督检查，确保学生体育课程和课余活动时间，切实提高学校体育质量，完善学校、家庭与社会密切结合的学校体育网络，促进体育与德育、智育、美育有机融合，不断提高学生体质健康水平和综合素质。

4. 当前和今后一个时期，要以中小学为重点全面加强学校体育，深入推进学校体育改革发展，力争到“十二五”期末，学校体育场地设施总体达到国家标准，初步配齐体育教师，基本形成学校体育持续健康发展的保障机制；学生体质健康监测制度更加完善，基本建成科学规范的学校体育评价机制；各方责任更加明确，基本形成政府主导、部门协调、社会参与的学校体育推进机制。

三、落实加强学校体育的重点任务

5. 实施好体育课程和课外体育活动。各地要规范办学行为，减轻学生课业负担，切实保证中小学生每天一小时校园体育活动，严禁挤占体育课和学生校园体育活动时间。要因地制宜制订并落实体育与健康课程的实施方案，在地方课程和校本课程中科学安排体育课时。建立健全学生体育竞赛体制，引导学校合理开展课余体育训练和竞赛活动。积极鼓励创建青少年体育俱乐部，组织开展丰富多彩的学生群众性体育活动。各级各类学校要制订和实施体育课程、大课间（课间操）和课外体育活动一体化的阳光体育运动方案。要创新体育活动内容、方式和载体，增强体育活动的趣味性和吸引力，着力培养学生的体育爱好、运动兴趣和技能特长，大力培养学生的意志品质、合作精神和交往能力，使学生掌握科学锻炼的基础知识、基本技能和有效方法，每个学生学会至少两项终身受益的体育锻炼项目，养成良好体育锻炼习惯和健康生活方式。

6. 加强学校体育教师队伍建设。要加快教师结构调整，制订并落实配齐专职体育教师计划，多渠道配备好中小学和职业学校体育教师。建立健全体育教师培养体系，办好高等学校体育教育专业，逐步扩大免费师范生和贫困地区定向招生专项计划中体育教育专业招生规模，完善农村学校教师特岗计划补充体育教师的机制。

鼓励退役优秀运动员按照有关规定从事学校体育工作。加大国培计划培训体育教师的力度，拓宽体育教师培训渠道，到 2015 年各地要对中小学和职业学校体育教师进行一轮培训。要保障体育教师在职务评聘、福利待遇、评优表彰等方面与其他学科教师同等待遇。对体育教师组织学生开展课外体育活动以及组织学生体质健康测试等，要纳入教学工作量。

7. 加快学校体育设施建设。各地要按照《国家学校体育卫生条件试行基本标准》、《中小学校体育设施技术规程》及相关学校建设标准和技术规范要求，加大学校体育设施建设力度，在基层公共体育设施建设中统筹规划学校体育设施，在义务教育经费保障机制和农村义务教育薄弱学校改造计划等项目中加大对体育设施建设和器材配备的支持力度，推动全国学校体育设施和器材逐步达到国家标准。大力推动公共体育场馆和运动设施向青少年学生免费或优惠开放，学校体育场馆设施在课余和节假日应向学生开放。

8. 健全学校体育风险管理体系。研究制订学校安全条例，组织修订《学校体育工作条例》和《学校卫生工作条例》。各地各有关部门要加强对学校体育安全的指导和监督，建立健全政府主导、社会参与的学校体育风险管理机制，形成包括安全教育培训、活动过程管理、保险赔付的学校体育风险管理制度，依法妥善处理学校体育意外伤害事故。各学校要制定和实施体育安全管理工作方案，明确管理责任人，落实安全责任制。加强对体育设施的维护和使用管理，切实保证使用安全。

四、建立健全学校体育的监测评价机制

9. 完善学生体质健康测试和评价制度。教育部会同有关部门修订并全面实施《国家学生体质健康标准》，做好学生健康检查制度、学生体质健康监测制度与国家学生体质健康标准测试制度的配套衔接。各学校每年对所有学生进行体质健康测试，并将测试结果经教育部门审核后上报纳入国家学生体质健康标准数据管理系统；同时，要按学生年级、班级、性别等不同类别在学校内公布学生体质健康测试总体结果，并将有关情况向学生家长通报。各地要加强管理，创造条件，保证学生体质健康测试工作的顺利开展。要把学生体质健康水平作为学生综合素质评价的重要指标，将学生日常参加体育活动情况、体育运动能力以及体质健康状况等作为重要评价内容。因地制宜组织实施好初中毕业升学体育考试。积极探索在高中学业水平考试中增加体育科目的做法，推进高考综合评价体系建设，有效发挥其对增强学生体质的引导作用。

10. 实施学校体育工作评估制度。教育部研究制订以评价学生体质健康水平和基本运动技能为主要内容的学校体育工作评估标准和实施办法。从 2013 年起组织开展中小学体育工作评估，县级教育部门要组织学校按照要求进行自我评估，地市级教育部门要对本地学校体育工作评估结果进行复核检查，省级教育部门要进行抽查和认定，并将经认定的评估结果汇总后报送教育部备案。教育部将组织制订高等学校体育工作基本标准和高等职业学校体育课程教学指导纲要，并适时组织开展高等学校体育工作评估。各级教育部门和学校要深入分析学生体质健康测试结果，动态把握学生体质健康发展变化趋势，有效指导学校体育工作。

11. 实行学校体育报告公示制度。各地教育部门要逐级上报本行政区域学校体育工作情况，上级教育部门对所报情况进行公示，重点报告和公示学校体育开课率、阳光体育运动情况、学校体育经费投入、教学条件改善、教师队伍建设和学生体质健康状况等。各地教育部门和学校要向社会公布学生阳光体育运动工作方案、基本要求和监督电话。学校要利用公告栏、家长会和校园网等定期通报学生体育活动情况。从2013年起，教育部组织编制和发布《全国学校体育工作年度报告》，按生源所在地分省（区、市）公布高等学校新生入学体质健康测试结果。

五、加强对学校体育的组织领导

12. 加强学校体育工作领导和管理。各地人民政府要认真履行发展学校体育的职责，将学校体育发展纳入本级政府年度工作报告，建立健全教育部门牵头、有关部门分工负责和社会参与的学校体育工作机制。教育部门要完善政策，制定标准，加强监督管理和科学指导，将学校体育纳入义务教育、普通高中、职业教育、高等教育等各类教育规划。发展改革部门要把提高青少年身心健康水平纳入当地经济社会发展规划，支持学校体育发展。财政部门要完善支持学校体育的投入政策。体育部门要把学校体育作为全民健身计划的重点，在技术、人才、场地和体育组织建设等方面加大对学校体育工作的支持。校长是所在学校体育工作的第一责任人，要确保学校体育各项工作任务的具体落实。

13. 加大学校体育投入力度。要统筹教育经费投入，切实保障学校体育经费。合理保证中小学校公用经费中用于体育的支出，并随公用经费标准提高而逐步增加。利用现有渠道，将学校体育场地设施建设、体育活动经费纳入本级财政预算和基本建设投资计划，并加大投入力度。优先支持农村和民族地区学校体育工作。

14. 实施学校体育三年行动计划。各地要结合本区域经济社会发展状况，找准学校体育的突出问题、重点领域和薄弱环节，特别是要在确保学生锻炼时间、提高学生体质健康水平、落实政府工作责任、完善学校体育政策体系、实施学校体育评价制度、改善学校体育办学条件等方面确定发展目标，逐年分解落实任务，以县为单位编制加强学校体育三年行动计划。2013年3月底前，各省（区、市）行动计划报国家教育体制改革领导小组办公室备案。

15. 强化学校体育工作督导检查。国务院教育督导机构组织修订《中小学体育工作督导评估办法（试行）》。各级教育督导机构要研究制定和实施学校体育工作督导检查办法，坚持督政与督学相结合，健全目标考核机制，建立学校体育工作专项督导制度，定期联合有关部门开展学校体育工作专项督导，并将督导评估结果及时向社会公告。

16. 健全学校体育工作奖惩机制。各地要把学校体育和学生体质健康水平纳入工作考核指标体系，作为教育等有关部门和学校领导干部业绩考核的重要内容，加强学校体育工作绩效评估和行政问责。对学校体育工作成绩突出的地方、部门、学校和个人进行表彰奖励。对学生体质健康水平持续三年下降的地区和学校，在教育工作评估和评优评先中实行“一票否决”。

17. 营造学校体育发展良好环境。各地各有关部门要认真宣传学校体育工作的政策要求、典型经验和有效做法，采取多种方式加强校园体育文化建设，加大对群众性学生体育活动的宣传报道，广泛传播健康理念，引导广大青少年、各级各类学校和全社会树立科学的教育观、人才观和健康观，形成珍视健康、热爱体育、崇尚运动、积极向上的良好氛围。

教育部关于印发《高等学校体育工作基本标准》的通知

教体艺〔2014〕4号

各省、自治区、直辖市教育厅（教委），新疆生产建设兵团教育局，有关部门（单位）教育司（局），部属各高等学校：

现将《高等学校体育工作基本标准》（以下简称《基本标准》）印发给你们，请遵照执行。

《基本标准》是对全日制普通高等学校体育工作的基本要求，也是评估、检查高等学校体育工作的重要依据，凡是达不到《基本标准》要求、学生体质健康水平连续三年下降的学校，在“高等学校本科教学工作水平评估”中不得评为合格等级，各省（区、市）不得批准其为高水平运动队建设学校。

各高等学校要充分认识加强学校体育工作的重要意义，牢固树立健康第一的指导思想，把体育工作摆上重要位置，切实加强领导和规范管理，认真落实《基本标准》。

教育部将适时组织开展面向所有高校的《基本标准》达标工作专项评估、检查，凡不达标的学校，将予以通报并限期整改，整改期间高水平运动队建设学校停止招收运动队新生。

请将此件转发至所属高校。

教育部

2014年6月11日

高等学校体育工作基本标准

为落实立德树人根本任务，加强高等学校体育工作，切实提高高校学生体质健康水平，促进学生全面发展，根据国家有关规定，制定本标准。本标准适用于普通本科学校和高等职业学校的体育工作。

一、体育工作规划与发展

1. 全面贯彻党的教育方针，服务立德树人根本任务，将学校体育纳入学校全面实施素质教育的各项工作，认真执行国家教育发展规划、规章制度及各项要求。创新人才培养模式，使学生掌握科学锻炼的基础知识、基本技能和有效方法，学会至少两项终身受益的体育锻炼项目，养成良好锻炼习惯。挖掘学校体育在学生道德教育、智力发展、身心健康、审美素养和健康生活方式形成中的多元育人功能，有计划、有制度、有保障地促进学校体育与德育、智育、美育有机融合，提高学生综合素质。

2. 统筹规划学校体育发展，把增强学生体质和促进学生健康作为学校教育的基本目标之一和重要工作内容，纳入学校总体发展规划，全面发挥体育在学校人才培养、科学研究、社会服务和文化传承中不可替代的作用。制订阳光体育运动工作方案，明确工作目标、具体任务、保障措施和责任分工，并落实各项工作。

3. 设置体育工作机构，配备专职干部、教师和工作人员，并赋予其统筹开展学校体育工作的各项管理职能。实行学校领导分管负责制（或体育工作委员会制），每年至少召开一次体育工作专题会议，有针对性地解决实际问题。学校各有关部门积极协同配合，合理分工，明确人员，落实责任。

4. 加强学校体育工作管理，在学校体育改革发展、教育教学、教研科研、竞赛活动、社会服务等各项工作领域制订规范文件、健全管理制度、加强过程监测。建立科学规范的学校体育工作评价机制，并纳入综合办学水平和教育教学质量评价体系。

二、体育课程设置与实施

5. 严格执行《全国普通高等学校体育课程教学指导纲要》，必须为一、二年级本科学生开设不少于 144 学时（专科生不少于 108 学时）的体育必修课，每周安排体育课不少于 2 学时，每学时不少于 45 分钟。为其他年级学生和研究生开设体育选修课，选修课成绩计入学生学分。每节体育课学生人数原则上不超过 30 人。

6. 深入推进课程改革，合理安排教学内容，开设不少于 15 门的体育项目。每节体育课须保证一定的运动强度，其中提高学生心肺功能的锻炼内容不得少于 30%；要将反映学生心肺功能的素质锻炼项目作为考试内容，考试分数的权重不得少于 30%。

7. 创新教育教学方式，指导学生科学锻炼，增强体育教学的吸引力、特色性和实效性。建立体育教研、科研制度，形成高水平研究团队，多渠道开展以提高学生体质健康、教学质量、课余训练、体育文化水平等为目标的战略性、前瞻性、应用性项目研究，带动学校体育工作整体水平提高。

三、课外体育活动与竞赛

8. 将课外体育活动纳入学校教学计划，健全制度、完善机制、加强保障。面向全体学生设置多样化、可选择、有实效的锻炼项目，组织学生每周至少参加三次课外体育锻炼，切实保证学生每天一小时体育活动时间。

9. 学校每年组织春、秋季综合性学生运动会（或体育文化节），设置学生喜闻乐见、易于参与的竞技性、健身性和民族性体育项目，参与运动会的学生达到 50%以上。经常组织校内体育比赛，支持院系、专业或班级学生开展体育竞赛和交流等活动。

10. 注重培养学生体育特长，有效发挥体育特长生和学生体育骨干的示范作用，组建学生体育运动队，科学开展课余训练，组织学生参加教育和体育部门举办的体育竞赛。

11. 加强校园体育文化建设，促进中华优秀体育文化传承创新。学校成立不少于20个学生体育社团，采取鼓励和支持措施定期开展活动，形成良好的校园体育传统和特色。开展对外体育交流与合作。通过校报、公告栏和校园网等形式，定期通报学生体育活动情况，传播健康理念。

12. 因地制宜开展社会服务。支持体育教师适度参与国内外重大体育比赛的组织、裁判等社会实践工作。鼓励体育教师指导中小学体育教学、训练和参与社区健身辅导等公益活动。支持学校师生为政府及社会举办的体育活动提供志愿服务。

四、学生体质监测与评价

13. 全面实施《国家学生体质健康标准》，建立学生体质健康测试中心，安排专门人员负责，完善工作条件，每年对所有学生进行体质健康测试，测试成绩向学生反馈，并将测试结果经教育部门审核后上报国家学生体质健康标准数据管理系统，形成本校学生体质健康年度报告。及时在校内公布学生体质健康测试总体结果。

14. 建立健全《国家学生体质健康标准》管理制度，学生测试成绩列入学生档案，作为对学生评优、评先的重要依据。毕业时，学生测试成绩达不到50分者按结业处理（因病或残疾学生，凭医院证明向学校提出申请并经审核通过后可准予毕业）。毕业年级学生测试成绩及格率须达95%以上。

15. 将学生体质健康状况作为衡量学校办学水平的重要指标。将体质健康状况、体育课成绩、参与体育活动等情况作为学生综合素质评价的重要内容。

16. 建立学生体质健康状况分析和研判机制，根据学生体质健康状况制定干预措施，视情况采取分类教学、个别辅导等必要措施，指导学生有针对性地进行体育锻炼，切实改进体育工作，提高全体学生体质健康水平。

五、基础能力建设与保障

17. 健全学校体育保障机制，学校体育工作经费纳入学校经费预算，并与学校教育事业经费同步增长。加强学校体育活动的安全教育、伤害预防和风险管理，建立健全校园体育活动意外伤害保险制度，妥善处置伤害事件。

18. 根据体育课教学、课外体育活动、课余训练竞赛和实施《国家学生体质健康标准》等工作需要，合理配备体育教师。体育教师年龄、专业、学历和职称结构合理，健全体育教师职称评定、学术评价、岗位聘任和学习进修等制度。

19. 将体育教学、课外体育活动、课余训练竞赛和实施《国家学生体质健康标准》等工作纳入教师工作量，保证体育教师与其他学科（专业）教师工作量的计算标准一致，实行同工同酬。

20. 体育场馆、设施和器材等符合国家配备、安全和质量标准，完善配备、管理、使用等规章制度，基本满足学生参加体育锻炼的需求。定时维护体育场馆、设施，及时更新、添置易耗、易损体育器材。体育场馆、设施在课余和节假日向学生免费或优惠开放。

教育部关于印发《国家学生体质健康标准（2014年修订）》的通知

教体艺〔2014〕5号

各省、自治区、直辖市教育厅（教委），新疆生产建设兵团教育局，部属各高等学校：

为建立健全国家学生体质健康监测评价机制，激励学生积极参加身体锻炼，引导学校深化体育教学改革，推动各地加强学校体育工作，促进青少年身心健康、体魄强健、全面发展，在认真总结各地实施现行《国家学生体质健康标准》的基础上，结合新时期青少年体质健康状况和学校体育工作实际，我部组织对现行《国家学生体质健康标准》进行了修订。现将《国家学生体质健康标准（2014年修订）》印发给你们，请认真贯彻执行。

教育部

2014年7月7日

国家学生体质健康标准（2014年修订）

一、说明

1.《国家学生体质健康标准》（以下简称《标准》）是国家学校教育工作的基础性指导文件和教育质量基本标准，是评价学生综合素质、评估学校工作和衡量各地教育发展的重要依据，是《国家体育锻炼标准》在学校的具体实施，适用于全日制普通小学、初中、普通高中、中等职业学校、普通高等学校的学生。

2. 本标准的修订坚持健康第一，落实《国家中长期教育改革和发展规划纲要（2010—2020年）》、《国务院办公厅转发教育部等部门关于进一步加强学校体育工作若干意见的通知》（国办发〔2012〕53号）和《教育部关于印发〈学生体质健康监测评价办法〉等三个文件的通知》（教体艺〔2014〕3号）有关要求，着重提高《标准》应用的信度、效度和区分度，着重强化其教育激励、反馈调整和引导锻炼的功能，着重提高其教育监测和绩效评价的支撑能力。

3. 本标准从身体形态、身体机能和身体素质等方面综合评定学生的体质健康水平，是促进学生体质健康发展、激励学生积极进行身体锻炼的教育手段，是国家学生发展核心素养体系和学业质量标准的重要组成部分，是学生体质健康的个体评价标准。

4. 本标准将适用对象划分为以下组别：小学、初中、高中按每个年级为一组，其中小学为6组、初中为3组、高中为3组。大学一、二年级为一组，三、四年级为一组。

5. 小学、初中、高中、大学各组别的测试指标均为必测指标。其中，身体形态类中的身高、体重，身体机能类中的肺活量，以及身体素质类中的50米跑、坐位体前屈为各年级学生共性指标。

6. 本标准的学年总分由标准分与附加分之和构成，满分为120分。标准分由各单项指标得分与权重乘积之和组成，满分为100分。附加分根据实测成绩确定，即对成绩超过100分的加分指标进行加分，满分为20分；小学的加分指标为1分钟跳绳，加分幅度为20分；初中、高中和大学的加分指标为男生引体向上和1000米跑，女生1分钟仰卧起坐和800米跑，各指标加分幅度均为10分。

7. 根据学生学年总分评定等级：90.0分及以上为优秀，80.0~89.9分为良好，60.0~79.9分为及格，59.9分及以下为不及格。

8. 每个学生每学年评定一次，记入《〈国家学生体质健康标准〉登记卡》（附表1~6）。特殊学制的学校，在填写登记卡时可以按规定和需求相应地增减栏目。学生毕业时的成绩和等级，按毕业当年学年总分的50%与其他学年总分平均得分的50%之和进行评定。

9. 学生测试成绩评定达到良好及以上者，方可参加评优与评奖；成绩达到优秀者，方可获体育奖学分。测试成绩评定不及格者，在本学年度准予补测一次，补测仍不及格，则学年成绩评定为不及格。普通高中、中等职业学校和普通高等学校学生毕业时，《标准》测试的成绩达不到50分者按结业或肄业处理。

10. 学生因病或残疾可向学校提交暂缓或免予执行《标准》的申请，经医疗单位证明，体育教学部门核准，可暂缓或免予执行《标准》，并填写《免予执行〈国家学生体质健康标准〉申请表》（附表7），存入学生档案。确实丧失运动能力、被免予执行《标准》的残疾学生，仍可参加评优与评奖，毕业时《标准》成绩需注明免测。

11. 各学校每学年开展覆盖本校各年级学生的《标准》测试工作，《标准》测试数据经当地教育行政部门按要求审核后，通过“中国学生体质健康网”上传至“国家学生体质健康标准数据管理系统”。测试和数据上传时间由教育行政部门确定。

12. 本标准由教育部负责解释。

二、单项指标与权重

测试对象	单项指标	权重（%）
小学一年级至大学四年级	体重指数（BMI）	15
	肺活量	15
小学一、二年级	50 米跑	20
	坐位体前屈	30
	1 分钟跳绳	20
小学三、四年级	50 米跑	20
	坐位体前屈	20
	1 分钟跳绳	20
	1 分钟仰卧起坐	10
小学五、六年级	50 米跑	20
	坐位体前屈	10
	1 分钟跳绳	10
	1 分钟仰卧起坐	20
	50 米×8 往返跑	10
初中、高中、大学各年级	50 米跑	20
	坐位体前屈	10
	立定跳远	10
	引体向上（男）/1 分钟仰卧起坐（女）	10
	1000 米跑（男）/800 米跑（女）	20

注：体重指数（BMI）= 体重（千克）/身高^2（米^2）。

三、评分表

（一）单项指标评分表

表 1-1　　男生体重指数（BMI）单项评分表（单位：千克/米^2）

等级	单项得分	一年级	二年级	三年级	四年级	五年级	六年级	初一	初二	初三	高一	高二	高三	大学
正常	100	13.5~18.1	13.7~18.4	13.9~19.4	14.2~20.1	14.4~21.4	14.7~21.8	15.5~22.1	15.7~22.5	15.8~22.8	16.5~23.2	16.8~23.7	17.3~23.8	17.9~23.9
低体重	80	=13.4	=13.6	=13.8	=14.1	=14.3	=14.6	=15.4	=15.6	=15.7	=16.4	=16.7	=17.2	=17.8
超重		18.2~20.3	18.5~20.4	19.5~22.1	20.2~22.6	21.5~24.1	21.9~24.5	22.2~24.9	22.6~25.2	22.9~26.0	23.3~26.3	23.8~26.5	23.9~27.3	24.0~27.9
肥胖	60	=20.4	=20.5	=22.2	=22.7	=24.2	=24.6	=25.0	=25.3	=26.1	=26.4	=26.6	=27.4	=28.0

表 1-2　　女生体重指数（BMI）单项评分表（单位：千克/米^2）

等级	单项得分	一年级	二年级	三年级	四年级	五年级	六年级	初一	初二	初三	高一	高二	高三	大学
正常	100	13.3~17.3	13.5~17.8	13.6~18.6	13.7~19.4	13.8~20.5	14.2~20.8	14.8~21.7	15.3~22.2	16.0~22.6	16.5~22.7	16.9~23.2	17.1~23.3	17.2~23.9
低体重	80	=13.2	=13.4	=13.5	=13.6	=13.7	=14.1	=14.7	=15.2	=15.9	=16.4	=16.8	=17.0	=17.1
超重		17.4~19.2	17.9~20.2	18.7~21.1	19.5~22.0	20.6~22.9	20.9~23.6	21.8~24.4	22.3~24.8	22.7~25.1	22.8~25.2	23.3~25.4	23.4~25.7	24.0~27.9
肥胖	60	=19.3	=20.3	=21.2	=22.1	=23.0	=23.7	=24.5	=24.9	=25.2	=25.3	=25.5	=25.8	=28.0

表 1-3　　男生肺活量单项评分表（单位：毫升）

等级	单项得分	一年级	二年级	三年级	四年级	五年级	六年级	初一	初二	初三	高一	高二	高三	大一大二	大三大四
优秀	100	1700	2000	2300	2600	2900	3200	3640	3940	4240	4540	4740	4940	5040	5140
	95	1600	1900	2200	2500	2800	3100	3520	3820	4120	4420	4620	4820	4920	5020
	90	1500	1800	2100	2400	2700	3000	3400	3700	4000	4300	4500	4700	4800	4900
良好	85	1400	1650	1900	2150	2450	2750	3150	3450	3750	4050	4250	4450	4550	4650
	80	1300	1500	1700	1900	2200	2500	2900	3200	3500	3800	4000	4200	4300	4400

续表

等级	单项得分	一年级	二年级	三年级	四年级	五年级	六年级	初一	初二	初三	高一	高二	高三	大一大二	大三大四
及格	78	1240	1430	1620	1820	2110	2400	2780	3080	3380	3680	3880	4080	4180	4280
	76	1180	1360	1540	1740	2020	2300	2660	2960	3260	3560	3760	3960	4060	4160
	74	1120	1290	1460	1660	1930	2200	2540	2840	3140	3440	3640	3840	3940	4040
	72	1060	1220	1380	1580	1840	2100	2420	2720	3020	3320	3520	3720	3820	3920
	70	1000	1150	1300	1500	1750	2000	2300	2600	2900	3200	3400	3600	3700	3800
	68	940	1080	1220	1420	1660	1900	2180	2480	2780	3080	3280	3480	3580	3680
	66	880	1010	1140	1340	1570	1800	2060	2360	2660	2960	3160	3360	3460	3560
	64	820	940	1060	1260	1480	1700	1940	2240	2540	2840	3040	3240	3340	3440
	62	760	870	980	1180	1390	1600	1820	2120	2420	2720	2920	3120	3220	3320
	60	700	800	900	1100	1300	1500	1700	2000	2300	2600	2800	3000	3100	3200
不及格	50	660	750	840	1030	1220	1410	1600	1890	2180	2470	2660	2850	2940	3030
	40	620	700	780	960	1140	1320	1500	1780	2060	2340	2520	2700	2780	2860
	30	580	650	720	890	1060	1230	1400	1670	1940	2210	2380	2550	2620	2690
	20	540	600	660	820	980	1140	1300	1560	1820	2080	2240	2400	2460	2520
	10	500	550	600	750	900	1050	1200	1450	1700	1950	2100	2250	2300	2350

表 1-4　　**女生肺活量单项评分表（单位：毫升）**

等级	单项得分	一年级	二年级	三年级	四年级	五年级	六年级	初一	初二	初三	高一	高二	高三	大一大二	大三大四
优秀	100	1400	1600	1800	2000	2250	2500	2750	2900	3050	3150	3250	3350	3400	3450
	95	1300	1500	1700	1900	2150	2400	2650	2850	3000	3100	3200	3300	3350	3400
	90	1200	1400	1600	1800	2050	2300	2550	2800	2950	3050	3150	3250	3300	3350
良好	85	1100	1300	1500	1700	1950	2200	2450	2650	2800	2900	3000	3100	3150	3200
	80	1000	1200	1400	1600	1850	2100	2350	2500	2650	2750	2850	2950	3000	3050
及格	78	960	1150	1340	1530	1770	2010	2250	2400	2550	2650	2750	2850	2900	2950
	76	920	1100	1280	1460	1690	1920	2150	2300	2450	2550	2650	2750	2800	2850
	74	880	1050	1220	1390	1610	1830	2050	2200	2350	2450	2550	2650	2700	2750
	72	840	1000	1160	1320	1530	1740	1950	2100	2250	2350	2450	2550	2600	2650
	70	800	950	1100	1250	1450	1650	1850	2000	2150	2250	2350	2450	2500	2550

续表

等级	单项得分	一年级	二年级	三年级	四年级	五年级	六年级	初一	初二	初三	高一	高二	高三	大一大二	大三大四
及格	68	760	900	1040	1180	1370	1560	1750	1900	2050	2150	2250	2350	2400	2450
	66	720	850	980	1110	1290	1470	1650	1800	1950	2050	2150	2250	2300	2350
	64	680	800	920	1040	1210	1380	1550	1700	1850	1950	2050	2150	2200	2250
	62	640	750	860	970	1130	1290	1450	1600	1750	1850	1950	2050	2100	2150
	60	600	700	800	900	1050	1200	1350	1500	1650	1750	1850	1950	2000	2050
不及格	50	580	680	780	880	1020	1170	1310	1460	1610	1710	1810	1910	1960	2010
	40	560	660	760	860	990	1140	1270	1420	1570	1670	1770	1870	1920	1970
	30	540	640	740	840	960	1110	1230	1380	1530	1630	1730	1830	1880	1930
	20	520	620	720	820	930	1080	1190	1340	1490	1590	1690	1790	1840	1890
	10	500	600	700	800	900	1050	1150	1300	1450	1550	1650	1750	1800	1850

表 1-5　　**男生 50 米跑单项评分表（单位：秒）**

等级	单项得分	一年级	二年级	三年级	四年级	五年级	六年级	初一	初二	初三	高一	高二	高三	大一大二	大三大四
优秀	100	10.2	9.6	9.1	8.7	8.4	8.2	7.8	7.5	7.3	7.1	7.0	6.8	6.7	6.6
	95	10.3	9.7	9.2	8.8	8.5	8.3	7.9	7.6	7.4	7.2	7.1	6.9	6.8	6.7
	90	10.4	9.8	9.3	8.9	8.6	8.4	8.0	7.7	7.5	7.3	7.2	7.0	6.9	6.8
良好	85	10.5	9.9	9.4	9.0	8.7	8.5	8.1	7.8	7.6	7.4	7.3	7.1	7.0	6.9
	80	10.6	10.0	9.5	9.1	8.8	8.6	8.2	7.9	7.7	7.5	7.4	7.2	7.1	7.0
及格	78	10.8	10.2	9.7	9.3	9.0	8.8	8.4	8.1	7.9	7.7	7.6	7.4	7.3	7.2
	76	11.0	10.4	9.9	9.5	9.2	9.0	8.6	8.3	8.1	7.9	7.8	7.6	7.5	7.4
	74	11.2	10.6	10.1	9.7	9.4	9.2	8.8	8.5	8.3	8.1	8.0	7.8	7.7	7.6
	72	11.4	10.8	10.3	9.9	9.6	9.4	9.0	8.7	8.5	8.3	8.2	8.0	7.9	7.8
	70	11.6	11.0	10.5	10.1	9.8	9.6	9.2	8.9	8.7	8.5	8.4	8.2	8.1	8.0
	68	11.8	11.2	10.7	10.3	10.0	9.8	9.4	9.1	8.9	8.7	8.6	8.4	8.3	8.2
	66	12.0	11.4	10.9	10.5	10.2	10.0	9.6	9.3	9.1	8.9	8.8	8.6	8.5	8.4
	64	12.2	11.6	11.1	10.7	10.4	10.2	9.8	9.5	9.3	9.1	9.0	8.8	8.7	8.6
	62	12.4	11.8	11.3	10.9	10.6	10.4	10.0	9.7	9.5	9.3	9.2	9.0	8.9	8.8
	60	12.6	12.0	11.5	11.1	10.8	10.6	10.2	9.9	9.7	9.5	9.4	9.2	9.1	9.0

续表

等级	单项得分	一年级	二年级	三年级	四年级	五年级	六年级	初一	初二	初三	高一	高二	高三	大一大二	大三大四
不及格	50	12.8	12.2	11.7	11.3	11.0	10.8	10.4	10.1	9.9	9.7	9.6	9.4	9.3	9.2
	40	13.0	12.4	11.9	11.5	11.2	11.0	10.6	10.3	10.1	9.9	9.8	9.6	9.5	9.4
	30	13.2	12.6	12.1	11.7	11.4	11.2	10.8	10.5	10.3	10.1	10.0	9.8	9.7	9.6
	20	13.4	12.8	12.3	11.9	11.6	11.4	11.0	10.7	10.5	10.3	10.2	10.0	9.9	9.8
	10	13.6	13.0	12.5	12.1	11.8	11.6	11.2	10.9	10.7	10.5	10.4	10.2	10.1	10.0

表 1-6　　**女生 50 米跑单项评分表（单位：秒）**

等级	单项得分	一年级	二年级	三年级	四年级	五年级	六年级	初一	初二	初三	高一	高二	高三	大一大二	大三大四
优秀	100	11.0	10.0	9.2	8.7	8.3	8.2	8.1	8.0	7.9	7.8	7.7	7.6	7.5	7.4
	95	11.1	10.1	9.3	8.8	8.4	8.3	8.2	8.1	8.0	7.9	7.8	7.7	7.6	7.5
	90	11.2	10.2	9.4	8.9	8.5	8.4	8.3	8.2	8.1	8.0	7.9	7.8	7.7	7.6
良好	85	11.5	10.5	9.7	9.2	8.8	8.7	8.6	8.5	8.4	8.3	8.2	8.1	8.0	7.9
	80	11.8	10.8	10.0	9.5	9.1	9.0	8.9	8.8	8.7	8.6	8.5	8.4	8.3	8.2
及格	78	12.0	11.0	10.2	9.7	9.3	9.2	9.1	9.0	8.9	8.8	8.7	8.6	8.5	8.4
	76	12.2	11.2	10.4	9.9	9.5	9.4	9.3	9.2	9.1	9.0	8.9	8.8	8.7	8.6
	74	12.4	11.4	10.6	10.1	9.7	9.6	9.5	9.4	9.3	9.2	9.1	9.0	8.9	8.8
	72	12.6	11.6	10.8	10.3	9.9	9.8	9.7	9.6	9.5	9.4	9.3	9.2	9.1	9.0
	70	12.8	11.8	11.0	10.5	10.1	10.0	9.9	9.8	9.7	9.6	9.5	9.4	9.3	9.2
	68	13.0	12.0	11.2	10.7	10.3	10.2	10.1	10.0	9.9	9.8	9.7	9.6	9.5	9.4
	66	13.2	12.2	11.4	10.9	10.5	10.4	10.3	10.2	10.1	10.0	9.9	9.8	9.7	9.6
	64	13.4	12.4	11.6	11.1	10.7	10.6	10.5	10.4	10.3	10.2	10.1	10.0	9.9	9.8
	62	13.6	12.6	11.8	11.3	10.9	10.8	10.7	10.6	10.5	10.4	10.3	10.2	10.1	10.0
	60	13.8	12.8	12.0	11.5	11.1	11.0	10.9	10.8	10.7	10.6	10.5	10.4	10.3	10.2
不及格	50	14.0	13.0	12.2	11.7	11.3	11.2	11.1	11.0	10.9	10.8	10.7	10.6	10.5	10.4
	40	14.2	13.2	12.4	11.9	11.5	11.4	11.3	11.2	11.1	11.0	10.9	10.8	10.7	10.6
	30	14.4	13.4	12.6	12.1	11.7	11.6	11.5	11.4	11.3	11.2	11.1	11.0	10.9	10.8
	20	14.6	13.6	12.8	12.3	11.9	11.8	11.7	11.6	11.5	11.4	11.3	11.2	11.1	11.0
	10	14.8	13.8	13.0	12.5	12.1	12.0	11.9	11.8	11.7	11.6	11.5	11.4	11.3	11.2

表 1-7　　　　**男生坐位体前屈单项评分表（单位：厘米）**

等级	单项得分	一年级	二年级	三年级	四年级	五年级	六年级	初一	初二	初三	高一	高二	高三	大一大二	大三大四
优秀	100	16.1	16.2	16.3	16.4	16.5	16.6	17.6	19.6	21.6	23.6	24.3	24.6	24.9	25.1
	95	14.6	14.7	14.9	15.0	15.2	15.3	15.9	17.7	19.7	21.5	22.4	22.8	23.1	23.3
	90	13.0	13.2	13.4	13.6	13.8	14.0	14.2	15.8	17.8	19.4	20.5	21.0	21.3	21.5
良好	85	12.0	11.9	11.8	11.7	11.6	11.5	12.3	13.7	15.8	17.2	18.3	19.1	19.5	19.9
	80	11.0	10.6	10.2	9.8	9.4	9.0	10.4	11.6	13.8	15.0	16.1	17.2	17.7	18.2
及格	78	9.9	9.5	9.1	8.6	8.2	7.7	9.1	10.3	12.4	13.6	14.7	15.8	16.3	16.8
	76	8.8	8.4	8.0	7.4	7.0	6.4	7.8	9.0	11.0	12.2	13.3	14.4	14.9	15.4
	74	7.7	7.3	6.9	6.2	5.8	5.1	6.5	7.7	9.6	10.8	11.9	13.0	13.5	14.0
	72	6.6	6.2	5.8	5.0	4.6	3.8	5.2	6.4	8.2	9.4	10.5	11.6	12.1	12.6
	70	5.5	5.1	4.7	3.8	3.4	2.5	3.9	5.1	6.8	8.0	9.1	10.2	10.7	11.2
	68	4.4	4.0	3.6	2.6	2.2	1.2	2.6	3.8	5.4	6.6	7.7	8.8	9.3	9.8
	66	3.3	2.9	2.5	1.4	1.0	-0.1	1.3	2.5	4.0	5.2	6.3	7.4	7.9	8.4
	64	2.2	1.8	1.4	0.2	-0.2	-1.4	0.0	1.2	2.6	3.8	4.9	6.0	6.5	7.0
	62	1.1	0.7	0.3	-1.0	-1.4	-2.7	-1.3	-0.1	1.2	2.4	3.5	4.6	5.1	5.6
	60	0.0	-0.4	-0.8	-2.2	-2.6	-4.0	-2.6	-1.4	-0.2	1.0	2.1	3.2	3.7	4.2
不及格	50	-0.8	-1.2	-1.6	-3.2	-3.6	-5.0	-3.8	-2.6	-1.4	0.0	1.1	2.2	2.7	3.2
	40	-1.6	-2.0	-2.4	-4.2	-4.6	-6.0	-5.0	-3.8	-2.6	-1.0	0.1	1.2	1.7	2.2
	30	-2.4	-2.8	-3.2	-5.2	-5.6	-7.0	-6.2	-5.0	-3.8	-2.0	-0.9	0.2	0.7	1.2
	20	-3.2	-3.6	-4.0	-6.2	-6.6	-8.0	-7.4	-6.2	-5.0	-3.0	-1.9	-0.8	-0.3	0.2
	10	-4.0	-4.4	-4.8	-7.2	-7.6	-9.0	-8.6	-7.4	-6.2	-4.0	-2.9	-1.8	-1.3	-0.8

表 1-8　　　　**女生坐位体前屈单项评分表（单位：厘米）**

等级	单项得分	一年级	二年级	三年级	四年级	五年级	六年级	初一	初二	初三	高一	高二	高三	大一大二	大三大四
优秀	100	18.6	18.9	19.2	19.5	19.8	19.9	21.8	22.7	23.5	24.2	24.8	25.3	25.8	26.3
	95	17.3	17.6	17.9	18.1	18.5	18.7	20.1	21.0	21.8	22.5	23.1	23.6	24.0	24.4
	90	16.0	16.3	16.6	16.9	17.2	17.5	18.4	19.3	20.1	20.8	21.4	21.9	22.2	22.4
良好	85	14.7	14.8	14.9	15.0	15.1	15.2	16.7	17.6	18.4	19.1	19.7	20.2	20.6	21.0
	80	13.4	13.3	13.2	13.1	13.0	12.9	15.0	15.9	16.7	17.4	18.0	18.5	19.0	19.5

续表

等级	单项得分	一年级	二年级	三年级	四年级	五年级	六年级	初一	初二	初三	高一	高二	高三	大一大二	大三大四
及格	78	12.3	12.2	12.1	12.0	11.9	11.8	13.7	14.6	15.4	16.1	16.7	17.2	17.7	18.2
	76	11.2	11.1	11.0	10.9	10.8	10.7	12.4	13.3	14.1	14.8	15.4	15.9	16.4	16.9
	74	10.1	10.0	9.9	9.8	9.7	9.6	11.1	12.0	12.8	13.5	14.1	14.6	15.1	15.6
	72	9.0	8.9	8.8	8.7	8.6	8.5	9.8	10.7	11.5	12.2	12.8	13.3	13.8	14.3
	70	7.9	7.8	7.7	7.6	7.5	7.4	8.5	9.4	10.2	10.9	11.5	12.0	12.5	13.0
	68	6.8	6.7	6.6	6.5	6.4	6.3	7.2	8.1	8.9	9.6	10.2	10.7	11.2	11.7
	66	5.7	5.6	5.5	5.4	5.3	5.2	5.9	6.8	7.6	8.3	8.9	9.4	9.9	10.4
	64	4.6	4.5	4.4	4.3	4.2	4.1	4.6	5.5	6.3	7.0	7.6	8.1	8.6	9.1
	62	3.5	3.4	3.3	3.2	3.1	3.0	3.3	4.2	5.0	5.7	6.3	6.8	7.3	7.8
	60	2.4	2.3	2.2	2.1	2.0	1.9	2.0	2.9	3.7	4.4	5.0	5.5	6.0	6.5
不及格	50	1.6	1.5	1.4	1.3	1.2	1.1	1.2	2.1	2.9	3.6	4.2	4.7	5.2	5.7
	40	0.8	0.7	0.6	0.5	0.4	0.3	0.4	1.3	2.1	2.8	3.4	3.9	4.4	4.9
	30	0.0	-0.1	-0.2	-0.3	-0.4	-0.5	-0.4	0.5	1.3	2.0	2.6	3.1	3.6	4.1
	20	-0.8	-0.9	-1.0	-1.1	-1.2	-1.3	-1.2	-0.3	0.5	1.2	1.8	2.3	2.8	3.3
	10	-1.6	-1.7	-1.8	-1.9	-2.0	-2.1	-2.0	-1.1	-0.3	0.4	1.0	1.5	2.0	2.5

表 1-9　　　　**男生立定跳远单项评分表（单位：厘米）**

等级	单项得分	初一	初二	初三	高一	高二	高三	大一大二	大三大四
优秀	100	225	240	250	260	265	270	273	275
	95	218	233	245	255	260	265	268	270
	90	211	226	240	250	255	260	263	265
良好	85	203	218	233	243	248	253	256	258
	80	195	210	225	235	240	245	248	250
及格	78	191	206	221	231	236	241	244	246
	76	187	202	217	227	232	237	240	242
	74	183	198	213	223	228	233	236	238
	72	179	194	209	219	224	229	232	234
	70	175	190	205	215	220	225	228	230

续表

等级	单项得分	初一	初二	初三	高一	高二	高三	大一大二	大三大四
及格	68	171	186	201	211	216	221	224	226
	66	167	182	197	207	212	217	220	222
	64	163	178	193	203	208	213	216	218
	62	159	174	189	199	204	209	212	214
	60	155	170	185	195	200	205	208	210
不及格	50	150	165	180	190	195	200	203	205
	40	145	160	175	185	190	195	198	200
	30	140	155	170	180	185	190	193	195
	20	135	150	165	175	180	185	188	190
	10	130	145	160	170	175	180	183	185

表 1-10　　**女生立定跳远单项评分表（单位：厘米）**

等级	单项得分	初一	初二	初三	高一	高二	高三	大一大二	大三大四
优秀	100	196	200	202	204	205	206	207	208
	95	190	194	196	198	199	200	201	202
	90	184	188	190	192	193	194	195	196
良好	85	177	181	183	185	186	187	188	189
	80	170	174	176	178	179	180	181	182
及格	78	167	171	173	175	176	177	178	179
	76	164	168	170	172	173	174	175	176
	74	161	165	167	169	170	171	172	173
	72	158	162	164	166	167	168	169	170
	70	155	159	161	163	164	165	166	167
	68	152	156	158	160	161	162	163	164
	66	149	153	155	157	158	159	160	161
	64	146	150	152	154	155	156	157	158

续表

等级	单项得分	初一	初二	初三	高一	高二	高三	大一大二	大三大四
及格	62	143	147	149	151	152	153	154	155
	60	140	144	146	148	149	150	151	152
不及格	50	135	139	141	143	144	145	146	147
	40	130	134	136	138	139	140	141	142
	30	125	129	131	133	134	135	136	137
	20	120	124	126	128	129	130	131	132
	10	115	119	121	123	124	125	126	127

表 1-11 **男生一分钟仰卧起坐、引体向上单项评分表（单位：次）**

等级	单项得分	三年级	四年级	五年级	六年级	初一	初二	初三	高一	高二	高三	大一大二	大三大四
优秀	100	48	49	50	51	13	14	15	16	17	18	19	20
	95	45	46	47	48	12	13	14	15	16	17	18	19
	90	42	43	44	45	11	12	13	14	15	16	17	18
良好	85	39	40	41	42	10	11	12	13	14	15	16	17
	80	36	37	38	39	9	10	11	12	13	14	15	16
及格	78	34	35	36	37								
	76	32	33	34	35	8	9	10	11	12	13	14	15
	74	30	31	32	33								
	72	28	29	30	31	7	8	9	10	11	12	13	14
	70	26	27	28	29								
	68	24	25	26	27	6	7	8	9	10	11	12	13
	66	22	23	24	25								
	64	20	21	22	23	5	6	7	8	9	10	11	12
	62	18	19	20	21								
	60	16	17	18	19	4	5	6	7	8	9	10	11

续表

等级	单项得分	三年级	四年级	五年级	六年级	初一	初二	初三	高一	高二	高三	大一大二	大三大四
不及格	50	14	15	16	17	3	4	5	6	7	8	9	10
	40	12	13	14	15	2	3	4	5	6	7	8	9
	30	10	11	12	13	1	2	3	4	5	6	7	8
	20	8	9	10	11		1	2	3	4	5	6	7
	10	6	7	8	9			1	2	3	4	5	6

注：小学三年级~六年级：一分钟仰卧起坐；初中、高中、大学：引体向上。

表 1-12　**女生一分钟仰卧起坐单项评分表（单位：次）**

等级	单项得分	三年级	四年级	五年级	六年级	初一	初二	初三	高一	高二	高三	大一大二	大三大四
优秀	100	46	47	48	49	50	51	52	53	54	55	56	57
	95	44	45	46	47	48	49	50	51	52	53	54	55
	90	42	43	44	45	46	47	48	49	50	51	52	53
良好	85	39	40	41	42	43	44	45	46	47	48	49	50
	80	36	37	38	39	40	41	42	43	44	45	46	47
及格	78	34	35	36	37	38	39	40	41	42	43	44	45
	76	32	33	34	35	36	37	38	39	40	41	42	43
	74	30	31	32	33	34	35	36	37	38	39	40	41
	72	28	29	30	31	32	33	34	35	36	37	38	39
	70	26	27	28	29	30	31	32	33	34	35	36	37
	68	24	25	26	27	28	29	30	31	32	33	34	35
	66	22	23	24	25	26	27	28	29	30	31	32	33
	64	20	21	22	23	24	25	26	27	28	29	30	31
	62	18	19	20	21	22	23	24	25	26	27	28	29
	60	16	17	18	19	20	21	22	23	24	25	26	27

续表

等级	单项得分	三年级	四年级	五年级	六年级	初一	初二	初三	高一	高二	高三	大一大二	大三大四
不及格	50	14	15	16	17	18	19	20	21	22	23	24	25
	40	12	13	14	15	16	17	18	19	20	21	22	23
	30	10	11	12	13	14	15	16	17	18	19	20	21
	20	8	9	10	11	12	13	14	15	16	17	18	19
	10	6	7	8	9	10	11	12	13	14	15	16	17

表 1-13　**男生耐力跑单项评分表（单位：分·秒）**

等级	单项得分	五年级	六年级	初一	初二	初三	高一	高二	高三	大一大二	大三大四
优秀	100	1′36″	1′30″	3′55″	3′50″	3′40″	3′30″	3′25″	3′20″	3′17″	3′15″
	95	1′39″	1′33″	4′05″	3′55″	3′45″	3′35″	3′30″	3′25″	3′22″	3′20″
	90	1′42″	1′36″	4′15″	4′00″	3′50″	3′40″	3′35″	3′30″	3′27″	3′25″
良好	85	1′45″	1′39″	4′22″	4′07″	3′57″	3′47″	3′42″	3′37″	3′34″	3′32″
	80	1′48″	1′42″	4′30″	4′15″	4′05″	3′55″	3′50″	3′45″	3′42″	3′40″
及格	78	1′51″	1′45″	4′35″	4′20″	4′10″	4′00″	3′55″	3′50″	3′47″	3′45″
	76	1′54″	1′48″	4′40″	4′25″	4′15″	4′05″	4′00″	3′55″	3′52″	3′50″
	74	1′57″	1′51″	4′45″	4′30″	4′20″	4′10″	4′05″	4′00″	3′57″	3′55″
	72	2′00″	1′54″	4′50″	4′35″	4′25″	4′15″	4′10″	4′05″	4′02″	4′00″
	70	2′03″	1′57″	4′55″	4′40″	4′30″	4′20″	4′15″	4′10″	4′07″	4′05″
	68	2′06″	2′00″	5′00″	4′45″	4′35″	4′25″	4′20″	4′15″	4′12″	4′10″
	66	2′09″	2′03″	5′05″	4′50″	4′40″	4′30″	4′25″	4′20″	4′17″	4′15″
	64	2′12″	2′06″	5′10″	4′55″	4′45″	4′35″	4′30″	4′25″	4′22″	4′20″
	62	2′15″	2′09″	5′15″	5′00″	4′50″	4′40″	4′35″	4′30″	4′27″	4′25″
	60	2′18″	2′12″	5′20″	5′05″	4′55″	4′45″	4′40″	4′35″	4′32″	4′30″

续表

等级	单项得分	五年级	六年级	初一	初二	初三	高一	高二	高三	大一大二	大三大四
不及格	50	2′22″	2′16″	5′40″	5′25″	5′15″	5′05″	5′00″	4′55″	4′52″	4′50″
	40	2′26″	2′20″	6′00″	5′45″	5′35″	5′25″	5′20″	5′15″	5′12″	5′10″
	30	2′30″	2′24″	6′20″	6′05″	5′55″	5′45″	5′40″	5′35″	5′32″	5′30″
	20	2′34″	2′28″	6′40″	6′25″	6′15″	6′05″	6′00″	5′55″	5′52″	5′50″
	10	2′38″	2′32″	7′00″	6′45″	6′35″	6′25″	6′20″	6′15″	6′12″	6′10″

注：小学五年级～六年级：50 米×8 往返跑；初中、高中、大学：1000 米跑。

表 1-14　　　　**女生耐力跑单项评分表（单位：分·秒）**

等级	单项得分	五年级	六年级	初一	初二	初三	高一	高二	高三	大一大二	大三大四
优秀	100	1′41″	1′37″	3′35″	3′30″	3′25″	3′24″	3′22″	3′20″	3′18″	3′16″
	95	1′44″	1′40″	3′42″	3′37″	3′32″	3′30″	3′28″	3′26″	3′24″	3′22″
	90	1′47″	1′43″	3′49″	3′44″	3′39″	3′36″	3′34″	3′32″	3′30″	3′28″
良好	85	1′50″	1′46″	3′57″	3′52″	3′47″	3′43″	3′41″	3′39″	3′37″	3′35″
	80	1′53″	1′49″	4′05″	4′00″	3′55″	3′50″	3′48″	3′46″	3′44″	3′42″
及格	78	1′56″	1′52″	4′10″	4′05″	4′00″	3′55″	3′53″	3′51″	3′49″	3′47″
	76	1′59″	1′55″	4′15″	4′10″	4′05″	4′00″	3′58″	3′56″	3′54″	3′52″
	74	2′02″	1′58″	4′20″	4′15″	4′10″	4′05″	4′03″	4′01″	3′59″	3′57″
	72	2′05″	2′01″	4′25″	4′20″	4′15″	4′10″	4′08″	4′06″	4′04″	4′02″
	70	2′08″	2′04″	4′30″	4′25″	4′20″	4′15″	4′13″	4′11″	4′09″	4′07″
	68	2′11″	2′07″	4′35″	4′30″	4′25″	4′20″	4′18″	4′16″	4′14″	4′12″
	66	2′14″	2′10″	4′40″	4′35″	4′30″	4′25″	4′23″	4′21″	4′19″	4′17″
	64	2′17″	2′13″	4′45″	4′40″	4′35″	4′30″	4′28″	4′26″	4′24″	4′22″
	62	2′20″	2′16″	4′50″	4′45″	4′40″	4′35″	4′33″	4′31″	4′29″	4′27″
	60	2′23″	2′19″	4′55″	4′50″	4′45″	4′40″	4′38″	4′36″	4′34″	4′32″

续表

等级	单项得分	五年级	六年级	初一	初二	初三	高一	高二	高三	大一大二	大三大四
不及格	50	2′27″	2′23″	5′05″	5′00″	4′55″	4′50″	4′48″	4′46″	4′44″	4′42″
	40	2′31″	2′27″	5′15″	5′10″	5′05″	5′00″	4′58″	4′56″	4′54″	4′52″
	30	2′35″	2′31″	5′25″	5′20″	5′15″	5′10″	5′08″	5′06″	5′04″	5′02″
	20	2′39″	2′35″	5′35″	5′30″	5′25″	5′20″	5′18″	5′16″	5′14″	5′12″
	10	2′43″	2′39″	5′45″	5′40″	5′35″	5′30″	5′28″	5′26″	5′24″	5′22″

注：小学五年级~六年级：50 米×8 往返跑；初中、高中、大学：800 米跑。

（二）加分指标评分表

表 2-1　　**男生引体向上评分表（单位：次）**

加分	初一	初二	初三	高一	高二	高三	大一大二	大三大四
10	10	10	10	10	10	10	10	10
9	9	9	9	9	9	9	9	9
8	8	8	8	8	8	8	8	8
7	7	7	7	7	7	7	7	7
6	6	6	6	6	6	6	6	6
5	5	5	5	5	5	5	5	5
4	4	4	4	4	4	4	4	4
3	3	3	3	3	3	3	3	3
2	2	2	2	2	2	2	2	2
1	1	1	1	1	1	1	1	1

表 2-2　　**女生一分钟仰卧起坐评分表（单位：次）**

加分	初一	初二	初三	高一	高二	高三	大一大二	大三大四
10	13	13	13	13	13	13	13	13
9	12	12	12	12	12	12	12	12
8	11	11	11	11	11	11	11	11
7	10	10	10	10	10	10	10	10

续表

加分	初一	初二	初三	高一	高二	高三	大一大二	大三大四
6	9	9	9	9	9	9	9	9
5	8	8	8	8	8	8	8	8
4	7	7	7	7	7	7	7	7
3	6	6	6	6	6	6	6	6
2	4	4	4	4	4	4	4	4
1	2	2	2	2	2	2	2	2

注：引体向上、一分钟仰卧起坐均为高优指标，学生成绩超过单项评分 100 分后，以超过的次数所对应的分数进行加分。

表 2-3　　**男生 1000 米跑评分表（单位：分·秒）**

加分	初一	初二	初三	高一	高二	高三	大一大二	大三大四
10	−35″	−35″	−35″	−35″	−35″	−35″	−35″	−35″
9	−32″	−32″	−32″	−32″	−32″	−32″	−32″	−32″
8	−29″	−29″	−29″	−29″	−29″	−29″	−29″	−29″
7	−26″	−26″	−26″	−26″	−26″	−26″	−26″	−26″
6	−23″	−23″	−23″	−23″	−23″	−23″	−23″	−23″
5	−20″	−20″	−20″	−20″	−20″	−20″	−20″	−20″
4	−16″	−16″	−16″	−16″	−16″	−16″	−16″	−16″
3	−12″	−12″	−12″	−12″	−12″	−12″	−12″	−12″
2	−8″	−8″	−8″	−8″	−8″	−8″	−8″	−8″
1	−4″	−4″	−4″	−4″	−4″	−4″	−4″	−4″

表 2-4　　**女生 800 米跑评分表（单位：分·秒）**

加分	初一	初二	初三	高一	高二	高三	大一大二	大三大四
10	−50″	−50″	−50″	−50″	−50″	−50″	−50″	−50″
9	−45″	−45″	−45″	−45″	−45″	−45″	−45″	−45″
8	−40″	−40″	−40″	−40″	−40″	−40″	−40″	−40″
7	−35″	−35″	−35″	−35″	−35″	−35″	−35″	−35″
6	−30″	−30″	−30″	−30″	−30″	−30″	−30″	−30″

续表

加分	初一	初二	初三	高一	高二	高三	大一大二	大三大四
5	−25″	−25″	−25″	−25″	−25″	−25″	−25″	−25″
4	−20″	−20″	−20″	−20″	−20″	−20″	−20″	−20″
3	−15″	−15″	−15″	−15″	−15″	−15″	−15″	−15″
2	−10″	−10″	−10″	−10″	−10″	−10″	−10″	−10″
1	−5″	−5″	−5″	−5″	−5″	−5″	−5″	−5″

注：1000 米跑、800 米跑均为低优指标，学生成绩低于单项评分 100 分后，以减少的秒数所对应的分数进行加分。

附表：《国家学生体质健康标准》登记卡（大学样表）

附表 1　　**《国家学生体质健康标准》登记卡（大学样表）**

学　校＿＿＿＿＿＿＿＿

姓　名		性　别		学　号	
院（系）		民　族		出生日期	

单项指标	大一			大二			大三			大四			毕业成绩	
	成绩	得分	等级	成绩	得分	等级	成绩	得分	等级	成绩	得分	等级	得分	等级
体重指数（BMI）（千克/米^2）														
肺活量（毫升）														
50 米跑（秒）														
坐位体前屈（厘米）														
立定跳远（厘米）														
引体向上（男）/1 分钟仰卧起坐（女）（次）														
1000 米跑（男）/800 米跑（女）（分·秒）														
标准分														

续表

加分指标	成绩	附加分	成绩	附加分	成绩	附加分	成绩	附加分
引体向上（男）/ 1分钟仰卧起坐 （女）（次）								
1000米跑（男）/ 800米跑（女） （分·秒）								
学年总分								
等级评定								
体育教师签字								
辅导员签字								

注：高等职业学校、高等专科学校参照本样表执行。

学校签章：　　　　　　年　　月　　日

参考文献

1. 周登嵩．学校体育学．北京：人民体育出版社，2004.
2. 体育概论编写组．体育概论．北京：北京体育大学出版社，2013.
3. 兰自力，郝英，王义平．大学体育与健康．武汉：武汉大学出版社，2014.
4. 颜天民．体育学概论．桂林：广西师范大学出版社，2006.
5. 毛振明．实用学校体育学．北京：北京师范大学出版社，2009.
6. 肖水平，等．体育指导教程．北京：北京体育大学出版社，2012.
7. 金海燕，等．大学体育．武汉：武汉大学出版社，2014.
8. 张贵敏，等．田径运动教程．北京：人民体育出版社，1999.
9. 田麦久．运动训练学．北京：人民体育出版社，2000.
10. 王家正．网球．北京：人民体育出版社，1999.
11. 杨一民，何志林，等．现代足球．北京：人民体育出版社，2000.
12. 李林．大学体育教程．武汉：武汉大学出版社，2015.
13. 袁伟民．中国排球杂志．北京：中国体育报业总社，2000.
14. 高伟，等．体育与健康教程．武汉：武汉大学出版社，2014.
15. 王德元，刘健．高校体育选项课理论教程．上海：复旦大学出版社，1998.
16. 杨威，惠采莲．学跳交谊舞．上海：同济大学出版社，2001.
17. 刘志芸. 浅谈体育游戏对幼儿发展的影响. 教育，2016，1（2）：10.
18. 汪超. 幼儿园体育活动设计与指导. 上海：复旦大学出版社，2011.
19. 陶宏. 幼儿体育教学活动实践手册. 上海：华东师范大学出版社，2017.